本书为浙江省哲学社会科学重点课题结项成果

（编号：13JDSX01Z）

"信己"且"安常"

罗汝芳的哲学建构与思想践行

鹿博 著

浙江大学出版社 ZHEJIANG UNIVERSITY PRESS

引　言

个案研究不仅应该涉及某位具体历史人物的生平经历和思想进程的发掘，同时也应兼顾对当时代广阔、复杂的社会现实和文化背景的细致厘清和深入探讨。正因如此，为相关研究得以全面、系统化地展开，拙作特按工夫论为进路，突破学案研究的传统思维，试以多元、整全的视角，开展对研究对象的客观诠释。在细解罗汝芳众多未得尽解之谜，补正其年谱、佚文的基础上，进一步揭明罗汝芳庞杂的思想传承、哲学创见，及其社会参与意识的多重努力，于此过程中辨明一则事实，即与其为罗汝芳冠以"阳明后学"之名衔，不若按"江右思想家"定位罗汝芳的思想史地位。大致来讲，罗汝芳家世情况、成学背景、仕途起伏、交游经历等等面向皆可突显其与众不同之处。更为关键的是，生平经历的独特性并非独立存在的现象，也必将引导其治学路径的选择和学思体系的构建。在该情形下，对罗汝芳哲思建构的探讨就需要结合地域和时间两个层面进行考虑。就此而言，江右的地域特色、中晚明社会文化的整体环境都是研究展开的重要向度。

江右朱子学与阳明学发展情况与浙中有别，为突显其间不同，罗汝芳与王龙溪生平经历、哲思建构的比较研究因此具有深入探讨的必要。同时，罗汝芳对待朱子学、象山学、阳明学三大领域的学术意见及关键理念也有系统分析的理据和价值。即便同属江右理学家，罗汝芳与邹守益思想主张又有鲜明的区分，这一区分的线索便在罗、邹二人关于阳明"良知"之教和"致知"工夫的理解和诠释各自不同。逐条理析之后，三方面事实昭然若揭：第一，罗汝芳哲思建构受启于阳明学甚多，然呈现诸多面向的融合特色，这其中有对程朱、陆王的双向汲取，有关白沙、阳明主张的理性整合，又有对待佛道二氏之学的批判接受。第二，罗汝芳最终成熟的，并且影响深远的理论乃是借助对"心""性"概念的不同解读和发挥，完成其独具特色的形上学建构和实践哲学设想。而无论就形上学抑或实践哲学的视角考虑，罗汝芳关于"心本强立""默识性体"等存有论、工夫论理念的提倡，都将其哲思重心引向境界哲学的场域。第三,中晚明情境下,罗汝芳关于境界工夫的发挥牵涉境界哲学、实践哲学两项重大课题的探讨,其构思路径与白沙、阳明"自然之学"相关,然其超越处却在将前人关于心性论的讨论导向工夫论的实践。由此,晚明心学流弊的漫衍进程中,除了具备的自身法病因素外,又增添了以罗汝芳、王畿等人为代表的晚明学者的人为因素。结合以上诸说,有关罗汝芳思想史的定位,乃至中晚明理学的探讨,皆可立足实践哲学的进路,依托境界哲学的视角给以全新观瞻。

目　录

下篇:"默识性体","信己""安常"
——罗汝芳的哲学建构及现实意义

导 论

第一节 问题意识与研究动机

近年来,学术界关于罗汝芳生平与思想的研究成果斐然,其研究路径主要集中在两个方面:一者,立足中晚明思想的总体背景,考察罗汝芳的思想特质;二者,按阳明后学为其定位,以王学流弊代表人物判定之,进而展开对阳明心学发展、演变的整体探讨。笔者认为,以上两种路径的研究都具有极为丰富的参考价值,同时在诸多细节问题的分析上,也存在值得进一步思考和讨论的空间。比如在王学流弊的问题上,历来说法众多。黄宗羲《明儒学案》中,《师说·王龙溪畿》、《泰州学案》两部分,先后将矛头指向王龙溪与泰州学脉。书中载:"至龙溪,直把良知作佛性看,悬空期个悟,终成玩弄光景,虽谓之操戈入室,可也。"①黄氏云:"泰州之后,其人多能以赤手搏龙蛇,传至颜山农、何心隐一派,遂复非名教之所能羁络矣。……诸公掀翻天地,前不见古人,后不见有来者。释氏一棒一喝,当机横行,放下拄杖,便如愚人一般。诸公赤身担当,无有放下时节,故其害如是。"②黄宗羲以上观点实则将王学流弊的漫衍归因于王龙溪、颜山农、何心隐等阳明后学的人为因素。在黄宗羲看来,这些人为因素中,龙溪之失在于他将"良知"当作悬空实体去求解,由此促使"良知学"脱离伦常明察,趋向玄荡之地;颜、何二人之过则在以圣学之名,践行祖师禅"作用即性"主张,至此,阳明学义理精髓沦为泰州人士参用的话头,而非工夫实践的蕲向。黄宗羲上述观点一方面代表了明末清初以来儒学人士对待王学流弊的总体理念,另一方面也对后人在心学演

---

① (清)黄宗羲:《明儒学案》,北京:中华书局,2013 年,第 9 页。
② (清)黄宗羲:《明儒学案》,第 703 页。

变的问题上的认识产生了广泛影响。但我们认为王学流弊的课题研究仍然有两则重要事项尚待揭示:其一,流弊的漫衍应有其理论本身的漏洞,就此说,阳明学自身可能存在的"法病"尚待挖掘。其二,阳明后学关于阳明学的继承和发扬确有疏漏之处,但心学演变虽有社会格局发展的背景因素,然其趋向裂变必然是因一种被普遍接受的理论漏洞蔚然成风的结果。从这一点上讲,晚明王学裂变是有人为因素的,但相关的思想事实需要从历史的角度予以精确的梳理和揭示。就阳明学"法病"问题展开,一直以来学界多持两种意见:其一,由"尊德性"与"道问学"之争引发的阳明学对"认知心"的难以兼容的问题;其二,由阳明学诸多理念判摄佛道二氏之说发掘得出的阳明学于儒学基本立场的偏离。就第一种意见来看,劳思光先生在其著作《新编中国哲学史》一书中就曾提及。劳先生云:"所谓'王学',在明代已有流弊。但'流弊'是一事,本身之'真缺陷'又另是一事。"①劳思光先生说到的王学"真缺陷"即指"'道德心'对'认知心'的压缩问题"②,他认为,王学流弊早已有之,促使流弊漫衍的根本原因则在该学脉对"道德心"的极高程度的发挥限制了对"认知心"的兼顾、侧重。关于第二种看法,美国丹佛大学哲学系吴光明教授在其论文 Wang Yang-ming's Crack: Its Global Prospects 中提到:"In contrast to Mencius who bypassed mentioning Taoism, Wang virulently attacked Ch'an Buddhism and Taoism, and all this while he also adopted them, unawares or not, into him as his content and his style of thinking and expression, and so Wang has an inner crack in his system."③吴教授以上所说,实是认为王阳明心学理论存在的根本"法病"及可能促成其裂变的关键因素正在于思想家在其哲思体系构建之初,尽管曾对佛道之学不无微辞,但已经吸收了二氏思想的精髓。此举为晚明阳明学的发展与演变埋下了深重的伏笔。在此基础上,吴教授继续提出王阳明"心"学具有两层本体论内涵,即"心-creation"与"心-unity"④,而这两种内涵原则上皆与佛学唯识理论契合一致。更为重要的问题是,吴光明先生直指阳明学该法病可能造成的严重后果,即儒学宇宙论的裂变。吴教授讲:"Wang got this cosmic sentiment

---

① 劳思光:《新编中国哲学史》(三下),北京:生活·读书·新知三联书店,2015年,第5页。

② 劳思光:《新编中国哲学史》(三下),第5页。

③ [美]Kuang-ming Wu: Wang Yang-ming's Crack: Its Global Prospects,张海晏、熊培军主编《国际阳明学研究》第一卷,北京:中国社会科学出版社,2011年,第178页。

④ 参见张海晏、熊培军主编:《国际阳明学研究》第一卷,第187页。

not from Confucianism but from his intense studies of Ch'an Buddhism and Taoism, and latter came to be passionately opposed to both. And then, no less incredibly, in the midst of his vehement opposition to them, Wang came under their profound influence."[1]据此,吴光明教授认为王阳明心学尽管否认佛道学说的合理性,但不能回避在宇宙论层面对二氏思想汲取的事实。换句话讲,王阳明关于佛、道智慧的吸收及其对二氏学理概念的借用,业已造成晚明心学充满各种分裂的可能。由此,从对阳明后学思想理念的分析中,我们可以觉察阳明心学的裂变尤其在宇宙论问题上出现的种种问题与王阳明哲思建构之根基具有绵密关联。这种关联严格意义上说,实则促成了晚明理学家尤其是罗汝芳等人引进境界哲学参与实践哲学讨论之契机自然生成。正是从该进路探入,我们认为中晚明王学流弊的人为因素中,最为突出的乃是以罗汝芳为代表的理学家对于"境界形态形上学"及"境界工夫"等理论的大力提倡。这也是笔者试以发掘的,关于中晚明阶段王学流弊漫衍之局势的新探讨——立足实践哲学立场,以境界哲学为观瞻视角的研究。

　　然后来到具体个案——罗汝芳研究领域,目前学术界关于罗汝芳生平、思想的研究成果较为丰赡,但仍有诸多问题尚待解决。首先,实现对一名思想家更为完备的诠释,需要哲学诠释体系的建构。其次,文献研究、思想史探讨乃至哲学研究都有不同关注面向,而罗汝芳研究于各面向皆有再发掘的必要和深入研究的空间。比如,从文献史料考据方面考虑,罗汝芳成学过程与自身家教传承之间有何重要关联? 罗氏一生"善无常主",除颜山农、胡宗正之外,又有怎样的拜师历程? 罗汝芳与知交友朋、门人弟子、佛道二氏之间交游的具体经历又如何? 思想家于当时社会具有广泛影响力,然其学术主张难以延续的历史背景、人为因素分别有哪些? 罗氏一生为官经历丰富,其仕途起伏的社会学因素具体又有哪些? 又如,从思想史视角出发,杨儒宾先生在《儒家身体观》一书中曾提到:"罗近溪学问当然继承王阳明良知说而来,但其源头不仅于此,他还近承程明道论仁,远承孔孟心性、《中庸》《易传》论生生。他反对抽象,不喜凭空设想,主张知体、心体、道体贯通为一,而且这'一体'生生不息,无时无地不在知觉云为间显露。"[2]杨先生以上

---

　　① 张海晏、熊培军主编:《国际阳明学研究》第一卷,第 190 页。

　　② 杨儒宾:《王阳明、罗近溪之良知说》,见《儒家身体观》,《孟子学研究丛刊》4,台北:"中央研究院"中国文哲研究所,1996 年,第 314 页。

所说启发我们对罗汝芳的哲学研究不仅要从王阳明学术的继承面向展开，更需要系统地、客观地梳理罗氏的思想继承和哲学开拓。于此，罗汝芳治学既非直承阳明，其关于先秦儒学、宋明道学，及至自身"良知实践学"的成型，又至晚年朝向白沙学的转向，最终形成怎样的思想建构？再者，立足哲学研究层面，罗汝芳在思辨哲学与实践哲学两个层面各有建树，两条理路之间的绵密关系如何解析？又有在实践哲学、境界哲学两种视域观瞻下，罗氏常常论及的"赤子之心"、孝悌之道、"仁"学主张等，在其哲学建构过程中究竟该如何定位？与此同时，就现实观照面而言，罗汝芳对"信己""安常"、"君子之刚"的强调，及其哲思理念和文艺观点的生成，对当时社会具有怎样的现实导向力？以上所列皆是亟待解决的重要问题。且尤为紧要的是，罗氏存有论、工夫论呈现而出的境界哲学形态与当时王学流弊、三教融合具有怎样的关联，更是有待进一步厘清。

综合以上几个问题，基于学术讨论和经世致用两个层面的考虑，笔者认为罗汝芳与中晚明王学流弊的关联研究确有深入挖掘的必要和分析探讨的价值。

第二节　国内外研究成果述评

在阳明学场域内展开对王学流弊与罗汝芳生平、思想的研究，首先涉及阳明学文献的梳理问题。自《王阳明全集》多次整理、出版之后，学界对王阳明散失佚文的搜辑、考证也一直在持续推进。关于该领域的研究，日本学界先后出版《姚江拾遗》、《姚江杂纂》，中国又有计文渊编《王阳明法书集》，钱明先生著《王阳明全集未刊散佚诗文汇编及考释》等等，皆可谓阳明学文献辑考的重要成果。2012年，浙江大学束景南教授《阳明佚文辑考编年》的出版，终为学人提供了一部系统、权威之作。关于此书的具体特色和重要意义，本人曾作专文《阳明学重大文献辑佚工程的历史完成——评束景南教授新著〈阳明佚文辑考编年〉》，已刊发于《浙江社会科学》2013年第5期。目前，束景南教授此书已出版增订本，新版《王阳明佚文辑考编年》增收七十余篇王阳明佚文、语录，及若干篇目考证。比如《评陈白沙之学语》的搜辑，为阳明学与白沙学的探讨提供了重要线索；又如何福安《宝晋斋碑帖集释》著录《次张体仁联句韵》向被认定是唐寅书法作品，现经束景南教授考证，实则是王阳明手书。束景南教授此番发现无论于唐伯虎书法研究,抑或王阳明文艺观的探讨皆有重要意义。

　　与文献研究保持同步,目前阳明学哲学思想领域的探讨也在持续推进。我国如陈来先生、张学智先生、吴震先生、钱明先生、董平先生等诸位学者都有相关著作陆续发行,并在学界产生广泛影响。至于阳明后学领域的研究,又以复旦大学哲学系吴震教授为代表。吴震教授阳明后学研究成果丰赡,其著作《明代知识界讲学活动系年:1522—1602》、《阳明后学研究》、《泰州学派研究》、《罗汝芳评传》向来都是学界常用的书目,本人撰写博士论文过程中也从吴教授著作中获益匪浅。与此同时,我国台湾地区学者的阳明学研究仍多以唐君毅、牟宗三两位先生的哲思主张为根本立场。台湾"中央研究院"中国文哲研究所林月惠研究员曾经这样总结唐君毅、牟宗三两位先生的阳明学研究:"唐先生认为宋明儒对治工夫之鞭辟入里,正是宋明儒学之进于先秦儒学之最大端,故'工夫论'是唐先生研究宋明儒学与阳明后学时特别强调的角度。……唐先生的宋明儒学(含阳明后学)研究,是顺着思想发展的历史脉络而展开内部哲学义理的分析。"①又讲:"牟先生旨在凸显宋明儒学的三种义理形态(系统),宋明儒学的'哲学义理'有其内在的逻辑性,也有其独立性,他关切的是'哲学问题',既无关于学术史的考镜源流、师承关系,也不在于符合哲学史的周全论述。换言之,哲学义理系统的确定与判定,是牟先生宋明儒学研究的主要用心所在。"②按林月惠先生的解读,唐君毅先生的阳明学研究乃是哲学史的路径,牟宗三先生则是以哲学问题为逻辑起点,于此,两位先生研究理路和重要主张自有不同。但哲学史与哲学问题两种路径的研究能不能兼顾对待? 这是我们试图深入发掘的。劳思光先生也曾就阳明后学研究提出以下意见:"阳明后学,由于出身体验之不同,及对阳明学说了解之差异,彼此间争执颇多。然撮要言之,则所涉及之哲学问题,大致不外三点,此即:第一,心体问题——以'无善无恶'一观念为关键。第二,发用及工夫问题——当以'良知'之知善知恶与'好善恶恶'二义为关键。第三,'客观化'问题——此点所关涉问题较大,可说为'道德心与文化秩序'间之问题。"③劳先生此说揭示阳明后学乃是延续阳明在心体、本体、工

---

①　林月惠:《诠释与工夫:宋明理学的超越蕲向与内在辩证》,台北:"中央研究院"中国文哲研究所,2012 年,第 408 页。

②　林月惠:《诠释与工夫:宋明理学的超越蕲向与内在辩证》,第 411 页。

③　劳思光:《新编中国哲学史》(三下),第 375 页。

夫,乃至思想理论与社会秩序接轨等事项的主张,展开争辩,建立主张。关于最后一点,劳先生又说:"就儒学之基本意向而言,自孔子起即以肯定世界为精神方向,故应有'要求客观化'之趋势;但孔子本人未及就此一境域立说,孟子及阳明虽在透显主体性一面能确立道德心或道德理性,然对'客观化'问题皆未能正式提出。故成德之学虽成为中国传统哲学思想之主流,肯定世界虽为儒者所坚持之精神方向,毕竟道德理性只在自我之转化升进处显其功能,而未能在历史文化之客观推进上确显其大用。此即所谓'客观化'问题之'遗落'也。"①在劳思光先生看来,阳明学虽作为中国哲学心性论的高峰,但其实际于社会文化秩序的构建并无充分的有益作用。劳先生所说,启发后人需正视明代哲学与社会的关联研究。

海外阳明学研究主要以日本为阵地。近年来,日本学者关于阳明学及阳明后学的研究主要集中在文献辑考领域,另外则又有鹤成久章先生关于王阳明讲学活动与歌诗的研究、三浦秀一先生关于阳明后学欧阳德的研究。应该说,两位先生在阳明学及阳明后学领域所取得的学术成果为当前探讨提供了若干创新思路。

具体到个案研究,关于本书的主要研究对象——罗汝芳的思想史定位问题,吴震教授在其著作《罗汝芳评传》中曾有语曰:"在明代士人中,罗近溪是一个典型例子,从他身上可以看出,作为儒家士大夫之一员是以实现一体同善、社会太平作为自己奋斗的理想和目标的,然而在私人生活领域以及一般信仰领域当中,以儒学的道德观念为基础的人文信仰却与其他的宗教观念、神灵信仰呈现出复杂的重叠现象。如果忽略了近溪的学思历程及其生命体验中所存在的宗教意识、神秘体验等层面的内在因素,那么我们将不可能对其思想构造及其理论意义获得同情之了解。"②吴震先生以上关于罗汝芳研究的方法论观点为当前探讨提供了重要启示。根据他的研究,罗汝芳研究的深入推进,关系到当时社会风气的整体考察,而对罗汝芳思想独特性的发掘则必然需要借助史料的充分积累以及宗教史、社会史乃至哲学史等等面向的系统观瞻。得吴震教授启发,本书在写作思路和史料挖掘等诸多事项上才有明确的努力方向。此外,张学智先生在其著作《明代哲学史》中提到:"罗汝芳的赤子良心之学,是他终生持守的,但功夫重点早晚岁有不同。早年多循先儒之法,强制欲念以保此赤子良心,中岁屏去制欲,从赤子

---

① 劳思光:《新编中国哲学史》(三下),第 391—392 页。

② 吴震:《罗汝芳评传》,南京:南京大学出版社,2011 年,第 151 页。

良心,处处遍满,与日常生活融合无间着眼,又融入禅宗方法,多讲顺适当下,晚年则以赤子良心的本质表现孝悌慈为主,功夫渐归平实,与泰州后学中'以赤手搏龙蛇'者又大相径庭。但他的浑沦顺适,认取当下,是后者直心而行的理论根据。"①张学智先生认为,罗氏理论建树为泰州学提供了工夫论的理论前提。吴震教授、张学智先生之外,又有周群先生在《易道与身心修养——以龙溪、近溪的易学思想为例》一文中,将罗氏论《易》的目的界定为"以《易》论身,以《易》论己私"②。周群先生的论断可谓创新独到。2011 年陕西师范大学王振华博士学位论文《见心与践心——罗汝芳哲学思想研究》对笔者有极多启发。他在对近溪思想的研究上采用了历史研究与基源研究之法,从儒学的生命情怀和人文精神出发,着重强调了罗汝芳对"人"本身价值的肯定。在此之后,北京大学哲学系博士生张沛 2012 年发表在《东岳论丛》杂志上的文章《四书五经融通视域下的罗汝芳心学易学》视角新颖,为考察罗汝芳哲思建构也提供了不少新的思路。张沛看到了近溪思想的圆融特色,但他将罗汝芳《易》学思想以"心学易"概论之,则值得进一步商榷。我们认为,罗汝芳的思想体系不仅在于他对"书""经"之学的融会贯通,更在于他对宋代易学的汲取,故以"心学易"笼统概括近溪《易》学似有不妥之处。

近年来,罗汝芳研究也日益受到我国台湾学者的普遍关注。杨祖汉先生在《罗近溪的道德形上学及对孟子思想的诠释》一文中,曾这样讲道:"故吾人若说儒学是一'实践哲学',除一般所了解的,为重视实践,或探讨如何实践,什么是理想的修养工夫等涵义外,尚可理解为'由实践之路以把握宇宙人生之实相,证悟人生至整体存在界之意义及价值'之义。依此后一义言,'实践'是作形容词用,即实践的哲学,不是论实践,而是从实践之途以言哲学,或由实践而来的证悟以建立哲学见解。"③杨先生此言暗示近溪哲学见解乃是经由自身实践体认而来,其对"仁"与孝悌的侧重,对超越内在以及逆觉体证的独特见解,皆可视作自身实践所得的哲学观点。根据杨祖汉先生所讲,"实践的哲学"与实践哲学必有不同,按前者来看,这便是存在主义式的发展路径,即价值经由实践获取。但若就实践哲学本身来说,人格的养成也可借由实现的道路,即价值源自独断,且经实践证成。于此,实践哲学探

---

① 张学智:《明代哲学史》,北京:中国人民大学出版社,2012 年,第 261 页。

② 许苏民:《明清思想文化变迁》,南京:南京大学出版社,2009 年版,第 110 页。

③ 参见邱黄海等编:《理解、诠释与儒家传统:中国观点》,台北:"中央研究院"中国文哲研究所,2010 年,第 67—68 页。

讨罗汝芳哲思建构,就须分析其工夫理论的特色所在,及其工夫实践与自身价值选择之间是否构架成为一周密的体系。又有黄汉昌先生《罗近溪学述》一书,打破阳明学、泰州学的固有格套,从中国儒学的整体视域考察罗汝芳的思想史地位,并提出"近溪之特色既在拆穿光景以使道体真实流行,此正是良知学最高境界"①,从"破除光景"对待罗氏学术,就源头上讲,乃是承继牟宗三先生之说。李德材在《罗近溪哲学之研究》一书中将近溪子由优游自在的美学境界进而从事道德实践,界定为思想家论学的特殊取向②,并以"平常、自然与吊诡"③与"华严理境"④,定义罗汝芳的哲学风格,这一研究思路的理论预设即是以境界形态的哲学进路对待罗汝芳思想建构。这一观瞻视角即已摆脱纯粹的儒学进路,乃是立足中国哲学的整体面貌实现对近溪哲学的多角度探讨。应该说李德材先生以上主张确具创新价值。又有李沛思先生在其论著《从工夫论看罗近溪思想之特色》中对近溪之工夫论作了系统的介绍。其核心观点体现在对近溪思想特色的把握上,他认为近溪思想乃是以"知敬知爱"为良知,以"复以自知"说解体认工夫,以"仁礼两端"为格物工夫,以"破光景"作为最后的工夫。⑤ 李沛思诠释近溪哲思确有新意,但其将工夫划分为体认、格物两种路径,又有支离之嫌。此外,当前台湾学者关于罗汝芳等中晚明理学家的研究,也有从社会学的进路推进,比如吕妙芬研究员即多围绕社会历史学的视角展开探讨。然于本体、工夫等哲学概念的界定上,台湾学者意见众多,比较研究之后,笔者尤其推崇台湾大学哲学系杜保瑞教授以基本哲学问题为探讨视角的中国哲学诠释体系——"四方架构"。所谓"四方架构"即从哲学基本问题出发,将中国哲学的探讨划分为宇宙论、境界论、本体论、工夫论等四方面路径,以此构建中国哲学研究的诠释体系。以"四方架构"作诠释进路,罗汝芳研究或又有新面貌。

综合以上梳理,阳明学视域中的罗汝芳研究可以参阅的资料,可以借用的架构都是相对丰富的,但我们还需兼具更广阔的研究视野,比如一位思想

---

① 黄汉昌:《罗近溪学述》,《中国思想研究辑刊》第 31 册,新北:花木兰文化出版社,2011 年,第 90 页。

② 参见李德材:《罗近溪哲学之研究》第二章,《中国思想研究辑刊》第 12 辑第 45 册,新北:花木兰文化出版社,2011 年,第 50 页。

③ 李德材:《罗近溪哲学之研究》第五章第三节,第 136 页。

④ 李德材:《罗近溪哲学之研究》第五章第三节,第 142 页。

⑤ 参见李沛思:《从工夫论看罗近溪思想之特色》第六章,《中国思想研究辑刊》第 12 辑第 44 册,新北:花木兰文化出版社,2011 年,第 184—191 页。

家哲思体系的建构与当时社会环境具有怎样的关联,对当时文化思潮的演进具有怎样实际的作用和影响? 对该问题的回答促使笔者将研究重点投向阳明学整体发展与中晚明文化思潮整体演进的探讨上。然该课题的研究可以借用的诠释架构尚待发掘,这也因此成为笔者矢力的方向。需要特别说明的是,为了更全面地进行个案分析,笔者试图兼顾文献考证、思想溯源、哲学研究三大领域,然毕竟学力有限,故难以在各个层面尽善尽美。笔者在日后的研究中,将会在本著基础上作进一步的探讨与研究。

第三节　内容安排与创新价值

本书首先采取文献疏解、系统呈现等研究方法对罗汝芳成学过程、思想背景、仕途经历及其淑世情怀等作全面整理和述评;在此基础上,从思辨哲学、实践哲学两种视角,结合范畴研究与基本问题研究的探讨方法,详细分析思想家在形上学存有论、宇宙论面向上的基本立场,于工夫论、境界论的根本倾向;并借助台湾大学哲学系杜保瑞教授提出的"境界工夫""本体工夫""工夫次第"等概念完成对罗汝芳哲思体系的解读,依次发掘罗氏哲思主张于当时文化思潮发展、演进的直接关联和深远影响;在基本掌握罗汝芳哲学特色之后,采取比较研究和关联研究的探索路径,深入探析其与宋代理学、阳明心学等学脉之间的真实关系;此后又以"信己"且"安常"这一新的导引关系链,考察罗汝芳哲思建构于晚明社会发展现状和文学演进趋势的关照和影响。为方便他人研究,本书于附录部分对罗汝芳生命历程、交游人士进行了更为系统且详尽的考证梳理,涉及年谱补编、佚文辑考等内容。具体而言,本书主要内容包括以下五方面:

第一,罗汝芳的生平经历和淑世情怀。对罗汝芳生平经历的梳理,本书以近溪交游经历作为研究考述的侧重点。关于罗汝芳成学过程的研究,笔者将从其家学、师承两方面内容谈起。在近溪家学层面,将就其父前峰先生的游学经历给出考述;师承层面,在文献考述的基础上,对近溪的拜师求学经历作一更全面的述评。其中不仅涉及罗汝芳与颜均、胡宗正等人的会面经历,更对近溪私淑性质的师承关系作出梳理,比如近溪与邹东廓及其门人之间的往来,与佛氏古灯法师之间的交流等。同时借助更为丰富的文献史料,对近溪"三进三出"的仕途经历作系统梳理。以此为前提,建立在史学考据的基础上,全面揭示思想家的从政经过、官场交游、治世观念、实践意识等。并针对学人往往指正的近溪"杂禅"、近道倾向,本书将从更广的视野展开探讨,其中包括对近溪子极具地方特色的政治举措的实施,对宗教信仰的有条件选择、宣传等角度给以述评。

第二,从思想史角度系统梳理罗汝芳的立学初衷、思想根基、哲学创制。其中涉及罗汝芳关于宋明理学家各家学术观点的根本理解,涉及白沙学、阳明学的比较研究,更涉及思想家对待白沙学、阳明学乃至泰州学的批判继承态度和自身思想创制。

第三,两分哲学研究的路径,就思辨哲学、实践哲学两条路径,详细分析罗汝芳的形上学、工夫论的各自发挥。概括来讲,罗汝芳形上学建构是以宗"性"为根本。其解"心"建"性"的努力,一方面体现了近溪学术对程朱、陆王哲学思想的批判继承态度和创新开拓意识,另一方面突显了罗汝芳鲜明的道德主义立场。实践哲学方面,笔者采取境界工夫为研究进路,系统分析了罗汝芳工夫论主张的若干理念及理论依托,在此基础上,重新审视了罗氏工夫论与其本体论、宇宙论、境界论等哲学主张之间的重要关联。与此同时,详尽剖析了境界哲学的创新视角对于晚明哲学研究的重要价值。在此情形下,不仅通过对比研究揭示了罗汝芳哲思理念的根本趋向,并且深入发掘了晚明心学流弊日益漫衍的真实原因及深刻影响,继而揭示罗汝芳于阳明心学、于晚明理学的重要贡献。

第四,以"信己""安常"为理论线索,考察罗汝芳哲思体系的现实关照。其间涉及对思想家在心性论方面的抚世情怀的解析,涉及对罗汝芳于晚明文学真实启发和不同层面的影响的探讨。继而通过比较研究,全面梳理罗氏在文学、理学两个方面在当时的影响力,也同时考察了中晚明阶段"性"与"情"等概念话语权、解释权从理学向文学的转移,从中发掘王阳明、罗汝芳、李卓吾、归有光等人诸多言论的深层意义。

第五,附录部分主要是针对当前罗汝芳研究文献凌乱的现象,尽可能细致地对思想家生命历程进行考证梳理,完成对其部分散佚诗文的辑考。

本书的理论创新与实际价值,大致可概括如下:第一,在诠释方法的选择上,将个案研究纳入宏观视野,在详尽解析研究对象生平与哲思体系的同时,考察其于当时文化思潮演进的实际作用和现实影响。第二,构建了文献研究、思想研究、哲学研究一体化的探讨进路。于文献研究领域,以"一分材料说一分话"为基本科研态度,采取行事考述与思想探究并行的举措,对罗汝芳生平经历、佚诗佚文作了全面细致的梳理,并尽可能地还原了罗汝芳作为一名思想家其生命的饱满度。于思想研究层面,系统呈现了研究对象思想发展、演变的线索和渊源,及其思想主张的影响和价值。于哲学研究方面,据哲学基本问题出发,立足实践哲学场域,借用境界哲学视角,从本体论、工夫论、境界论、宇宙论等多个层面实现了对罗汝芳形上学观点和实践哲学主张的深入解读。

上 篇

"出""处"自然，"善无常主"

——罗汝芳的生平及其思想历程考述

第一章 罗汝芳家世略考

罗汝芳家世考述涉及多方面内容,需要说明的是,"家世"不同于"家事",对后者的考述是为梳理思想家生平经历,关于前者的整理不仅关系到研究对象自家史实,也是当时社会体制运作、士人心态演变的微观呈现。

第一节 世居南城,祖籍磁龟

罗汝芳祖籍江西南城,明时隶属建昌府,现为抚州市下辖县。关于南城名称的由来,同治《南城县志》卷一《沿革》曾载:"汉立豫章郡,以地之东南为南城,称名所由肇焉。"①关于南城罗氏一族的历史,罗汝芳在《南城四石溪罗氏祠记》里曾道:

> 罗之祖来自西汉,载于谱牒昭昭矣。逮晋而唐,始蕃盛于南昌之柏林。及五代而侍御德称公家南城磁龟,娶九妻,生子十四,皆一时英杰,各择胜地以居。于是忠六公者,遂止四石溪,时后唐中宗开平四年也。其后冠裳代相济美,而宋节干公声华尤著。传至元末,我彬卿公子之子孟文、仲文、季文三公,又赫然屹出盱南,罗氏益盛前时矣。然孟、仲二公皆赀产相雄,一时罕俪,而季公孝友性生,有儒人风。洪武初,遴选义勇,我彬卿公名隶戎籍。比至永乐中,有事交趾,檄趋行伍甚亟,我季公见二兄有难色,毅然代父以往。阵亡,序功赠京卫百户,祖妣宁不愿,辞去,惟课子孙勤劬耕种,虽赀蓄饶裕而乐善好施。是则某之祖祢所自来者也。②

---

① (清)李人镜等修,梅体萱等纂:《南城县志》(同治十二年刊本)卷一之一《沿革》,《中国方志丛书》华中地方(江西省)第八一八号,台北:成文出版社,1989年,第127页。

② (明)罗汝芳:《罗汝芳集》,南京:凤凰出版社,2007年,第542页。

罗汝芳上述文中所记祖籍南城磁龟,原名磁圭,属南城太平乡二十五都,《县志》亦载:"二十五都,县南八十里东二十四都北二十二都南二十六都西界抚宜。"《疆界》又记:"磁龟堡,明罗圭峰故里。"①卷一之三《山川》中也有与之相应的载录:"双了髻东南出一脉,结磁龟及里龟,过二十四都,上云都,均讫二十都里半部。"②磁龟之地历史文化悠久,贤者过往多有笔墨留念。《南城县志》卷一《风俗志》即载唐时刘禹锡对此地的赞叹:"无童山,无浊水,民承是气,往往清慧而文。"③按刘禹锡以上所说,南城磁龟山水毓秀,民众多有文人风气。至有明一代,地方志记载的南城民众,包括磁龟在内,也多有好古尚道的传统。嘉靖《续郡志》又记南城之民"淳厚而乐善,安顺而畏法,故其民谨于奉公,勤于治业,城府清暇,闾里静肃,近复好古务学崇礼尚贤,科名辈出"④。尚古之风盛行的同时,明中期的南城也是佛、道二教传播的盛地。明正德年间《郡志》记该地"丧事尚佛老,尤泥堪舆家言"⑤。在地域特色的影响下,世人便不难理解罗汝芳幼年诵读圣贤典籍,又接受《法华经》等佛学义理熏陶的缘故所在。

作为多元文化的兴盛之地,江西南城名胜众多,罗汝芳于居乡之时亦曾留墨。比如《南城县志·名胜》载"印石呈章"一景,"一名赤面石又名红屏,在城西五里,石色赭若凝丹,积晕宛见文理"⑥,罗汝芳即题诗《赤壁夕照》,诗云:"盱江城西闻夕舂,赤壁山头云欲封。落日倒挂紫玛瑙,绯烟斜拖金芙蓉。瑶光荡漾类海鸟,鹤影上下疑仙踪。安得鲁戈挥万里,封疆常借春融融。"⑦记"凤冈晓日"一景,罗汝芳又有题诗,诗云:"威凤何年下太空,屹然山立并华峰。清辉德览来千仞,苞采韶仪壮九功。远向昭阳鸣上瑞,近含晚翠护南封。地灵自昔多人杰,应有夔龙入舜瞳。"⑧与以上名胜相比,罗氏家族世居之地的两座山脉更与思想家一生因缘深厚,其一是充满神秘道教色彩的麻姑山,其二是近溪及其父前峰先生授学开讲之所——从姑山。

---

① (清)李人镜等修,梅体萱等纂:《南城县志》卷一之二《疆界》,第176页。
② (清)李人镜等修,梅体萱等纂:《南城县志》卷一之三《山川》,第294页。
③ (清)李人镜等修,梅体萱等纂:《南城县志》卷一之四《风俗》,第383页。
④ (清)李人镜等修,梅体萱等纂:《南城县志》卷一之四《风俗》,第386页。
⑤ (清)李人镜等修,梅体萱等纂:《南城县志》卷一之四《风俗》,第385页。
⑥ (清)李人镜等修,梅体萱等纂:《南城县志》卷一之三《名胜》,第336页。
⑦ (清)李人镜等修,梅体萱等纂:《南城县志》卷一之三《名胜》,第336页。
⑧ (清)李人镜等修,梅体萱等纂:《南城县志》卷一之三《名胜》,第337页。

第二节　毗邻麻姑，"注精"从姑

　　江西南城有二山，一曰"麻姑"，一曰"从姑"。其中，麻姑山自其命名，即与道家、道教关联甚大，自此，后世仙道传说也多与麻姑相系。此外，传闻罗汝芳小楷书法的渊源，也和麻姑古迹有关。《南城县志》收录《麻姑山考》一篇，其中记：

　　　　麻姑山，在县城西南十里，三十六洞天之一（《道书》第二十八洞天）。胜概名天下，建之镇山也。其高千仞，周回数百里（本山《志》：高四十里，周回四百有五里；《道书》：高百丈，周回百五十里；《方舆胜览》：高九里五十步，周回四百一十四里）。发脉于军峰，奔腾百里至芙蓉山，结芙蓉道场。复盘旋二十余里，结丹霞第十福地，又蜿蜒东行结飞炉、王仙、秦人、云锦诸峰，而欢聚于仙都观。其山东瞰郡城，西跨宜川，南控麻源三谷，北则丰草长林、虎狼蛇蝮居焉，东北带盱黎二水为建武之屏障。古称蔡经宅王远麻姑邂逅憩此，又为葛洪炼丹之所。唐颜真卿《仙坛记》载麻姑会方平事甚详。……唐开元间建仙坛在焉（颜记后，郎中张嵲亦有记）坛东南有池常开荷花……右有玉皇殿，后有邓紫阳冢，相传紫阳尸解棺飞去，独遗手垆玉简……古松轩祠前有唐大夫松，相传颜鲁公手植（邑令吴之屏记）。苍鳞虬骨，偃蹇踞地，爪角棱棱，黛色参天。势与清晖阁、白云寮、葛仙峰相环峙，其形如偃盖，名偃盖松（新安范涞记）。……颜鲁公手书小楷碑记在焉，碑阴附刻《卫夫人》、褚河南、虞永兴、欧阳率更、薛稷柳河东、李北海诸小楷。一日碑忽失去，正德间樵竖偶于山涧得之断其一角，贮置郡库，后为一守囊之归，复命俗公摹一碑于郡，益藩潢南道人广访宋榻，命良工精刻函之邸中。万历乙酉太守季膺于罗汝芳家中获所藏旧本镌之，今亦不知所在。①

　　道山为邻，罗汝芳思想体系中对老庄心性思想的汲取，及其二子的道教修行经历，由此可见源头。据《南城县志》载，从姑山亦处东南，然其峻峭雄

----

　　① （清）李人镜等修，梅体萱等纂：《南城县志》卷一之三《山川》，第 343—346 页。

伟则为麻姑所不及。《从姑山考》曰：

> 从姑山在县城东南渡江三四里，抵山麓，明郡人罗汝芳讲学山腰，始开径题所居曰"坐春亭"。亭前有池，池置小舟，四面种荷花，环置古松数十株，松根立石，凡学者日吟哦其间。由山径而上为翠微亭，石磴数百级，南折而登有双石峙如门，名铁关，题曰"盱江名山"。又上数十级凡三折至长春阁即灵峰寺。寺塑佛像甚古，背枕数岩，岩高数十丈，窿然覆之，石面平广。都宪王询题曰"飞鳌峰"，累架千仞，属罗汝芳书，芳乘兴大挥，顷刻而成，笔势遒劲，飞逸若有神助。……北转下瞰，有石隆隆叠起，曰"狮子岩"，北极一峰曰"蹑云岩"，南下为"步蟾岩"，复上则"观音崖"又至前矣。罗汝芳《山图记景》分十区，额数百，以飞鳌为最。①

依据材料记述，与麻姑相较，从姑山对于罗氏一族，尤其是近溪子而言，意义更为重大。罗汝芳《从姑山前峰书屋乞言状》曾记：

> 庚戌夏，先府君携不肖步自山麓。时寺宇既毁，岩洞廓如。其上之奇峰危磴，皆可历历指数。且获闻昔时方士缘崖之状，不觉神兴飞动。遂命童仆披辟蓁荆，引缒岩端，且上且憩。于是取径，从秋泽洞而西至一线天，峡中出峡，缘石磴屈曲而升。至天柱峰顶，盖峡之东峰也。其西则耸绝难至，乃跨峡为桥以度。复从天柱峰而下，其东北则玉屏峰、宾乾洞、狮子岩、回琅石、莲花崖、双耳峰诸胜，其西南则云芝峰、依云石、步蟾石、棋盘石、紫玉园诸胜，穷探极览，凡前所望而莫可即者，皆玲珑中通，天窍旁达。先府君亦喜动颜色，大慰生平。乃徐徐招集旧僧，即故址葺长春阁以安龙像，旁列数橡，以舍缁流。乃依岩下泉池结茆为小斋。岁时伏腊，常携诸子姓栖息其中。结里之者旧数十辈为诗社，清会宴坐，外事了无相涉，独弦诵之声时时溢于石外。四方来学者，闻风日集。辛酉，巡抚浮峰张公，檄有司扁其崖曰前峰书屋。②

据罗汝芳所说，自其父前峰先生便曾在从姑修缮房舍，研修圣学。至近溪，他一生与其父读书求道多在此山，而当其仕途困顿，谪居乡里又以从姑相

---

① （清）李人镜等修，梅体萱等纂：《南城县志》卷一之三《山川》，第355—359页。
② （明）罗汝芳：《罗汝芳集》，第690—691页。

伴。某种意义上,从姑山已然成为罗氏子姓私家学苑。《明德夫子临行别言》亦载近溪病笃之时曾谓诸孙曰:"我今谢世,他无所遗,只遗从姑山房,是先大夫读书之所,我一生注精焉,汝等子子孙孙,当世守之。"①依照罗汝芳临终遗训,可见罗氏一族与南城从姑山脉的深厚因缘。事实上,前文引《南城县志》记载内容具体可参见罗汝芳《从姑山图序》,近溪此文即为方便后人"可按图而寻胜"②而作。

---

① （明）罗汝芳:《罗汝芳集》,第 304 页。
② （明）罗汝芳:《罗汝芳集》,第 487 页。

第二章 罗汝芳成学背景：
"善无常主"贵自得

对罗汝芳生平经历的研究，必然涉及思想家成学背景的考察。于该领域，以往探讨视角多将关注点投向颜山农、胡宗正等人身上。有别于以往研究路数，我们认为，作为中晚明阶段重要思想家，罗汝芳学有所得、有所成，和他本人的成长环境、师教背景以及自身努力，都有不同程度的关联。因此，今天我们关于近溪子成学经历的考察，将从家学影响、师承考述、悟道经历等三方面展开。

第一节 家学影响：饶氏、前峰之引导

谈及罗汝芳的家学影响，首先需要提及近溪母宁太安人。罗汝芳幼时教育多得其母所授。近溪曾自述："方就口食，先妣即自授《孝经》、小学、《论》《孟》诸书。"①饶氏对罗汝芳的教育多以传统儒学为主。与此同时，饶氏对子女的影响还体现在她个人的宗教信仰层面。罗汝芳《先母宁太安人墓志铭》记其母逝前的行为表现，多有修禅向道之意。比如篇中载："母是时久已玩心太虚，性地融彻，日惟瞑目静坐。汝芳侍之，移时不接一语。间叩焉，则曰：'此际此心，空空洞洞已尔。'如是三载，忽食顷，集诸妇语曰：'人生苦欲多寿，即千龄与此日何殊？'随呼婢设浴具，浴毕，持笄拭钥，置高所。婢曰：'明取不复劳乎？'笑曰：'吾不复用此矣。'夜半疾作，端坐，鼻流双津而终，时今年六月廿五日寅时也。"②按罗汝芳的记录，其母离世前三年已有瞑目端坐的静修表现，由此也足见饶氏修禅向道之举已非短期之事，而罗汝芳

---

① （明）罗汝芳：《罗汝芳集》，第 231 页。
② （明）罗汝芳：《罗汝芳集》，第 638 页。

一生宗教因缘原早受家庭宗教氛围浸渍。

罗汝芳父亲前峰先生（罗崇纲）对其影响，则主要体现在阳明学领域。嘉靖庚子（1540），罗汝芳学从颜山农之前，前峰先生实是他在阳明学上的重要引路人。罗怀志《罗明德公本传》记：

> 壬午，饶行斋与父谭阳明功业学派，公静听不倦。饶试云：“小子须勤经学。”公应声曰：“大人能格君心。”识者豫知为不凡儿矣。①

引文中，与罗汝芳父亲前峰先生谈论阳明功业学派的，正是陈明水老师饶行斋。饶氏，讳瑄，字文璧，江西临川人，后复字德温，号行斋。从时间角度考察，按嘉靖壬午（1522），罗汝芳仅八岁，此时即因其父前峰先生的指引，与阳明学结缘。至青少年时期，罗汝芳曾寻道学路径，闭关静坐，以灭私意，最终用功致疾，正是前峰公以阳明学启发之，近溪始有新觉悟。罗汝芳记云：

> 出就举业，所遇之师，却是新城张洵水先生，名玑，为人英爽高迈，且事母克孝，每谓人须力追古先。于是一意思以道学自任，欲宗习诸儒各样工夫，屏私息念，忘寝忘食，奈无人指点，遂成重病。赖先君旧领阳明先生之教，觉儿用功致疾，乃示以《传习录》一编，不肖手而读之，其病顿愈，而文理亦复英发。②

罗汝芳初学张洵水，当在嘉靖己丑（1529），因刘元卿《近溪罗先生传》记其：“十五，从新城张洵水先生学。”③正在该年，罗汝芳立志圣学。而其宗习诸儒工夫的时间段应是嘉靖辛卯（1531）、嘉靖壬辰（1532）。杨起元《明云南布政使司左参政明德夫子罗近溪先生墓志铭》载：“辛卯，归吴恭人于新丰。一日，诵薛氏《语录》云：‘万起万灭之私，乱吾心久矣，今当一切决去，以全吾澄然、湛然之体。’夫子焚香叩首，矢心力行，数月而澄湛之体未复。”④又记：“壬辰，闭关临田寺，几上置盂水及镜，对之坐，令心与水镜无二，久之成病。

---

① （明）罗汝芳：《罗汝芳集》，第 829 页。
② （明）罗汝芳：《罗汝芳集》，第 231 页。
③ （明）罗汝芳：《罗汝芳集》，第 864 页。
④ （明）罗汝芳：《罗汝芳集》，第 920 页。

前峰公忧之,授以《传习录》,夫子读而病瘥。"①由此知,促使近溪子学至成疾的,正是明初理学家薛文清(薛瑄)的灭绝私心主张,而促其病愈的乃是前峰先生所授《传习录》。以此来看,嘉靖庚子(1540)罗汝芳遇颜山农之前,因前峰先生的指引,已早习阳明学多年。及至嘉靖甲辰(1544),罗汝芳弃廷试归乡,又与其父有过数载研习阳明、行斋学术的经历。罗汝芳《先府君前峰公行状》一文中,详细描述了这一研修过程:"父子怡然于从姑、玉冷之间,绝无外慕。每春和秋清,携芳侍榻观空岩下。中夜披衣起坐,商定经书疑义,必述阳明、行斋二先生之说以示归的。"②前峰先生不仅是近溪的阳明学引路人,并且也是近溪求学路上重要的印证者。比如罗汝芳先后两次关于"格物"的理解,都是由其父做决断。罗怀智《罗明德公本传》:"己酉,请证格物于父,父不为然。三年后忽悟,直趋父榻前陈之,父跃然起曰:'得之矣。'"③按嘉靖乙酉(1549)前一年(案,嘉靖戊申 1548)罗汝芳曾向胡宗正研习《易经》,据此可知,尽管罗汝芳自认为有所得,但真正确证其是否学有所成的,仍是其父罗前峰。

综合以上考述,罗汝芳自八岁和阳明学结缘,到青少年时期受启发于《传习录》,再后来跟随前峰先生山中研习阳明学说,乃至嘉靖乙酉及后三年,思想家关于"格物"的理解,前后三十余年,其父前峰先生于近溪子早年学术的积累及此后治学路径的选择皆有重要的引导之功。

第二节　师承考述:"真师"与旁宗

关于罗汝芳师承的梳理和考辨,笔者以为需要特别重视。罗氏一族向来对师教极其重视,前峰先生学于饶行斋,正是得近溪祖父两岗公的授意。至罗汝芳,根据前文分析,前峰先生罗崇纲实乃近溪子启蒙老师。而在近溪拜师颜钧之前,其实出自存斋公徐阶门下。按徐阶弟子郭斗《刻近溪罗先生会语叙》一篇记云:"余与近溪罗公同举癸丑进士,为相国存斋先生门人。"④由此可知罗氏曾拜学徐存斋。至于颜山农之教,罗汝芳与其确有厚交,且除

---

①　(明)罗汝芳:《罗汝芳集》,第 920 页。

②　(明)罗汝芳:《罗汝芳集》,第 657 页。

③　(明)罗汝芳:《罗汝芳集》,第 829—830 页。

④　(明)罗汝芳:《罗汝芳集》,第 938 页。

自身学于颜钧外,近溪也曾介绍曾守约、程学颜等人给颜氏。据曾守约记:

> 愚少时,从举子学于厚山邱先生,未闻有所谓道学也。缘居邻近溪罗先生,目击游门者遍天下,又未闻有所谓山农颜先生也。及罗师日加诱谕,拉愚于天一山中,见举业文章,因契重焉,遂拜之。[①]

此外,颜山农在《程身道传》中有云:

> 耕樵衰罢学颜,忍笔志传曰:程子名学颜,字宗复,号后台,楚孝感人也。其先河南,二程衍派。其为人也,自行修毅秀庳。壬子,乡荐,为养就谕经校。丙辰,赴会,不第。会罗太湖汝芳引究耕樵,夜谈灵济五七榻。[②]

根据上述文献载录,罗汝芳、颜山农二人确有密切往来,然按罗子自述,且依学界原持定论,罗氏得颜山农之教乃是"制欲非体仁"[③]的治学主张。按此时(嘉靖庚子,1540)罗汝芳遇颜钧之时,其大致宗旨仍以程朱理学的"克己"理路为主,而其得山农启发,并大有所悟,应为其"能己"观念的酝酿阶段。在该前提下,罗汝芳并未由颜钧习得泰州立教的根本主张,又从哲思理念的具体内涵层面分析、辩证,罗汝芳经由颜氏习得泰州学脉宗旨的理论条件并不充分。

泰州一脉向有"大成乐学"理念,该理念在王艮、韩贞、颜钧等人的思想体系中皆有相当明显的体现。王艮晚年曾作《大成歌》,其"乐学"精神多为门人继承发挥。耿定向《陶人传》一篇有记心斋弟子韩贞论学相状,记云:

> 有陶者,韩乐吾氏,名贞,居蓬屋三间,陶覆为生。……每秋获毕,群弟子班荆趺坐,论学数日,兴尽则拿舟偕之,赓歌互咏。如别林聚所,与讲如前。逾数日,又移舟如所欲往,盖遍所知交居村乃还。翱翔清江,扁舟泛泛,下上歌声洋洋,与棹音欸乃相应和,睹闻者欣赏若群仙子

---

① (明)曾守约:《心迹辨》,见《颜钧集》卷九《附录一》,北京:中国社会科学出版社,1996年,第79页。

② (明)颜钧:《程身道传》,《颜钧集》卷三,第22页。

③ 参见(明)罗汝芳:《罗汝芳集》,第232页。

嬉游于瀛阆间也。①

韩贞的教化举措和生活状态一方面与其出身经历有关,另一方面则集中发挥了泰州学派的乐学理念。总体上讲,作为心斋子弟,韩贞在阳明后学群体中有广泛影响力。《乐吾韩先生遗事》篇载:"先生从事心斋时,海内名士共学者,如唐公荆川、罗公念庵、王公龙溪、欧阳公南野、邹公东廓、董公萝石、李公石鹿,皆海内名贤,咸与先生同门分席,后诸公登第居要,各致书币相征,而先生辞币受书,动辄以自修不及为愧,愿诸公不负所学为望答之,竟不一见也。荆川唐公亲书'流芳'二字寄之,盖不胜契慕云。"②根据时人对待王艮、徐樾、韩贞等人的不同态度,令人匪夷所思的是,颜山农虽也遵循泰州"大成乐学"的基本宗旨,但其过度发挥的理论创制似与泰州学存在一定偏差。

首先,颜山农作为泰州一员,在"大成乐学"宗旨的继承方面自认为已得圣境。这一自以为是的观念在颜氏行为乃至言论中皆有体现。其曰:

> 樵当际会,有缘先立徐师波石之门,随任住京畿三年,叨获造就三教活几,继入淘东师祖王心斋坛上,规守三月,乐学大成正造,快递自心,仁神阃奥,直任夫子至德要道,以仁天下人心,曰:"千古正印,昨日东海传将来;四方公凭,今朝西江发出去。"③

> 阳明夫子,引人入门,下手曰:各各凝聚自己精神心思,如猫捕鼠,如鸡覆卵,如此七日,不作声臭于言动之间,即为默识知及之功要,开心遂乐之先务也。心斋夫子自得教人曰:人心本自乐,自知中正学。知学日庸中,精神鼓飞跃。飞跃成化裁,人心同学乐。乐是乐此学,学是学此乐。乐便然后学。不乐不是学,不学不是乐。乐是学,学是乐,呜呼,天下之乐,何如此学! 天下之学,何如此乐! 山农受传,而造有获,自成仁道。④

据此,颜山农理解的阳明主张及泰州立教宗旨乃是充满神秘意味的工夫观点和圣人境界的"乐学"理念。按其自述,其学于心斋,三月即得"正造",得

---

① (明)耿定向:《陶人传》,见《颜钧集》附《韩贞集》附录一,第188页。
② 《乐吾韩先生遗事》(佚名),见《颜钧集》附《韩贞集》附录一,第193页。
③ (明)颜钧:《履历》,见《颜钧集》卷四,第35页。
④ (明)颜钧:《录阳明心斋二师传道要语》,见《颜钧集》卷五,第42页。

阳明正传。颜氏的说法,严格来说只能认为是在理论上理解了心斋主张,但与实践证成并无关系,因为证成必须借助日积月累的工夫实践,并不存在限定的时间维次,也正如此,其关于阳明学的理解实则是极为偏颇和极端的。这一自负的态度促成颜氏的宣教重心并不在本体工夫的拳守,亦因学识水平的限制,也不能在形上学存有论的思辨上有所发挥,于其而言,矢力处唯有在心性境界上的宣扬,自谓:"俗尚八十庆赏,独坐中庭自乐,襟次衍歌曰:八十年深兮道心蒸,歌舞如狂兮乐精神。精神辚辚兮形器彬彬,盎大中兮学庸征,上下四旁兮同囿仁。天地万物兮谁经纶? 覆载持帱兮春秋匀。无臭莫测兮亨利贞,万古一夕兮惟帝心。"①事实上,颜钧在自以为臻善境界达致的情况下,对兼顾形上学探讨的罗汝芳也曾有微词,劝谕其曰:"性海无波荡漾清,情湖有雨霎时新。我心何事经纶别,自是流行万化仁。"②颜钧此处对罗汝芳的批评原则上正是教其放弃对"书""经"的诠解,完全以圣人、得道者的身份治学、讲学。按上述分析,颜山农对宋明以来心学的理解程度,只是抓住了圣人境界,而概念思辨的存有论以及"书""经"注解的知识既不是其关注的重点,也不在其学术理解范围之内,一定意义上讲,这也正是颜山农狂简风格形成的重要缘故。

其次,在无力理论创制,唯究圣学境界的情况下,颜山农进一步以宗教信仰的模式确立儒学的神圣性质和权威地位。参见其文:

己丑八月二十三日自纪:直言仁神正学,以决今天下之泟拟。③

今之为计,须吾辈约会以后,倒洗肝肠,直肩要道,内而凝一,外而庄修,不驰眩于多学,不索隐于行怪,所谓依乎中庸,以神孔孟之教,至于无不持载,无不覆帱,凡有血气者莫不被吾学而生化润泽之,又何不可慊当路之怀,理斯民之口,显经纬之文,而翊大君之治者乎?④

夫子大中大易之神道设教,以为炉铸仁道,行丽家国天下,醉饱太和,不欺诳也,岂惟默运明哲哉!⑤

①　(明)颜钧:《衍歌》,见《颜钧集》卷七,第63页。
②　(明)颜钧:《讽答近溪》,见《颜钧集》卷八,第70页。
③　(明)颜钧:《论大学中庸大易》篇首,见《颜钧集》卷二,第18页。
④　(明)颜钧:《告天下同志书》,见《颜钧集》卷一,第6页。
⑤　(明)颜钧:《失题》,见《颜钧集》卷二,第11页。

> 大抵三教至人原宗,俱在口传心受。心受之后,各随自己志尚大小,精神巧力,年惯积造之三到何如。如曰圣学,则有御天造命,事天立命,畏天俟命三级程造也,能此等而上之,皆可神道设教,生天地人物而位育也。①

颜山农上述语段中反复言及"仁神正学""神道设教"等语,由此见其原本是以宗教信仰的态度对待孔孟圣学,并没有在学术上有任何发挥和创制。这一特色在其诠解"仁者寿"的问题上也可得证。其云:"寿,常道也,仁者寿。贵仁,天道也,仁人寿显。是以舜年百有十岁,文王九十七,颜子三十二,而皆贵显。……仁天则指寿常之道,帝生根脉也。是生之为生,森也,无今古,无终始,无问天地人物,自擅化工也。"②这里,颜钧关于"仁者寿"的发挥,主要还是通过举例说明的方法试图证成,并不具有思辨的要素。除此之外,颜钧不仅自身以宗教信仰的方式推崇圣学,并且以该路径宣讲、发挥泰州主张。《颜钧集·自传》载:

> 时在甲辰秋,聚同年若干、京仕若干倡会九月,招来信从者若谭纶、陈大宾、王之诰、邹应龙等四十七人。秋尽放棹,携近溪同止安丰场心师祠。先聚祠,会半月,洞发心师传教自得《大学》《中庸》之止至,上格冥苍,垂愚大中之象……甚显明,甚奇异。铎同近溪众友跪告曰:"上苍果喜铎悟通大中学庸之胐灵,乞即大开云蔽,以快铎多斐之恳启。"刚告毕,即从中开作大圈围,围外云霭不开,恰如皎月照应。③

按颜钧记,其嘉靖甲辰年间曾携罗汝芳月夜跪拜冥苍,且祈求神灵开示,这一举动原则上即已有违儒学价值观、宇宙论等方面的基本立场。据此,需要追问的是,罗汝芳如何看待颜山农其人的呢?罗汝芳在隆庆戊辰(1568)救助颜钧的《揭词》中曾曰:

> 汝芳自受业德师颜钧,生永新山乡中,自幼形质癯瘠,心性冥昧……自言其学其教,必劝勉天下人尽为孔孟。然容貌直率,辞气不

① (明)颜钧:《论三教》,见《颜钧集》卷二,第15页。
② (明)颜钧:《寿吉阳七十一生辰序》,见《颜钧集》卷二,第9页。
③ (明)颜钧:《自传》,见《颜钧集》卷三,第25—26页。

文,其与人札三四读不可句,细味之,则的的能晰孔孟心旨,发先儒之所未发。见人有过即规正之,虽尊贵大人不少贬阿。故与往来者,甚受其有益身心,久则不能堪。盖与人为善,如是其急急也。间有闻其名未亲见者,或骇以为狂悖不经,遂致罹居枉狱,月淹岁深。今幸公论明白,人皆称冤,而天恩浩荡,诏书雪理。芳自幼受业其门,承其教育造就之恩,与生身无异,相待密切余三十年,见其家居孝友甚笃,与人为善之公,贯金石不渝,质鬼神无疑;其轻财尚义,视人犹己,鬻衣装以给生徒之费,忍饥寒以周骨肉之贫,求之古人,亦难多得。①

客观地说,罗汝芳上述言论不无回护之嫌,其评颜氏"孝友甚笃""轻财尚义""忍饥寒以周骨肉之贫",或符实情,然道山农"质鬼神无疑",则令人置疑。一味尊崇之中,罗汝芳亦有揭露颜钧"容貌直率,辞气不文,其与人札三四读不可句"这一事实,那么罗子评其"的的能晰孔孟心旨,发先儒之所未发",只能理解为自身主观的一种体会和再诠释。综上分析,泰州一脉,颜钧并未真得心斋要旨,而罗汝芳与颜钧之间确有师徒情谊不假,但他们两人间的学术关联却非泰州立场的延续。

与颜山农于罗汝芳的启发之能相较,胡宗正则被罗汝芳认为是"真师"。近溪云:

予早年未遇真师,亦尽是把这工夫去做,亦喜其说为得《易经》之蕴。后弱冠遇人教以讲《易》须先乾坤,乾坤须先复:乾坤二卦,虽不相离而不可相并,六十卦皆是此意。故今说复,也要乾来应照。……其复善,又是复善之最长,而非可以他卦例言也。②

问题是,根据前文分析,罗汝芳从颜山农得泰州之教的可能甚是微茫,那么接下来我们就要追问,胡宗正教授近溪子的是何等学问? 就罗汝芳的描述可知,罗汝芳向胡子宗正所学的,正是宋明以降向有流传的先天《易》学。曹胤儒《罗近溪师行实》记:

戊申,师遣人以厚币聘楚中胡子宗正。宗正旧常以举业束脩师。

---

① （明）罗汝芳:《〈揭词〉及助资姓氏》,《著回何敢死事》附录,《颜钧集》卷五,第44页。
② （明）罗汝芳:《罗汝芳集》,第279页。

师知其于《易》有得也，兹欲受之。比至，则托疾杜门，寝食不相临。及有所扣，漫不为应。师曰：“我知之矣。”遂执贽愿为弟子。宗正乃言曰：“易之为《易》，原自伏羲泄天地造化精蕴于图画中，可以神会，而不可以言语尽者。宜屏书册，潜居静虑，乃可通耳。”师如其言，经旬不辍。宗正忽谓师曰：“若知伏羲当日平空白地著一画耶？”师曰：“不知也。”宗正曰：“不知则当思矣。”次日，宗正又问曰：“若知伏羲当日平空白地一画未了，又著二画耶？”师曰：“不知也。”宗正曰：“不知则当熟思矣。”师时略为剖析，宗正默不应，徐曰：“障缘愈添，则本真益昧。”如是坐至三月，而师之《易》学，恍进于未画之前，且通之于《学》《庸》《论》《孟》诸书，沛如也。①

依照上述引文，罗汝芳从“楚中高士”胡宗正所学“先天易学”无需质疑，然据他描述，此处的胡子其“高士”地位正类似于以往的隐者身份。这和宋元以来的以道教主导的先天《易》流传方式极其相似。邵雍之外，宋末元初，《易外别传》的作者俞琰在提及自身学《易》经过时也曾云：

《易外别传》者，先天图环中之秘，汉儒魏伯阳《参同契》之学也。人生天地间，首乾腹坤，呼日吸月，与天地同一阴阳；《易》以道阴阳，故伯阳借《易》以明其说，大要不出先天一图，是虽《易》道之绪余，然亦君子养生之切务，盖不可不知也。图之妙，在乎终《坤》始《复》，循环无穷；其至妙，则又在乎《坤》《复》之交、一动一静之间。愚尝学此矣，遍阅《云笈》，略晓其一二，忽遇隐者授以读《易》之法，乃尽得环中之秘，反而求之吾身，则康节邵子所谓太极、所谓天根月窟、所谓三十六宫靡不备焉，是谓身中之易。②

结合邵雍《易》学的传承系统，再按俞琰以上所记，我们大可确定罗汝芳乃是自认得先天《易》之传承。与此同时，罗汝芳延续邵雍“太极”“天根月窟”“三十六宫”等话题相继展开的思想理念，同样也是建立在先天《易》学基础上的理论推拓。

---

① （明）罗汝芳：《罗汝芳集》，第835页。
② （宋）俞琰：《易外别传》，张继禹等编《中华道藏》第16册，北京：华夏出版社，2004年，第610页。

事实上，作为一名“善无常主”的思想家，罗汝芳一生拜学之人，也并不局限于徐存斋、颜山农、胡宗正等人，又有“石梁先生”。《永赖奇勋册序》一篇中，罗汝芳曰：

> 余不肖，叨公大父石梁先生所造就，因常躬叨公庭而观其世德之盛，即兴居服用，犹类寒儒，此其事为未见之先，人已闻之而信从，望之而慑顺。计其将来，虽身当国是，力秉钧机，且裕如也，奚有于一进贤之政，又奚有于进贤一税亩之度也哉！①

这里的“石梁先生”便又是罗汝芳所从师之一。综合以上考辨，罗汝芳未必是泰州学术传人。

第三节　悟道经历：从“良知实践学”的发明 到晚年白沙学的转向

罗汝芳自嘉靖癸丑（1553）居官太湖，其早年的拜师求学经历基本结束。接下来的时间，他基本进入自行悟道的阶段，这一悟道过程以万历丁丑为分水岭，因《耿天台先生文集》卷四《与刘养旦·辛巳》第三书中曾评价近溪此年进京讲学，其学已然醇熟。具体来说，罗汝芳的悟道经过，大概可从以下四方面说起：贯穿其一生的“性命之论”；不断发展的“克己”一说；发明于隆庆五年的“良知实践学”；万历年间的白沙学转向。

大致上讲，我们之所以认为“性命之学”贯穿近溪子一生，原因在于思想家自执政太湖，即已“日进诸生以性命之学”②，直至临终，思想家仍教导其门人子弟“性命一理，更无疑矣”③。至于“克己”一说，嘉靖庚子（1540），罗汝芳受教颜山农，得其“制欲非体仁”与“扩充善端”之教，就已摒弃传统儒学视域中的“克己”理念。后至万历丁亥（1587），近溪七十又三，作《报许敬庵京兆》，便是和许孚远据理力争“克”字之训，期间对自身“能己”理念作出的总结。

如果说以上二论乃是近溪子一生矢力所在。那么以下思想转变则是近

---

① （明）罗汝芳：《永赖奇勋册序》，《罗汝芳集》第 516 页。
② （明）罗汝芳：《罗汝芳集》，第 293 页。
③ （明）罗汝芳：《罗汝芳集》，第 296 页。

溪晚年学术主张的全新演进。关于"良知实践说",李安仁《石鼓书院志》(上部)《寓贤》记:

> 罗汝芳,号近溪,江西南城人,由进士历官参政。隆庆年间与太守李同野渭游南岳,刘太仆卿邀至龙雁樵舍,与易桌金讲订日夕,集后进诸生数十人,校文改课,稍暇即发明良知实践之学,切切肫肫,务求真实。①

经考,罗汝芳遍历衡湘,走访同志、友人的时间是在隆庆辛未(1571),曹胤儒《罗近溪师行实》载:"辛未,窀穸事竟,乃周流天下,遍访同志,大会乐安,大会南丰,大会韶州,由郴、桂下衡阳,大会刘仁山书舍。每会必有《会语》,今存,而此学大明。且是行也,游濂溪月岩、谒永州舜陵,纵观九嶷,深入峦洞。陟日观于上封,读禹碑于岳麓,酌贾谊井泉,挹汨罗庙貌,而衡湘幽胜,殆尽其概矣。"②根据曹氏对罗汝芳生平经历的整理,其"良知实践说"的发明,正是在隆庆五年。

再来说罗汝芳万历年间的白沙学转向,其高足杨起元作《白沙先生全集序》,篇中云:

> 某自四十以前未足以窥先生藩篱,不知是集所系之重如此,四十以后从近溪罗先生学,转读兹集,乃稍窥一斑。③

> 其(白沙)言曰:"天自信,天地自信也,自动,自静,自阖,自辟,自舒,自卷,牛自为牛,马自为马,甲不问乙供,乙不待甲赐。"呜呼,尽之矣。至于进退辞受之际,截然不苟纲常伦理之间,蔼然太和,形与性合,人与天侔,无事拘检之迹,而名教以端,不假事功之彰,而风声以达。④

关于罗汝芳晚年向白沙学的倾斜,在之后的思想探讨中,我们将给出详

---

① (明)李安仁、王大韶,(清)李扬华撰,邓洪波、刘文莉辑校:《石鼓书院志》,长沙:岳麓书社,2009,第25页。

② (明)罗汝芳:《罗汝芳集》,第841页。

③ (明)杨起元:《重刻杨复所家藏文集》卷二,《四库禁毁书丛刊》集部第63册,北京:北京出版社,1977年,第577页。

④ (明)杨起元:《重刻杨复所家藏文集》卷二,《四库禁毁书丛刊》集部第63册,第577页。

细解释。大体上讲,这一转向的理论基础,便在于罗氏对王阳明"致良知"理论的质疑,以及他对"能己""率性"、随顺"安常"等主张的强调,正和白沙"自然之学"的思想宗旨极其相契。再确切地说,罗氏思想向白沙学的倾斜正是阳明学后期境界哲学趋向的流变结果。

第三章 罗汝芳仕途起伏：
"出""处"之间成名士

我们之所以将罗汝芳仕途经历作单章论述，是出于以下考虑：一者，罗汝芳具备强烈的自觉担当意识，他的实践精神首先便体现在为官之道层面；二者，作为一名思想家，罗汝芳颇具主观色彩和宗教特色的行政举措历来备受时人关注；三者，罗汝芳的侠义精神、宗教修养与他的政治抱负往往呈现冲突的局面，对矛盾关系的处理，直接关系思想家的仕途起伏，于此，对罗汝芳应对举措的研究，一则可见其政见主张，二则可见其思想精神。

第一节 仕途经历及施政理念

罗汝芳自云："芳自弱冠登第以待强仕，观京师近省，其道德之一、风俗不同，不须更论。及部差审录而宣、大、山、陕，取道经由，至藩臬屯田而云、贵、川、广，躬亲巡历，不惟东南，极至海涯，且西北直临塞外。"①根据罗汝芳的自述，因仕途奔波之故，其一生游历足迹遍布天下。

具体来讲，罗汝芳的仕途经历大致可概括如下：嘉靖癸丑（1553）夏出任太湖令，居官三年。罗怀智《罗明德公本传》记近溪："癸丑，廷试不就，中秘选授太湖令，志亲民也。先是邑多盗，公修渤海之政，以道化之，盗悉平。"②罗汝芳任职太湖期间，其政绩相继得到耿定向、胡直、王时槐的赞赏，这在耿氏《审异同慎举刺以惜人才疏》、胡子《同年章近洲补令桐城语别序》、王时槐《近溪罗先生传》等篇目中皆有反映。不仅如此，杨起元《太史杨复所先生证学编》卷三《茶池亭记》中载约万历丁丑年，罗汝芳道经太湖的一番情形："吾

① （明）罗汝芳：《罗汝芳集》，第 255 页。
② （明）罗汝芳：《罗汝芳集》，第 830 页。

师盱江罗近溪先生以嘉靖癸丑进士筮仕太湖令……又出守宁国东昌二郡,副云南臬,至参藩,以赍捧太湖,距作县二十余年矣,县民闻之,携幼扶老,自郊郭达山谷,莫不毕迎,道拥不可行,各献壶浆,先以茗饮。先生顿辔小池,谢壶浆不及御,第受茗饮,口沾而返之,民跪受盏,倾故注新,更进悉效,先生不忍却也,倾茗之处立洼成池,薄暮升车而去,父老子弟攀望弗及,反顾斯池而异之,咸嗟叹曰:是不可不存其迹,以永我公之德,乃相率而为之亭,名之曰'茶池之亭'。"①由引文可见,罗汝芳在太湖任上其言行、举措皆深得民心。后丙辰(1556)入觐,经提拔,为刑部主事,于丁巳(1557)赴任。曹胤儒《罗近溪师行实》:"嘉靖丙辰,师入觐,秩亦垂满矣。时分宜(案,即严嵩)当国,政以贿成。师弊例悉罢,行李萧然,识者刮目。严虽不悦,然以荐剡籍籍也,乃托其婿袁工部者邀师一见,则台省可得。师曰'有命',竟不往。久之,擢刑部主事。适闻古冲李太宰以诬获罪,欲弃官归,具疏终养,座主存斋徐公力止之,乃已。"②庚申(1560),罗氏赴大同任职。罗怀智《罗明德公本传》记:"庚申,出审大同、宣府狱,严氏冤害沈炼,沈虽死,而株连甚众,临行嘱尽杀之,公悉从轻减。"③壬戌(1562),出守宁国,为官四载。曹胤儒《罗近溪师行实》:"壬戌,师在京……未几,师补守宁国。"④万历癸酉(1573),奉召起用,补官东昌。罗怀智《罗明德公本传》篇载:"癸酉,入京,见张江陵曰:'闾阎疾苦,不能上达。'张曰:'尧舜不病博济耶?'对曰:'此自人言尧舜耳,若尧舜之心,时时刻刻必求博济也。'张默然,遂补东昌。赵麟阳忿然曰:'奈何促贤者出,仅以郡劳之。'"⑤甲戌(1574)领任云南,治理腾越近四年。郭斗《刻近溪罗先生会语叙》:"余与近溪罗公同举癸丑进士,为相国存斋先生门人。……万历甲戌冬,公始以副宪来滇,再得会于滇中。公学益精,力益勤,而从游者日益众,欲倡道西南。会同野李公继至,与公同志,又合并旸谷方公、西岩顾公、禹江张公、渐江张公,□水陈公诸君子,讲学五华书院,日孜孜不倦。诸生不惟得领诸君子文学之教,其所熏陶培养者多矣,幸不大哉!"⑥丁丑(1577),被免归乡。周汝登《圣学宗传·罗汝芳》中记:"丁丑,赍捧入京。礼

---

① (明)杨起元:《太史杨复所先生证学编》卷三,《四库全书存目丛书》子部第90册,济南:齐鲁书社,1997年,第352页。
② (明)罗汝芳:《罗汝芳集》,第837页。
③ (明)罗汝芳:《罗汝芳集》,第830页。
④ (明)罗汝芳:《罗汝芳集》,第838页。
⑤ (明)罗汝芳:《罗汝芳集》,第830页。
⑥ (明)罗汝芳:《罗汝芳集》,第938页。

成,请告出城。同志留集广慧寺论学。江陵恶之,嗾言官疏劾致仕。"①综上所述,罗汝芳一生仕途起落无常,但总与其鲜明的人格特征、执政理念相关。

罗汝芳的执政理念总体来讲具备两方面特色,第一,因地制宜,宽以待民;第二,"出""处"自然,"仕""学"兼顾。关于第一点,提及罗汝芳的因地制宜,就不得不说他以佛治世的施政举措。时人向以罗氏居官宁国期间以佛治民为过,但据《宁国府志》记,该地民众向有"丧葬用佛事,至感于风水"②的习俗。在此情形下,罗汝芳的行政举措及其修缮佛塔等等举措,某种程度上皆是抚世安民之举。比如《宁国府志》卷十四记"景德寺在府治北陵阳第三峰……嘉靖乙丑知府罗汝芳重募修塔"③,记"空相寺在城北八十里水阳东镇,旧名白龙院……正统己未副纲寿源重建。寺旧东向,郡守罗汝芳改寺西向,更名南禅禅寺"④,又记"一峰庵在城北十里即敬亭山之一峰,唐大中为广教茶亭,后毁。明正德丙寅僧海重建,嘉靖中知府罗汝芳留题碑刻'寻佛殿土已'"⑤等等,皆可视为因地制宜之举措,同时也体现了思想家极高程度的民本意识。民本意识基础上,近溪待民亦以宽和为重。《嘉庆东昌府志》卷二十载:"罗汝芳,江西南城人,嘉靖间进士,名在儒林宗派,万历初知昌府,人无贵贱,倾心延接,民小犯时,有所纵。舍日进诸生于学宫,讲圣学之要,指示仁体,反复引譬,环桥听者虽市贩屠沽,莫不感动。政余喜书,人持赫蹄乞书,因谕以孝弟大义,进谒者忘其为守矣。风度夷旷,不规规绳尺,海内衣冠往往宗其学。"⑥据此,罗汝芳对待民众的态度与其居官态度基本一致,皆体现出随和、适宜的特色。关于第二点,世人常以"出"指代儒者的入世行动,至于"出"的目的倒是鲜有明确。近溪云:"夫所谓立身者,立天下之大本也,头要顶天,脚要镇地,以立人极于宇宙之间。所谓行道者,行天下之达道

---

① (明)罗汝芳:《罗汝芳集》,第862页。

② (清)曹铨等修,洪亮吉等纂:《宁国府志》(嘉庆二十年补修,民国八年重印本)卷九,《中国方志丛书》华中地方(安徽省)第八七册,第337页。

③ (清)曹铨等修,洪亮吉等纂:《宁国府志》卷十四,《中国方志丛书》华中地方(安徽省)第八七册,第471页。

④ (清)曹铨等修,洪亮吉等纂:《宁国府志》卷十四,《中国方志丛书》华中地方(安徽省)第八七册,第472页。

⑤ (清)曹铨等修,洪亮吉等纂:《宁国府志》卷十四,《中国方志丛书》华中地方(安徽省)第八七册,第475页。

⑥ (清)嵩山修,谢香开、张熙先纂:《嘉庆东昌府志》卷二十,《中国地方志集成·山东府县志辑》第87册,第333页。

也,负荷纲常,发挥事业,出则治化天下,处则教化天下,必如孔子大学,方是全人,方为无忝所生。故孟子论志,必要愿学孔子,亦恐怕偏了此身,小了此身。若偏小了此身,即是羞辱父母。岂必为恶,然后为不孝哉?"①由此可知,在罗汝芳看来,与"处"之教化天下相对应的,"出"便是为治化天下,二者的并行,即是实现天下之达道,成就孔子"全人"之教,不负父母生养恩泽。如此看来,罗汝芳对待"出""处"的态度并无偏向。相应地,在"仕""学"关系问题上,罗氏也多持"知行合一"主张。其云:"仕学,原是一事,但自成己处言,则谓之学;自成物处言,则谓之仕。故人之仕学,患不优耳。'优'字,即'优而游之'之优,乃善致其知,而复于自然之良处也。"②罗汝芳既以"优而游之"共解"仕"与"学",便是主张执政抑或为学都不可过于拘谨,唯放下意愿成事之心,坦然对待,才能自身受用的同时实现"成人"之功。据此理路,"仕"与"学"便可放下先、后之执,共同进行,修身即有齐、治之效。综合近溪子以上观点,在他看来,"出"与"处"的区别在于"治"与"教",而在具体操作上,两方面又可并行不悖。对思想家以上执政主张的分析,引导我们发掘近溪子的仕途实践理念——移风易俗、治化天下,又可推证其根本态度——随机致力、顺适自然。事实上,关于"仕""学"关系的探讨,除罗氏主张"一事"之外,阳明高足欧阳德也曾提到相似观点。其云:"政学本非二事。学以求尽其心,故真诚恻怛充周遍满。其临民也,生养安全,非以市恩;惩责督罚,非以示威。"③应该说中晚明以来,理学家普遍强调的"政学一事"观念实是引导知识分子在进行主体工夫实践的同时,以更开阔的视野积极担当经营现实世界的重任。与此同时,这种"政""学"合一的理念也因此成为讲学一事蔚然成风的有利因素。

第二节　罗汝芳与朝堂重臣

中晚明知识分子社会参与意识主要表现在两方面:其一,参与基层管理;其二,参与政治场域互动。罗汝芳作为一名仕途中人,一方面与朝堂重臣有过应酬来往;另一方面,其交游群体中亦不乏居官之人。

---

① (明)罗汝芳:《罗汝芳集》,第114页。
② (明)罗汝芳:《罗汝芳集》,第92页。
③ (明)欧阳德:《答方三河》,《欧阳德集》卷二,南京:凤凰出版社,2007年,第59页。

一、与严嵩父子：践履义道

严嵩父子作为嘉靖年间权倾朝野的重臣，其恶名向来为当时有识之士不齿。罗汝芳初与严嵩交际，按前文所述应是嘉靖丙辰（1556）。按罗汝芳嘉靖癸丑（1553）刚刚踏入仕途，太湖任满一考，入京进觐，得严嵩赏识，且以"台省"一职相邀，则可知其治民举措已有一定范围的影响力。然罗氏对严嵩的拒绝又得证其清高姿态。事实上，罗汝芳不仅没有接受严嵩的好意，且其接下来的两个举动，某种意义上更是有忤当道之意。曹胤儒《罗近溪师行实》记：

> 嘉靖庚申，分宜父子横恣，海内士大夫皆不平。鹤楼张公、悟斋吴公、幼海董公，并疏论之，朝廷震怒，下狱议戍，继而楚侗耿师疏论吴冢宰。时陆锦衣搜索唆谋，同志股悚，师独就鹤楼三公于部狱，同寝处者四五日，就耿师于朝房，同寝处亦四五日，众皆以昏蒙弗识讳忌为诮，而不知师德义之勇类如此也。[1]

材料中提及的分宜父子，即严嵩、严世藩父子，二人在中晚明社会皆有重要影响力。张鹤楼即张翀，柳州人士，与罗汝芳为同年进士。面对严嵩父子的显赫势力，加之陆锦衣（陆炳）的教唆，罗汝芳敢于和被当道打压入狱或疏远的张鹤楼、耿天台等人继续来往，是需要极大胆力的。又据罗怀智《罗明德公本传》载："庚申，出审大同、宣府狱，严氏冤害沈炼，沈虽死，而株连甚众，临行嘱尽杀之，公悉从轻减。"[2]同是在庚申（1560），抵牾严氏者沈炼（案，字纯甫，号青霞，曾以"十罪疏"弹劾严嵩）亦得近溪助力，免灭族之灾。于以上事迹，可见近溪子侠义气节。这种侠义气节，从原则上讲，实以是非之辩作为依据，而非颜山农式的冒进。

当严嵩得势时，罗汝芳一方面持回避姿态，避免有私交的可能，另一方面又以宽厚举动对待被当道迫害人士。然当严氏一族衰微时刻，罗汝芳又因乡故缘由、侠义情怀，不仅不失礼节，且不避嫌疑，与其往来渐密。《罗汝芳集·语录汇集》记：

---

[1] （明）罗汝芳：《罗汝芳集》，第838页。

[2] （明）罗汝芳：《罗汝芳集》，第830页。

严东楼（讳世蕃，严嵩子）有母之丧，耿楚侗（讳定向）公巡按陕西，差人入吊，托子（罗近溪）致礼，且曰：“厚薄随在酌量。”子以二绢、二葛付差人往送东楼，帖呈介溪（讳嵩）相国，介溪欣然，言于存斋（讳阶），以为难得，遂有南督学之命。子时绝迹权门，不知所以。次年，东楼下狱，众莫敢近，子独以乡故看侍。介溪心感造谢，方道此意，且出楚侗《论学书》示子云：“此书前在书苑，因火失去，命犬子重索于楚侗，遂装订成册。昨出西苑，嘱家童曰：倘失，则稿无从再索矣。”①

根据严东楼嘉靖四十三年（1564）入狱推算，罗汝芳代耿天台入吊严府，应是嘉靖四十二年（1563）。罗氏此行实为耿天台的擢升提供了人脉条件。难能可贵的是，当严东楼入狱，众人皆不敢近时，罗汝芳更以乡故探望，此举亦是出自侠义之举。当人富贵，不以己私谄附，当人颓败，不因时事有惧，罗汝芳果有“君子之刚”的风范。该事件之后，严嵩的拜访，严格意义上讲，或是出于钦佩感激之心。

二、与徐存斋：亦师亦友

罗汝芳与徐存斋之交，学界向以二人讲学生谊。事实上，罗汝芳、徐存斋早有交游。罗怀智《罗明德公本传》记：“丙申徐存斋取入县庠。”②该条即证嘉靖十五年（1536），仅二十二岁的罗汝芳便已得徐存斋关注。又据曹胤儒《罗近溪师行实》载：

癸丑，廷试中式。时内阁存斋徐公、部院双江聂公、南野欧阳公、偭山周公，皆以兴起斯学为己任者，乃定会所于灵济宫，师集同年桂岩顾公、近麓李公、洞阳柳公、望山向公、一吾李公，会试同年昆湖瞿公、泽峰吴公、浑庵戴公、少龙贺公、敬所王公，旧同志善山何公、西吾张公、吉阳何公、浮峰张公、芳麓王公数十百人，联讲两月，人心翕然称盛会也。③

按近溪弟子曹氏记，近溪子癸丑廷试仅是集同年之众听讲徐存斋等人灵济宫会讲。然郭斗《刻近溪罗先生会语叙》载：

---

① （明）罗汝芳：《罗汝芳集》，第 421 页。
② （明）罗汝芳：《罗汝芳集》，第 829 页。
③ （明）罗汝芳：《罗汝芳集》，第 836 页。

先生(存斋)尝讲道京师,公(近溪)独笃志先生,与同年十数辈日侍先生侧,余亦叨与得闻所未闻。[①]

据此,罗汝芳癸丑年间对徐存斋的推崇由此可见,同时结合前文关于罗氏的师承考述,郭斗即言其与近溪同为存斋门人,那么徐氏便是继近溪嘉靖庚子(1540)拜师颜山农、嘉靖戊申(1548)执策胡宗正学《易》之后的第三位重要的师长。

徐存斋、罗近溪之间的师长之谊,在罗氏仕途经历中产生重要影响力。嘉靖丙辰年间,罗汝芳为避严嵩纠缠,欲弃官归乡,正是"座主存斋徐公力止之,乃已"[②]。而后罗汝芳嘉靖壬戌年间(1562)得命出守宁国,徐阶因为主事分配的下属官员不得自己初意,颇为恼怒。罗怀智《近溪罗先生庭训记言行遗录》记:

祖出守宁国,五台陆大夫谓曰:"兄见存翁否?"祖曰:"顷见存翁,一语不发。何也?"大夫曰:"此翁为兄吃一大恼。盖翁为兄谋而无善地,意明春南考功须一名士,昨令部推去阮沙城,而未示以所补部,不知而就兄宁国,此大失翁初意也。"[③]

由此可见,徐存斋对罗汝芳向有赏识、提拔之意。杨起元《明云南布政司左参政明德夫子罗近溪先生墓志铭》记"乙丑(1565)入觐,徐存斋翁询以时务,对曰:'人才为急,欲成人才,其必由讲学乎?'翁是之,遂合同志大会灵济宫"[④]一事。罗汝芳与徐阶见面后,其一生关于讲学之道的践履,某种程度上也因得存斋认可。综合以上考述,两方面事实昭然若揭:其一,罗汝芳仕途上升期多得徐阶提携;其二,近溪与严嵩、徐阶二人的来往,或已为其与张居正之间关系的逐步僵化埋下伏笔。

三、与张居正:公私有因

在以往的研究中,罗汝芳和张居正之间关系也是近溪学研究的重要话

---

① (明)罗汝芳:《罗汝芳集》,第938页。
② (明)罗汝芳:《罗汝芳集》,第837页。
③ (明)罗汝芳:《罗汝芳集》,第406页。
④ (明)罗汝芳:《罗汝芳集》,第921—922页。

题。总体上讲,世人多从二人治世理念、学术观点等角度进行考察。事实上,通过对史料文献的整理,对探索视角的重新发掘,近溪、江陵二人的交恶过程,于公于私皆事出有因。从"私"上说,二人治世理念、学术观点确有区别。此外,罗汝芳和严嵩父子之间的交往经历,也为其与张居正的关系造成一定程度上的隔阂。就"公"处讲,二人所代表的不同知识分子群体之间,存在着象征资本的争夺与转移的问题。

　　罗汝芳与张居正两人之间的交恶始于嘉靖丁丑年间,罗汝芳觐见之初就与江陵公在如何为帝王之师的问题上意见不合。后万历癸酉张居正柄权,两人会面之时江陵本想借机驳回罗汝芳之前所言,未料近溪善辩,令后者唯有"默然"。再至丁丑,罗氏不顾朝堂禁讲诏令,入京期间讲学不辍,终致"江陵恶之",遂被罢官归乡。不可否认,张居正与罗汝芳二人关系的僵化,最初确是因个人学术观点和治世主张有别。张居正曾作《答罗近溪宛陵尹》一文,文中道:

> 　　比来同类寥落,和者甚稀,楚侗南都,庐山西蜀,公在宛陵。知己星散,仆以孤焰,耿耿于迅飚之中,未知故我何似?闻公致政刑措不言民从。盖黄农之再见所治是,信心任理,不顾流俗之是非,此固罗近溪本来面目。然同志数君子往来倡导,使人咸知有仁义道德,则所以耳力公道缘为不少也。学问既知头脑须窥实际,欲见实际非至琐细,至猥俗,至纷纠处不得稳贴。如火力猛迫,金体乃现。仆每自恨优游散局不曾得做外官,今于人情物理虽妄,谓本觉可以照了,然终是纱窗里看花,不如公等只从花中看也。圣人能以天下为一家,中国为一人,非意之也,必洞于其情,邵于其义,明于其分,达于其患,然后能为之。人情物理不悉,便是学问不透。孔子云:道不远人。今之以虚见谓默证者,仆不信也。①

根据罗汝芳的生平经历,张居正此信应写于罗汝芳居官宁国(宛陵)期间,质言之,此次交流是在嘉靖乙丑年,近溪进京入觐之前。从信中可见,张居正与耿天台(楚侗)、胡庐山、罗汝芳原为挚交,但自近溪子治民大行"信心任理,不顾流俗之是非"之道,便引起江陵公极度不满。察张居正言辞之间对近溪作为的否定,实际上表达了他本人对阳明学讲求"本觉"之悟的排斥态度。在江陵公看来,圣人之道不在于"意"上用功,乃是在具体作为中"明于

---

① (明)张居正:《张太岳集》卷三十五,上海:上海古籍出版社,1984 年,第 450—451 页。

其分,达于其患",该理念即揭示张居正作为朝堂高官在学术进路上的敬慎态度。由此,不难见近溪与江陵二人再次见面时话不投机的缘由了。

至于万历五年,二人关系的决裂,原因则较为复杂,历来众说纷纭。除上述个人观点的分歧之外,另有三种说法:其一,因致礼引江陵公不满;其二,因谈禅之事;其三,因刘应节连累。关于致礼的说法,《罗汝芳集·语录汇集类》中载:"……后子(近溪)簪捧入京,各以纱一匹、文昌书一册送张江陵诸子,榜眼(韦嗣修)以为不失道学家数,而江陵则以为轻己,讽鹰犬,以谈禅弹子罢官归乡。"①按张嗣修万历五年被钦定一甲第二名,入进士第,此时正与罗汝芳进京面见张居正时间一致。至于谈禅,据沈懋学《郊居遗稿》卷八《复王龙溪先生》记:"罗近溪先生赍捧至京,张次君约不肖同曾直卿访之净业,固宜提要领、示准的、励精神,使知向往,鼓舞春风,正曲成后学之术,挽回气运之机,而顾与二僧逞机锋虐谈竟日。次君失望,大起厌心,而相公召责之命至矣。"②关于第三种说法,陈鹤《明纪》卷三十九记:"锦衣冯邦宁者,保(案,冯保,明太监,张居正政治盟友)从子也,道遇刑部尚书刘应节,(案,刘应节,字子和,嘉靖二十六年进士)不引避,应节叱下之,保不悦。会云南参政罗汝芳奏表至京,应节出郭与之谈禅,给事中周良寅疏论之,应节、汝芳并罢。"③如果说致礼问题乃是小节之事,那么后两种可能则证近溪确有与刘应节谈禅的事实。然即便如此,"谈禅"原则上可作为借口,却不足以构成近溪子被弹劾的充分理由,因张居正在佛禅一事上,也曾和他人有相关探讨。其《答奉常陆五台论禅》一篇中便有记载:

> 沈吉士来辱,华翰领谢。向曾诵《华严》,只见奔宕寥廓,使人心溉神摇,后与友人处,见《合论》抄本,借读一过,始于此中稍有入处,佛所说法,随顺诸根,义无深浅,然广大含摄,解脱无碍,则是经为长,而又入法之大导师也。仆以宿昔,颇种善根,今得闻无上甚深妙义,欢喜无量,闻公将镂梓以行,大有利益。仅以俸金二链,少助工费,虽尘露之微,无裨山海,聊以表信心云耳,若诸时事世情,非高蹈者所乐闻,故不具论,统惟鉴原。④

① (明)罗汝芳:《罗汝芳集》,第421页。
② (明)沈懋学:《郊居遗稿》卷八,《四库全书存目丛书》集部第163册,第696页。
③ (清)陈鹤:《明纪》卷三十九,《四库未收书辑刊》第六辑第6册,北京:北京出版社,1997年,第594—595页。
④ (明)张居正:《张太岳集》卷二十四,第283页。

张居正写给陆五台(陆光祖)的书信中明确揭示了他自身研习佛典的经历,其间又见江陵称赞佛法广大神妙,且出金赞助陆光祖镂梓佛经之举动。据此可知,当时谈禅论佛,从朝堂到乡野,乃是普遍现象。即便时局有变,张居正只以此条,教唆众人弹劾罗汝芳,致其罢官归乡,不免令人生疑。

　　既说以上论据皆有可商榷之处,那么罗汝芳与张居正之间的交恶,还需从长计议。比如万历四年(1576)春,罗汝芳职守腾越,其间二人虽没有发生直接冲突,但亦足见江陵公的军事政策某种程度上阻碍了近溪子的边防计划。当时正逢缅甸侵犯云南边境孟养,罗汝芳授计助其大破缅军。该事件的具体过程可参见《近溪罗先生庭训记言行遗录》:

　　　　其来三宣,则以乐凤谋其幼主,借兵为乱。适因子至腾越,有备,遂回师以攻迤西。迤西者,亦宣抚土司,受职王尚书而称藩屏者也。时遣头目十人告急于子,子因查兵器,见王尚书遗有火药千斤,乃分半与其头目,令以千里胜伏山岭隘口,攻其象阵,其兵初则舟行,至是上岸登山。不意火发,象纵奔,兵踩死大半。莽酋忿,尽发精兵,令儿将之来攻。迤西不能支,走入铅底。其地腹内宽广,而峡口不数丈,且长约十余里。其头目来乞药,乃尽数与之。俟兵入峡,前后固守。既旬日而俱欲饿死,莽酋亲拥大兵救护得脱。①

　　　　乐凤令儿入侍军前,子厚待之。时子遍发飞票,令三宣护、六宣尉及所属各国,但能灭莽,即许居其地。乃遣乐凤及通事传谕莽酋,献地受爵,岁时进贡。莽酋势迫,厚犒通事,愿得如命。又请示岁时所贡金宝数目,以便遵守。子申报抚院王毅庵公,讳凝,湖广人。②

　　　　莽掠迤西,使人告急,公授以方略,大困之。复驰谕诸土司,但能灭迤者,即许居其地,莽恐乞降。申闻抚院,竟格不行,至遗后祸。③

根据材料叙述,罗汝芳在该次军防中具体采取了以下措施:第一,利用有限兵力援助孟养。第二,授计孟养,采取引军入瓮之计,大破之。第三,稳住奸臣乐凤的同时,一方面以"许居其地"的条件,拉拢当地宣蔚及所属各国;另

---

　　① (明)罗汝芳:《罗汝芳集》,第412—413页。
　　② (明)罗汝芳:《罗汝芳集》,第413页。
　　③ (明)罗汝芳:《罗汝芳集》,第831页。

一方面,等待抚院批准,试图在援兵到来之际,一举攻之,彻底斩除边防遗患。由此布局,即可见近溪子在军事主权方面的坚定意志和在具体行事上的周密审慎。但是该次事件最终没有按罗汝芳所计划的那样进展下去。其中原因,表面上是因王凝的不配合,但事实上,此事仍与张居正有关。查阅《张太岳集》,张居正曾就云南边防之事前后发书两通给王凝,其一,即《答云南巡抚王毅庵》,其二,即《答滇抚王毅庵论夷情戎多事》。信中分别道:

> 辱示知旌节已入滇视事,欣慰侬贼事既原无大故,自宜相机。抚处鲑鲋狐穴之区,得其地不可耕,得其民不可使,因俗为制,使不为大害而已。何为轻动大众,以事无益耶? 简静行事,协和总戎,此二言者,望公终纳之。[1]

> 滇中自嘉靖以来,屡屡多故,其初皆起于甚微,而其祸乃至于不可解。穷荒绝徼之外,得其地不可耕也,得其民不可使也,而空费财力以事无益。使无辜之民肝脑涂地,不仁哉。前人之所为乎? 今仗大略抚定造福于远人多矣。此后惟一务安静,严禁军卫有司毋贪小利,逞小怨,以骚动夷情,则可以高枕卧治矣。[2]

根据信件内容揭示,张居正在王凝刚刚赴职云南时,就已经交代他以安养政策为重,军事方面则以协和行事,不必为一边远之地轻动大众。从第二封信可见,当缅军犯边,即在罗汝芳等待援兵到来、听命抚院发命之时,王凝应又曾致信张居正,汇报战事,张居正此刻仍以地无可用、民无可使为由,命其仍行安养之策,切勿引起不必要的骚动。正是得张居正上述指示,王凝没有配合罗汝芳的军事举措,以致功亏一篑,祸及后来。

此事之后,罗汝芳对当道极为失望,也多有不满。虽其文集中不见近溪留下只言片语,但在他人遗集中却有揭示。张四维《条麓堂集》录《复罗近溪》一书,书云:

> 承示抚处邛部之详,具审台下威略……其类内相喧哄,如两鼠斗穴,吾为平释之已尔,不足与论是非,校曲直也,第须善防其后。今沙氏

---

[1] (明)张居正:《张太岳集》卷二十七,第 328 页。

[2] (明)张居正:《张太岳集》卷二十七,第 330 页。

岭应业已相仇,必各有其党,而后复令共事一城,得微如往武定凤索、林继
祖之事乎。唯台明深虑而曲直之,以永绝乱萌,其为西南微福不訾也。①

张四维信中讲到他已听闻近溪大破土夷犯境之举,在恭维之后,即劝罗汝芳
大可以隔岸观虎斗的姿态对待缅军与迤西之战。后又建议罗汝芳不必再去
计较是非曲直。由张四维的回复,大致可以推断出罗汝芳当时去信的内容。
罗氏致张四维的书信,其内容或集中在两方面:一者,陈述军事及边防观点,
望得张四维认同;二者,陈述事实经过,以博他人在情理层面的支持。但考
对方回信,即可见近溪意愿几尽落空。落空的原因,或可从双方边防理念上
的区别说起,但张四维与张居正观点的一致,实则事出有因。这便要从张四
维的身份说起,《明清进士录》记其乃"嘉靖三十二年(1553)二甲八十六名进
士。山西蒲州(今蒲县)人,字子维,号凤馨。由编修进中允。有才知,习边
务,擢吏部右侍郎。万历间,以张居正荐,进礼部尚书、东阁大学士,入赞机
务。谨事居正,不敢相可否。居正卒,力反前事,时望颇损。卒谥'文毅'。
有《条麓堂集》"②。据此,罗汝芳致信张四维或是出于与其尚有同年之谊,又
或以其"有才知,习边务"。但近溪得非所愿也同样在情理之中,因张四维与
江陵公关系匪浅,尤其在万历年间。正是因张居正推荐,张四维才得拔擢,
自然不会做出有违江陵之意的举动。经上述考察,可以推想迤西一事过后,
万历五年,罗汝芳、张居正再见面,于公于私,两人之间必定心有余怨。

参照上述记载,罗汝芳最终致仕归乡原因众多。此外,站在今天的视角
考虑,依据社会学理论,罗、张二人的冲突,也同时关系到以张居正为代表的
当政者与以罗汝芳作典型的普通知识分子之间关于象征资本的争夺。

中晚明知识分子场域,在朝堂重臣以极端措施介入之前,阳明学士群体
内部对象征资本的争夺已经在紧锣密鼓地进行,会讲不断、争论持续,而具
备特殊权威的持有权也在悄然发生转移。自嘉靖乙丑至张居正柄权期间,
正是罗汝芳在知识分子场域内外逐步占据关键位置的阶段。这一事实对以
张居正为代表的朝堂重臣造成一定的冲击。作为统治阶层重要组成部分的
朝堂重臣不得不面对的一个现实,即国家在文化场域中绝对象征资本的散
失。某种程度上,这一现状迫使朝野高官在应对策略的选择上,开始启用愈

---

① (明)张四维:《条麓堂集》卷十九,《续修四库全书》集部第 1351 册,上海:上海古籍出
版社,2002 年,第 570—571 页。

② 潘荣胜:《明清进士录》,北京:中华书局,2006 年,第 457 页。

加极端的暴力形式,并且其打压范围进一步扩大到针对整个阳明学士群体。从上疏条陈讲学之弊,到启奏罢祀阳明,再至令毁书院,远谪、廷杖"异端"人士,愈加激烈的朝堂严管措施恐怕已经将帝王空置,呈现出显明的知识分子场域内部冲突激化的特征。面对朝堂重臣越来越迫切的介入,处在相对弱势的阳明学士群的应对策略也发生相应转变。该转变从社会学视角考察,便是"颠覆策略"的选取。西方社会学家布迪厄曾指出:"场域的结构本身始终都是赌注游戏。⋯⋯那些较少掌握资本的人们则倾向于采取异端的颠覆策略。"①柄权重臣及皇权政策的打压下,阳明学士群体中,弃考、辞官、修禅即可作为个别人士获取象征资本的颠覆性策略。也获益于作为朝堂重臣构成的第三方的密切"注视",阳明学士群进一步走向统一与融合。正如萨特所言:"由于第三者的显现,我体验到我们是从事物出发被把握并且是被世界征服的事物。于是,被压迫阶级在压迫阶级对它的认识中发现它的统一⋯⋯"②而当一个群体内部进一步走向融合,形成统一阶层的时刻,该集体中原本个别的颠覆性的极端策略即逐渐演变成一致性的集体实践活动,比如弃世修禅。正是这一趋势的演进,为当时宗教佛学的突围与发展提供了绝佳契机。

与此同时,即便在阳明后学场域,其群体内部也在争夺文化资本的占有权。对文化资本的强烈渴望促成阳明学者纷纷以讲学、义行等模式参与社会管理,维护并积累自身象征资本。针对中晚明阶段,自王阳明去世之后的一段时间内,王龙溪在阳明后学群体中占据雄厚的象征资本,然自嘉靖四十四年之后,至其逝世,罗汝芳作为王阳明私淑弟子,其文化资本愈加丰厚,逐渐在当时的知识分子场域占据优势位置。在此期间,频繁的讲学活动和侠义之举,为罗汝芳赢得了场域内成员的肯定与赞许。隆庆元年丁卯,王畿即曾赞许近溪求仁宗旨,称其乃"真颜子复出也",赵士皋视其葛巾野服,无烟火气,宛然一儒生,感而就其教席,此后交相责成。万历六年戊寅,王塘南访罗近溪于从姑山房,亦对近溪甚为敬服。逐渐掌控场域话语权的罗汝芳在该阶段,前来就学、会访的同道中人及其弟子也尤为众多。王时槐、何心隐、王吉泉、曹胤儒、黄思泉、黎文塘、罗南沙、王心文、汤显祖、詹事讲、杜应奎、许孚远、沈懋学、方旸谷、方宪公、顾大参、李同野、管东溟、杨起元、邹元标、刘凝斋、胡东洲、魏敬吾、万思默、许敬庵、邓定宇、左宗郢等众人此时段与罗

---

① 宫留记:《布迪厄的社会实践理论》,开封:河南大学出版社,2009 年,第 61 页。
② [法]萨特:《存在与虚无》,北京:生活・读书・新知三联书店,2007 年,第 515 页。

汝芳之间的访学活动更加强调了罗汝芳的场域位置。另外,前峰书屋、见泰书院、鳌溪书院的相继落成,《近溪子集会语》《近溪子集》的先后集成、付刻,也成为其进一步累积象征资本的重要途径。由此可见,自嘉靖乙丑至张居正柄权期间,正是罗汝芳在知识分子场域内外逐步占据关键位置的阶段。面对这一不争的事实,近溪对以张居正为代表的朝堂重臣的冲击必然为自身招致祸害。而接二连三的打击与迫害也已不仅针对罗汝芳一人。

嘉靖中期以后,群体性质的大型会讲频繁出现,王龙溪、罗汝芳等人在会讲、游访等系列实践活动中,累积了相对雄厚的象征资本。该现实一定程度上刺激到了柄持朝政大权的朝堂重臣的敏感神经。面对在野知识分子群体对象征资本占据比例的增加,此时的朝堂重臣应对挑战的措施开始逐步放弃"象征性暴力"效用,启用愈加露骨的暴力方式。其打压范围也已逐步扩大到针对整个学界。越来越激烈的朝堂严管措施恐怕已经将帝王空置,呈现出显明的知识分子场域内部冲突激化的特征。在象征资本的争夺战中,朝堂人士的暴力举措或有禁令讲学,或有诏毁书院,或有廷杖用刑。特别是张居正柄权期间,万历五年沈懋学、管东溟被廷杖事件,万历七年何心隐被捕一事,都与其有关。以上史实广为人知,然这里需要加以说明的是,无论是管东溟,抑或何心隐,都与罗汝芳关系匪浅。何心隐自不多说,罗汝芳前后两次救其于艰险之中,排除颜山农的关系,往往出于对同道中人的支持和爱护。至于管东溟,虽其为王龙溪门人,但就在万历五年秋,管氏即曾向近溪问学,其《问辨牍》卷之亨集《答周付卿二鲁丈书》记:

> 当忆丁丑秋,与近溪罗子论学于京邸。余问罗子:"如大舜闻一善言,见一善行,若决江河沛然莫之能御者,公曾见有几人否?"公曰:"吾交海内贤豪多矣,未之见也。惟子一人近之。"余时悚然内汗,而意天下未必果无人。今观邃养如天台先生,闳识如兄,而犹有未察于迳言者,则信乎若决江河之难也。①

罗汝芳对管东溟问题的回答,虽意在揭示成圣之道在于己身作为,但仍足见近溪对管氏器重之意。二人之间的论学持续到近溪将殁之年。管东溟《惕若斋集》卷二《续答杨少宗伯理会大事书·丁酉》载:"当其(罗近溪)将殁之年,过我吴中,同寝食者七昼夜,曾与极论孔释之际,隐然有庸孔奇释之意。

---

① (明)管东溟:《问辨牍》卷之亨集,《四库全书存目丛书》子部第87册,第701—702页。

若以身所践之孝弟慈为与人之公珍,而以心所注之净土为自用之家珍。亦犹程伯子之藏身于禅宗,而发窍于圣学也。……其时未敢尽吐胸臆,相期再订后会,而令师不久逝世矣。"①据此,罗、管二人及其后学虽在论学主张上有所不同,但是两位思想家一直保持往来。

综上所述,罗汝芳与张居正关系从逐渐僵化到最终决裂,揭示的并非个人之间的矛盾关系,乃是整个知识分子场域、政治场域关于象征资本的争夺实况。从该角度审视,近溪与江陵知己关系的破裂,某种程度上反映了普通知识分子自主意识的觉醒,及其对自由思想的追求,同时体现了中晚明时期当政者中央集权的实施困境。

结合前文的梳理和分析,罗汝芳仕途起伏或有重新认识的必要性。首先,罗汝芳确有政治抱负和对圣学的践履情怀。这一点不可否认。正如罗氏现身说法:"予自壮及老,尝梦进讲君前。"②作为一名具备社会践行精神和自觉担当意识的思想家,罗汝芳同样是求用武之地,而其太湖执政时期的宽以待民,居官宁国对断案新策的采取,又至远赴腾越之地,对以夷治夷政策的思考,对边防战事的关注,以及便民设施的建设等等行为,都可见证近溪子在仕途上的践行精神。同时,就中晚明现实情形来看,作为当时具有一定影响力的思想家,罗汝芳社会影响力的发挥,一者通过与朝野重臣的交游发挥自身辅国治民之用,二者借由与当时世族之间的频繁往来,发挥其社学讲论之功。应该说阳明学士群中,近似罗汝芳之作为的不乏其人,毕竟中晚明以来科举制度造成的人才过剩现象已经促成知识分子渐趋走下圣坛,以社会基层为主要关注面,试图挽救人心,担当救世之用。然罗汝芳有别众人之处,还在其能结合宗教信仰一条,以佛道为我所用,发挥二氏之学的社会整合作用。从今天的视角出发,罗汝芳的人本思想和民主意识,都是中国文化现代性开端的体现,也是值得肯定的,但就中晚明社会的具体现实考虑,罗汝芳的行政主张不免有主观理想化之嫌。概括来看,近溪子行政举措具有以下五方面特殊取向:其一,侠义精神的秉守;其二,讲学理想的实践;其三,政治抱负的施展;其四,公私情谊的介入;其五,宗教信仰的浸润。诸方面的兼顾,某种程度上造就了罗汝芳与众不同的名士风格,同时也影响了思想家在政治领域的发展。

---

① 转引自吴震:《明代知识界讲学活动系年:1522—1602》,上海:学林出版社,2003年,第378页。

② (明)罗汝芳:《罗汝芳集》,第303页。

第四章　罗汝芳交游经历：
"泛爱容众"处高朋

　　罗汝芳一生交游范围相当广泛，前文我们已经考述出罗氏与朝堂重臣之间的来往经过，然罗汝芳作为一名思想家，其足迹遍布之处便有交游往来的发生。对此，李贽在《罗近溪先生告文》中曾道："若夫大江之南，长河之北，招提梵刹，巨浸名区，携手同游，在在成聚。百粤、东瓯，罗施、鬼国，南越、闽越，滇越、腾越，穷发鸟语，人迹罕至，而先生墨汁淋漓，周遍乡县矣。至若牧童樵竖，钓老渔翁，市井少年，公门将健，行商坐贾，织妇耕夫，窃屦名儒，衣冠大道，此但心至则受，不问所由也。况夫布衣韦带，水宿岩栖，白面书生，青衿子弟，黄冠白羽，缁衣大士，缙绅先生，象笏朱履者哉。"①按李贽所说，罗汝芳晚年虽谢绝一切僧道来访，然其早年不避他嫌，与各领域、各基层人士之间的频繁往来对其思想体系及其哲学建构的酝酿、发展与演进不无影响。总体上讲，罗汝芳的交游群体大致可从两方面展开探讨：其一，中晚明学士群，其二，佛道中人。就前者考虑，全面梳理罗氏与阳明直系弟子、与知交友朋、与弟子门人之间的关系，不仅可见其学术继承和扬弃，更可窥其自身思想建构的发展和演进。

第一节　罗汝芳与中晚明学士群

　　罗汝芳曾就阳明学的发展情况加以概括说明，在其观念中，江右王学最得阳明心学正脉，人才辈出。其云："我明阳明先生，首倡良知之宗，世之人，无远近无贤愚，咸晓然觉悟，谓在常人本然具足，是殆泉之始达者也。于时天下之士，惟江右信从独众，如东廓邹公、南野欧阳公、平川郭公诸君子，并

---

　　①　（明）李贽：《焚书》卷三，《焚书　续焚书》，北京：中华书局，2013年，第124—125页。

力仔肩。是则于斯道也,盛扬其波,而昌导其流言者矣。"①于此,我们对罗汝芳生平经历的考述,必然要将近溪子与阳明学士群之间的来往事实辑考清楚。具体而言,对罗氏与阳明直系弟子、知交友朋之间关系的辑证可考他对当时思想主流阳明学的基本态度,以及他对前辈观点的继承和扬弃;对罗汝芳与弟子门人之间交游经历、思想沿承的双线分析,则是为罗氏一门兴衰历史的梳理发掘线索。严格意义上讲,该线索的发掘同时也为阳明学流变趋势的形成提供依据。

一、罗汝芳与阳明直系弟子

罗汝芳与阳明学界的交游要从他和阳明直系弟子、私淑门人之间的往来讲起。一直以来,学界在整理阳明学士群之间关系的时候,又往往以书札、笔迹作为主要参考资料,然迄今为止,因历史发展过程中版本流变、诗文散失都是常见的情况,不经细考即征引为用,必然会出现重大问题,其中不仅关系到双方交往事实的考证,更关系到阳明学思想传承、演变的整体情况的考察。

(一)罗汝芳与陈明水

陈明水,陈九川是也,字惟浚,号竹亭,后号明水,王阳明直系弟子,明中期理学家,生于孝宗弘治甲寅(1494),卒于世宗嘉靖壬戌(1562)。聂双江《礼部郎中陈明水先生墓碑》中曾记陈明水"卒业于行斋饶公之门"②。罗汝芳《先府君前峰公行状》里又记:"至祖两岗公廷绣,魁梧特达,甚为族伯祖文肃公钟爱。居常授以教子之方,当先器识而后文艺,故课先君,首以择师为重。时闻临川饶行斋先生得良知心传于东越,乃命先君负笈走百里相从。行斋悦其笃实,因就敝乡龙池山中馆居年余,日以德谊训迪。"③据此,罗汝芳父前峰先生实与陈明水有同门之谊,而近溪本人乃是其后辈。

关于罗汝芳与陈明水之交,向有学人以《四库全书存目丛书》收录江西清钞本《明水陈先生文集》收陈明水《简罗近溪先生》两篇作证,现从版本学考察,其中有误。对此,本人曾撰专文《〈明水陈先生文集〉清钞本正误》,现已为《图书馆工作与研究》杂志录用,并已公开发表。经考,今存《明水陈先

---

① (明)罗汝芳:《道自盱南册序》,《罗汝芳集》,第514页。
② (明)聂豹:《聂双江集》卷六,南京:凤凰出版社,2007年,第211页。
③ (明)罗汝芳:《罗汝芳集》,第657页。

生文集》诸版本中,除学界广为引用的《四库全书存目丛书》集部第七十二册影印江西图书馆藏清钞本十四卷之外,又有中山大学图书馆藏明嘉靖四十二年(1563)董氏递修刻本七卷,南京图书馆藏康熙十九年梦川亭刻胡亦堂选编《陈明水先生集》两卷,吉林大学图书馆存雍正六年陈告楫《陈明水先生存集》十二卷。此外,明清以来著录的陈明水文集版本,主要还有《四库全书总目》记两江总督采进本《明水文集》十四卷,《千顷堂书目》著录《明水先生文集》等二种本子。对《明水陈先生文集》版本源流的考辨,关系三方面问题:第一,中山大学藏明刻本与江西清钞本二者版本系统有别;第二,《四库全书存目丛书》著录江西清钞本存在严重问题;第三,江西清钞本正误事宜迫在眉睫,尤其是卷一书札部分。现存《明水陈先生文集》诸本中,以明嘉靖四十二年(1563)董氏递修刻本存世最早。该本编梓者为陈明水门人董君和,书凡三册七卷,现存中山大学图书馆,典藏号1816。笔者曾前往中山大学查证,明刻董氏递修本版式清晰,边框整齐,每页十行廿二字,卷首依次载嘉靖戊午(1558)王慎中序、嘉靖丁巳(1557)董燧求文书、陈明水像赞、嘉靖癸亥(1563)聂豹撰墓碑、罗洪先撰墓志铭等。

　　董氏递修本的产生要从《明水陈先生文集》的初编初刻说起。董氏刻本、江西清钞本卷首同载董燧[①]《奉遵岩太参王先生求文书》,其中记:

　　　　燧也尝承其教,知其心而慕其学有年矣,乃命男君和编集梓之,以广其传。且又知吾岩翁与明翁为同志之交有年矣,苟非得名公之文,以并斯集之首,则又何以发其蕴,以广其传也哉?故敢特陈菲仪,少申微赞,伏望俯纳虔诚,用彰华衮,则斯道增重,斯文增光多矣。临颖无任愚切,恳祷之至。[②]

又王慎中《明水文集序》载:

　　　　公(陈明水)以守官不回,失权力意甚,得谴最重,失位最早,间关远

————————————

　　①　董燧(1503—1586),字兆时,号蓉山,一生结交名士众多,除与陈明水、罗洪先、王艮、王畿、罗汝芳等人皆有善交之外,又曾大兴新泉书院,邀赵大洲、何吉阳、耿楚侗等名士讲学其中。

　　②　文见中山大学图书馆藏明嘉靖四十二年董氏递修本《明水陈先生文集》卷首第二篇,同见于《四库全书存目丛书》集部第72册影印江西清钞本,第4页。

戍,久而仅释,筑室明水山中,习其所传,以兴起学者,所言非一。其著为古文词,积日既久,遂成卷帙,友人董君兆时(董燧)、丞建州,因刻以行之同志,而使慎中序之。①

按引文,《明水陈先生文集》初编初刻的主持者乃是董燧(董蓉山),董君和正是接受董燧之命,负责文集编梓的具体工作。董燧写给遵岩太参王慎中的求文书文末落款是"嘉靖丁巳(1557)仲秋"②,王慎中《明水文集序》则署"嘉靖戊午(1558)春三月既望"③,再据文集校对者包大中《刻明水陈先生文集后序》篇末署"嘉靖岁在丁巳仲夏,建阳县丞四明包大中谨序"④,由此证《明水陈先生文集》初编完成于嘉靖丁巳,付刻于嘉靖戊午。换言之,初编初刻文集在陈明水去世(1562)前即已出版流行。另据王慎中序文,原《明水陈先生文集》以古文词为主,然《四库全书存目丛书》著录江西清钞本其诗文部分则相对单薄。故参照《明水陈先生文集》的编刻时间和卷次主体可以推知:董氏刻本以及江西清钞本底本皆非文集的初编初刻。然相较之下,中山大学藏董氏递修本更显珍贵。因嘉靖四十二年(1563)正值陈明水去世不久,流坑董氏作为陈明水生前故交,且董燧(董蓉山)、董君和分别又是《明水陈先生文集》初编初刻的主持人和编梓者,二人重新搜辑陈明水笔墨、书札,补版完善原刻版本,实在情理之中。因而董氏修版后印的原因,不是板片出现问题,实为增补除古文词之外的内容。现据中山大学藏董氏递修刻本的具体情况来看,其边框整齐,有若描过,文字清晰,错讹甚少,且内容分布正是除古文词之外的书、记、祭文、墓铭、传、杂述、序等卷次。比较董氏递修本与江西清抄本,两版本从目录列次到篇章内容都有很多区别。在内容方面,清抄本部分篇章有后来补进的迹象,也有漏字、漏句的情况。但其中最关键的则

---

① 依据中山大学图书馆藏清钞本《遵岩先生文集》,该本凡十二册,四十一卷,十行廿一字,白口,无栏格,卷前有洪朝选序,王慎中此篇收于该本第四册第十五卷,为第八篇文。另,该段文字同时载录于明嘉靖四十二年董氏递修本、江西省图书馆藏清钞本《明水陈先生文集》卷首第一篇。

② 见于中山大学图书馆藏明嘉靖四十二年董氏递修本《明水陈先生文集》卷首第二篇,同见于《四库全书存目丛书》集部第72册影印江西清钞本,第4页。

③ 见于中山大学图书馆藏明嘉靖四十二年董氏递修本《明水陈先生文集》卷首第一篇,第4页,同见于《四库全书存目丛书》集部第72册影印江西清钞本,第2页。

④ 《四库全书存目丛书》集部第72册影印江西清钞本《明水陈先生文集》附录,第170页,因中山大学图书馆藏明嘉靖四十二年董氏递修本仅七卷,不见该版收录包大中此篇后序。

在卷一书札部分,因目录有别直接导致信件内容或有不确。

再细论江西清钞本,按其附录部分载傅占衡①《陈明水先生本传》,篇前署"临川人,明国学生自家集"②,知该本是由傅占衡在明清交接之际编集完成。与明刻董氏递修本相较,江西省图书馆存清钞本十四卷收录内容完整,不仅包含书札、序文、墓碑等等,也编录原《明水陈先生文集》的主体部分——古文词七卷。然江西清钞本收录篇目与董氏递修刻本差别较大,相较明刻本,江西钞本多出大量篇目。比如卷一多出《简中丞何吉阳》《答春元陈崇吉》及附《南丰李一吾先生柬陈明水书》等篇;卷二多出《临汝书院记》;卷三多出《祭陕西学宪章介庵文》《祭同年东厓黄君文》《祭万玉溪先生文》《祭州牧南溪张公文》《祭司谏孟斋刘公文》;卷四多出《欧阳淳夫墓志铭》;卷六多出《师观王子卷》《天台包生卷》《觉野詹子卷》《王生时茂卷》《平章邓生卷》《仁和朱生卷》《砚台聚会语》《李生新之扇》《蓉峰刘公卷》《留别邓子卷》《台州乙洞卷》《邹甥德涵扇》《示长儿四幅》;卷七多出《寿封君质村李公七十寿序》《鹤亭邹公诗集序》《承仕郎拙庵许公七十序》《刘中山文集序》《大司成东廊邹公七十序》《古易序》《寿王母太孺人七十序》《送范廷仪养病南归序》《宜黄河口李氏族谱序》等。

此外,相较明刻本,江西清钞本篇目又有多出之外,该本事实上也并非《四库全书总目》所记两江总督采进本。因《四库全书总目》载《明水文集》十四卷"凡文八卷大抵皆讲学之语,诗六卷小有韵致而不免薄弱"③,查嘉靖四十二年董氏递修本按记十四卷,其现存部分的卷次分布和江西清钞本基本一致,后者录诗实有七卷。据此,《四库全书存目丛书》影印江西省图书馆藏清钞本与《四库全书总目》所载两江总督采进《明水文集》十四卷在收录卷次上存在区别,董氏递修本和两江总督采进《明水文集》十四卷亦非同一版本体系。至于南京图书馆藏康熙十九年梦川亭刻清人胡亦堂选编《陈明水先生集》两卷,其底本乃董氏递修版本体系的可能性极大,这一点从二者书札部分的具体系年即可得证。清雍正年间陈告楫《明水陈先生文集》十二卷又属另编重刻且卷次不同,又当别论。

综上所述,《四库全书存目丛书》影印江西省图书馆藏清钞本《明水陈先生文集》,存在收录不精的严重问题,而目前学界在阳明学研究过程中以此

---

① 傅占衡(1606—1660),字平叔,明末清初文学家。
② 《四库全书存目丛书》集部第 72 册影印江西清钞本《明水陈先生文集》附录,第 178 页。
③ (清)纪昀:《钦定四库全书总目》,北京:中华书局,1997 年,第 2426 页。

本作为主要文献依据,必然造成诸多不妥之处。据前文考辨,《明水陈先生文集》清钞本与明刻董氏递修本版本系统有别,且该本编集完成于明清交接之际,其时已与陈明水、罗念庵、董蓉山等人所处时代相隔甚远,编集人傅占衡对阳明后学群体的实际交游情况不够熟悉,故编刻钞录过程中错误频出。江西清钞本除补入篇章亟待考证外,又存在载录题名错乱、系年不完备等现象,特别是书札部分。清钞本卷一收录陈明水书札凡八十七通,篇目题名与董氏递修本存在差异者足有二十篇,涉及陈明水和王龙溪、聂双江、罗念庵等王阳明直系高足、私淑弟子之间的交游史实众多,多有错误。

在此情形下,我们大致可以得出一则结论,即江西清钞本所录两篇《简罗近溪先生》并不能作为陈明水与罗汝芳交游的证据,更直接地讲,陈明水两则书牍实与罗氏皆无关联。为求足证,接下来,我们将就信件内容再作分析。《四库全书存目丛书》集部第七十二册影印江西清钞本《明水陈先生文集》载《简罗近溪先生》,其文曰:

> 久不迅侯,无任驰情。承明山之约,瞻企逾时,益增怅念。古南书至,始知昏事未了,爱莫为助,奈何!奈何!古南今日幡然警省,步不着实,甚可庆幸,此皆吾兄交警之功。亦山意兴亦觉不同,尤见陶养之力,不德固与受警策矣。不德近觉俗缘未断,尘爱犹存,终无以脱换肌骨,从前透悟,恐只换得一番超脱见解,却非实际,即寻凑泊,翻生解脱。先师宗旨竟不精明于此地者,不德当为罪魁,何时可赎!惟东廓的拟明正,携子亲迎,因为临汝胜会,吾兄当预约诸子先期来抚,庶不负聚精会神,当大有鼓舞发明,而不德有资藉焉,因得少补过耳。双江向亦有辱临之约,便得转告,及东廓同会,尤佳也。云龙胜会为益可知,新得余波何以及我。冗次附达不尽欲言。①

该篇书札,明刻董氏递修本题作《简董蓉山》。

根据以上对《明水陈先生文集》版本源流的考辨,明刻董氏递修本是在陈明水去世后一年,流坑董氏补版再刻的结果。该年(1563),董蓉山(董燧)作为文集初编初刻的主持者尚在世,董君和作为递修本的编纂者,此番补刻《明水陈先生文集》,在整编自家收存的书札时理应不会出错。再据书札内容,陈明水信中提示了三方面线索:其一,由"承明山之约,瞻企逾时"可知陈明

---

① 《四库全书存目丛书》集部第 72 册影印江西清钞本《明水陈先生文集》卷一,第 19 页。

水与收信方曾有"明山"聚讲的会约;其二,篇中言"古南今日幡然警省,步不着实,甚可庆幸,此皆吾兄交警之功,亦山意兴亦觉不同,尤见陶养之力,不德固与受警策矣",知收信人与古南①、亦山等人关系匪浅;其三,因"惟东廓的拟明正,携子亲迎,因为临汝胜会,吾兄当预约诸子先期来抚,庶不负聚精会神"可证,收信方作为"明山之约"的举办者,极有可能提前赶赴集会地点先行筹备。考明刻董氏递修本、江西清钞本同时载录陈明水《与董兆明》一篇,其文曰:

> 吾郡风气不振,清才茂学如吾亦山者,众所推望,亦不获一第于有司,而六校寂然,复俱脱漏,良可抚叹。惟吾亦山定志卓然,当洒然不以得丧挂胸中,则又有足深慰者。夫国无任贤,则国空虚,苟有仁贤,二三人在野,即科目索然,何足为病? 虽科目衣冠之盛,而不足以当任贤,则亦贻国空虚之虑,吾人自待与相期者,果在彼耶? 在此耶? 虽然兼之,其为庆尤多然,则吾之不能已于情亦宜也。明春能来明山相聚甚幸,令兄想已行矣。草草不尽。②

信中,陈明水云"明春能来明山相聚甚幸,令兄想已行矣",实是邀董兆明同赴"明山"一聚。按邹东廓《与董生兆时》一篇中言及"令弟兆明至,获枝江手翰,具征不忘之念"③,董兆明乃是董兆时之弟董燧,其字兆明,号亦山。陈明水猜测董兆时"想已行矣"的原因正与他前文论"惟东廓的拟明正,携子亲迎,因为临汝胜会,吾兄当预约诸子先期来抚,庶不负聚精会神"相契合。由此可知,江西清钞本载陈明水《简罗近溪先生》一篇实寄给董兆时,兆时号蓉山,故该书札应如明刻董氏递修本所记,题为《简董蓉山》。此外,明刻本载《简董兆明》写于嘉靖丁酉(1537),载《简董蓉山》写于嘉靖戊戌(1538),陈明水在给董兆明的信中道"明春能来明山相聚"即谓"明山之约"定于戊戌年春举办,至戊戌会前,陈明水致信董蓉山,再促其提前赴会,此举合情合理。

此外,《四库全书存目丛书》影印本页三十一又载另篇《简罗近溪先生》,

---

① 罗汝芳有《寿董古南序》,其中载古南董公"弱冠闻东廓、南野诸公,聊惜阴之会,衍阳明之宗,遂与蓉山、觉野诸君子争先趋赴,共相从事",此段是言鳌溪古南董公与邹东廓、董蓉山(董燧)等人都有广泛接触。

② 董氏递修本《明水陈先生文集》卷一,页十。同见《四库全书存目丛书》集部第 72 册影印江西清钞本,第 14 页。

③ (明)邹守益:《邹守益集》卷十,南京:凤凰出版社,2007 年,第 532 页。

该篇书札,明刻董氏递修本题作《简罗念庵先生》。

　　陈明水该封信件的内容在罗念庵嘉靖庚戌(1550)年间所撰《答陈明水》一文里有多段文字作为引文呈现,正因如此,江西清钞本著录的该篇书札也曾经引起学界注意。比如吴震先生在《阳明后学研究》一书中就曾质疑此文应是陈明水写与罗念庵[1],现经版本校对,可知吴震教授早有明见。那么接下来需要进一步理清的事实就是,如果陈明水的信件果真是寄给罗念庵,那么两人此番通信的前后经过又是怎样的?综合两封信件的提示信息可知二人书信来往之前曾有会面。经考述可知陈明水与罗念庵之间共有五次会面经历,此次交流应为嘉靖庚戌年间。庚戌年,东廓六十寿。罗、陈青原相聚,千余人会于青原,游玄潭;冬,邹东廓携诸子门人登九华。邹东廓《简陈大蒙》中记:"仲春诞日,诸友作仁寿之会于复古,四方同志亦辱临之。会毕,即游春台,探洪阳、石乳二洞,宿原道阁,遂入青原,泛玄潭,以入石屋。"[2]又东廓《寿莲坪甘郡侯先生七十序》记:"嘉靖庚戌之春。……其冬,予与师泉刘子及朱生调、王生一峰、朱生震,二儿美、善,餐霞于齐云,卧雪于九华,乘风泛月于长江鄱阳之上,紫阳化城,若见羹墙、斗山、水西,若奏《韶》《夏》,然后知向者浅之为游也。"[3]罗洪先《明故礼部主客郎中致仕明水陈公墓志铭》亦载:"嘉靖辛丑,某归田,始会明水陈先生于螺川上。又五年,再晤于毗陵。继是,庚戌聚青原,壬子留玄潭雪狼阁,甲寅过桐江,咸朝夕请益,既久乃别。"[4]由此可推知第二封信的大概写作经过:罗、陈二人继己酉未得见之后,于庚戌东廓庆寿会于青原,且共游玄潭,此后归;六月,陈明水致信罗念庵,念庵迟迟未复,后陈再去信一封,罗子回复。陈信中所提九华之行应是原本相约夏游九华,后因暑疾起未赴,后东廓与诸公又约且于冬至九华。

　　除以上列举篇目外,江西清钞本《明水陈先生文集》另有十八通书札与董氏递修刻本题名有别,现将对刊正误结果全面整理如下:《四库全书存目丛书》影印本页十五录《简万五溪中丞》《简舒国裳太史》,嘉靖四十二年刻本题名皆为《又》,承继前文,两通书札皆应更名为《与董兆明》;页十八录《简唐荆川》应改作《简董蓉山》;页十九录《简刘中山年丈》《寄曾元山侍御》,嘉靖四十二年刻本标题皆为《又》,由前文推知,该两篇皆应改作《简董蓉山》;页

---

① 参见吴震:《阳明后学研究》,上海:上海人民出版社,2003 年,第 277 页脚注。

② (明)邹守益:《邹守益集》卷十一,第 550 页。

③ (明)邹守益:《邹守益集》卷三,第 130—131 页。

④ (明)罗洪先:《罗洪先集》卷二十,南京:凤凰出版社,2007 年,第 803—804 页。

二十录《简唐荆川》《简魏水洲年丈》《简吴疏山侍御》及页二十一载《简魏水洲》，收信方皆为董蓉山；页二十二至二十三录《答门人将顺之》，应改作《答董民建》；页二十三收《答欧阳司直》《简储柴虚先生》，应分别改为《答危裔芳书》、《简聂双江先生》；页二十九《与储柴虚先生》，应改作《与欧阳直夫书》；页三十四《简章介庵学宪》《答危裔芳》，嘉靖四十二年刻本全标记为《又》，按前文推论，收信方皆为董生平甫；页三十八《简黄正之》，董氏递修本标《又》，接引前文，书札仍写与聂双江；页三十九《简张东沙先生》，应改作《简王龙溪先生》；页四十一《与董古南》应改为《与余子庄》。

　　据上述考辨，《明水陈先生文集》版本问题亟待关注。目前学界往往就收录完整性层面考虑，都在引用《四库全书存目丛书》影印江西省图书馆藏《明水陈先生文集》清钞本，而非中山大学图书馆藏明嘉靖四十二年刻本。征引不当，以讹传讹，相关研究成果存疑处众多，相应地，以清钞本收录之《与罗近溪先生》两篇作为罗、陈交往之证明，实不确矣。

（二）罗汝芳与东廓、念庵诸老

　　罗汝芳与阳明高足邹守益前后有两次会面。第一次是在嘉靖丁未（1547），据罗汝芳弟子曹胤儒《罗近溪师行实》记："丁未，师往吉安，谢山农颜公。因遍访双江聂公、念庵罗公、东廓邹公、狮泉刘公辈，商榷学问。"[①]近溪此番拜访东廓诸老，论学内容无从查证，惟可确认的是，此次会面乃是罗汝芳会试中举之后，十年游历的开始，也是其学术思想尚未定形的阶段。第二次应是嘉靖癸丑（1553），即罗汝芳力学十载之后，京师廷试之前。耿定向《与邹汝光》篇中云：

　　　　近溪会试中式后，不廷试而归，学十年已，偕数十友自旴江趋吉州，印证于令祖（邹东廓）暨南野、双江诸老。维时会中同志数百人，诸老以近溪自建远来，位在首座。令祖就质之曰："子不急仕进，而归学十年于兹，其志卓矣。近所得如何？"近溪作而对曰："只是一个无。"令祖莞尔哂曰："罗大人，力学十年余矣，如何尚在门外耶？"此梁狂（何心隐）为余述如此。今江左之学胥从《楞严经》中参会入者，只会得一无便了。当年近溪自呈如此，而令祖不为印可。近溪老来又放下这无而专提摅生

---

① （明）罗汝芳：《罗汝芳集》，第 835 页。

机何也敢问？①

此证之外，关于罗汝芳与邹东廓之间的交游过程，《明儒学案》载黄宗羲记云："先生（罗汝芳）既中式，十年不赴殿试。一日谒东廓于书院，坐定。问曰：'十年专工问学，可得闻乎？'先生对曰：'只悟得无字。'东廓曰：'如此尚是门外人。'时山农（颜均）在座，闻之，出而恚曰：'不远千里到此，何不打点几句好话，却倒门面。'闻者为之失笑。"②从材料内容看，黄宗羲上述记录实为罗汝芳与邹守益的第二次接触过程。

罗汝芳与罗念庵、聂双江也有两次会面机会。一次是在嘉靖丁未年间，罗汝芳在拜访东廓的同时，与会的还有罗念庵，聂双江；第二次是在癸丑年（1553），曹胤儒《罗近溪师行实》载："癸丑，廷试中式。时内阁存斋徐公、部院双江聂公、南野欧阳公、俨山周公，皆以兴起斯学为己任者，乃定会所于灵济宫，师集同年桂岩顾公、近麓李公、洞阳柳公、望山向公、一吾李公，会试同年昆湖瞿公、泽峰吴公、浑庵戴公、少龙贺公、敬所王公，旧同志善山何公、西吾张公、吉阳何公、浮峰张公、芳麓王公数十百人，联讲两月，人心翕然，称盛会也。"③两人在会面之余也曾有通信交流。罗念庵有《与罗近溪》一篇，其中记："楚中之疾，起于再生，远辱寓意，惠至再至，执事可谓过于爱矣。闻与庐山、颖泉诸君朝夕切磋，斯道何幸！古人有言：话说如伏醉汉，扶一边，倒一边。小主倚说话自过自改，渐入严密，此不肖寻收束处然，丛过固未能寡也。兄当异是矣。"④按罗念庵信中所说，"远辱寓意，惠至再至，执事可谓过于爱矣"点明了近溪曾多次致信念庵。此外，罗念庵有诗《同黄洛村宿罗田岩》，诗云："心迹浑无系，行歌恣所如。偶逢紫芝课，邀入白云居。清盘闻僧梵，寒灯捡道书。谁能甘役役？徒使二毛疏。"⑤念庵此诗，罗汝芳曾作《宿罗田岩和罗念庵韵》与其和之。诗云："今古罗田道，高歌几嗣音。天高还客袂，海月自禅心。草色当春媚，林光傍晚深。黄龙参未得，僧盘出岩阴。出谷双黄鸟，嘤嘤肆好音。名岩方独步，多士偶同心。陟峤难辞险，寻源莫厌深。

---

① （明）耿定向：《与邹汝光》，《耿天台先生文集》卷四，《四库全书存目丛书》集部第 131 册，第 93—94 页。

② （清）黄宗羲：《明儒学案》卷三十四，第 805 页。

③ （明）罗汝芳：《罗汝芳集》，第 836 页。

④ （明）罗洪先：《罗洪先集》卷六，第 216—217 页。

⑤ （明）罗洪先：《罗洪先集》卷二十九，第 1165 页。

元公开绝学,遗像俨峰阴。"①由罗汝芳诗文可见,其对念庵颇有仰慕之心。

罗汝芳与欧阳南野之间的会面也是在拜访念庵、双江诸老的同时进行的,然罗汝芳与南野门人、弟子之间也时有交流。欧阳南野两大高足与罗汝芳不仅谈学相契,且有善交。其一为胡庐山,胡直是也,其二即王敬所,王宗沐是也。胡直自不必多说,至于王宗沐,罗汝芳《癸酉日记》即载:"早,见王敬所中丞,留饮,剧谈相契。"②此外,罗汝芳与南野门人曾子和也是故交。《罗明德公文集》卷四《华容令传》载:"岁甲辰,余与公(案:华容令,曾姓,字子和,讳礼,别号紫崖)晤永丰,知公师事南野欧阳公,与东廓、念庵、三五诸公游,甚敬事之。"③按以上所说,华容令曾子和与王敬所皆南野门人。罗汝芳与王敬所二人论谈相契,需要追溯到后者之师欧阳南野的论学宗旨。经考,罗汝芳与欧阳德在学术主张上,多处暗合,比如在"良知本虚"的问题上。欧阳南野曰:"良知本虚,致知即是致虚。真实而无一毫邪妄者,本虚之体也。物物慎其独知而格之,不以邪妄自欺者,致虚之功也。故格物致知,则致虚致灵皆我固有。若有见于虚而求之,恐或离却事物,安排一个虚的本体,以为良知本来如是,事事物物皆从中流出,习久得效,反成壁障。"④又道:"心之本体,犹之太虚。太虚之中,无物不有而无一物能为太虚之染污。苟太虚染污一物,则非复太虚之本体,而不能为无物不有者矣。"⑤吴震先生曾对欧阳南野"良知本虚"一论作出概括:"可以这样说:良知本体具有虚实一体,体用一源之特征。良知的本质特征固然是'虚',但这个'虚之本体'又在万事万物当中展现自身,在此意义上,可以说'良知本虚'而又'虚实一体'。"⑥照此说看来,欧阳德所谓的"虚"字原是从存有论上去讲,而非从生成论上去说,这与阳明以"太虚"一词形容良知的本来状态,强调其"本无知"而又"无不知"的观点脉络相通。在"良知"之"虚"的问题上,罗汝芳虽然没有如南野公明确态度,但是他有两处论说值得我们注意。其一,罗氏谓:"夫吾人生宇宙间,自旦至暮,自少至老,枢纽默运,只此一个虚灵,虽帮凑些子不上,却瞒昧些子不过,所谓己独知之者也。"⑦其二,罗汝芳道:"分体用,析显

---

① (明)罗汝芳:《罗汝芳集》,第779页。
② (明)罗汝芳:《罗汝芳集》,第732页。
③ (明)罗汝芳:《罗汝芳集》,第611页。
④ (明)欧阳德:《欧阳德集》卷五,第197—198页。
⑤ (明)欧阳德:《欧阳德集》卷一,第29页。
⑥ 吴震:《阳明后学研究》,第299页。
⑦ (明)罗汝芳:《罗汝芳集》,第126页。

微,以求道语道。此是孔孟过后,宇宙中二千年来一个大梦酣睡,至今而呼唤未醒者也。盖统天彻地,尽人尽物,总是一个大道,此个大道就叫做中庸。中庸者,平平常常,遍满乎寰穹,接连乎今古。良知以为知而不假思虑,良能以为能而绝些勉强,无昼无夜,其灵妙从虚空涌将出来,乃为天命之性;无昼无夜,其条理就事务铺将出去,乃为率性之道。"①两则材料中,罗汝芳所谓的世事难逃"虚灵"之明鉴,其前提即是此良知原本"灵"即"虚",而"费且隐"。此外,罗氏认为"体""用"原本不分,"良知""良能"其"灵妙从虚空涌将出来",无声无息、无昼无夜铺陈于万事万物中,也在于强调"良知"本"虚","体""用"一源的根本观点。应该说,罗汝芳与欧阳德在该理念上的相近大致代表了中晚明理学尤其是阳明学者关于"良知"本体特征的基本理解,而罗氏与欧阳德弟子之间论谈相契的事实则需特别关注。

(三)罗汝芳与钱德洪、王龙溪

除了和邹东廓、罗念庵等人有过接触之外,罗汝芳与钱德洪、王龙溪等人也有交游经历。嘉靖庚戌(1550),罗汝芳曾邀钱德洪、王畿二人大会南京天坛道观。曹胤儒《罗近溪师行实》记:

> 庚戌,师至维杨,约龙溪王公、绪山钱公大会于留都天坛道观,竟不果行。大洲赵公时官祠部,对众叹曰:"罗君傥在孔门,与曾参氏颉颃矣。"庚戌秋,大会江省月余。②

虽然参考曹胤儒文中所记,此会"竟不果行",但罗汝芳与钱德洪确有会面经历。根据王畿《与罗近溪》一篇载:

> 绪山兄回,传致吾兄道谊惓切之情。且询知任道之笃,作人之殷,优游化导,以身作法,注措经纶,精神命脉惟此一事,不但以文学饰吏治而已,士民何幸! 吾道何幸! 传闻吾兄主教,时及因果报应之说,固知引诱下根之权法,但恐痴人前说梦,若不喜听又增梦语,亦不可以不慎也。何如,何如? 不肖数时行持只寻常,此学只从一念入微处,自信自

---

① (明)罗汝芳:《罗汝芳集》,第 230 页。
② (明)罗汝芳:《罗汝芳集》,第 836 页。

达,与百姓同作同止,不作一毫奇特伎俩,循此以报知己而已。①

由王畿与罗汝芳的书札内容可见,罗汝芳和钱德洪、王畿二人都有良好的互动关系。王畿既说"绪山兄回传致吾兄道谊惓切之情",则表明钱德洪确实曾赴罗汝芳此次邀讲。

至于"二溪"之间的交游,嘉靖甲子(1564),罗汝芳即曾邀王龙溪赴宁国举"宛陵会"。集宁国府六邑之士犹千余人,大举讲学。王畿《宛陵会语》载:

> 近溪罗侯之守宣也,既施化于六邑之人,复衰六邑之彦,聚于宛陵,给之以馆饩,陶之以礼乐。六邑之风,蹴然震动。甲子春暮,予以常期赴会宛陵。侯大集六邑之士友长幼千余人,聚于至善堂中。先令歌童举乐合歌,以兴众志。②

此外,隆庆元年(1567),罗汝芳周流天下之际,又曾前往浙中拜访王龙溪。龙溪弟子赵志皋《近溪罗先生墓表》中载:

> 岁丁卯,先生周流天下,遍访同志。洒然临于浙,与公(王畿)剧谈竟夕,相得甚欢。聆其的谈仁旨,毅然身为己任,公叹曰:"真颜氏子复出也。"予目先生,葛巾野服,飘飘物外,真若秋鹤横空,毫无烟火气味,尚尔一儒生态也。自是得就教席,言言两相契解,而彼此贻简牍,交相责成,互相订正,无下数十纸。③

近溪与龙溪前后两次见面,相处甚是融洽。接触过程中又可见王畿对罗汝芳除"时及因果报应之说"之外的思想理念和行动主张的基本认同。

二、罗汝芳与知交友朋

我们既在中晚明知识场域中梳理罗汝芳的交游经历,就要突破阳明学士群去考察。罗汝芳知交中有几位重要人士需结合最新文献辑考成果详尽考述。他们分别是近溪同年:周柳堂、史桂芳;论学知交:胡庐山、耿天台、李

---

① (明)王畿:《王畿集》卷十一,南京:凤凰出版社,2007年,第295页。
② (明)王畿:《王畿集》卷二,第43—44页。
③ (明)罗汝芳:《罗汝芳集》附录,第928页。

卓吾、焦澹园、王时槐等。

(一)罗汝芳与同年

罗汝芳同年中,史桂芳、周柳塘与其关系较为深厚。曹胤儒《罗近溪师行实》记,万历十四年丙戌(1586)夏,"师同楚中柳塘周公,自建昌溯江省,从鄱湖至玉山,入浙河,下钱塘,过嘉兴,过姑苏,过无锡。所至与同志及名流无不倾倒。时不佞儒偶薄游三衢,荷师以所刻《会语》六册封赐,且手书惓惓,以道之至者相勖也。季春,师诣留都,约如真李君、澹园焦君辈谈学于永庆寺。随举会于兴善寺,又大会于鸡鸣山之凭虚阁。……师自留都大会、芜湖大会、泾县大会,宁国缙绅士民一时云集,又从祁门过饶州,晤史惺堂诸公"①。罗汝芳万历丙戌年间之游历,按其晚年气节,所交之人必是极为器重者,而材料中提及的柳塘周公、史惺堂与罗汝芳同是在嘉靖癸丑(1553)考取进士。其中,史桂芳,据《明清进士录》记,乃"嘉靖三十二年(1553)三甲二百二十四名进士。鄱阳人,字景宝,一作景实,号惺堂。性耿介,宗陈献章之学。初知歙县,廉直爱民,督师赵文华,檄取万金犒师,不应。历知延平、汝宁二府,专以德治民。迁两浙运使,老幼送者数千人。有《惺堂文集》"②。周柳塘,名思久,《进士录》记其为"嘉靖三十二年三甲七十一名进士。湖北麻城人,字柳塘。官琼州守,有治行,与海瑞上下。工诗,善书法"③。两位中,周柳塘与罗汝芳及其弟子都有来往经历。罗汝芳高足杨起元在《杨复所先生家藏文集》卷三《学孔编序》中记:"岁戊子,以试事取道天台,拜先生(周柳塘)于堂。先生手是编(《学孔编》)以示,且曰:'为我序之。'"④据此,罗汝芳去世后,杨起元即从学于周柳塘。就此说,近溪学脉的延续与流变便与其弟子后期归属他师不无关联。

(二)罗汝芳与论学知交

与罗汝芳因论学结缘者,又有胡庐山、耿天台、李卓吾、王时槐等人。以上诸人与罗汝芳之间皆有频繁往来。

胡庐山(1518—1585),即胡直,字正甫,号庐山。黄宗羲《明儒学案》记

---

① (明)罗汝芳:《罗汝芳集》,第 850 页。
② 潘荣胜:《明清进士录》,第 455 页。
③ 潘荣胜:《明清进士录》,第 459 页。
④ (明)杨起元:《重刻杨复所先生家藏文集》卷三,第 593 页。

其"年二十六,始从欧阳文庄(欧阳南野)问学"①,"年三十复从学罗文恭(罗念庵)"②。且评其学"既与释氏所称'三界惟心,山河大地,为妙明心中物'不远"③。作为罗汝芳挚友,胡直对近溪子居官治民、为人处世都有甚高的评价。《衡庐精舍藏稿》卷八《同年章近洲补令桐城语别序》中,胡直言:

> 今贤令未暇细论,前后熟者得二人焉。……其一即癸卯同年罗汝芳者是也。罗为太湖,予遘之阳羡,因以徐公之事讯之。罗子曰:"公之约已省民类是也,然以责之上吏恐难,子不闻越富人之爱丑女者乎? 越人女贵室,虞姑之谪女丑也,月辄女之馈以馈其姑,女于是得安其室。越人非遗女而佞姑也,斯所以善爱女也。"予始疑其言。亡何,闻太湖之政未期而上吏弗为挠,周泽得以下行,由是清弊薮,夷寇窟,躬率民垦田若干亩。逾岁得粟以代偿民负,兴学宗礼,人自遵约,僻壤犷民欣欢向化,讼狱为空。予乃知罗子之善爱民犹越人也。然罗子性恬寡嗜,即登第,家食十年始仕,方劝农,从止二三人,自携饮馔,骑步惟意。上之人,虽皆公称其贤而又无有私德其情者,是则罗子之政与徐公先后异措,迟速异效,然地之人皆称循焉。……即徐公不获节养,罗君不皇礼教,子又何以应之?④

由胡直上文可见,其本人对罗汝芳爱民的诚意、治民的灵活性及其平淡恬适的性格特征都给予了极大程度的肯定。而《罗汝芳集·语录汇集》中亦载:"壬申,许敬庵先生访子从姑山中。问曰:'江右若胡庐山(讳直)李见罗(讳材),可谓圣贤矣。'子曰:'庐山有圣贤之志,见罗有圣贤之才。'"⑤由此可见,在近溪看来,胡直亦是拥有圣贤之志之人。事实上,罗汝芳、胡直早于嘉靖癸卯同中乡举,之后就曾大会滕王阁。曹胤儒《罗近溪师行实》记:"癸卯(1543),荐乡书,时年二十有九。师同庐山胡公、洞岩周公,及诸同志大会于滕王阁数日。"⑥后嘉靖丙辰(1556),二人又有会面机会。宋仪望《赠大理右

① (清)黄宗羲:《明儒学案》卷二十二,第 511 页。
② (清)黄宗羲:《明儒学案》卷二十二,第 511 页。
③ (清)黄宗羲:《明儒学案》卷二十二,第 512 页。
④ (明)胡直:《衡庐精舍藏稿》卷八,《四库全书》集部,第 1287 册,台北:台湾商务印书馆,1983 年,第 292—293 页。
⑤ (明)罗汝芳:《罗汝芳集》,第 417 页。
⑥ (明)罗汝芳:《罗汝芳集》,第 835 页。

少卿吕公迁南光禄卿序》载:"予自丁未登第,则有若南野欧公为礼侍,与诸同志为会,辩论切劘,至日暮不暇休。乃后诸君子亦去来无常,而同志之会,岁或举行之,已辄罢去。丙辰冬,予与沃洲吕君相遇于淮,慨然以斯会散落为念。至则吉阳何君为太仆少卿,乃与罗子惟德、胡子正甫、邹子继甫辈复订前会,自卿寺以下,常至六七十人,而又间为小会。则惟予与何、吕二君,企二三子也。"①至万历甲申(1584),耄耋之年的罗汝芳又曾前往太和,拜会胡庐山。曹胤儒《罗近溪师行实》记:"秋,从永丰入吉安,访塘南王奉常。王试问玄门之学……过安福,访颍泉邹公。至永新,拜山农颜公。适太和,会庐山胡公。师曰:'此行了数十年期约。'敬斋张公北上,邀师同舟剧谈。张后语人曰:'近老说书,真俟百世圣人而不惑,幸善绎之,人毋泥旧闻作障也。'"②综上考述,罗汝芳与胡庐山二人可谓知交。此外,胡直去世之后,其弟子——东林党领袖邹元标对罗汝芳也甚为敬服,尤其在"讲学"一事上。乃至罗汝芳万历五年被罢归乡之后,邹元标也曾上疏举荐近溪子。

耿天台作为中晚明著名人士,与阳明学士群皆有广泛往来。然如耿天台自己现身说法:"平生得三益友,皆良药也。胡庐山为正气散,罗近溪为越鞠丸,史惺堂为排毒散。"③"越鞠丸"作为中药的一种,其主要功效即在于理气解郁,耿天台以"越鞠丸"譬喻罗汝芳在其心目中的重要地位,实是强调近溪立学倾向顺适自然之道。至罗汝芳离世,耿天台在《祭罗近溪》一文里,悲叹道:"逍遥而逝,没则用宁。同心凋谢,存者茕茕。瞻望从姑,有泪如倾。寄此瓣香,以写我膺。乾坤微意,絮酒一觞。幽明暂殊,千古为盟。"④耿天台此文曾为时人诟病,然由此亦可见耿、罗二人情谊之深厚。

罗汝芳与耿天台的第一次会面,当在嘉靖戊午(1558)。耿天台《读近溪罗子集》载:"余自嘉靖戊午,获交近溪子于京邸,其时近溪子谈道当下性真,令人反身默识,不效世儒詹詹然训解文义,譬则韩、白用兵,直捣中坚,搴旗斩将,不为野战者。"⑤又据《盱坛直诠》载:"嘉靖甲子冬(1564),天台耿师檄不佞胤儒,置之留都之明道书院,勖之以圣学,时与偕者,同里东溟管子志

---

① (明)宋仪望:《华阳馆文集》卷二,《四库全书存目丛书》集部第 116 册,第 312 页。
② (明)罗汝芳:《罗汝芳集》,第 849 页。
③ (清)黄宗羲:《白沙学案》,《明儒学案》卷六,第 109 页。
④ (明)罗汝芳:《罗汝芳集》,第 995 页。
⑤ (明)罗汝芳:《罗汝芳集》附录,第 934 页。

道,及广德冲涵李子天植。……次日,耿师延罗师于明道书院为会。"①再结合考辨所得,罗汝芳与耿氏之交,实属政、学互助的情况,二人不仅论学相契,且在政治场域,也多是互相关照。前文考罗汝芳曾代耿天台奉礼严东楼之母丧,后耿氏得南畿督学之命,而罗汝芳离开宁国时,有人启奏近溪子有失政德,耿天台则奏疏为近溪辩解。曹胤儒《罗近溪师行实》记:"师至铨部,司厅报师见堂。禺坡杨公谓应谷刘公曰:'此君去宁国时,有谮之者,适周都峰昌言于朝,而耿学院之辨疏亦至,乃知人言之妄,而论定矣。'"②杨禺坡所说"耿书院之辨疏",应是耿天台《审异同慎举刺以惜人才疏》,于此篇,耿氏对罗汝芳宽以待民的态度和德治绩效,进行了举证说明,言辞之切,由此见二人真知交也。然查罗近溪、耿天台交往过程中,后者唯有一点对近溪有过批评,即在对待佛道二氏之学的态度上。耿天台曾以"宽和近佛之慈悲"③一语评介罗汝芳近佛的性格特征,但对于近溪援佛入儒之举则尤其反感。《耿天台先生文集》卷十九载《只这等》一则,文中耿子曰:"昔有衲子持钵来盱江,吾友罗近溪遇之甚谨。……近溪子可谓礼失而求之野者,知言哉!"④耿天台此处对近溪从禅家"这等"一说领悟"当下"意旨与"现成良知"之论,极为不满。万历七年(1579)近溪二子与胡清虚死于肇庆,耿天台叹曰:"余初闻罗氏二子死,殇悼甚甚,已闻胡清虚死,则跫然举手加额曰:天乎,天乎,其将显明正学……胡清虚,浙之义乌人,初为此中陈大参门子,以生恶疡逐出。无依,倚于某观中一道人,道人率之游匡庐,住终南几年,出而浙中士绅逐翕然宗之,闻陶有斋令兄与龙溪先生俱纳贽受教矣。余往讽龙溪,龙溪亦谓有足取者。"⑤从根本上讲,耿天台对罗氏父子与佛道人士频繁往来的不满,实是出于对儒学的坚定拥护。基于这一理念,耿天台上述态度并非单纯针对罗汝芳,且因王龙溪与胡清虚也曾有过深交,故耿天台自己也曾说,其对王龙溪也曾有讽谏之举。

　　罗汝芳与李贽交情至深,这一点可以从前文提及的李贽《祭罗近溪先生告文》中可见一二。再者,《评近溪子集》一篇里,李贽对近溪学术地位也给予了极高评价,其云:"近老解经处,虽时依己见,然纵横自在,固无一言不中

---

①　(明)罗汝芳:《罗汝芳集》,第391—393页。

②　(明)罗汝芳:《罗汝芳集》,第842页。

③　(明)耿定向:《与吴少虞》,《耿天台先生文集》卷四,第95页。

④　(明)耿定向:《耿天台先生文集》卷十九,第480页。

⑤　(明)耿定向:《寄示里中友》,《耿天台先生文集》卷六,第171—172页。

縠率也。虽语言各别,而心神符契,诚有德之言,俾孔孟复起,岂不首肯于百事之下耶?"①由此可见李卓吾对罗汝芳的钦佩之情。这种钦佩之情也是在双方论学过程中逐步累积起来的。众所周知,罗汝芳与李贽之间曾有关于"净土"的探讨,根据材料记录,李贽大谈净土之学,罗汝芳听后反问道:"南方,北方,东方,独无净土耶?"②此处的反问含有否定的因素。在近溪看来,"净土"并非仅在西方,而在"即此"。"即此"便指当下,当下无非在于心识。需要作一步说明的是,罗汝芳与李卓吾之间关于佛学的认知虽有不同,但二者对于佛学的共同关注也可作为彼此论学的重要课题。正因如此,今天我们对罗、李二人关系的探讨,或也可从两位思想家在宗教及政治立场,学术观点的相近等方面进行考察。严格来说,罗汝芳与李贽之间的知交关系也并没有局限在私交层面。罗汝芳逝后,其高足及再传弟子也与李贽多有善交,甚至以私淑门人拜学卓吾。杨起元有《李卓吾先生》,篇中云:

> 近得先生与焦漪园丈书,又得我柳师教扎,知我柳师之于先生,有相信相爱之深者。盖其合也迟,则其交也固。不图古人友义复见于今日,世道一大庆也。生于先生大教,私淑有年,向过湖上一宿,虽未敢质问,一谈一笑,一指一顾,皆足以销镕顽钝。生虽浅学,眼中颇能识宝,每入宝山,必不空过。昔之事我近师也,亦然。初未尝质疑辨难于近师之前也,奉违以来,罕尝申问,盖相见且无所问矣,相阔复何问哉!此生之所以自附于忘言之交,以其中宝有不言之信存焉耳。虽然我近师逝矣,今之能教某者,莫如我柳师暨先生。于先生而不通问,又将谁问哉!③

杨起元这里提及的柳师即前文考述的近溪知交周柳塘,而他讲私淑卓吾多年,即已表明向学心志。且在杨起元认为,近溪子逝后,能教罗氏子弟者,一为周柳塘,二即李卓吾。事实上,杨起元不仅自身对李贽之学多有向往,又曾教自己弟子问学李贽。潘曾纮编《李温陵外纪》卷一《永庆答问》有引语云:

---

① (明)罗汝芳:《罗汝芳集》,第935页。
② (明)罗汝芳:《罗汝芳集》,第401页。
③ (明)杨起元:《太史杨复所先生证学编》卷二,第311—312页。

　　万历戊戌(1598)仲夏,古歙畲永宁、吴世征同游白下,问学于杨复所先生。先生谓:"温陵李卓老今之善知识也,现寓永庆寺中,曾相见否?"对曰:"久从书册想见,却未请见。"曰:"何不亟请见?"……征又问师学与卓老同异。先生曰:"有甚么同异!就是有不同处也,莫管他。"①

材料中提到的畲永宁,实乃经近溪高足曹汝为引荐给杨复所的重要弟子。《太史杨复所先生证学编》(以下简称《证学编》)卷三《南都答问题词》记:"予自以卿贰人南都,日得会罗先师及门诸友。年丁酉,中吴曹汝为丈以师事再至。丈固师门大心首座也,故其通人处,每以《大学》提之。一日,征者所得士,丈以歙西畲永宁常吉为对,谓其人心直而肩硬,师门终有赖者。乃命其及予之门而问学焉。"②据此,罗汝芳逝后,其门人亦多倚李贽为师,且敬重有加。

　　王时槐(1522—1605),字子直,号塘南,江西安福人,嘉靖丁未(1547)进士,曾师刘两峰。察罗汝芳一生与王时槐前后有五次重要会面。王时槐《近溪罗先生传》记:"忆嘉靖乙卯(1555),予以南主客郎,出金闽臬,道经太湖。先生时为令,留止信宿,邀至演武场观兵壮射。"③又记"壬戌(1562),予以内艰服阕入京。先生时为刑郎,邀予夜对,亹亹剧谈。已而语人曰:'吾与王子剧谈,诚祝天愿其有契于吾言也。'"④据此可见二人论学多有相契合处。又记:"乙丑(1565),予为符卿,先生以宁国守入觐……一夕,先生招予过其邸舍,联榻而寝。比四鼓,先生问予曰:'近日何如?'予曰:'吾惟直透本心耳。'先生诘问本心,予请示。先生曰:'难言也,譬如蒸饭,必去盖,乃知甑中有饭,去甑,乃知釜中有水;去釜,乃知笼中有火,信未易言哉!'予曰:'岂无方便可指示处?'先生曰:'莫如乐,第从乐而入可也。'"⑤罗汝芳这里便是向王塘南传授阳明"自然""自得"之旨。此后,王时槐谢事归,便曾专往从姑拜访罗汝芳。其《近溪罗先生传》再记:"万历戊寅(1578),予归田既久,先生亦谢事还,予买舟访先生于从姑山房请益。先生曰:'学必有定向,庶可决成。'予

_____

　① (明)潘曾纮:《李温陵外纪》,《明季史料集珍》第二辑,台北:伟文图书公司印行,1977 年,第 43—44 页。
　② (明)杨起元:《太史杨复所先生证学编》卷三,第 355 页。
　③ (明)罗汝芳:《罗汝芳集》,第 856—857 页。
　④ (明)罗汝芳:《罗汝芳集》,第 857 页。
　⑤ (明)罗汝芳:《罗汝芳集》,第 857 页。

请示,先生直以一语酬答,予爽然有省。予留从姑逾旬,见先生天真粹朗,彼己尽忘,八荒洞然,了无畛域;语笑动静,食息寝处,神机自运,不涉人力。朝夕盂蔬,与客共食,客至盈座,亦无增味,熙怡竟日。诸生不问,则默无繁言。"①二人最后一次见面,当在万历甲申(1584),塘南记:"甲申(1584),先生过螺川,访予白鹭书院中。予试问玄门之学。先生曰:'岂尝有所闻乎? 盍言之。'予漫述艮背之说。先生曰:'内典谓吾人自咽喉以下名为鬼窟。'因极口赞'中庸'二字曰'平常',是道何事旁求。盖自是别后五年,而先生弃人间矣。"②考罗汝芳、王时槐二人向未以师徒相称,但后者确曾多番向近溪子请教问学,而近溪也总倾心与谈。

三、罗汝芳与弟子门人

对罗汝芳弟子门人的考述,严格意义上讲,并非单纯的文献整理,其重要价值即体现在我们的研究内容和分析方法上。具体来说,本节将涉及以下四方面内容:其一,通过系统梳理法,全面考察罗汝芳重要弟子门人;其二,辑考诸位弟子门人与罗汝芳之间的具体来往经过;其三,辑考近溪子离世前后,其后学与当时代其他思想家之间的交游经历;其四,在上述文献考述的基础上,对近溪学术传承及走向作全新探讨,此处的学术传承一方面将揭示门人弟子各自对近溪学术的继承和发挥,另一方面将进一步展开对近溪学脉走向,乃至中晚明王学流变的分析。

罗汝芳门人弟子众多,入室者唯曹胤儒(号鲁川,苏州人)、黎允儒(号文塘,建昌人)。杨起元《证学编》卷四《法海纪闻序》中曾载:"昔者诸大圣人以仁慈度世,因时阐教,语语归宗,无异心,故无异论,虽先后西东之地异,而其揆一也,奈何不见谅于拘拘者之众耶! 惟我明德罗夫子承往圣之后,宪章高帝,私淑文成,一其心而不二,尊其教而不他,天下英贤俊杰受其熏陶者,难以更仆数,而中吴曹鲁川,建昌黎文塘则尤称入室弟子焉。"③且又评曰:"盖文塘丈之所得迩易而直截,鲁川丈之所得宏深而莹彻,虽均之饮河,均之出蓝,而鲁川丈之于吾师者,今得之于曹丈也。"④杨起元对曹鲁川、黎文塘的推崇不无道理,其中一个原因便在于二人追随近溪子多年,且拜师时间也远远

① (明)罗汝芳:《罗汝芳集》,第 857 页。
② (明)罗汝芳:《罗汝芳集》,第 857—858 页。
③ (明)杨起元:《太史杨复所先生证学编》卷二,第 388—389 页。
④ (明)罗汝芳:《罗汝芳集》,第 956 页。

早于杨子,而杨起元正是经黎氏引荐,才得拜入罗汝芳门下。杨起元《盱坛直诠序》中云:"不佞起遇吾师近溪先生也晚,盖师倡学于海内有年矣,起有所闻,实得之文塘黎丈,起之晤黎丈,如获拱璧也。"①由此知黎文塘在罗氏弟子中的重要地位。黎文塘即黎允儒,此人文献载录较少,杨起元《文塘黎先生墓志铭》记其"字成之,号文塘,生嘉靖戊子(1528)闰十月初八日亥时,卒万历戊戌(1598)十月十一日丑时"②。杨起元《证学编》卷三《冬日记》又记云:"黎允儒在师门尽有所悟,每见,先师称之曰:老实。'老实'者,忠信之别名也。予初疑先师未许黎丈,久之乃会此旨。"③此段可见罗汝芳对黎允儒的总体认可态度,然论学术继承而言,黎氏作为近溪早期弟子则不见其创见。

相对而言,曹鲁川(曹胤儒)与罗汝芳之间的论学经历则有不少记录。《罗汝芳集·语录汇集》载:"嘉靖乙丑(1565)夏,不佞儒侍家大人斗墟府君宦抚溪。适罗师自宁国丁外艰过溪城,宿皋司。儒往侍教,师征儒新功。"④此番会面之后,当年秋,曹胤儒再次拜访近溪,从此两年中往来极为频繁。如曹氏记:"儒于乙丑秋,初住从姑一百二十日,后往来其间者几二载。"⑤又据《盱坛直诠》记:"丙寅(1566)春正,儒自金溪谒师于姑山之长春阁……次日,师携诸生,过师之泗石溪别墅。儒与思泉黄君、文塘黎君、南沙罗君、心文王君潜侍。儒问曰:'双江聂先生所谓归寂者,何谓也?'师曰:'此主静之别名也。'儒曰:'此等工夫何如?'师曰:'究竟此等工夫还是多了。然在初学或未可少。'罗君曰:'与顾谅之说如何?'师曰:'颇同。'王君曰:'与止观之旨如何?'师曰:'亦似。'师因曰:'此等工夫虽同,然在学者深浅各有不同,须得一明师,随材随时指点,始得不谬。'"⑥又有曹氏《罗近溪师行实》记:"癸酉(1573),北上过江省,大会旬日。遂从大江而东,沿途如饶州、安庆、宁国、留都、扬州,凡相知同志者,络绎邀师会讲。不佞儒与澹园焦丈、秋潭翟丈自留都至扬州,从师舟中凡十余日。"⑦再有《语录汇集》载:"万历戊寅(1578),师自燕归,道吴门,过儒庐时,淮安梁君兆明随侍,谈顷。……儒强夕焉。次早师命驾,儒送吴江之南,师止儒,因夜坐语至宵分,凡平日之所引而未发者,

---

①　(明)罗汝芳:《罗汝芳集》,第 955—956 页。

②　(明)杨起元:《重刻杨复所家藏文集》卷五,第 632 页。

③　(明)杨起元:《太史杨复所先生证学编》卷三,第 344 页。

④　(明)罗汝芳:《罗汝芳集》,第 394 页。

⑤　(明)罗汝芳:《罗汝芳集》,第 840 页。

⑥　(明)罗汝芳:《罗汝芳集》,第 397—399 页。

⑦　(明)罗汝芳:《罗汝芳集》,第 841—842 页。

多为儒发之。及曙乃别,师曰:'此学不易,吾子好为之,毋忘昨一宵之言。'"①由上可见,罗汝芳和曹鲁川之间往来频繁。接下来需要追问的是曹氏于近溪所学为何?

万历癸酉年间,罗汝芳过南京与诸友会。会讲中,曹胤儒述其获罗氏一家之学,认为罗氏之学乃是直承《大学》与"明德"宗旨,当是时,罗汝芳也在席,亦默认曹氏之说大概领会要义,但也有不甚满意之处。如果仅按曹鲁川自言,其是有得罗汝芳《大学》宗旨、"明明德"之论。然陈仁锡《无梦园初集》载录《曹鲁川文集引》,其中揭示曹氏之学实有统会儒释道三教之学之意。《曹鲁川文集引》载云:

> 先生以经学,以政学,以谏学,以数千里学,以一室学,以少壮学,以耆老学,以统一三教学。……居读其词曰:天王圣明盖至是而八卦不可见,乾坤几乎息。文王于是整而更之,重睹伏羲面目。故曰:文王既没,文不在兹乎?今学道者宗尧舜而遗伏羲,宗孔子而遗文王,日用而不知之之百姓也。翁学本明德而旨旴江孝弟慈之义,礼要弘赡,恺切温厚。②

按陈太史语,有几处需特别关注:其一,曹鲁川感慨伏羲八卦之旨,乃是表明其易学宗近溪先天易学之说;其二,曹鲁川由先天易学论及"知日用"的问题,则是遵从罗汝芳侧重"日用即道"的学术主张;其三,陈仁锡后又言曹鲁川"学本明德而旨旴江孝弟慈之义",即是明确肯定了曹胤儒的近溪学高弟子身份。如果说以上都可作为其近溪入室弟子的足证的话,那么,其"以耆老学,以统一三教学"一语,则有偏离近溪晚年圣学所向的嫌疑。

论及罗汝芳门人弟子,还需要重点谈及杨起元、詹事讲两位拥护者。杨起元于近溪学脉的重要意义无需赘言,然据文献考据和史实分析,罗汝芳逝后,杨氏并没有能够肩负起师门学术传承之重任。当其初见,乃得黎允儒引荐,约于万历丁丑(1577)年间拜入罗子门下。杨起元《近溪子集序》载:"起生岭东,幼奉庭训,即慕白沙之学。年三十,访道金陵,邂逅黎子,一语豁然,征其所自,则师近溪罗先生。次年,起第翰林,而先生以赍捧入京,乃修贽门下。"③按杨起元生于1547年推算,其拜师近溪正是万历丁丑,此时,罗汝芳

---

① (明)罗汝芳:《罗汝芳集》,第403页。
② (明)陈仁锡:《陈太史无梦园初集》马集三,《四库禁毁书丛刊》集部第59册,第742页。
③ (明)罗汝芳:《罗汝芳集》,第936页。

068

正因自云南入京贺万寿居京。师徒二人最后会面当在万历丁亥(1587),曹胤儒《罗近溪师行实》记:"丁亥,复所杨太史就学姑山,遂同盱之名彦为师建讲堂于凤凰山之麓,扁曰'明德堂'。"①罗汝芳对杨起元的器重可从两则事实中得见。其一,近溪曾自言:"予自壮及老,尝梦进讲君前,后得杨贞复,而梦不复矣。"②其二,近溪逝前,曾教黎允儒寻杨起元前来榻前交代后事。杨起元在《明云南布政司左参政明德夫子罗近溪先生墓志铭》中记:"万历十有六年秋九月之二日,明德夫子罗先生卒。其未卒前十日,谓门人黎允儒曰:'贞复与试在闽,吾欲与语,子试往讯之。'起元闻之,自粤驱而至,则无及矣,相与恸哭于位。"③杨起元对近溪学术实有发扬之心,而他本人曾认为罗汝芳学术主张乃是"一宗孔子,归之于天命,证之于赤子,而无他说焉,可谓醇乎其醇,粹乎其粹者也"④。由此可见,杨起元对近溪学术的拥护及推崇之心。也正是这一回护理念,自近溪逝前与许孚远曾就"克己"问题产生纷争之后,其离世之后,杨起元、周汝登与许孚远等人之间的论战已经从学术场域延续到政治场域。《明史》记:

> (许孚远)知建昌,时与郡人罗汝芳讲学不合。及官南京,与汝芳门人礼部侍郎杨起元、尚宝司卿周汝登,并主讲席。汝登以无善无恶为宗,孚远作《九谛》以难之,言:"文成宗旨,原与圣门不异,以性无不善,知无不良。良知即是未发之中,立论至为明析。'无善无恶心之体'一语,盖指其未发时,廓然寂然者而言之,止形容得一'静'字,合下三语,始为无病。今以心意知物,俱无善恶可言者,非文成之正传也。"彼此论益龃龉。⑤

从学术传承上讲,许孚远与近溪乃至其门人之间的论争,一定程度上,乃是湛若水学派与阳明学士群之间学术矛盾的延续。因程嗣章《明儒讲学考》曾记:"唐枢门人有许孚远,许孚远字孟仲,号敬庵,德清人,嘉靖四十一年进士,仕至南京兵部右侍郎。罢归,卒赠工部尚书,谥恭简。孚远笃信良知而

---

① (明)罗汝芳:《罗汝芳集》,第850页。

② (明)罗汝芳:《罗汝芳集》,第303页。

③ (明)罗汝芳:《罗汝芳集》,第919页。

④ (明)罗汝芳:《罗汝芳集》,第936—937页。

⑤ (清)张廷玉:《明史》卷二百四十三,列传一百七十一《儒林》,北京:中华书局,1974年,第7286页。

恶夫援良知以入禅者,从游者,冯从吾、刘宗周、丁元荐皆为名儒。"①此处提及的唐枢即湛若水弟子,而许孚远即使接受"良知"之学,仍对阳明后学普遍的"援良知以入禅"之风尤其反感。但将学术之争推至政治场域,则大可不必。罗大纮《祭罗近溪先生》中即言:

> 夫罗与许之不相信,天下所知也,许与杨之不相信又天下所知也,然此三公者,徒以所见不同,所趋各异,一以无人我为宗,一以守藩篱为贵,此欲以我矫彼之非,彼亦欲以彼强我之是,徒争诸口而心无购也。奈何乘其机借为自全之地乎? 诚为自全之地,苟明毁杨以附许亦足矣,何必嫁言于盱江,又苟明论罗以别于杨亦足矣,何必托题于文体回互暧昧,已如鬼怪虬魃无复人道矣,又安知直指人心为何物?②

按罗大纮讲,杨起元、周汝登等人与许孚远之间的后续论战,虽有回互暧昧之嫌,但排除功过是非的判断,二人之间的矛盾冲突应该说仍是罗汝芳与邓、许二人论学之争的延续,其中足见杨起元在维护师说、传承师学等事项上的多方面努力。

不可否认,杨起元于近溪学脉,其功大矣,然独当一面谈何容易? 一者,杨起元向来身体不济,疾病附加,年五十又二,便已离世。二者,即便壮年,杨起元从近溪所学原不在传讲,却在自身受用。当管东溟劝其讲学相济,杨起元答曰:"近师平生徒足所至,便集百十人,多至数百人,绝未尝有意于约戒号召之,而莫知其所由然也。生即尽力学近师,恐亦无此大缘,矧生之所学于近师者,亦不在此。"③三者,罗汝芳逝世之后,其学脉面临内忧外患的现实困境。于师门内部,诸门人弟子间意见已有不和,比如焦竑对先师"克己"一说就曾有激烈质疑,于此,杨起元需要周旋应对;在师门之外,众人对近溪子在论学、近佛等等方面的质疑和指责,也往往指向杨起元。前文提及许敬庵曾作《九谛》以难周汝登,而杨起元作为近溪学脉传钵者,自然逃不过许氏非议。杨起元曾作《复许敬庵》一书,篇中云及:"辱夫讨方便以入二氏,某也暗劣,绝非所能,但闻二氏之学,亦非方便所能讨也。尝伏睹我太祖高皇帝……论佛也,则曰:'释迦为道,不言而化,不治而不乱,斯非人世之人,

---

① (清)程嗣章:《明儒讲学考》,《四库全书存目丛书》子部第29册,第608页。
② (明)罗大纮:《紫原文集》卷十二,《四库禁毁书丛刊》集部第140册,第136页。
③ (明)杨起元:《重刻杨复所家藏文集》卷七,第688页。

此天地变化训世之道。'故能善世如此，盖尊二氏至矣。"①由此知，许氏写与杨起元的书牍内容，必以"讨方便以入二氏"非难以杨起元为代表的罗汝芳弟子门人，而杨起元则举太祖高皇帝评介二氏之语进行反击。

如果说许孚远与杨起元之间乃是正面冲突，那么近溪子曾经的友朋管东溟对杨起远则多出于规劝之意，而对于这一"策反"路径，杨起元虽最初仍能坚决回护师说，然后则又有松动迹象。大体上，管氏主要就罗汝芳"克己"、杂禅等两个方面对杨起元多有"教诲"之意。杨起元曾前后致信管东溟，其一云："今门下亦何必与近师同也？若夫'克己复礼'之训，此自有说。大抵圣人立言，如鼓塔桴，在释家，谓之'针芥相投'，断断乎不爽者。"②据此，管氏致信杨起元，必是为驳斥罗汝芳"能己"之论。杨起元这里没有对管东溟的观点给予坚决排斥，其主张贤者之论不必尽同，实持有模棱两可的态度。然在好佛一事上，管氏的劝诫却尤见其效。因在第二封书信中，不同于回复许孚远时对佛道二氏的推崇意识，杨起元此番则云："夫佛者，魔之友，魔者，佛之似也。是佛无魔，非佛即魔，间不容发，生甚栗之，非门下善知识，无与印证也。悬企甚殷。"③由此可见，杨起元当时已服膺管东溟避佛之教。杨起元的"屈服"一定程度上代表了近溪学术主张在其逝后，传承之道举步维艰。

与杨起元一样，曾力护师说者还有詹事讲。詹氏曾评罗汝芳曰："虽其或时谈玄类禅，不知有出世之心，乃可经世；或时笑号类放，不知其手舞足蹈，皆为自得。"④詹事讲以上所说亦是为回护师说。詹事讲，万历丁丑（1577）进士，据《乐安县志·人物志》载，其"字明甫，号养贞，衙背人崇孙周子。初就试县府，道并冠军，不自多其艺，曾就邹文庄、罗明德问业焉，由进士令宣城，遇旱辙步祷，值火灾拜祷，返风，履亩清丈，奸弊一空"⑤。詹事讲拜入近溪门下的时间，乃在嘉靖丙寅（1566），罗汝芳忧归家居，会讲疎山之际。《叙罗近师集后》一篇里，詹氏云：

---

①　（明）杨起元：《重刻杨复所家藏文集》卷七，第 686 页。

②　（明）杨起元：《重刻杨复所家藏文集》卷七，第 688 页。

③　（明）杨起元：《重刻杨复所家藏文集》卷七，第 707 页。

④　（明）罗汝芳：《罗汝芳集》，第 927 页。

⑤　（清）朱奎章修，胡芳杏纂：《乐安县志》卷八，《中国方志丛书》华中地方（江西省）第二六三号，第 735 页。

比丙寅岁,近溪罗先生会讲踈山,录达道、达德,三重、九经,要皆行之以一,而所发一之义甚明且切时,则心若有契,乃修贽及先生之门,往还将十余载,未之敢怠,惟绎一之一言,亦未敢忘也。①

依据引文,詹事讲自嘉靖丙寅修贽及门之后,曾往还十余年访师问学。詹氏所云并非虚言。曹胤儒《罗近溪师行实》载:"甲戌(1574)师自东昌归旴,时年六十,远近门生咸集师庭称寿。师乃合郡中同志数百人,大会于旴之玄妙观,旬日始解。……玄妙会时,诸同志有华山之约,师闻之曰:'予欲登华山亦久矣,且向许再会乐安,此可偕行。'于是由崇仁抵宜黄,登黄山,直指乐安大会。彼时昼饮联席,夜卧联榻,坐起咏歌,无非是学也。董司寇裕、詹侍御事讲……及夜,子谈孔孟宗旨。时月华五色,玲珑掩映,诸君子喜曰:'神圣之道,果有致极之妙,苟非身亲见闻,谁能信得奇异如此也?'"②詹事讲侍座近溪的经历,引导我们继续下一个追问:詹氏与近溪所谈者何?詹事讲《叙罗近师集后》篇中曾记丁丑(1577)年间,师徒二人会面后的论学经过:

至丁丑,成进士,去知宣城,幸先生以贽捧出都门,相与并舟而南。于时寝兴食息,形迹浑忘,俯察仰观,吃紧活泼,偶尔若有所悟,不觉大呼起曰:"塞乎天地之间,非所谓实耶?斯之宝也,非所谓一耶?心理神灵,虚含昭旷,物我天地,妙合圆融,乃知圣人为言,初无二理,吾人自得,斯可逢源也。"先生亦跃然喜曰:"异哉!吾不意子乃亦悟及此,此之谓知天地化育也。从兹而立本,以经纶天下,特易易尔。"久之,窃敢以学脉请诸先生。先生曰:"此道自孟子之后,实难其人,盖直养无害,由于性善之信而不疑;性善不疑,由于天人之一而不二。后儒以气质谈性,则天且疑之矣,况于人耶?疑则性根而斩矣,又安能以无害而养之以直耶?我明幸生阳明先师,其见足以悟,其气足以充孔孟性命之脉,诚自一线而引之,普天无复支离间隔之病,其有功吾道,真可称罔极者。昨备员言责,于从祀之议,辄不自量,首陈之,已得议允,而此学益大明。顾阳明之后,谁与得其宗者?"③

---

① (明)罗汝芳:《罗汝芳集》,第940—941页。
② (明)罗汝芳:《罗汝芳集》,第842—843页。
③ (明)罗汝芳:《罗汝芳集》,第941页。

根据罗、詹师徒二人以上的论学内容，足见三方面事实。一者，从罗汝芳言谈可证，晚年近溪的思想归属乃是阳明学，而思想家认为从祀孔孟先贤的宋明理学家中，唯王阳明一人而已，据此可知，罗汝芳的学术归属原已冲破泰州束缚，而其真实身份实是作为阳明私淑弟子的存在。其二，罗汝芳认为阳明学术之所以能够直继孔孟真脉，原因即在其"良知"主张正是"性善"的延续，皆是对道德理性实践精神的提倡。近溪子对阳明学术的推崇之意，正为万历十二年（1584）詹事讲请奏王阳明从祀孔庙，提供了指引作用。其三，基于以上两点，詹事讲从近溪所学正是"信性直养"主张及物我无隔精神。在此基础上，詹事讲对近溪学术的总结不似杨起元关于"赤子"之证的强调，而侧重其师"一体"之学。詹氏云：

> 盖师之心，仁心也；师之心体，仁体也。仁者以天地万物为一体，师其有之。虽其或时谈玄类禅，不知有出世之心，乃可经世；或时笑号类放，不知其手舞足蹈，皆为自得。或应接吾人，不无分别，而简文温理之道，原自不混。嗟，嗟！吾师之心，岂寻常世俗之见所能测哉？①

由此段不仅可见詹事讲关于罗汝芳学术的理解，且于文字行间足证詹氏对近溪的推崇之意和护师之心。事实上，罗汝芳门人弟子中，詹事讲出身世家大族，故其与近溪之交原本即非单纯的师徒情谊，确有世交之谊。早在嘉靖戊午（1558），罗汝芳与詹事讲父詹讷斋既已有交游经历。罗汝芳作《詹讷斋传》记：

> 嘉靖戊午，余官比部，乐安讷斋詹公，以四川邛州学正起服来京，同诸缙绅谈学于灵济、广慧之间。余见公之向往真切，议论恳至，奋然以道为己任，因数过往。公间出所藏稿观之，中与同志答问语独居其半。余叩所自，公曰："吾昔游东廓先生之门，周旋双江、念庵、三五诸公间，每有所闻则书，闻而有疑则书……"余因次序其稿归之。②

此外，查阅《罗汝芳集》，近溪子不仅为詹事讲父亲作传，又有《詹太仆传》。文中言：

---

① （明）罗汝芳：《罗汝芳集》，第 927—928 页。
② （明）罗汝芳：《罗汝芳集》，第 605 页。

> 文峰詹公,讳崇,字东鲁,世家抚之乐安。余生也晚,未能识公,而识公次子琏于其家,四子道、五子周于京邸。又尝为长子迪歌其烈孝,三子逵传其行实。至其孙事谟辈曾孙德惠辈数十人,俱道谊推余一日长。①

引文中,按罗汝芳所说,其与詹氏一族从詹太仆子辈、孙辈、曾孙辈,都有来往经历,詹讷斋即太仆幼子詹周,詹事讲即太仆孙辈。一直以来,学界对中晚明思想家与世家大族之间的往来经历缺乏足够关注,通过对罗汝芳与詹事讲族人关系的分析,一者足见士人阶层交游的多元化倾向,二则可就此探讨中晚明理学家各自的社会参与意识及其表现形态。

罗汝芳又有弟子秋潭翟公。曹胤儒《罗近溪师行实》曾记其于万历癸酉(1573),"与澹园焦丈、秋潭翟丈自留都至扬州,从师舟中凡十余日"②。又据《杨复所先生家藏文集》卷三《阴符经解序》中杨起元记,金陵翟秋潭氏"得吾师近溪罗先生仁孝生生之学以作此解"③,杨起元这里实是为翟秋潭《阴符经解》作序。严格意义上讲,罗汝芳"生生之学"历来被认定源于其易学认知,《阴符经》作为道家经典,其与近溪"仁孝生生之学"具备怎样的关联性质呢?事实上,近溪"生生之学"必然涉及的话题即人身有限之"生"如何完成不息的循环,即"生生"之所以成立的理论可能,而《阴符经》作为道教内丹学传承的要典,其中必然论及人之肉身的生死问题。《阴符经疏》卷下记:

> 生者死之根,死者生之根。愚人徇物而贪生,违生之理者促寿,贤人损己以求道德,其妙者固躬而不亡。疏曰:此言人之在世,贪生恶死,皆自厚养其身,恐致灭亡也,鞠养身命,必须饮食衣服,此亦天然自合之理,故庄子言:"耕而食,织而衣,其德不离,织而衣,耕而食,是谓同德。"故知人生必资衣食之育养也。然在于节约处中则吉,若纵恣奢溢过分则凶,而反害其生也。至若上古之人巢居穴处,情性质朴,亦不知有长生短促之理,任自然而逍遥,年寿长永,后代真源道丧,浮薄将兴,广设华宇,衣服纨彩,滋味肴膳,越分怡养,恐身之不康,殊不知养之太过,役心损肤,反招祸患,为促寿之根本。故曰"生者死之根,死者生之根者"。至如道德之士,损己忘劬,以求长生之术,或则飧霞服气辟谷休粮,心若

① (明)罗汝芳:《罗汝芳集》,第603页。
② (明)罗汝芳:《罗汝芳集》,第841页。
③ (明)杨起元:《重刻杨复所先生家藏文集八卷》卷三,第592页。

死灰形同槁木,世人观之,必死之象,殊不知长生之根本也。故曰"死者生之根也"。夫将帅之体,能知晓生即死,必死而反生者,则全军保众为良将焉。故兵术曰"置兵于死地而反生",此是强兵战胜之术也。庄子曰"方生方死,方死方生也"。①

《阴符经》内容之驳杂,后人可以道教典籍解读,也有从兵书之法进行诠释,然在"生死"问题上,所引材料中给出两则重要信息:其一,生、死全在瞬间意念;其二,人能"安常"方不为"求生"而死,能无畏"死"才可逍遥得"生"。可以说《阴符经》关于"生死"的解读多是从心性角度去论说。罗汝芳文集中也有相关言论:"汝当收拾一片真正精神,拣择一条直接路径,安顿一处宽舒地步,共友朋涵泳悠游,忘年忘世,俾吾心体段与天地为徒,吾心意况共鸢鱼活泼,其形虽止七尺,而其量实包太虚;其齿虽近壮衰,而其真不减童稚。"②近溪对人之"生"的看法,及其展现的生命态度、心性观念皆与《阴符经疏》中"任自然而逍遥,年寿长永"的描述极为相近。

前文谈及的罗汝芳诸弟子对其学术主张,或继承,或拥护,或发扬,或守矩,甚至有因问学不精,误入歧途者,然本质上讲,皆有出于对近溪学术的拥信。接下来要说的两个人邓元锡、焦澹园,与近溪学脉的脱离,则是因对近溪学术主张渐生质疑。这种质疑往往多因他人的影响。邓元锡即是一例。邓元锡(1529—1593),字汝极,号潜谷,按程嗣章《明儒讲学考》记,其乃"嘉靖三十四年举人,荐授翰林院,待诏未至卒。初从罗汝芳讲学,继学于邹守益、刘阳"③。关于邓元锡初学于近溪的时间,邓氏《祭罗近溪先生文》中道:"元锡未冠,及先师、先友从先生游,四十一年于兹矣。"④按邓元锡生于嘉靖己丑(1529),近溪殁于万历戊子(1588),推知邓元锡初拜近溪子应在嘉靖戊申(1548),此时罗汝芳正居乡南城。之后,至近溪逝世之年,二人又曾有过会面。邓氏《祭罗近溪先生文》载:"迨于今夏,过余衡门,晏晏晤言曰:'惟心源君。'言及此,予心释然。指乾坤为两曜之高悬,一饭三遗,起坐留连,而何悟中宵绸缪之语,即终生永诀之谈也耶!"⑤按邓元锡文中所记,师徒二人最

---

①　(唐)李筌:《阴符经疏》,北京:中华书局,1991年,第17页。
②　(明)罗汝芳:《罗汝芳集》,第306页。
③　(清)程嗣章:《明儒讲学考》,《四库全书存目丛书》子部第29册,第613页。
④　(明)罗汝芳:《罗汝芳集》,第993页。
⑤　(明)罗汝芳:《罗汝芳集》,第993页。

后一次会面当在万历戊子夏。

邓元锡年未冠即侍学罗汝芳,其论学多与罗氏相通。《语类汇集》记邓潜谷曾以"归宗性地"一语概其师之学,得到罗汝芳默认。尽管如此,却不能否认,邓氏对罗汝芳论学主张和学术风格的看法经历过重要转变。曹胤儒《罗近溪师行实》记:

> 丁亥(1587),复所杨太史就学姑山,遂同旴之名彦为师建讲堂于凤凰山之麓,扁曰"明德堂"。是秋,赴建阳崔令之请。师过新城,潜谷邓君元锡谒师曰:"锡自垂髫从师游,盖亦有年,学问宗旨未免无疑。及读《会语全集》,方知明兴论道,无如师之精实而明莹者矣。"(崔,宁国人,师门生也)。师过泰宁,士友毕集。……至建阳,大会数日,有《建阳会语》。守道见我袁公,建近溪先生行馆。①

按曹胤儒记,万历丁亥,罗汝芳年七十三,过新城之时,邓元锡曾自述自己早年对近溪学术确有质疑,后方知其师学问之明莹精粹。概括来说,邓氏对近溪学术主张的质疑首先在于"援禅"一事上。余继登《淡然轩集》卷二《覆杨止庵疏》曾记,关于罗汝芳涉佛之举,"儒臣罗洪先者移书非之,邓元锡痛哭规之"②。其次是在"克己"问题上。"克己"一论向来是阳明学场域争论的焦点课题,从王阳明来看,其相关理念和他的"正念头"一说相系。刘元卿《贤奕编》载:

> 阳明先生家居时,里人有求鬻其产者,先生辞却。已一日,先生偕诸门弟游山,偶经其处,见风景隽胜,衷然悔前之误却也,忽惕然内讼曰:"是何心哉?有贪心,便有恕心矣。"且悔且讼,两念交战膺中,行里许始化。徐以告从行诸第曰:"克己之难如此云。"③

该例在董沄《从吾道人语录》中亦有记载,且按董氏云,阳明此番游历乃在嘉靖乙酉(1525),董沄记曰:

---

① (明)罗汝芳:《罗汝芳集》,第 850 页。

② (明)余继登:《淡然轩集》卷二,《四库全书》集部,第 1291 册,第 798 页。

③ (明)刘元卿撰,谢秉谦补辑:《贤奕编·证学》,《中国人民大学图书馆藏古籍珍本丛刊》第 70 册,北京:北京燕山出版社,2012 年,第 3 页。

　　嘉靖乙酉八月二十三日，从先师往天柱峰，转至朱华麓。麓有深隈，水木萦纡，石径盘曲。更深邃处，寂无喧嚣，人迹罕到。中有一人家，楼阁森竦，花竹清丽，其家曾央绘者出卖于先师，以其地遥，未即成券。是日睹之甚悦，既而幡然省曰：“我爱而彼亦爱之，有贪心而无恕心矣。”于是再四自克，屡起屡灭，行过朱华岭四五里余，始得净尽。归以语之门人。余时在座，不觉惕然。去欲之难如此，先师且然，况学者乎？①

据此，王阳明以“恕心”正“贪念”的“格物”理念，直至其晚年仍未改其初衷。王阳明云“贪心”与“恕心”相生，云“克己”之难正在治除“贪念”、正此“恕心”，据此，阳明“克己”一论便指向“正己”，该理念和他向来以“正念头”训解“格物”的路数极为相契。阳明之后，其门人、弟子也曾展开过集中讨论，王畿云：“克是修治之义，克己犹云修己，未可即以己为欲。克己之己即是由己之己。”②根据王畿理解，“克己”之“克”并非一般“克制”义，却可诠释为“修”。与龙溪观念不尽相同，罗念庵则曰：“克者，克治，训作去字，不特偏僻，亦于文义不应。必言由己之己，更无私意，亦涉执着，非当下拈出本色话矣。”③按罗念庵理解，“克”为“治”，即与“修”同义，在这一点上，念庵与龙溪达成共识，但是其后又云“由己之己，更无私意，亦涉执着”则意在揭示完全以“由己”诠释“克己”又有执着之嫌，于此，念庵、龙溪观念则又有区别。大致上讲，“克己复礼”之“克”或训为“能”，或解作“胜”，学界常按修身与禁欲的视角给出解释，我们认为，“克”字之辩也可以从工夫的着手处去讲。就此说，“能己”指向的是工夫在实作之初，即以与性体合一的意志展开价值之拳守，“胜己”则是教人将“诚意”的工夫落实在每一工夫阶次的推进中。然经上述考察，罗汝芳以“能己”训“克己”，实与王畿观念有相通之处，这就与两位思想家对境界工夫的关注具有关联。罗汝芳晚年在写给许敬庵的书札中说道：“不肖今年七十有三（案，万历丁亥，1587），公祖与不肖共话三年，只是克己‘己’字。两人稍合，后竟为邓潜谷所决裂。殊不知‘己’字一裂，则遍地荆榛，令人

---

① （明）董沄：《从吾道人语录·日省录》，钱明编校：《徐爱钱德洪董沄集》，南京：凤凰出版社，2007年，第250页。
② （明）王畿：《格物问答原旨》，《王畿集》卷六，第143页。
③ （明）罗洪先：《寄东廓公》，《罗洪先集》卷六，第196页。

何处安身而立命也?"①据此,邓潜谷对罗汝芳立学观点的否定,不仅关系其自身的思想建构,并且导致其友人许敬庵对罗汝芳学术宗旨的否定。三人之间关于"克己"的具体论辩过程,见于《罗汝芳集·语录汇集》,参见引文:

> 壬午(1582),魏司空敬吾(讳时亮)公、万学宪思默(讳廷言)公、许敬庵先生,访子从姑。先生谓子曰:"近读《论语》,于'克己'二字颇觉有悟,此'己'字须从下'为己''己'字看。"子起拜相贺,归作一启,千言奉呈。已而,邓孝廉潜谷(讳元锡)入郡,先生(许孚远)与语相契。一夕月下,先生执子手曰:"几误乃公事也。"子惊问故,先生曰:"昨得潜谷来,方知前奉'克己'之为谬论,愿公亦速改之。"他日,子质诸潜谷曰:"'己'字从恶看,《论语》似亦未有。"邓曰:"孟子则分明说破也。"子诘之,邓曰:"'舍己从人'是矣。"子笑曰:"若'舍己'之'己',原是好己,止好得分数差少耳,难说此'己'即是恶也。"②

严格来说,关于由"克"字训诂至"己"字之辨,邓潜谷坚定地站在了其后来所师之人邹东廓、刘阳一边。邹守益曾对"克己"一说提出见解:"常考圣门所说'己'字,未有以为私者。曰君子求诸己,曰古之学者为己,曰正己而不求于人,皆指此身而言。此章凡三言'己'字,而训诂不同,似亦未安。故常谓'克己复礼',即是修己以敬工夫。敬也者,此心之纯乎天理而不杂以人欲也。杂之以欲,便为非礼。非礼勿视听言动,便是修己以敬之目。除却视听言动,便无身矣。"③材料中,东廓对"克己"一说的基本观点有三:其一,众人对"克己"的不同观点皆是借训诂以论学;其二"克己复礼"便是"修己以敬工夫";其三,"克己"首要即是去"己"之私欲,以纯乎天理。由此可见邹守益之论说仍然以"持敬""修己"路线为主,这和罗汝芳从颜钧所学,反对"制欲"以"成己"的观点及其"信己"之说已有很大不同。至于邓潜谷后所师刘阳,则属阳明直系弟子。束景南教授《王阳明佚文辑考编年》著录王阳明散佚语录中,有一则记曰:"三五刘先生阳,字一舒,安福人……遂专如度……旦日,见王公,称弟子。王公视其修干疏眉,飘飘然世外之态,顾谓诸生曰:'此子当

---

① (明)罗汝芳:《报许敬庵京兆》,《罗汝芳集》,第669页。
② (明)罗汝芳:《罗汝芳集》,第410—411页。
③ (明)邹守益:《邹守益集》卷十,第529页。

享清福。'已又谓先生曰:'若能甘至贫至贱者,斯可为圣人。'先生跪受教。"①
据此知刘阳也曾拜师王阳明。

综上来看,邓元锡作为罗汝芳重要门人,其对罗氏治学理念并非全盘接受
也没有顽固排斥,而是经历过一个转变的过程,近溪子对邓氏在"克己"问题上
理解之误,虽曾直指其过,但皆出于严谨治学之心,及其对学生的栽培之意。
这一点正是邓氏极其感激处。正如后者在《祭罗近溪先生文》中所道:"盖先生
所以造元锡者,时其煦妪,时其捭阖,欲罗之于范围。在元锡之所以事先生
者,时同所同,时异所异,以自附于助我。"②此处尤见师徒二人真情意。

至于焦竑,《明儒学案》记:"先生师事耿天台、罗近溪,而又笃信卓吾之
学,以为未必是圣人,可肩一狂字,坐圣门第二席,故以佛学即为圣学,而明
道辟佛之语,皆一一绌之。"③按黄宗羲的记载,焦竑曾先后师侍耿天台、罗汝
芳,但按其对待佛学的包容态度,对于"狂"者精神的宣扬,可见焦氏受近溪
学术影响至深。

考焦竑与罗汝芳之间曾有多次会面论学经历。嘉靖甲子(1564)冬,罗
汝芳与耿天台留都之会时,就有"焦君竑、吴君自新、金君光初、宁国郭君忠
信、吴君礼卿侍"④之说。又有万历癸酉(1573),罗汝芳奉诏起用,路上又有
焦竑侍座。《罗汝芳集》载:"万历癸酉,师应诏起,复过留都,儒时游辟雍,谒
师江干。留都缙绅毕集,儒与澹园焦君、秋潭翟君及秋官大夫卓吾李公、乾
斋甘公俱。"⑤之后,再有万历丙戌之会。焦竑《中宁大夫直隶大名府凤麓姚
公墓表》记:"公以盛年谢事,岩居,留意问学,往丙戌罗近溪先生至金陵,余
与公诣之,先生论'明明德'之学,公曰:'德犹鉴也,匪翳弗昏,匪磨弗明。'先
生笑曰:'明德无体,非喻所及,且公一人耳,为鉴为翳,复为磨者可乎?'公闻
之有省,自是浸浸痼入矣。"⑥以上即焦澹园与罗汝芳之间三次重要的会面经
过。关于罗汝芳与焦竑间之关系,《报焦漪园太史》一篇中,罗汝芳曾写道:
"范婿归,京中多荷我从吾接引,且知诸大老相与,日众日隆,方深庆幸。比

①　束景南:《王阳明散佚语录辑补》,《王阳明佚文辑考编年》,上海:上海古籍出版社,
2015 年,第 1071 页。

②　(明)罗汝芳:《罗汝芳集》,第 993 页。

③　(清)黄宗羲:《明儒学案》卷三十五,第 829 页。

④　(明)罗汝芳:《罗汝芳集》,第 393 页。

⑤　(明)罗汝芳:《罗汝芳集》,第 400—402 页。

⑥　(明)焦竑:《焦氏澹园集》卷二十七,《明代论著丛刊》,台北:伟文图书公司,1984 年,
第 1198—1200 页。

奉手教,于不肖尤深爱护,其眷注责成美意,溢于言外。"①便是言焦竑于近溪讲学有接引之功。且云:

> 至不肖旧年之行,鄙意专在从吾,从吾之志,天下万世之志,其力则天下万世之力。相见即承倾倒,久至三月竟无一息参商。窃喜天下万世终将赖之,不肖自兹长往,亦可瞑目。何期火力稍远,呈色遽难取足,担当大人,犹似不能不却步也。不肖于此情甚莫堪,惟望我从吾很加愤发,于一体分上愿动慈悲,于躯壳念头痛加挤舍,何止留都一时异议雾散雾消?即天下万世公评天开日朗。福德则为何如?翘首高明,诚逾饥渴。②

此处,罗汝芳说"鄙意专在从吾",且道"不肖自兹长往,亦可瞑目"皆是道出对焦竑延续自身学术的期望和重托。然,较之近溪厚望,焦竑并没有完全自觉肩负。《罗杨二先生祠堂记》中,焦竑曾评罗汝芳及杨起元道:"传心斋之学者,几与其师中分鲁国。而维德罗先生衍其余绪,则可谓横发直指,无复余蕴矣。先生(罗汝芳)尝屡至留都,最后岭南杨复贞从禀学焉。两先生珠联璧合,相讲于一堂,以为金陵倡。盖当支离困敝之时,直指本心以示之,学者霍然如梏得脱。客得归,始信圣人之必可为,而阳明非欺我也。"③焦竑之评乃是站在泰州学脉的立场对待罗汝芳的学术造诣,认为近溪能得心斋正脉,其他并无赘言,且其以杨复所直继近溪之学的观点,则是将近溪嘱托推于他人。本质上来讲,焦氏作为实有自立门户之意,由此或可理解其晚年对近溪立学颇有微词乃在情理之中。事实上,焦竑对近溪学术态度的转变,同邓元锡相近,也是因"克己"一说,不同的是,邓氏于罗汝芳逝世之前已幡然醒悟,知近溪爱护栽培之意,承继孔门真脉之心,然焦竑直至近溪离世,仍坚持己见。这一点从杨起元与其书札中即可得窥一二。杨氏《焦澹园会长》云:

> 承辱临况,使得倾领大教,幸甚幸甚。窃聆余论,仰见执事举心动念,悉是活泼,启口容声,皆为妙语。生也受益弘矣,而为吾道庆幸大矣。顾惟"克己"二字与师门宗旨稍殊。执事与生同师,犹同气也,安敢

---

① (明)罗汝芳:《罗汝芳集》,第669页。
② (明)罗汝芳:《罗汝芳集》,第670页。
③ (明)焦竑:《澹园集》卷二十,北京:中华书局,1999年,第245页。

不相正哉?执事曰:"吾人与天下本一体也,惟其有己,是以不免间隔,能克己复礼,则天下同归于仁,则下文四勿皆克己之功也。是克己,犹言舍己也。"执事所谓"己",所谓"非礼",本看得精致活泼,与宋儒及一切时说异,生可以不言而会矣,但我师曰:"克,能也,己即由己之己,克己复礼,乃能自复礼也。"此岂强为之说哉!……执事谓此语何如哉?生性极钝极拙,惟确守师说,一字不敢轻易。窃谓孔子一线真脉,至我师始全体承受者,正在于此,而其学亦可谓至矣,若乃宣扬而光大之,如执事力量,岂能两有?生忝同门之末,实不能不厚望也。披露肝胆,惟执事一意扶植,万幸,万幸![1]

杨起元道"执事与生同师,犹同气也"便是有意将焦澹园纳入近溪门人范围。后云焦氏所论"与宋儒及一切时说异,生可以不言而会矣"则暗指焦竑主张已经完全脱离了宋学大儒精神。与此同时,最为杨起元不能接受的是,焦竑认为近溪"克己"理念乃"强为之说"。经杨起元转述可见,焦澹园的学术主张已经与近溪治学理念渐行渐远,且有嘲讽之意。而焦氏否定近溪立学的依据便在于,在他看来,罗汝芳以"能己"解"克己"乃有违"万物一体"之旨,唯有"舍己",才能与天地了无间隔。从近溪子立学宗旨考虑,焦竑的说法不仅有违先师主张,且已丢弃儒家学《大学》、做"大人"的人文精神,因一旦"舍己",便直落佛氏虚无之道。

以上诸位在继承罗汝芳学术主张方面,应该说都有各自理论发挥处。但谈到社会实践,陈履祥乃是罗汝芳弟子中独当一面者。《宁国府志》卷二十九《寓士》有载:"陈履祥,字光庭,号九龙山人,祁门贡生,得旴江之传,邹尔瞻推为畏友,万历间倡教宛陵,及门百余人。"[2]严格来说,陈氏继承的,正是罗汝芳歌诗论学的会讲传统。《宁国府志》记:

> 同仁会馆在西门城内,明万历中祁门贡士陈履祥倡学宁郡,从者百余人。宣城施宏猷、张仲辅,南陵陆行素,泾县万国寿,宁国杨怀凤,旌德吕坚,太平汪昌源等率众建馆。旁置庐舍,取租以修葺,祀罗近溪、耿天台两先生。履祥殁后,从祀,而以及门诸子附焉。当时月率一会,郡邑官及

---

① (明)杨起元:《太史杨复所先生证学编》卷二,第321—322页。

② (清)宋敦、钱人麟等纂修:《宁国府志》卷二十九,《中国方志丛书》华中地方(安徽省)第六九三号,第2101页。

荐绅父老子弟讲学歌诗。或具馆谷,每岁四月朔大会三日,六邑咸集者众。①

陈履祥学于近溪,正是罗汝芳居官宁国期间,近溪子离开宁国之后,陈履祥踵接前风,讲学宣城同样演歌诗、论学问,在当地逐渐具备了一定影响力。材料中提到的施宏猷即陈氏弟子,其字允升,号中明,乃是清著名诗人施闰章之祖父,作为陈氏高徒,他也是宣城心学的关键人物,明万历年间著名学者。

罗汝芳门人弟子中,汤显祖文学创作理念往往是受近溪启发。这种启发按笔者后文分析,乃是自哲学思想理念到文学创作主张两个面向的展开。正因如此,汤显祖在认同近溪部分思想创制的同时,也多指引时人关注罗氏诗歌、书法等体裁的文学作品。关于二人来往经历,根据徐朔方先生考证,汤显祖初侍罗汝芳当在嘉靖壬戌(1562)。② 之后,师徒又有多番会面。宋克夫先生在《宋明理学与明代文学》第四章"汤显祖与泰州学派"已有论述,笔者不再赘言。参考二人来往书牍,汤氏对罗汝芳尤为敬服,其于《奉罗近溪先生》篇中云:"受吾师道教至今,未有所报,良深缺然。道学久禁,弟子乘时首奏开之,意谓吾乡吏者当荐召吾师,竟而寥寥。知我者希,玄涤所贵。云南进士张宗载时道吾师毕节时化戡莽部,干羽泮宫之颂不诬矣。京师拥卧无致,小疏一篇附往。"③另外,汤显祖对罗氏诗文、书法也甚为敬服。《明德罗先生诗集序》中,其言:"明德夫子之巧力于时也,非所得好而私之。其于先觉觉天下也,可谓任之矣。而冲焉若后觉者,其所与人,盖已由由斯,而又非有尔我不相为浼之意,殆时尔耶?吾游夫子之世矣,所至若元和之条昶,流风穆羽,若乐之出于虚而满于自然也已,而瑟然明以清。夫子归而弟子不得闻于斯音也,若上世然矣。夫子在而世若忻生,夫子亡而世若焦没。吾观今天下之善士,不知吾师其为古之人远矣。今之世,诵其诗,知其厚以柔而师之,卒也以学《易》其净以微,亦非世所能知也。净故厚,微故柔,虽然,论其世知其人者,亦几其人哉?则亦诵其诗而可矣。"④《奉怀罗先生从姑》篇又

① (清)曹铨等修,洪亮吉等纂:《宁国府志》卷十九,《中国方志丛书》华中地方(安徽省)第 87 号,第 609—610 页。

② 参见徐朔方:《汤显祖评传》附录《汤显祖年表》,南京:南京大学出版社,1993 年,第240 页。

③ (明)汤显祖:《汤显祖诗文集》卷四十四,上海:上海古籍出版社,1982 年,第 1244 页。

④ (明)罗汝芳:《罗汝芳集》,第 984 页。

见汤氏对罗汝芳书法的赞赏,其云:"杖底山河数点烟,真人气候郁罗天。蓬壶别贮生春酒,京洛传看小字笺。鹤泪月明珠树里,渔歌风色杏坛前。也知姑射能冰雪,谁道汾阳一窈然。"①汤氏这里所说和《续书史会要》记载一致。《续书史会要》记:"罗汝芳,字惟德,江西南城人。讲体仁之学,学者称为近溪先生。登嘉靖甲辰进士,仕至云南大参。小楷精审,有锺元常笔法。门人汤显祖怀公诗有'京洛争传小字笺'之句。"②罗汝芳书法究竟如何,《中国历代石刻拓本汇编》载有其书法作品。③

汤显祖对罗汝芳文艺创作的相关评价,引导学人或可在一定范围内,排除思想因素,单纯从文学艺术的层面探讨罗氏于晚明文学界的影响。

第二节　罗汝芳与僧道羽仙

罗汝芳一生佛道因缘深厚。对思想家和僧道羽仙之间的交游进行细致考述,于罗汝芳生平思想研究意义重大。相关考述,笔者《阳明后学思想家罗汝芳研究综述》一文已有呈现,下文所论即与该篇相关。

一、从私交到群体:罗汝芳佛界交游新探

在对待佛、道二氏之学的问题上,罗汝芳与中晚明知识分子普遍出现一种情形,即学理层面有所接受,心理上却有矛盾。比如罗汝芳晚年曾曰:"非是我不说仙佛,只因无仙佛可说。"④又曰:"顿、渐原是禅家话头,姑置勿论。"⑤又云:"禅家二乘者流,其坐入静定,固千百余岁,而一念不起,然自明眼观之,终是凡夫,而此心真体,则毫无相干也,可不慎与?"⑥然考察思想家一生佛教因缘,足见佛氏诸说对其产生的深刻影响。

---

① (明)汤显祖:《汤显祖诗文集》卷十,第 349 页。

② (明)陶宗仪、朱谋垔等撰:《书史会要·续书史会要》,杭州:浙江人民美术出版社,2012 年,第 359 页。

③ 参见北京图书馆金石组编:《中国历代石刻拓本汇编》第 57 册,郑州:中州古籍出版社,1989 年,第 6 页。

④ (明)罗汝芳:《罗汝芳集》,第 294 页。

⑤ (明)罗汝芳:《罗汝芳集》,第 132 页。

⑥ (明)罗汝芳:《罗汝芳集》,第 198 页。

正因如此,明清学术界对罗汝芳多持质疑态度,而其评介标准又涉及多方面内容。明余继登《淡然轩集》卷二《覆杨止庵疏》中曾录罗汝芳涉佛之举,其主要义旨即在指出近溪子治民多有教人修习佛性之嫌,清人孙奇逢《夏峰先生集》卷十一《读罗近溪语》中也曾载:"近溪亦宗禅。倪献汝摘其本传中'三岁啼母求心未得'一段,'五岁怒人,因举五脏皆横'一段,又'遭危疾,梦一翁说心体说宿生'一段,皆不足凭。无之,是诬先生也;有之是先生自诬也。此论最确。自程门高弟多流于禅,而趋向至今,亦不可挽。为宗旨;立坊维,此关不得不峻。谨迹之士,宁不转而谨微耶?"①材料所记罗汝芳"三岁啼母""五岁怒人",以及"梦一翁说心体"等事项,皆可见于罗近溪门人杨起元及其孙罗怀智所作传记。在孙奇逢看来,上述事迹"皆不足凭"且有狂禅趋向之嫌,并认定罗汝芳此举正是程门流弊的体现。总体而言,明清人士对罗汝芳近佛的举动的评价过于偏激。因此,要全面揭开并检证罗汝芳"杂禅"是否为真,还需以文献史实为凭,系统梳理并分析罗汝芳与佛学人士的交游经历、思想判摄及其对待佛教学理的根本态度。

关于罗汝芳与佛道二氏间之往来经历,其高足曹胤儒《罗近溪师行实》记云:

> (近溪子)初年游行,携仆三四人,徐而一二人,久之自负笈行,不随一价。凡海内衿簪之彦、山薮之硕、玄释之有望者,无弗访之。及门惟以折简通姓名,或以为星相士,或以为形家,或通或拒,咸不为意。其相晤者,必与之尽谈乃已。②

与罗汝芳频繁来往的高僧中有笑岩禅师,而紫柏高僧也曾对罗近溪有过极高的赞赏。罗氏与笑岩禅师之交,北京图书馆金石组编《中国历代石刻拓本汇编》即载录罗汝芳为禅师所作塔铭。

作为明代禅宗临济宗高僧,笑岩禅师历来与阳明学士群体多有接触,然与近溪子交善夜谈实乃罕见。此外,同样作为明代著名禅师,紫柏真可《游飞鳌峰悼罗近溪先生》一文详述了其对罗近溪生平思想的评判:

> 罗公心曲歌中剖,摩利支天司北斗。一身多臂手纵横,各执法物心

---

① (清)孙奇逢:《夏峰先生集》卷十一,《续修四库全书》集部,第1392册,第236页。
② (明)罗汝芳:《罗汝芳集》,第835页。

岂有。有心两手劳不胜,无心千手妙自偶。罗公此妙孰能传,能传问君有受否。有受心外则有法,根尘兀然神复走。身心翻作是非巢,利名鸟雀争好丑。鹪鹩一枝身以安,肯学乌鸦开恶口。恶口不开善口开,开言终与理不乖。横说竖说万窍号,天风宁出有心哉。无心根尘何彼此,如去如来莫乱猜。罗公此意得无得,暗将无得化春雷。春雷出地群蛰醒,醒后三家梦自回。君不见儒释老三家儿孙横烦恼。罗公一笑如春风,无明椿子都吹倒。盱江三月放桃花,两岸红颜知多少。莫道罗公去不归,云峰古路无人扫。①

除了与禅师广泛往来,罗汝芳与佛氏门徒又有诗、书交流。《宁国府志》载:"守愚,金陵报恩寺僧,通三藏,嘉靖癸亥太守罗汝芳迎至,开堂景德。同时有天界寺僧果尝谒罗公于宣。赠诗:年来喜听绝弦琴,历遍名山杳莫寻。昨向宛陵溪上宿,松风写出劫前因。又有《宿敬亭山》:碧眼头陀住翠微,四檐松竹冷相依。空堂尽日无人到,惟见闲云绕座飞。空山独步访丹霞,话到忘言趣转佳。一夜异香熏竹榻,五更清梦绕梅花。又有《宛陵僧志满太虚卷序》。"②材料中提及的《书太虚卷》现收录于《罗汝芳集》,文曰:"太虚者,宛陵僧真满所称禅号也。兹乘其师古灯之命,走千里,视余于姑峰之间。将别去,出是卷求言。余笑曰:'若游太虚,虚固了无一物也,奚以言为满?'僧默然。久之,乃起,再拜曰:'满知先生之为说也,将为乎执虚以为虚,执言以为言,警且教也。夫惟执泯则虚太,虚太则言忘,言忘则心无弗神,量无弗通。不言即言,言亦即不言也耶?'余笑曰:'僧也始可以言虚也已。'书卷付之,俾归质诸其师云。"③据此,宛陵僧太虚奉其师古灯之命,拜访罗汝芳,临别,罗子赠其书卷。文中近溪子认为,佛氏既秉"虚"为本,则无需以"言"为记,近溪所说可谓正得佛氏要义。此外,罗汝芳又曾为当时高僧文集作序,《万松老人评唱天童觉和尚颂古从容庵录》卷首即有罗氏作《从容录重刻四家语录

---

① (明)紫柏真可:《紫柏老人集》,曹越主编:《明清四大高僧文集》,北京:北京图书馆出版社,2005 年,第 835 页。

② (清)曹铨等修,洪亮吉等纂:《宁国府志》卷三十一,《中国方志丛书》华中地方(安徽省)第 87 册,第 917 页。

③ (明)罗汝芳:《罗汝芳集》,第 697 页。

序》①,此篇即见罗汝芳与佛教人士非同一般之交,亦可见其关于佛学义理的部分接受。钱谦益《列朝诗集》闰集卷二《玉芝和尚聚公》又载:

> 法聚号玉芝,富氏嘉兴人,年十四出家海监资圣寺,好为韵语,忽自谓曰:出家儿当为生死,嗜此何益? 遂誓志参学,多所资扣。观阳明《传习录》谓与禅理不殊……居武康天池,与王龙溪、心斋、徐天池(徐渭)诸公发明心地,会通儒禅之旨,嘉靖癸亥五月示寂,寿七十有二,有《玉芝内外集》,罗近溪、陆平泉为序,新安王寅选其诗二百首。②

除了以上具体的交游经历之外,罗汝芳与佛门中人的广泛交游及其对佛理的研读,使其来往研佛人士呈现团体性质。罗氏在《云南唐中丞墓志铭》一篇中曾道出自身习佛之初衷及谈佛相契的群体,其云:

> 余生孱弱多病,不能啖肉食,先人惧其弗育,尝令习作佛事。稍长,为举子业,辄因读《法华》诸经,而所为文词遂大畅达若启之者。余亦莫知其所以然也。从是,故于释氏家说未敢轻訾。及接海内缙绅,如望湖吴公、大洲赵公、秋溟殷公、平泉陆公、二山杨公、五台陆公辈,亦雅多乐谈。然亦雅推我济轩先生为能深造。③

诸人中,陆光祖(1521—1597)一生志在佛法,故自号五台居士。《明清进士录》记:"陆光祖,浙江平湖人,字与绳,号五台。授浚县知县。万历中,累官工部右侍郎,以议漕粮改折忤张居正,引疾归。居正殁,复起,官至吏部尚书,以推用饶伸、万国钦忤旨,求去。光祖练达朝章,每议大政,一言辄定。再居吏部,推荐人才,不念旧恶,人服其量。卒谥'庄简'。"④又据黄景昉《国史唯疑》记耿子言:"陆在部,尽干些撇脱响亮事,使出部时亦自摆脱常套,择世人所不屑处自居,即出为藩参郡守,光荣实多,乃犹然走凡笼中,致有兹举

---

① 此篇录于本书附录(二),文见(宋)正觉颂古,(元)行秀评唱:《万松老人评唱天童觉和尚颂古从容庵录》,《大正新修大藏经》第 48 册,台北:新文丰出版股份有限公司,1994 年,第 226 页。

② (清)钱谦益:《列朝诗集》第 11 册,闰集第二,北京:中华书局,2007 年,第 6309 页。

③ (明)罗汝芳:《罗汝芳集》,第 634 页。

④ 潘荣胜:《明清进士录》,第 443 页。

可为,惜且憾也。”①从文献载录来看,罗汝芳、陆光祖二人之间,不仅谈佛相契,即便在官场也属互助模式,考罗汝芳与陆光祖会面机缘多在近溪入京之时。嘉靖壬戌(1562)罗汝芳得补宁国,在京时即与陆五台有过会面。罗怀智《近溪罗先生庭训记言行遗录》有载:

> 祖出守宁国,五台陆大夫谓曰:“兄见存翁否?”祖曰:“顷见存翁,一语不发。何也?”大夫曰:“此翁为兄吃一大恼。盖翁为兄谋而无善地,意明春南考功须一名士,昨令部推去阮沙城,而未示以所补部,不知而就兄宁国,此大失翁初意也。”祖笑曰:“兄且休矣! 宁国不足以取公卿,独不足以取圣贤耶?”大夫拱手谢曰:“壮哉! 罗兄志也。岂人所易及哉!”②

据此可见陆光祖对罗汝芳的赏识态度。事实上,罗汝芳宁国居官期间再次入京与陆光祖曾有交集,后者对近溪政绩就曾给予赞赏。曹胤儒《罗近溪师行实》就曾记云:“乙丑(1565),入觐。吏书养斋严公、考功五台陆公,考师卓异。”③应该说,陆氏对近溪的认可在当时尤为难得,因罗汝芳居官宁国期间,已经有不少人士对其涉佛以治民的相关举措议论纷纷,若非得陆光祖相知,获评卓异或难矣。

陆平泉,即陆树声,《明清进士录》载其乃“明嘉靖二十年(1541)二甲四名进士。松江华亭(今属上海)人,字与吉,号平泉,又号适园居士。历官太常卿,掌南京祭酒事。神宗初累拜礼部尚书。性恬退。尝与严嵩不和,罢归家居。卒谥‘文定’。有《平泉提拔》《茶寮记》《汲古丛语》《病榻寱言》《耆老杂识》《长水日钞》《陆学士杂著》《陆文定公书》。弟树德,举同朝进士”④。据此,罗汝芳与陆平泉或自官场即有交。

赵大洲,即赵贞吉,《明清进士录》载其乃“嘉靖十四年(1535)二甲二名进士。四川内江人,字孟静,号大州。授编修,时方士进用,贞吉请用真儒以赞大业。为司业,以知本率性之学教士。俺答薄都城,贞吉廷议合帝旨,擢左谕德、监察御史,奉旨宣谕诸军,会严嵩以事中之,廷杖谪官。后累迁至户

---

① (明)黄景昉:《国史唯疑》卷九,《续修四库全书》史部,第 432 册,第 141 页。
② (明)罗汝芳:《罗汝芳集》,第 406 页。
③ (明)罗汝芳:《罗汝芳集》,第 839 页。
④ 潘荣胜:《明清进士录》,第 420 页。

部侍郎,复忤嵩,夺职。隆庆初起官,历礼部尚书、文渊阁大学士。寻与高拱不协,乞休归。卒谥'文肃'。有《文肃集》"①。赵大洲与罗汝芳之间往来频繁,曾叹近溪乃"孔门之曾参",曹胤儒《罗近溪师行实》记:"庚戌,师至维杨,约龙溪王公、绪山钱公大会于留都天坛道观,竟不果行。大洲赵公时官祠部,对众叹曰:'罗君侊在孔门,与曾参氏颉颃矣。'庚戌秋,大会江省月余。沂流至螺川,集会九邑同志。"②罗大纮《紫原文集》卷十《南太常卿徐贞学先生学行述》一篇里亦讲述了罗近溪、赵大洲、徐用检(徐鲁源)之间论学的相关事实:

> 先生名用检,字克贤,号鲁源,兰溪城中人也……壬戌成进士……陆五台、金陵李翰峰、泰和胡正甫、麻城耿伯子、丰城李伯诚、新建魏敬吾、吉水曾于野(字于野,嘉靖三十八年进士)、旴江罗近溪一时群贤斌斌自负。先生倾心,友诸贤,毅然以学自任,进而鞠躬职事,退而质疑,取善不遗余力。尝谓友人曰:"吾党于世味淡一分,学问当进一分。"友人曰:"须学问进一分,方能于世味淡一分。"先生同吴悟斋见赵大洲,吴津津谭不辍,大洲孰视吴曰:"公大好色。"先生曰:"人于世上有大舍乃能有大取。"大洲曰:"'吾为汝长一格'。问:'何如?'曰:'我这里无有所取,'亦无有所舍。"先生有省。礼部司务李贽甚恭谨,屡要之赴会,不至。一日揭手书《金刚经》示之,曰:此不死学问也。……会上见罗近溪谈甚有致,心向之,问曰:"学当从何入?"近溪时杂诙谐,见先生问之,诚乃曰:"兄欲入道,只是拜,朝亦拜夕亦拜,久之,空中自有人传汝。"先生不悦。后数年居江省,一日在粮道,方治文移,忽恍闻有在后高声唱曰:"舜何人也,子何人也,有为者,亦若是。"先生大悟,岂所谓空中有传者耶? 自是志气益奋……"③

材料中赵大洲讲"无有所取,亦无有所舍"原是禅家话语,可见其用禅之切。
　　望湖吴公即吴岳,《明清进士录》记其乃"嘉靖十一年(1532)二甲七十一名进士。山东汾上人,字汝乔。授户部主事,历庐州、保定知府。迁山西副使、湖广按察使、山西右布政使,以清净简约得民意。累官南京吏部尚书,持

---

① 潘荣胜:《明清进士录》,第 402 页。
② (明)罗汝芳:《罗汝芳集》,第 836 页。
③ (明)罗大纮:《紫原文集》卷十,《四库禁毁书丛刊》集部第 140 册,第 79—84 页。

躬严整,清望冠一时"①。由此可见,罗汝芳与吴望湖在治民理念上同以关注民意为重,二人执政观念同样具有一致性。

关于济轩先生,李元阳《巡抚陕西右副都御使济轩唐公时英墓志铭》载云:

> 公讳时英,字子才,济轩其初号也,里居号一相居士。先世湖南人,高祖玄二公以戎籍徙自辰沪,遂世居曲靖之北关……生公甫十余岁能属文,治尚书,日诵千言。嘉靖已卯举于乡,已丑登罗洪先榜进士。②

此外,罗汝芳《云南唐中丞墓志铭》一篇中也详记了他与唐济轩之间的往来情况,及唐济轩与佛衲之人的接触,乃至去世前的奇闻异事:

> 甲戌冬,余泉屯政来滇。先生杜门谢客一纪余矣,乃为余出迎。宾次,余远把丰神,翔举翩翩,俨尔仙度,因为敬听玄谈,坐忘移日,窃庆斯行若不负已。乙亥春夏,凡再晤。冬至,又再晤,则指坐中老衲云:"公祖为我强留此僧,办我西行。"公据时起居壮甚,未敢以其语为然。明年丙子五月,余西巡归,先生门下士察生所闻,以贡考迎余洱海,报曰:"济轩师以兹三月廿五日逝矣。"余讶曰:"何速也?"继而曰:"师逝之顷,白龙天矫从西山起,侵寻天表,众争罗拜。"余复讶曰:"何奇也?"细询之,则云:"师先七日不食,拟吉以是日之中。及期,起如厕,取水自沐,沐毕,易服。生请袭襡以进,止弗许。衣巾鞋袜,手自缚束。已而端坐,令亲属序近言别。别已进前,留老衲嘱曰:'吾与若固时共相见,未别也。'衲曰:'善自护持。'曰:'护持个甚?'孰视之,息奄奄尽而头目凝然不少倾动。次日入敛,神色躯体和暖如有生气。"③

由上述举证可见,与罗汝芳谈佛众人,都具有极高程度的佛学修养和参禅倾向。这在近溪挚友耿天台看来,上述人士好佛之举也往往有性情方面的因素。耿子曰:"夫近世士大夫好佛者,如吴望湖、陆平泉之修洁近佛之清净;

---

① 潘荣胜:《明清进士录》,第388页。
② (明)焦竑编《国朝献征录》卷六十二,《明代传记丛刊》第112册,台北:明文书局,1991年,第142页。
③ (明)罗汝芳:《罗汝芳集》,第634—635页。

赵大洲、陆五台之刚简近佛之直截;罗近溪之宽和近佛之慈悲,皆就其质之所近入佛语而投其所好,余未尝不敬之爱之也。"①依据耿子所言,当时士人好佛者,罗近溪与诸友吴望湖、陆平泉、赵大洲、陆五台等人各有成因,但已是公认的事实。综合以上考辨结果,罗汝芳与佛教人士间之交往不仅有广度且有学理汲取的深度。就此来讲,学界关于罗汝芳涉佛、"杂禅"诸说实则并非可以简单论之,而罗氏思想于佛学义理的判摄又或有深入挖掘的广阔空间。

二、从胡清虚到萧云轩:罗氏父子道教因缘重考

关于罗汝芳与道教人士之交,主要关系人物即胡清虚及萧君之父"樵野山人"。罗汝芳和胡清虚之间的交游经历,多因近溪二子曾师事胡子。万历己卯(1579),罗汝芳应刘凝斋之邀,即偕罗轩、罗辂与道士胡清虚同往岭南广东。罗氏父子及胡氏前往拜访之人刘凝斋(1522—1585),其名尧晦,字君纳。至于胡子,则不仅与罗汝芳有交,与王龙溪也有往来。王龙溪《祭胡东洲文》篇中记:"嘉靖甲寅岁,予开讲新安之斗山,东洲随北面执礼,为缔交之始。"②又评胡氏之学乃"得于师传,以净明忠孝为入门,其大要皆发明性命归源之奥,觉幻知元,住于真常,非有邪伪之术"③。王龙溪既评其学得益于净明道教,就不能否定胡氏之学与道家道教之间的关联。且根据耿定向以上所记,胡清虚正是道教外丹学的践行者。

这里需要明确的是,关于胡清虚,有学者认为,他即嘉靖二十七年罗近溪所学《易》之师胡宗正。此处存疑。首先,胡清虚即胡东洲无疑,但是龙溪所言皆以东洲名之,近溪在《二子小传》所言乃"胡中洲"。其次,近溪文集中胡宗正与胡中洲所具形象有别,于近溪印象亦有别。刘元卿《近溪罗先生传》中有记:"戊甲,学《易》于楚人胡子宗正者,旧以举业师先生,先生知其《易》有传也,迎致之,执弟子礼。胡喜,使先生息心而深思之,问谓曰:'若知伏羲当日平空白地著一书耶?'先生略为解说,胡嘿不应,徐曰:'障缘愈添,本真益昧。'如是至三月,然后见许。"④此二处所提及的胡宗正形象是一名"高士",曾"以举业师先生",近溪对其甚为敬重,"迎致之,执弟子礼"。然

---

① (明)耿定向:《与吴少虞》,《耿天台先生文集》卷四,第95页。
② (明)王畿:《王畿集》卷十九,第582页。
③ (明)王畿:《王畿集》卷十九,第583页。
④ (明)罗汝芳:《罗汝芳集》,第864页。

《二子小传》中有这样一段记录:

> 余父子三人虽皆事道,而趋向殊不相类,常日居官、居京,每多喧杂,不遂倾倒。惟入广一行,虽意出二子,而余与胡中洲俱在。辂喜曰:"相期数十载,始得父子师徒同处,学问不愁不归一也。"轩独不然曰:"此志各各求真,真则汝东我西,此上彼下,总在六合之中,何远迩内外之是拘哉?"余甚然之,因请各言履历,勿讳平生。中洲虽二子敬事为师,然余则少处于心,犹惑其怪诞……从是纵谈无所不至,窃观其蕴诚浩荡无涯,玄微莫测,世人不知,安得不妄生訾议也哉![1]

罗辂所言"父子师徒同处"是站在他自身立场上,此番游历与父、与师(中洲)同行。而罗汝芳对胡中洲的印象起先是"怪诞",而后与龙溪一样对其认识有所转变,另其称号语气非以师敬之。如此即可说明两点,其一,胡中洲与胡东洲、胡清虚应为同一人;其二,此处胡氏并非近溪嘉靖戊申年间以师礼敬重的胡子宗正。

关于胡氏师徒之死,依据罗汝芳《二子小传》记,三者宿命各有区别。罗氏父子与中洲此行,虽正逢"广中病气甚烈"[2],但疫情似乎不可能对年迈的罗汝芳毫无影响,却偏偏对力壮之人产生致命危害。《二子小传》载近溪长子罗轩有可能是感染疫情而亡身,故其自言"吾大数已定"[3];次子罗辂则曰:"吾将再乞一二年以共毕大事。"[4]于是"是夕,焚香掌心,而众莫及知"[5],罗辂的行为虽众人不明,但却遭到其师的棒喝,罗氏记罗辂言云:"儿左以童心未释,乞胡师少延。胡师重呵一声,儿时心惊汗流,顷则形神浑化。"[6]与此同时,罗轩病危前见其"是夕"之举亦言:"吾大数已定,弟晚来何乃自苦耶?"[7]此处罗轩亦对罗辂刻意而为之举给予斥责。需要明确的是,罗辂"焚香于掌"之前并未有病症迹象。那么就存在一个可能,此举意在求得延生,而其

---

① (明)罗汝芳:《罗汝芳集》,第 616 页。
② (明)罗汝芳:《罗汝芳集》,第 617 页。
③ (明)罗汝芳:《罗汝芳集》,第 617 页。
④ (明)罗汝芳:《罗汝芳集》,第 617 页。
⑤ (明)罗汝芳:《罗汝芳集》,第 617 页。
⑥ (明)罗汝芳:《罗汝芳集》,第 618 页。
⑦ (明)罗汝芳:《罗汝芳集》,第 617 页。

所焚之香,极有可能是火炼之丹砂,后"未几日,辂以掌火攻心"①,属于明显的服丹中毒迹象。至于中洲之死,不必多言,罗汝芳记:"先三日却食,惟饮雄黄、朱砂、蜜浆,云以洗内脏……沉睡至午后,起进蜜浆数碗,把镜相照,大发狂笑,移时跌坐瞑目。"②由此知,清虚之死亦是为成真仙,服丹而亡。

按以上所记,罗汝芳与胡清虚之间的往来,多因其二子关系。接下来,我们要说的"樵野山人"却是罗氏极为信服之人。《耿天台先生文集》卷十九《纪怪》:

> 闽泰宁人萧姓者,余友近溪惑之,谓其术能役鬼。近溪二子之亡也,尝致之,令弱孙见焉。此其事类唐玄宗之于贵妃矣。又其术谓能为人接命,近溪曾授之魏中逞敬吾。……敬吾聆之恚曰:"是何言与?"近溪瞪目摇手曰:"子不信然,雷即击汝矣。"③

上述材料中提及的"萧氏",耿定向记为闽泰宁人,近溪前往福建又经此地。罗怀智《二父行略》载:"甲申中秋,梦青衣手持帖云:'斗府送于相公。'智开视之,乃先父手笔,内有一'腊月朔日,闽中相会'之语。仲冬望后,智侍参知公入闽,寓泰宁萧馆。"④耿天台、罗怀智文中提及的"萧氏",据余思复《中村逸稿》卷上《礼部儒士萧君墓志铭》篇中载,实是儒士萧君之父,号"樵野山人",萧氏与将乐处士余敬吾乃有姻家关系。《礼部儒士萧君墓志铭》记:

> 嘉靖万历间,闽泰宁有异人焉,曰云轩萧公,自号樵野山人。山人有道术,不学而能文,著书论天人之指教千言,又能前知人事,役使鬼物,世莫测也。诸公贵人争迎致礼事之,而旴江罗近溪尤敬之如神,山人四子,君其季也,君生万历三年,当是时山人名籍甚公卿间,而君为少子,任侠自喜,不知财所从来……山人殁,君年益壮,稍复折节行事,有长者风……当崇祯之变,天下大乱,君乃归其家……以病卒于庚寅岁十二月廿日,年七十有六矣……君讳德宏,号如云,娶将乐处士余敬吾公女。先君辛四十九年有男九歌女一人,余思复者,处士孙也,及见君之

---

① (明)罗汝芳:《罗汝芳集》,第618页。
② (明)罗汝芳:《罗汝芳集》,第618页。
③ (明)耿定向:《耿天台先生文集》卷十九,第475页。
④ (明)罗汝芳:《罗汝芳集》,第622页。

　　所以事处士者……可谓仁而有礼矣……"①

依据引文可见,罗氏父子"敬之如神"者"萧氏",即泰宁萧君之父——"云轩萧公",自号"樵野山人"。应该说以上诸条材料都在揭示罗汝芳一生于道家、道教的深入摄取。某种程度上可以说,如果我们以王龙溪于道教内丹修炼为其汲取二氏之处,那么罗汝芳对道教的涉猎则体现在其对道教科仪以及外丹修炼的偏重上。

三、关于罗汝芳近佛涉道的评价问题

　　根据上述文献整理、考辨,罗汝芳近佛涉道已是不争事实,然立足于当今社会再看历史,即如管东溟所评,罗汝芳于"自用"的坚守,于"公珍"的标举无可厚非。进一步言之,学界向来对"三教融合"一说兴趣甚大,然笔者认为,三教融合的背后是儒、佛、道在中晚明阶段,都面临不同程度的独立发展的困境。比如对罗近溪杂禅一说的考辨涉及诸方面问题,其中他与佛门子弟之间的交游经历及思想方面的判摄和融通折射出来的问题,本质上实是时代文化发展的缩影。有明一代,宗教政策原本反复无常,儒者对待佛道二氏的接纳程度也有所不同。在此基础上,向有学者反对"三教融合"之思潮。比如霍韬即认为"世之淫于老佛,谓老佛上一截与吾儒同,又谓佛与圣只差毫厘,此千古名教之罪人也"②。然以王守仁为代表的阳明学者,其理论内容本身就与佛教禅宗有着丝丝缕缕的关联,而于心性修养层面又和道家主张,尤其是内丹之修,不无关联。以道教为例,不仅近溪子,阳明高足王畿才是道家内丹理论的忠实践行者。又从佛学来看,阳明学从理论上来说,其"无善无恶"之论与禅氏所讲"佛性非善非不善,是故不断"③,"若要将心要者,一切善恶,都无思量,心体湛寂,应用自在"④等等论断皆有相近处。正是学术观念的相通性质某种程度上促使知识分子对阳明学的普遍选择、深入研习必然具有浸染二氏之学的可能。于此基础上,士人心态也因此逐渐发生变化。明代士子的特点在于儒学社会化趋势中其精神信仰选择呈现多元化,

---

　　①　(明)余思复:《中村逸稿》,《四库未收书辑刊》第七辑第 21 册,北京:北京出版社,第 172—173 页。

　　②　(清)黄宗羲:《明儒学案》卷五十三《诸儒学案》(下),第 1274 页。

　　③　郭朋:《坛经校释》,北京:中华书局,2007,第 125 页。

　　④　郭朋:《坛经校释》,第 127 页。

也逐渐摆脱了对政治、君王的完全依赖。应该说宋、明二朝知识人其广开讲堂目的一致皆在于讲学化俗,只是借助的力量已发生转移。与宋时"士"阶层往往与政治场域关涉相较,明代知识人群体已经将目光进一步转向市井阶层,转向宗教领域。事实上,阳明后学众人目光的转移亦非一蹴而就之事。明代士子交往对象涉及多个场域,商人、僧侣不乏其人,于此,儒、商互动频繁,士僧往来已是常事,因为明代商品经济的发展及其宗教与政治的牵涉使得在一定历史时期,屠沽细人、得道高僧其认可度和话语权也得到了一定程度的提升。从该角度考虑,罗汝芳的佛道因缘乃是当时士人的普遍选择,然其十五立志圣学,后科举登仕,讲学化俗则又是儒者"明道救世"的选择和担当。在这一过程中,罗汝芳对"平常日用"路线的选择,也促成了其"泛爱容众"的交往特色。在对平民化、宗教倾向融合兼顾的同时,罗汝芳本人的自我"儒者"定位,促成儒学规范在其本心始终保持个体独立,且罗氏于儒家教化思想不曾逾矩,并自觉构建起相对完整、贯通的哲学思想体系,某种程度上可以说,这就即是儒者自觉担当的体现。

第五章　"善习古道":思想史角度的罗汝芳学术理念分析

探讨伊始,首先需要明确罗汝芳在学术思想史上的继承与开拓。从时代发展的整体背景考虑,中晚明阶段,文学界有以李东阳、前后七子为代表,倡行复古之道;思想界,阳明学士群作为当时知识界的主体,某种程度上来说,乃是与时代保持统一的步伐,同样高举古先风范。作为时代的一分子,关于罗汝芳的习古之道,我们将从近溪对待宋儒明儒的态度,及其关于传统儒学主张的推拓等方面逐一展开分析。某种意义上,深入发掘"古道"对罗氏哲思建构的影响,也是出于对罗汝芳作为王阳明私淑弟子身份的考虑。理由是,罗汝芳于阳明学并非直承,而是倚赖旁取和自悟,这一路径本身即预示杂融诸家之学的可能。

第一节　罗汝芳对先秦儒学风范的标举

宋明思想家对先秦儒学风范的尊崇是不争的事实,这其中有关于孔孟曾颜学术理路的继承,有因对古先心性观念的标举。从学术角度来看,理学家们在自身思想体系的建构过程中,往往是通过对"书""经"之学的重新解读,完成自身思想体系的建构。从心性观层面来说,孔颜之乐与曾点胸次,往往又是士人关注的焦点。如果说,前者乃是平常路径,那么在后一事项上,每位思想家又各自倾向不同。难能可贵的是,罗汝芳作为阳明学士群中的重要一员,王龙溪赞其"真颜氏子复出也"[1],在赵志皋看来,罗汝芳又有"秋鹤横空"[2],飘乎物外之境界。以上众人对罗汝芳的评价,引导我们继续

---

[1]　(明)罗汝芳:《罗汝芳集》,第 928 页。

[2]　(明)罗汝芳:《罗汝芳集》,第 928 页。

下一个追问,即思想家自身如何对待颜、曾等先秦诸子之学,又是如何发挥先儒心性主张的?

对于颜氏之学,罗汝芳虽极赞其"有不善,未尝不知,知之,未尝复行"①,但在诸多方面,罗汝芳的曾学倾向则更为鲜明,甚至认为曾氏独得孔门仁学宗旨。其云:

> 昔吾夫子之教,万世无穷也,其道以仁为宗。当时及门之士,惟曾氏子舆传之为独得焉。今观其弘以任重,毅以致远,则宛然吾夫子垂世家法也。故再传而子思子,又再传而孟子。《中庸》七篇之旨,至今未艾者,无他也,其宗之正且的焉,可久固如是也。②

在罗汝芳认为,孔子之学在沿袭过程中,曾氏独得孔学精髓,其后才有子思、孟子的学术延续。据此,近溪后期对《中庸》的侧重应和他对曾子之学的重视有关。

罗汝芳对曾子学术宗旨的侧重,同时彰显在他对"一贯"之学的推崇上。曾子以"忠""恕"二字总结圣学宗旨,在时人看来,或许与"仁"并未完全契合,但在罗氏看来,"曾子当时初唯一贯,心地洞然。但捻动,便全体跃然在目,其视忠恕、一贯,又更何别"③。罗汝芳此说便是将曾子"一贯"主张提升至更高的境界。换言之,罗汝芳认为,曾子以"忠""恕"二字贯通圣学,原本即是将"忠""恕"与"仁"并不区别对待,因此曾子此说与孔子以"仁"贯通其学宗旨实则异曲同工。而罗汝芳对孝悌之道的强调,原则上正是继承了先儒孔、曾、思、孟的传统学术理路。其云:

> 故必须到天下尽达了孝弟之时,方才慊快孔子志学的初心、孟子愿学的定见,却浑然是造化一团生生之机,而天即为我,我即为天;亦嬉然是赤子一般爱敬之良,而人亦同己,己亦同人。如此则父母俱存,兄弟无故,固是大幸,间或未然,亦终身思慕而成大孝。又如孔子,只因一本《孝经》得一个曾子英才,曾子、子思传至孟子,却把《大学》、《中庸》孝弟慈的家风手段,演说成七篇仁义之言,恢张炳耀,与日月争光彩,与宇宙

---

① (明)罗汝芳:《罗汝芳集》,第 58 页。
② (明)罗汝芳:《乐安善和冈曾氏谱序》,《罗汝芳集》,第 464 页。
③ (明)罗汝芳:《罗汝芳集》,第 334 页。

争久大。①

参照引文,在罗汝芳看来,思孟一脉正是由孝悌路径,直继圣学正宗。而于心性观方面,罗汝芳对先儒之风的标举,则在于近溪子往往能够兼顾"孔颜乐处"与"曾点胸次"。其中,罗汝芳对孔颜之乐的强调多集中在伦理层面主张"相安相养"、安常自在的随顺自然之乐。其曰:"孔、颜之乐,虽未易知,而孔、颜之言行,则具在也。窃意此乐有自本体而得,则生意忻忻,赤子爱悦亲长处是也;有自用功而得,则天机感触,理义之悦我心是也。"②罗汝芳云孔颜之乐"乐自本体",便是强调此"乐"原在人人日用平常之间,"爱悦亲长"处即得怡然之乐。至于他又云:"但愿自今以后,日同诸生,将此生生之机畅达敷布,俾一州二邑,父老子弟俱忻忻以兴孝兴弟,相养相安,共兹林之禽鸟而和鸣,并兹畴之嘉禾而秀颖,则万物并育之风,六合同春之象,行自昆阳而肇端,以莫可涯量矣。"③实是教人在伦理平常中安常处顺,随应自然。

罗汝芳心性观不仅包括以上对孔颜之乐的强调,且作为江右理学家,罗汝芳的心性理念也同时彰显了鲜明的曾点气象。因近溪对心性之乐的理解,不仅指向伦理层面,并且也包含对洒脱自得心态的侧重。其云:

> 盖天的体段原无一物不容,原无一物不贯。若有外之心,便不可合天心也。此心,如要万物皆为吾体,万年皆为吾脉,则须将前时许多俗情世念,务于奉承耳目口体,徇物肆情,一付偿污浊杂扰,会转移窒塞此心之虚灵洞达的东西,痛恨疾仇,惟恐其去之不远,而决之不净焉。然后收拾一片真正精神,拣择一条直接路径,安顿一处宽舒地步,共友朋涵泳悠游,忘年忘世,俾吾心体段与天地为徒,吾心意况共鸢鱼活泼,其形虽止七尺,而其量实包太虚;其齿虽近壮衰,而其真不减童稚。到此境界,却是廓然大公,却是寂然不动,其喜怒哀乐,安得不感而遂通,又安得不物来顺应也耶? 如此喜怒哀乐,以应天下国家,又安得不位天地,不育万物,而成神圣功化也耶?④

---

① (明)罗汝芳:《罗汝芳集》,第158—159页。
② (明)罗汝芳:《罗汝芳集》,第112页。
③ (明)罗汝芳:《罗汝芳集》,第169页。
④ (明)罗汝芳:《罗汝芳集》,第125页。

在罗汝芳的描述中,"俾吾心体段与天地为徒,吾心意况共鸢鱼活泼"的这一安常随顺之境是逍遥人生体验的核心精神。然洒脱自得的人生境界前提在于两方面因素:其一,实现万物一体之境;其二,放下"俗情世念",回归精神的廓然大公境界。罗汝芳对此心性的描述,和他向来关于陶、周人士的尊崇是一致的,故他又曾道:"故古人善形容乐体者,若陶渊明却云:木忻忻以向荣;周元公却云:庭草一般生意。夫草木无知,岂果能意思忻忻也哉?惟是二公会得此个乐机,则便触目自然相通。"①罗汝芳引证中的陶、周之"乐"本质上即侧重于自然主义的表达。这一倾向本身在某种程度上即已将人从伦理中解放出来,以随顺自然的态度回归一种自在的生存方式。于此,罗汝芳关于人的理想生存状态的观点,和曾点气象所展现出来的洒脱之乐极其相近。更为值得关注的是,罗汝芳对"曾点胸次"的理解和汲取,原则上讲,实关系其境界哲学的相关主张。换言之,罗汝芳对先秦心性论的发挥原是自身境界哲学趋向的呈现。

第二节　罗汝芳于宋儒学术传统的继承

罗汝芳作为中晚明时期的重要思想家,从以上文献考述可见,其一生"善无常主",这种情况就预示,其学术思想的建构完成,并非直承当时阳明学"良知"之教,也更非泰州学脉的演进。严格来讲,罗汝芳与当时许多知识分子一样,在接受阳明学之前、之后,都有关于宋学的深入思考。事实上,王阳明建构自身学术体系,亦离不开对朱陆、慈湖之学的讨论。

一、前论:阳明学与朱陆之争、慈湖之判

明代理学发展与演进过程中,有两个关于宋代儒学的问题始终备受关注:其一,朱、陆之争的对待;其二,关于杨简思想的讨论。论及阳明学于朱、陆之争的看待,可从阳明《朱子晚年定论》讲起,谈到杨简思想的评价,王畿之外,又有季彭山之论。

---

① (明)罗汝芳:《罗汝芳集》,第165页。

（一）王阳明与朱、陆之学

以往研究中,《朱子晚年定论》向来作为王阳明学术思想的重要参照,阳明于该编中揭出了朱子与自身学术创见一致性的诸多明证。然朱子学与陆学心学在价值意识的本体论与实践哲学的工夫论层面确有相通处,但王阳明《朱子晚年定论》的成编却存在诸多疑点。我们之所以认为朱子学与陆王心学本无根本冲突,主要有以下两方面依据。

第一,王阳明在若干重要理念上与朱子学原本契合。比如在"尊德性"和"道问学"的事项上,王阳明正德三年已有明确理解,其侧重"尊德性"的同时,也强调"道问学",且在强调"道一"的前提下,同时主张提起"心"体,包容、映照万物。其云:

> 夫君子之学,先立乎其大者,而小者不能夺。故子思之论修德凝道,必曰尊德性而道问学。而朱子论之,以为非存心无以致知,而存心者又不可以不致知。……君子之学,有立而后进者,有进而至于立者,二者亦有等级之殊。……道一而已矣,宁有两耶? 有两之心,是心之不一也,是殆本源之未立与? 恐为外物所牵,亦以是耳。程子曰:"苟以外物为外牵,已而从之,是以己性为有内外也。"又曰:"自私,则不能以有为应迹;用智,则不能以明觉为自然。今以恶外物之心而求照万物之地,是反镜而索照也。"又曰:"君子之学,莫若扩然而大公,物来而顺应。"由是言之,心迹之不可判而两之也,明矣。①

据此,王阳明认为的"尊德性"与"道问学"原则上并不必然分立,区别处只在轻重、次第的判定。阳明以子思语为根据,"尊德性"在他以为,即是首要大事,但是"道问学"亦不可废弃。至于阳明对"道问学"的次要地位的界定,又与程子之学一致,即为避免心为外物干扰,讲求自身涵养和内向求取的过程。正以此为逻辑起点,正德七年,王阳明借由对朱子《白鹿洞书院揭示》的发挥,在主张"心外无理"的基础上,认为朱子学术本自圆融,支离琐屑则因后世之人学有不精:

> 是故君子之学,惟以求得其心,虽至于位天地,育万物,未有出于是

---

① （明）王守仁:《答懋贞少参》,《王阳明佚文辑考编年》,第286—287页。

心之外也。孟氏所谓"学问之道无他,求其放心而已"者,一言以蔽之。故博学者,学此也;审问者,问此也;慎思者,思此也;明辨者,辨此也;笃行者,行此也。心外无事,心外无理,故心外无学也。是故于父子尽吾心之仁,于君臣尽吾心之义,言吾心之忠信,行吾心之笃敬,惩心忿,窒心欲,迁心善,改心过,处事接物,无所往而非求尽吾心以自慊也。譬之植焉,心,其根也;学也者,其培壅而灌溉之者也,扶卫而删锄之者也,无非有事于根焉而已。朱子白鹿之规,首之以五教之目,次之以为学之叙,又次之以修身之要,又次之以处事之要,接物之要,若各为一事而不相蒙者,斯殆朱子平日之意,所谓随时精察而力行之,庶几一旦贯通之妙也与? 然而世之学者,往往遂失之支离琐屑,色庄外驰,而流入于口耳声利之习。故吾因诸士之请,而特原其本一相勖,庶乎操存请习之有要,亦发明朱子未尽之意也。①

按王阳明理解,朱子《白鹿洞书院揭示》分纲常之教、为学之叙、修身之要、处事之准、接物之则,原本虽各有所指,然结合朱子向来宗旨,亦是一贯之学,所谓"支离琐屑,色庄外驰"乃是学者对朱子学宗旨理解不精。王阳明此说即已表达他自身对朱子学更为清晰、全面的了解和认识。某种程度上或可这样认为,阳明学并不否认见闻之知的必要性,只是更为侧重以内向求取为特色的德性之知,也因此一样强调敬慎工夫。此外,王阳明亦有"良知四句教"诸论,此"四句"直系其"八句之教"②重要内容之"四有"主张。阳明云:

> 良知非离见闻,惟以致知为主,则多闻多见皆致知之功;良知非断思虑,良知发用之思自是明白简易,无憧憧纷扰之患;致知非绝事,应实致良知,则行止,生死惟求自慊,而不为困;致知非为逆亿,致良知则知险知阻,自然明觉,而人不能罔。③

阳明以上所说已经非常明确地揭示了其"良知学"的重要内涵。他讲"良知

---

① (明)王守仁:《紫阳书院集序原稿》,《王阳明佚文辑考编年》,第 380—381 页。

② 关于王阳明"八句之教"的探讨,本书按王畿《天泉证道纪》载王阳明关于"四有""四无"两个面向的全面兼顾,事实上按后文考辨分析,王龙溪所记的是,钱德洪之语一方面乃自持己见,另一方面又有护师之嫌。

③ (明)王守仁:《答欧阳崇一问致良知书》,《王阳明佚文辑考编年》,第 841 页。

非离见闻"，意在揭示良知学即是要提起本心之知关照世间万物，以道德之心应对事事物物；讲"良知发用明白简易"，是教人将思虑的重心放在排除世事干扰上；讲"应实致良知"即是以平常日用作为致良知的现实应对；讲"致良知则知险知阻"更是将与"诚"对应的"戒慎恐惧"之道作为"致知"的工夫本旨。

第二，陆、王心学在价值意识的本体论与实践哲学的工夫论面向上与朱子学也互不违和。本体论事项上，陆王心学与朱子学皆一致地将"仁"体作为道德创生的根本渊源，其多番强调的"本然之知"即良知"，即"仁"体之先验具有的动力因，而其"致良知"的工夫论起点又在于"诚"。钱德洪曾记："昔者吾师之立教也，揭诚意为《大学》之要，指教知格物为诚意之功，门弟子闻言之下，皆得入门用力之地。"①就此考虑，朱子以"敬"论"诚"，阳明论"诚"则立足《大学》，且以《中庸》"戒慎"之道为侧重。正德十六年，王阳明在《定本大学古本傍释·大学古本傍释序》中曾有提及对"心""意""知""物"的界定，此外，依托《大学》"诚意"工夫，终将"致知"引向本体之知至。曾云：

> 《大学》之要，诚意而已矣。……是故至善也者，心者本体也，动而后有不善，而本体之知，未尝不知也。意者，其动也；物者，其事也。至其本体之知，而动无不善，然非即其事而格之，则亦无以致其知。故致知者，诚意之本也；格物者，致知之实也。物格则知致意诚，而有以复其本体，是之谓止至善。圣人惧人之求之于外也，而反复其辞，旧本析而圣人之意亡矣。②

王阳明在"心""意""知""物"等概念的界定上，将工夫的重点落实在"至本体之知"，按该理路，阳明依据经典诠释，重申了其存有论、工夫论的根本立场，其云："仁是全其心之本体者。"③又云："诚意只是慎独工夫，在格物上用，犹《中庸》之'戒惧'也。君子小人之分，只是能诚意与不能诚意。"④嘉靖丁亥，王阳明又曾叹云："诚意为圣门第一义，今反落第二义；而其知行合一之说，

---

① 钱明编校：《钱德洪语录诗文辑佚》，《徐爱钱德洪董沄集》，第 123 页。
② （明）王守仁：《大学古本傍释序》，《王阳明佚文辑考编年》，第 732 页。
③ （明）王守仁：《定本大学古本傍释》，《王阳明佚文辑考编年》，第 740 页。
④ （明）王守仁：《定本大学古本傍释》，《王阳明佚文辑考编年》，第 734 页。

于博文多识,若有不屑,学者疑焉。"①综合以上诸说,王阳明"良知"之教其中一个面向即是关于儒家价值观的拳守工夫的侧重,故其对"戒慎""慎独"路径的强调,并没有脱离朱子学对"敬"之工夫的属意。《湖北文物典》曾载王阳明"独知"与"立诚"之说,其云:"无事时固是独知,有事时亦是独知,只是一个工夫。人若不知于此独知之地用力,只在人所共知处修为,只是作伪。此独知处,便是诚的萌芽。此处不论善念恶念,更无虚假,一是百是,一错百错,正是王霸义利诚伪界头,于此一立立定,便是立诚,便是端本澄源之学。"②王阳明以"独知"立"诚",便是将工夫导向实学境地,而其高足欧阳德在《答彭云根》一篇中也曾云:"先师阳明公阐慎独之训,而为之言曰:'独知也者,良知也;戒慎恐惧,毋自欺而求自慊,所以致之也。"③王阳明以"独知"论"良知",其理论内涵即在于强调一种"隐默之知"的先验性,而这一"隐默之知"又是众人可以体认的隐在流行且普遍存有的意识。李明辉先生在《康德伦理学与孟子道德思考之重建》一书中讲道:"一切普遍主义的伦理学都必须以隐默之知为出发点。因为道德底普遍要求不但超越一切文化之差异,也超越一切理论系统之分歧,故只能植基于人类意识底隐默层面上。这种作为隐默之知的道德意识并不是专属于某些哲学家,也不是某个理论系统之产物,而是为一般人所共有。"④据此,王阳明"良知学"的重心之一,便是侧重于提起该"隐默之知",以此作为道德实践的指导原则。而阳明于《答曾双溪》一篇也云:"尝闻先师有云:'本体要虚,功夫要实。'"⑤王阳明以"独"与"虚"同论"良知"之教,其意正在突显"良知"的独立性和形上特征,他讲"功夫要实"便是教人时时拳守敬慎之道。就此展开,王阳明不仅统合朱、陆之学,并且真正突显了儒学"十六字指诀"的根本内涵。正德十五年,王阳明曾论"知""行"关系,同样涉及对"知识"的界定和对待,其云:"圣人之学,心学也。宋儒以知识为知,故须博闻强记以为之;既知矣,乃行亦遂终身不行,亦遂终身不知。圣贤教人,即本心之明,即知;不欺本心之明,即行也。"⑥从这一点上讲,王阳明力排宋儒"以知识为知"的认知传统,强调本心之明,力主

① 束景南:《王阳明散佚语录辑补》,《王阳明佚文辑考编年》,第 1030 页。
② 束景南:《王阳明散佚语录辑补》,《王阳明佚文辑考编年》,第 1070 页。
③ 束景南:《王阳明散佚语录辑补》,《王阳明佚文辑考编年》,第 1028 页。
④ 李明辉:《康德伦理学与孟子道德思考之重建》,台北:"中央研究院"中国文哲研究所,2004 年,第 15 页。
⑤ 束景南:《王阳明散佚语录辑补》,《王阳明佚文辑考编年》,第 1029 页。
⑥ (明)王守仁:《论心学文》,《王阳明佚文辑考编年》,第 718 页。

"知""行"合一,本质上亦是以"十六字指诀"为其实践哲学的要义。正德十六年,王阳明在《重刊象山文集序》一篇又云:"圣人之学,心学也。尧、舜、禹之相授曰:'人心惟危,道心惟微,惟精惟一,允执厥中。'此心学之源也。中也者,道心之谓也;道心精一之谓仁,所谓中也。孔孟之学,惟务求仁,盖精一之传也。……故吾尝断之,以为陆氏之学,孟氏之学也。而世之议者,以其尝与晦翁之有同异,而遂诋以为禅。夫禅之说,弃人伦,遗物理,而要其归极,不可以为国家天下。苟陆氏之学而果若是也,乃所以为禅也矣。今禅之说与陆氏之说、孟氏之说,其书俱存,学者苟取而观之,其是非同异,当有不待于辩者。"①在此前提下,王阳明理解的圣人乃以"足色"为重,非以"分两"作准。其云:"所谓圣者,即金银之足色也,而大小不同者,亦其分两不同然耳。"②王阳明所谓的"成色"即可以工夫达致的境界为描述对象。也正是基于对做工夫的强调,王阳明曾讲的"无间"乃至其私淑弟子罗汝芳有道的"无隔",都是讲述工夫境界的持守和推进状态。嘉靖五年,王阳明即有诗云:"圣学工夫在致知,良知知处即吾师。勿忘勿助能无间,春到园林鸟自啼。"③依据于这一分析,阳明"自然之学"乃是对於穆不已之"命"的直承,对完全自足"性"体的践行,这和陈白沙常有言及的因"自得"而成的"自然之学"本有分别。另外,阳明后学中,得其真旨的有季彭山、邹守益,到了王畿、罗汝芳,虽皆有强调,但不免有对"境界工夫"的过多侧重。这即可作为阳明学后期发展的一个重要转折点。

综上分析,陆王心学于程朱理学确有契合处,虽各有侧重,然并无根本冲突。但这里需要指出的是,哲学立场的一致并不能掩饰王阳明《朱子晚年定论》的诸多疑点。

首先,王阳明自述与其高足钱德洪载录并不一致。按阳明讲,《朱子晚年定论》的完成乃是自身居官留都之时,"复取朱子之书而检求之,然后知其晚岁固已大悟旧说之非"④,而后"辄采录而裒集之,私以示夫同志"⑤。钱德洪在《朱子晚年定论引序》中却讲:"《定论》首刻于南、赣。朱子病目静久,忽

① (明)王守仁:《重刊象山文集序》,《王阳明佚文辑考编年》,第766页。
② 束景南:《王阳明散佚语录辑补》,《王阳明佚文辑考编年》,第1037页。
③ (明)王守仁:《赠岑东隐先生》,《王阳明佚文辑考编年》,第914页。
④ (明)王守仁:《朱子晚年定论序》,《王阳明全集》卷七,上海:上海古籍出版社,2013年,第268页。
⑤ (明)王守仁:《朱子晚年定论序》,《王阳明全集》卷七,第268页。

悟圣学之渊薮,乃大悔中年注述,误己误人,遍告同志。师阅之,喜己学与诲翁同,手录一卷,门人刻行之。"①根据钱氏以上所讲,《朱子晚年定论》乃是阳明手录而成,非其自采裒集而成。

其次,王阳明《朱子晚年定论》从体例的安排到内容的选择,再至观点的揭示,皆非创造之举,在此之前,正德乙亥之前,弘治二年已有程敏政《道一编》六卷。其《序》云:

> 朱陆二氏之学始异而终同,见于书者,可考也。不知者,往往尊朱而斥陆,岂非以其早年未定之论而致夫终身不同之决,惑于门人记录之手,而不取正于朱子亲笔之书邪。以今考之志同道合之语,著于奠文,反身入德之言,见于义跋,又屡有见于支离之弊,而盛称其为己之功,于其高弟子杨简、沈焕、舒璘、袁燮之流拳拳致意,俾学者往资之廓大公无我之心,而未尝有芥蒂异同之嫌。兹其为朱子而后学所不能测识者。与斋居之暇,过不自揆取《无极七书》《鹅湖三诗钞》为二卷,用著其异同之始,所谓早年未定之论也。别取朱子书札,有及于陆子者,厘为三卷,而陆子之说附焉,其初则诚若水、炭之相反,其中则觉,夫疑信之相半,至于终,则有若辅车之相倚,且深取于孟子道"性善""收放心"之两言,读至此,而后知朱子晚年所以兼收陆子之学,诚不在南轩、东莱之下,顾不启者斥之为异,是固不知陆子,而亦岂知朱子者哉?此予编之不容已也。编后附以虞氏、郑氏、赵氏之说,以为于朱陆之学盖得其真,若其余之纷纷者,殆不乏录,亦不暇录也。因总命之曰《道一编》,序而藏之。弘治二年岁己酉冬日长至新安程敏政书。②

据此,弘治二年,程敏道在《道一编序》中揭示了两个重要信息:其一,从观点上讲,在程氏认为,朱、陆之学原本统合为一,且陆氏学说为朱学所收;其二,就体例上说,程氏乃是选取朱、陆二子信件,剖析论断明证之。对比王阳明所为,其亦是以为"世之学者徒守朱子中年未定之说,而不复知求其晚岁既悟之论"③,选取朱、陆诸篇书牍剖析证之。故《朱子晚年定论》的成编,或有

---

① (明)钱德洪:《朱子晚年定论引序》,《徐爱钱德洪董沄集》,第197页。

② (明)程敏政:《道一编序》,见《道一编》卷首,《原国立北平图书馆甲库善本丛书》第479册,北京:国家图书馆出版社,2013年,第449—450页。

③ (明)王守仁:《朱子晚年定论序》,《王阳明全集》卷七,第268页。

一种可能,便是阳明仿照程敏政《道一编》而作,只是在观点上作了一定的变动,即意在揭示"朱子之先得我心之同然"①。按此说,王阳明《朱子晚年定论》或有刻意借朱子之学抬升自身学术权威的嫌疑。事实上,正德乙亥当年,新安程曈就曾批驳王阳明浙学之所作为。其云:

> 昔我新安夫子倡明圣学于天下,时则有若陆氏兄弟、浙之吕陈,亦各以其学并驰争惊而号于世。陆则过高,而沦于空虚,浙则外驰而溺于卑陋,夫子惧其诬民而充塞仁义也,乃斥空虚者异端、为禅学、为佛老,卑陋者为俗学、为功利、为官商,辞而辟之,以闲圣道而正人心焉,而其忧之深、辨之严、任之重,涣然见诸遗书,与自以承三圣者,夫岂有所异哉?世衰道微,士胶见闻,至于身蹈浙学,而犹知其卑陋,不敢昌言以告人。于陆则谓之晚与夫子合,为夫子之所集,甚则谓能掩迹夫子,追踪孟氏,乐道而北面之。流弊不息,以迄于今。兹是盖不察夫子闲辟之旨,而为所谓弥近理而大乱真者所惑也。噫!圣学之不能明于世也,其基于此欤!曈也,幸辱生夫子之土壤,而获世守其遗书,乃敢妄以闲辟之所寓者类聚之,而浙则附焉,以为为学标的,求无惑于他岐云尔。若夫秉夫子之旌旗,捣陆氏之巢穴,以收摧陷廓清之功,则有望于任世道之责者。正德乙亥四月既望新安程曈序。②

据程曈以上所说,朱子关于陆氏的批评,乃是防治圣学沦入空虚无实的境地,且他引文中指出"世衰道微,士胶见闻,至于身蹈浙学,而犹知其卑陋,不敢昌言以告人于陆,则谓之晚与夫子合,为夫子之所集,甚则谓能掩迹",即在揭示以王阳明为代表的浙学人士谓朱学与陆学、浙学相合,本质上乃是掩饰自身学术之鄙陋。按程曈该篇作于"正德乙亥四月",阳明《朱子晚年定论》成于"正德乙亥冬十一月朔"③,可知阳明该篇亦有强力作证之嫌,而二人之间也存在围绕朱、陆、浙学之争的可能。

再次,王阳明《朱子晚年定论》中提出的关于朱子学的评价和他晚年所说不尽相同。前篇中,阳明认为朱子与自己的学术观点本同,然束景南教授

---

① （明）王守仁:《朱子晚年定论序》,《王阳明全集》卷七,第268页。

② （明）程曈:《闲辟录序》,《闲辟录》卷首,《四库全书存目丛书》子部第7册,第201—202页。

③ （明）王守仁:《朱子晚年定论》卷首《序》末,《王阳明全集》卷三,第145页。

考张萱《西园闻见录》卷七《道学》曾记:"先生(阳明)晚年颇自悔,尝云:'朱元晦学问醇实,毕竟还让他。'又语门人曰:'吾讲致良知原自有味,却被诸君敷衍,今日讲良知,明日讲良知,就无味了,且起人厌。诸君今后务求体认,勿烦辞说。'"①按张萱记,阳明晚年不仅有反悔"良知"立教之意,并且更有自愧不如朱子的论断。至此,《朱子晚年定论》不仅在成篇上存在商榷之处,或也不能够作为王阳明学说理念的定断。

综上所述,王阳明学术宗旨严格上讲,虽直继象山,然与朱子学并无根本冲突,朱、陆之争的区分或可从体认方式上重新看待。与此同时,阳明对待朱子的态度又需考虑时间的面向和语境的分析,就此说,王阳明《朱子晚年定论》或不可作为考虑的足证。

(二)季彭山于慈湖"自然"宗旨的批判

季彭山作为王阳明高足之一,其对先师"致知"宗旨的强调,正是从反驳杨慈湖学术范型的"自然之学"展开。季氏曾自述:"甲午秋,余自南礼曹谪判辰州。月山以余为同门,不耻下问,而余学尚未精,靡有丽泽之益。然是时方兴慈湖杨氏之书,同门诸友多以自然为宗,至有以生言性流于欲而不知者矣。余窃病之。"②杨慈湖提及"自然"一说时曾云:"清明之性自然寂然,夫是之谓学,夫是之谓天下何思何虑,夫是之谓不习之习,《论语》谓之'时习',《中庸》谓之'时中'。'时中'无时而不中也,有意则必有倚着,不可谓中,有说则必有倚着,不可谓中,无时而不习,即无时而不中。"③按慈湖所说,其"自然"之论强调的是于"不起意"的前提下,听任"性"体自然流行。阳明后学群体中,王龙溪极为推崇慈湖之学,其有言"知慈湖'不起意'之义,则知良知矣"④,可见其崇信之虔诚。正因对慈湖学术的不同看法,季彭山与王龙溪曾有不少争辩,期间得钱德洪多番调和,比如钱氏《与季彭山》即是针对二人争论而作。

事实上,季彭山对杨慈湖的批评并没有停留在"自然"主张的单一层面,而是就此展开,建立了自身关于阳明学概念范畴及工夫主张的诠释体系。

---

① 束景南:《王阳明散佚语录辑补》,《王阳明佚文辑考编年》,第 1047 页。

② (明)季本:《季彭山先生文集》卷一,《北京图书馆古籍珍本丛刊》第 106 册,北京:书目文献出版社,1988 年,第 849 页。

③ (宋)杨简:《家记四》,《慈湖先生遗书》卷十,济南:山东友谊出版社,1991 年,第 537 页。

④ (明)王畿:《慈湖精舍会语》,《王畿集》卷五,第 113 页。

其中,从存有论的概念范畴考虑,季彭山工夫主张的形上学背景是朱子学"理""气"二分,由此提出"语自然者,必以理为主宰"。其云:

> 理气只于阳中阴,阴中阳,从微至著,自有归无者见之,理者阳之主宰,气者阴之包容。时乎阳也,主宰彰焉,然必得阴以包容于内,而后气不散。时乎阴也,包含密焉,然必得阳以主宰于中,而后理不昏。此阴中有阳,阳中有阴,所谓道也。……自然者,顺理之名也。理非惕若,何以能顺?舍惕若而言顺,则随气所动耳,故惕若者,自然之主宰也。夫坤,自然者也,然以承乾为德,则主乎坤者,乾也。命,自然者也,命曰天命,则天为命主矣。道,自然者也,道曰率性,则性为道主矣。和,自然者也,和曰中节,则中为和主矣。苟无主焉,则命也、道也、和也皆过其则,乌得谓之顺哉?故圣人言学,不贵自然,而贵于慎独,正恐一入自然,则易流于欲耳。自然者,流行之势也,流行之势属于气者也。势以渐而重,重则不可反矣,惟理可以反之。故语自然者,必以理为主宰可也。①

季彭山讲"理者阳之主宰,气者阴之包容",即是分"理""气"为二,至于他说"时乎阳也,主宰彰焉",讲"阴中有阳,阳中有阴"便是以辩证的视角讲述"理"于"气"的主宰作用和互含关系。与此同时,季彭山在"理""气"关系的界定上,继而揭示其理想中的"自然之学"。和杨慈湖理论路径确有不同,季氏引文中云"自然者,顺理之名也。理非惕若,何以能顺?舍惕若而言顺,则随气所动耳,故惕若者,自然之主宰也",便是站在崇"理"的立场,以戒慎恐惧之道诠释"自然之学",这种"自然"严格意义上讲,正是针对杨慈湖的"顺性"主张,慈湖曾云:"今学者欲造无时不习之妙,断不可有毫厘劳苦之状,当知夫学问之道无他,求其放心而已矣。"②应该说,杨氏对于"不劳苦"与"求放心"的侧重某种程度上为工夫的投机者提供了顺随任性的契机。在该前提下,季彭山则往往以"反性"云"自然",其曰:"性者、反之,言其自然、勉然也。既曰反之,则已至于自然矣。"③据此,在季彭山认为,"反性"既是"自然之学"

---

① (明)季本:《说理会编》,见黄宗羲《明儒学案》卷十三,第273页。

② (宋)杨简:《家记四》,《慈湖先生遗书》卷十,第527页。

③ (明)季本:《孟子私存·尽心下》,朱湘钰点校:《四书私存》,台北:"中央研究院"中国文哲研究所,2013年,第639页。

的根本途径,也是学从"自然"的工夫体现。与之相应地,季氏对待"性""命"关系则主张"命运属气""性存归理",这一说法的本质,即是在概念范畴的讨论中,承认二者先天一致,同时又在主体行动层面提出"尽性制命"的工夫蕲向。其云:

> 性命一也,本无彼此之分,但凡不由我制者,命之运,则属于气,而自外来者也;由我制者,性之存,则属于理,而自内出者也。性命盖随理气分焉,孟子意正如此。由理之一者而言,虽耳目口鼻之欲,情或得正,亦性也。但既为耳目口鼻,则命之拘也,体常暗塞,是不可以性言于命也,故曰:"君子不谓性也。"由气之杂者而言,虽仁义礼智之行,明或不全,亦命也。但既为仁义理智则性之善也,体常虚灵,是不可以命言于性也,故曰:"君子不谓命也。"此明理欲相胜之凡,欲人尽性以制命耳。①

依据引文,季彭山将"性"归于"理"之同体,将指向于运气、命限等事项的"命"判定为"气"的范畴,至此,"性"与"命"的关系即等同于"理"与"气"的关系。季氏此说试图处理的,原则上乃是"道"体与人之命限的关系界定。当然,季氏也必然论及儒家传统范域内的"性""命"问题。比如他讲:"性皆是性善之性,命皆是天命之命,但自天为限者而言则曰命;自我为主者而言则曰性。"②这里的"命"便是与"性"体合一的"天道"。就此理路出发,季彭山以"天则"言"良知""良能",以"戒慎恐惧"道本体工夫,且因儒学的价值拳守规避佛老二氏。曾云:

> 《中庸》言"道也者,不可须臾离也"。此处功夫,正见天命之本体,故"不可"二字,非戒之之辞,亦非顺之之辞。言戒,则着意嫌于苦难,言顺,则从心恐流于欲。盖"不可"者,心之所不安处也,与道为一则安,即孟子心之所同然也,离道则不安,即孟子羞恶之心也。于不睹不闻之中,而惕然有戒慎恐惧之念,此良知良能之不能自已处,天之则也。故《中庸》言学,惟以天命之性为宗。③

---

① (明)季本:《说理会编》,《明儒学案》卷十三,第274页。
② (明)季本:《孟子私存·尽心下》,《四书私存》,第633页。
③ (明)季本:《说理会编》,《明儒学案》卷十三,第275页。

季氏认为,《中庸》要义即在"以天命之性为宗",此条直接孟子"良知"本旨,故其云"于不睹不闻之中,而惕然有戒慎恐惧之念,此良知良能之不能自已处,天之则也"。季彭山此说一方面突显了"良知"的超越义,另一方面侧重的正是宋明儒学由"诚"而论的敬慎工夫。因此,季彭山关于"不诚无物"多有发挥。尝云:"吾性之德,天下之理皆从此出。诚之所形,即是物也。故曰万物皆备于我。诚则真实无妄,全体此理矣。"①原则上讲,季氏所说得于王阳明之教,因他曾讲:"始余从阳明先师游,闻致良知之说。谓良知与良能合德,良知者,知良能也;良能者,能良知也。但心之昭明而不可昧者,惟良知为切。故专主知言,而能在其中矣!能也者,乾乾不息之诚,即其工夫也。良知曰致,致其乾乾不息之诚而已。"②建立在"诚"之工夫理论和实践理路上,季氏关于王阳明"致良知"之教体会至深处,正是其"慎独"之功、"存心"之学。其曰:"慎于独知,即致知也。慎独之功不已,即力行也。"③季彭山又云:"盖敬即戒慎不睹、恐惧不闻之功,收敛此心,反入于内,故曰存心也。义即不睹不闻中之能分别事理者,此在独知处求致其精,故曰致知也。"④依据季氏关于"慎独"和"存心"的理解,其学术理念与阳明心学工夫论极其相契。与此同时,季氏在"心""意""知""物"的问题上也谨守师旨,其云:

　　盖德之所发散在万殊,然其则不远,风有所自,非血肉之躯所能也。故指其随时应接,枢机在我者,而谓之身;言身则为达道之所起矣,身非别无一物也。故指其悬空提起,不近四旁者,而谓之心;言心则为达德之所存矣,心非别为一物也。故指其警惕之几,流行莫过者,而谓之意;言意则为不已之诚矣,意非别无一物也。故指其虚灵之地,主宰常惺者,而谓之知;言知则为本体之明矣,知非别为一物也。故指其感应之理,成象于心者,而谓之物;言物则为所明之善矣。如此则物乃实理显著,天命之本善也;善体常明,则非外物而有知矣;明体常动,则非外知而有意矣;动体常贞,则非外意而有心矣;贞体常应,则非外心而有身矣。⑤

---

① （明）季本:《孟子私存·尽心上》,《四书私存》,第596页。
② （明）季本:《龙惕书·自序》,《四书私存》,第649页。
③ （明）季本:《说理会编》,《明儒学案》卷十三,第277页。
④ （明）季本:《说理会编》,《明儒学案》卷十三,第279页。
⑤ （明）季本:《大学私存》,《四书私存》,第9页。

季彭山这里讲到的"指其感应之理,成象于心者,而谓之物",原与王阳明"心外无物"一脉相承,但较前者,其唯心倾向更为鲜明。至于他说"善体常明,则非外物而有知矣;明体常动,则非外知而有意矣",即是着重强调"良知"本体原自具备目的因和动力因,按该说法,"心""意""知""物"皆于该"善体"("明体")统合为一,而"致知"过程则趋向逆觉体证,这一体证的展开,同时又是"反性"工夫的推进。

二、罗汝芳于朱子学的看法

至于罗汝芳,其于宋儒学术传统的继承,首先和他早年对宋学典籍的研读经历、践行感触有关。近溪曾自道:

> 但某原日亦未便晓得去宗那个圣人,亦未便晓得去理会圣人身上宗旨工夫。其初只是日夜想做个好人,而科名宦业,皆不足了平生。想得无奈,却把《近思录》、《性理大全》所说工夫,信受奉行,也到忘食寝、忘死生地位。又病得无奈,却看见《传习录》说:诸儒工夫未是,始去寻求象山、慈湖等书,然于三先生所为工夫,每有窒碍,病虽小愈,终沉滞不安。①

根据引文,罗汝芳早年对程朱理学、陆王心学典籍,都有研习的经历。而在对待宋儒学问的整体态度上,罗汝芳也有融合朱、陆二氏之学的意识。

首先对于程朱治学理路,罗汝芳向有评论,其着眼处,多出于两方面考虑。一者,关乎经书典籍之学;二者,在于救人心于陷溺。近溪曾云:

> 有宋以理学称盛,三代而下未之多见。其开先自濂溪周子,嗣续而昌大之,则莫过于二程。至晦庵朱子,则世谓集周、程诸儒大成而会其全者也。……朱子之于学,余固未能悉其智巧何如也,至所为言,必先之读书,读书必先之六经,则真吾圣门之大匠也已,其功顾不宏且远耶?②

---

① (明)罗汝芳:《罗汝芳集》,第52页。
② (明)罗汝芳:《朱子要语序》,《罗汝芳集》,第450页。

罗汝芳对朱子的评价集中在两件事项上：一是赞其会全周、程诸儒之学；二则称颂朱子授人不以巧，教人治学必先读书诵经。而近溪晚年讲学对经书之学也尤其重视。其云：

> 盖今世有志讲学者，多乐从易简，谓"六经注我"，不复更去讲究；有稍知讲究者，又旧时气习已定，漫将圣贤精微之言，也同去套话解去。予弱冠亦蹈此弊，后感天不摈弃，遇人折挫一番，方才痛恨追悔，再不敢将圣贤之言轻易忽略。从是愈去探求，则愈有滋味；愈脱旧见，则愈有新得。及看人漫将经书比仿道理判断，则每为之寒心震股而不能自安。于是渐渐有个入头，亦渐渐各处通贯，乃知圣贤主宰乾坤，生化民物。只靠着数本经书，甚欲敬告同志：大家信古敏求，以莫负此生好时光也！况我明科制，原是专主经义。后生晚进，引他上得此路，则不惟身心终有下落，而目前举业亦自脱越等流数倍。①

罗汝芳以上所说，实是反思早年从简易路径求学悟道之弊，故其后叹曰信古敏求，专主经义，方能使得身心"终有下落"。至于文末又叹"我明科制，原是专主经义"，又是教人从简易气习中醒悟，遵循实学路径。严格来说，罗汝芳对待经书之学，甚至可以说对待朱学路径的谨慎态度，原则上可以成为其晚年思想转向的一则力证。仅从罗汝芳于程朱治学工夫的兼顾来讲，这一点就有别于王阳明。阳明有《示弟立志说》一篇，篇中曾云：

> 夫所谓考诸古训者，圣贤垂训莫非教人去人欲存天理之方，若五经、四书是已。吾惟欲去吾之人欲，存吾之天理，而不得其方，是以求之于此，则其展卷之际，真如饥者之于食，求饱而已；病者之于药，求愈而已；暗者之于灯，求照而已；跛者之于杖，求行而已。曾有徒事记诵讲说，以资口耳之弊哉！②

在王阳明看来，五经、四书之学不过是为证言，以作辅学之用。真正的学问并非源自典籍。阳明这里所说，和陈白沙对"专治经义"的否定是一致的。陈白沙之见可参考其诗作《题梁先生芸阁》。诗云：

---

① （明）罗汝芳：《罗汝芳集》，第 35 页。
② （明）王守仁：《示弟立志说》，《王阳明全集》卷七，第 290 页。

圣人与天本无作,六经之言天注脚。百氏区区赘疣若,汗牛充栋故可削。……读书不为章句缚,千卷万卷皆糟粕。野鸟昼啼山花落,舍西先生睡方着。①

综合白沙、阳明所说,皆是教其子弟,立志从学不在于求于圣训、典籍,而在于信"心"。因此,阳明又曾讲到:"故六经者,吾心之记籍也,而六经之实,则具于吾心,犹之产业库藏之实积,种种色色,具存于其家。其记籍者,特名状数目而已。"②很明显,王阳明以上所言,实是继承并发扬了陆象山、陈白沙等心学人士的治学工夫观。据此可知,罗汝芳作为阳明私淑弟子,其思想融合特色即体现在对程朱观点的兼顾,对陆王心学的批判接受。在该前提下,罗汝芳与阳明学诸子之间又有区别。

三、罗氏对象山思想的延伸

接下来,我们就要继续追问下去,既说罗汝芳兼顾朱、陆之学,且认同程朱经书治学的工夫观念,那么,于象山之学,罗汝芳又有何取?有关该问题的解答,可从两方面展开分析。其一,罗汝芳对象山哲学思想极为推崇;其二,罗汝芳思想理念与陆象山相关主张多有相通之处,这些相通之处又往往有别于阳明学士群其他人士向来所说。通过比较探究,不仅可对罗汝芳思想的建构问题作全新考察,同时可见陆王心学在中晚明时期的发展趋向,尤其是在江右一带。

(一)关于"通"与"无隔"

首先,我们来看罗汝芳如何对待象山治学。近溪道:

朱子注《论语》"十五志学"曰:"其所谓学,即大学也。"夫大学者,乃合家、国、天下而兼善之者也。某尝谓:此一言,我晦翁洞彻圣人心髓,摄回叔世精灵,而天下万古,始有赖藉以准的依归。彼昏而不知,漫漫以为学,草草以图功者,庶乎有省而发乎深长之思也已。其时,惟象山一人,比之晦翁,则尤为难事,盖年未十岁,即竭力覃思曰"四方上下曰

---

① （明）陈献章:《陈献章集》卷四,北京:中华书局,2008 年,第 323 页。
② （明）王守仁:《稽山书院尊经阁记》,《王阳明全集》卷七,第 283 页。

宇,往来古今曰宙","宇宙中理,皆吾性分中理;宇宙内事,皆吾职分内事","东海有圣人出,而此理同,此心同;西海有圣人出,而此理同,此心同;南海、北海有圣人出,而此理同,此心同;千古以上、千古以下有圣人出,而此理、此心亦无不同也"。①

据此,罗汝芳对陆象山的推崇,集中体现在对象山"心同"、"理同"之说的称赞。事实上,象山此说就其本质而言,乃是孔门"一贯"之旨的延伸,故其讲"心""性""才""情",也并不以分别对待。如象山云:"如吾友此言,又是枝叶。虽然,此非吾友之过,盖举世之弊,今世学者,读书只是解字,更不求血脉。且如情、性、心、才,都只是一般物事,言偶不同耳。"②正是在象山"通""同"一贯之学的启发下,近溪关于"通"也形成自身相对完备的理论诠释。罗汝芳论学对"通"之一说,曾申之曰:

> 通之时义大矣哉! 即天地变化,草木蕃,机括亦只在。是故吾人应事之际,若心志坦夷,人己不隔,即上可以代下,下亦可以代上,左右前后,相资相应,而百务井井,宇宙廓如。否则一夫向隅,虽满堂燕笑,与东风气象,何啻千里。一体君子其善通而运也哉!③

根据引文,罗汝芳对"通"之大义尤其侧重。在他的观念中,天地变化在于得"通",而"人""己"无隔,"物"归其当,宇宙廓如便是"通"的体现。至于君子能得与万物为一体,也在于"善通而运"。在此基础上,罗汝芳进一步将"通"的核心主旨和其汲取于泰州一脉的"尊身"主张相结合,提倡"通天下为一身"。如其曰:"盖学大人者,只患不晓得通天下为一身,而其本之重大如此。若晓得如此重大之本在我,则家、国、天下攒凑将来,虽狭小者,志意也著弘大;虽浮泛者,志意也著笃实;怠缓者,志意也著紧切。"④罗汝芳以"通天下为一身"重新诠解"万物有备于我",体现了思想家对于主体精神的高扬。

罗汝芳思想体系中,"通"之可能,关键在于"通"则"同"的思想路径,这一路径也正是得象山启发。朱子讲"理一分殊",陆象山讲"理同""心同",王

---

① (明)罗汝芳:《罗汝芳集》,第59页。
② (宋)陆九渊:《陆九渊集》卷三十五,北京:中华书局,2008年,第444页。
③ (明)罗汝芳:《罗汝芳集》,第369页。
④ (明)罗汝芳:《罗汝芳集》,第3页。

阳明后说"心"即"理",然无论于理学家抑或心学家都认定的事实即此"理"、此"心"是客观存在的实体,具备唯一性,而所谓"分殊",则言理之所用不同,但其体本一。在本体恒定的前提下,事事物物因此理而通,也因理通而具备"同"的必然。然如何能"通",则在于对天下之理实"同"的领悟。所谓识"同"即是要做到陆象山之悟,体认宇宙万事皆归于我而本通,天地之间心、理归一,通且同,世代相传亦是一心统摄,心同理同。陆象山此说首先肯定的,是"心"与"理"的存在具备客观现实性,结合这一客观存在的必然性,"心"即"理",而理一分殊、一体万用,因而"心"及"理"与万事万物之间,历代圣人所得之"理"之间必然"通"且"同"。正因如此,罗汝芳对陆象山十岁得此觉悟赞誉有加。

"通"具备可能性的同时,其可行性则体现在罗汝芳在陆象山"通""同"理论及其"一贯"主张的基础上,进一步发明其"通明"一说。罗氏曰:

> 吾辈为学,盖学圣也。圣者,明之通,而知者,明之实也。夫子告子路以知,是即告之以明通之圣也,乃特呼其名,以致其珍重。亦以当时在门高弟,自颜子以下,聪明只有子贡,子贡以下,勇往只有子路,皆是的确要做圣人汉子。奈缘两个途径都差,惟晓得要做圣人,而不晓得先去理会圣人之所以为圣。虽晓得从知处入圣,而不晓得理会知所以为知,是本然之知,而非闻见之知也。①

罗汝芳提及圣者明通,知者明实,即是对通明的肯定与认可。然而正如与子路、子贡一般,世人多想成为圣人。入圣的途径便是由"知"之径,也就是说得"明"方可"通"。但是得何"知"为"明"呢?此处若联系康德的"物自身"说便好理解。所谓"明",即是知得"物自身"方可称"明",又因本体恒定的缘故,得"明"一物便可触类旁通,明晓天下之理而得"通"。罗汝芳以上所说,及其关于象山理学的体认,和道家老庄关于"道通为一"的侧重极其相近。就此说,罗氏以"通明"论象山治学与道家之说同样具有一致处,因所谓"道通为一""莫若以明",皆于《齐物论》中有所见。罗氏曾云:

> 盖圣之为圣,释作通明。如周子说:"无欲则静虚动直,静虚则明,明则通。"显是主于通明也;程子说:主敬则"聪明睿智皆由此出",亦是

---

① （明）罗汝芳:《罗汝芳集》,第 17 页。

主于通明也；朱子说，"在物之表里精粗无不到，而后吾心之全体大用无不明"，亦是主于通明也，是三先生之学皆主于通明，但其理必得之功效，而其时必俟诸持久。若阳明先生之致其良知，虽是亦主于通明，然良知却即是明，不属效验；良知却原自通，又不必等待。况从良知之不虑而知，而通之圣人之不思而得；从良知之不学而能，而通之圣人之不勉而中，浑然天成，更无斧凿。①

罗汝芳对周子、程子、朱子、阳明四家之学皆以"通明"论之，王阳明之所以在罗汝芳看来更为突出，原因则在于其心学思想中对良知不虑而知，不学而能的强调。"良知"本自通明，并非人为因素而成；原本自通，也不待人尽力而通。良知本身具备主体性质，具备生发功能，原本与人相通，人一朝悟得即可入与天心无隔一体之境。这便是阳明学的超越之处。换言之，罗汝芳对王阳明的赞誉关键在于阳明对象山"通明"之道的超凡领悟。

罗汝芳对"通"的强调与其思想体系和理想世界的建构之间都具备融通性。某种程度上可以说，思想家"无隔"之境的建构必然是在得"通"的前提之下。万历十六年季秋近溪答宾兰万左史，有手书曰：

> 此道炳然宇宙，原不隔乎分尘。故人己相通，形神相入，不待言说，古今自直达也。后来见之不到，往往执诸言诠。善求者，一切放下。放下，胸目中更有何物可有耶？愿同志共无惑无惑焉！盱江七十四翁罗汝芳顿首书。②

在罗汝芳的观念中，宇宙本无隔碍，因而人己理应相通。后人之所以不识此相通之道，原因就在于各执己见，只得一端之学。若要得"通"以入"无隔"之境则需"放下"，放下支离见解，归身于万物，归心于良知，唯有如此，天人相通无隔，胸中又何来一己之意念？有的都是通透天体。需要说明的是，此处罗汝芳言："胸中更有何物？"并非是言人之意念不复存在，而是在于说明人之"意"与天之良知的无隔通一。晚明社会急剧变化的背景之下，罗汝芳所论"通"不仅具备宋明理学思想方面的承继意义，而且体现了他的超然情怀和开阔境界。

---

① （明）罗汝芳：《罗汝芳集》，第 110 页。
② （明）罗汝芳：《罗汝芳集》，第 299 页。

(二)"能己"论与象山之说

罗汝芳除对象山"通""同"思想主张极其赞同之外,其高扬主体精神的"能己"一说,也是受陆象山、程明道等人启发。在主体精神的张扬方面,罗汝芳有三方面主张,其一,学《大学》,成"大人";其二,在"信己"的前提下成就"君子"人格;其三,"能己"复礼,实现"道"的践履。我们之所以认为罗汝芳对主体精神的高举直承象山,原因在于,无论是"大人"主张,还是"君子"人格,两种理念的根本依据在于对"己"性的重新认知,而近溪"能己"观点如下文举证,实是对象山"克己复礼"训解理路的再发挥。

关于第一点,罗汝芳对《大学》有其独特理解。当有问:"《大学》传诚意、正心、修身,全不见详细指点工夫,却都只在应物之迹上形容,何也?"近溪答曰:

> 大人者,以天下为一人者也,身心即是天下国家,而家国天下即是身心。故自诚意以下,总是數衍物之本末、事之终始,又总是贯串本末原止一物,始终原止一事,浑沦联合,了无缝欠。此是《大学》之大章旨也。故其间非无工夫,但工夫自别。如身、心、意,偏要说天下国家,盖是天下国家之外,无身、心、意也;齐、治、平,偏要说诚、正、修,盖诚、正、修外,别无齐、治、平也。要之,其立言者,只是要打合,而误听泛观者,只是要打开。却不知,打合则十分简易,盖其理其机原出天然也;打开则十分艰难,盖其理其机原出臆想也。故某尝妄议,此书既名《大学》,则看之者,须要大眼孔;受之者,须要大襟怀;读之者,亦须大口气;而为之者,亦须大手段也。[1]

据此,于罗汝芳看来,《大学》的宗旨不仅在"修身"一面,还在教人以"身"为本,联属天下,成就浑沦一贯之学。故他讲"工夫",主张"打合"与"打开"辩证对待。概而言之,罗汝芳从《大学》中感悟的工夫理念——联属天下国家于一人身心处用功,以及"大手段"之作为,正是最终成就"大人"之学的关键要素。从理论渊源上讲,罗汝芳对"大人"的强调和传统儒学对"人"的界定具有相通性。不只儒学如此,老庄哲学在讲到"人"与"天"、"地"关系时也同样有曰"道大,天大,地大,王亦大"[2],老庄哲学对"人之大"的侧重,在于"人

---

① (明)罗汝芳:《罗汝芳集》,第 217 页。
② 高明:《帛书老子校注》,北京:中华书局,2012 年,第 351 页。

法天地、自然"的能动效力。本质上讲,儒道立"人"在对其"大"的侧重方面据此又有区分。在老庄哲学领域,"人"在道、天、地之后,仿效天地自然最终才能接近于"道";然儒学立"人",不仅以"人"居"三才"之中,同时提倡"万物有备于我"。逻辑思维的不同促使儒道二氏哲学思想的起点因此有别。

再来看罗汝芳对"君子"人格的关注。罗氏关于"君子"的论说,体现在诸多方面。其云"大君子所以不虚时位之隆,而建功立业,炳弈于寰区,良由其不局时位之居,而发虑潜猷,孚通乎造化焉耳"[1],云"大君子奉明命以守一郡,寄身万姓之上,而调郡宜节,俾各怡然顺,熙然安,以共完其天常,而无拂乎至性,莫先于小民之绥怀,尤莫先于才子弟之造就,然二者非可以易易而能也。故知人则哲,安民则惠"[2],是以建功立业,抚世济民论"君子"之作为。其云"君子之学,莫善于能乐,至言夫其乐之极也,莫甚于终身䜣然乐而忘天下。故孟子论古今圣贤,独以大舜之事亲当之。然自今看来,又惟是大人者不失赤子之心而已"[3],云"君子一心,备中和之理,其容貌词气之常,皆是心体流行,自观者各中其节,故言变。其实君子只是不失吾常而已,非因时而转变也"[4],则是从为学态度上,提倡"君子"之学与他人之学不同处,实体现在以赤子之心乐学忘忧上。在他以为,"君子"之行不同于他人者,也只是"不失吾常"。此"常"即是"心体流行"的随顺之道。又云"故君子之于天下也,不求平于天下,而求平于吾之一身,则学不徒学而有以为用,用不徒用而且足以善之于不穷矣"[5],则终是将"君子"之道与"修身""成己"之学相衔接。由以上可见,罗汝芳对"君子"人格的侧重涉及诸多方面,然其宗旨还是从涵养工夫层面强调主体能动性的发挥。

原则上讲,罗汝芳对"大人"之学、"君子"人格的强调,都是建立在对主体意识的高扬上,而其"能己"一说亦是如此。关于罗汝芳"能己"的主张,学界多从儒学"为己"之学说起,但事实上,罗汝芳"能己"之论又可直溯明道、象山等人的主张,其云:

> 宋时儒者,如明道说:"认得为己,何所不至。"又说:"仁者浑然与物

---

① (明)罗汝芳:《送唐纯宇藩参贵州序》,《罗汝芳集》,第 490 页。

② (明)罗汝芳:《送沈玉阳入觐序》,《罗汝芳集》,第 496 页。

③ (明)罗汝芳:《罗汝芳集》,第 159 页。

④ (明)罗汝芳:《罗汝芳集》,第 342 页。

⑤ (明)罗汝芳:《罗汝芳集》,第 354 页。

同体,义礼智信皆仁也。"似得颜子此段精神。象山解"克己复礼"作能以身复乎礼,似得孔子当时口气。①

罗汝芳所引程明道"为己"之论,可首见宋儒对"己"性的强调,原则上讲,程氏"为己"一说乃是建立在"道"与"己"一体的理念之上。《二程遗书》载云:

> 先生常论克己复礼。韩持国曰:"道上更有甚克,莫错否?"曰:"如公是言,只是说道也。克己复礼,乃所以为道也,更无别处。克己复礼之为道,亦何伤乎公之所谓道也? 如公之言,即是一人自指前一物,曰此道也。他本无所克者。若知道与己未尝相离,则若不克己复礼,何以体道? 道在己,不是与己各为一物,可跳身而入者也。克己复礼,非道而何? 至如公言,克不是道,亦是道也。实未尝离得,故曰'可离非道也',理甚分明。"又曰:"道无真无假。"曰:"既无真,又无假,却是都无物也。到底须是是者为真,不是者为假,便是道,大小大分明。"②

陆象山之前,程明道对"克己复礼"的强调由此段可得详见。明道的"为己"之论之所以引起罗汝芳的关注,还在于他是在"道"不离"己"的理论前提下,指出"为己"即是"为道",如此,"道在己"便是揭示了"克己"实在于"成己",此"克"在程伯子的理论中也不可能释作"克制"之意,必作"能""胜"之解。事实上,程明道"为己"说的理论基点,乃是以"诚敬存仁"之道实现对"克"的新解。明道又曾云:

> "忠信所以进德","终日乾乾",君子当终日对越在天也。盖上天之载,无声无臭,其体则谓之易,其用则谓之神,其命于人则谓之性,率性则谓之道,修道则谓之教。孟子去其中又发挥出浩然之气,可谓尽矣。故说神"如在其上,如在其左右",大小大事而只曰"诚之不可掩如此夫"。彻上彻下,不过如此。③

---

① (明)罗汝芳:《罗汝芳集》,第26页。
② (宋)程颢、程颐著,王孝鱼点校:《河南程氏遗书》卷第一,《二程集》,北京:中华书局,1984年,第3页。
③ (宋)程颢、程颐著,王孝鱼点校:《河南程氏遗书》卷第一,《二程集》,第4页。

> 纯于敬,则己与理一,无可克者,无可复者。①

程氏主张世人恪守"诚敬存仁"之道的过程中,便可"对越天地",至此境域,"率性"便是修道,至敬之时,"己"便非个体的存有模式,而是抽象精神的象征,是"理"的同一体,于此,"无可克者",亦"无可复者"。罗汝芳对程伯子之论的引证,正是为其"能己"一论的提出征引理论依托。

与此同时,罗汝芳这里虽对程明道、陆象山的推崇皆在于二者对主体担当意识的强调,然他实则更为赞同象山之解,认为陆氏"能以身复乎礼"之训更得孔子精神,甚至认为陆象山"能身复礼"的主张即是从"圣人教颜子'克己复礼'"的思路而来。其曰：

> 故吾辈此时不如圣人,不是形性不如圣人,只是圣人知形性之妙,肯安心定志,以反求吾身。吾人却信不过自己,更驰逐见闻,拘沉成迹,将欲模仿圣人好处,以为依归,忘却自家的根本原与圣人一般。只肯归心根本,则花蕊不愁不如圣人也。故圣人教颜子"克己复礼",象山先生解作"能身复礼",而复,即一阳初复之"复",谓用全力之能于自己身中,便天机生发而礼自中复也。②

参照引文,罗汝芳推崇象山学术的主要原因即在他们对道德实践的主体精神的强调原本相通。从根本上讲,象山训"克"为"能"自有其理论前提。这一前提便是其"自立"一说,及其"尽人道""学为人"等相关主张。象山云"初教董云息自立,收拾精神,不得闲说话,渐渐好"③,又道"人生天地间,为人自当尽人道。学者所以为学,学为人而已,非有为也"④,以上皆可作为陆象山重视人之主体能动性的明证。因对陆象山"能身复礼"理念的认同,罗汝芳关于"人身"的关注同样也在于人的践履的可能。其曰：

> 是故慈也者,吾身之所自出。因所自出而孝生,亦因所同出而弟生,是所谓与生而俱生者也。夫语天下国家,万万其人也。人则万,而

---

① (宋)程颢、程颐著,王孝鱼点校：《河南程氏粹言》卷第一,《二程集》,第 1171 页。
② (明)罗汝芳：《罗汝芳集》,第 360 页。
③ (宋)陆九渊：《陆九渊集》卷三十五,第 455 页。
④ (宋)陆九渊：《陆九渊集》卷三十五,第 470 页。

> 人必生于其身,则一也。身之生一,则孝、弟、慈一,孝、弟、慈一,则与生俱生亦一也。此所以可兼吾之身与人之身而为一物也。此所以可即吾身以统人之身,而为物之本,即人身以归吾之身,而为物之末也。①

罗汝芳这里所说正是从主体践履孝悌慈之道的担当上谈起。他讲"慈也者,吾身之所自出"乃是从人之天性秉承上讲孝悌之道的生成模式,又道"身之生一,则孝、弟、慈一,孝、弟、慈一,则与生俱生亦一也",即是就"身"对诸天性的统一整合上说。于此,对人"身"的体察,以人"身"为出发点,对德性的践履便是随身之行动处周容合一。在该前提下,罗汝芳又常论"博""约"工夫与三纲五常的"反身"践行。其云:

> 故孔门立教,其初便当信好古先,信好古先,即当敏求言行,诵其诗,读其书,又尚论其世,是则于文而学之,学而博之。学也者,心解而躬亲,去其不如帝王圣贤,以就其如帝王圣贤,固不徒口说之腾、闻见之资而已也。博也者,考古而证今,虽确守一代之典章,尤遍质百王之建置,耳目固洞浊而不遗,心思一体察而无外也。此之谓"博学于文"。然岂徒博而已哉? 博也者,将以求其约,约也者,惟以崇其体而已矣。礼者,统之则为三纲,分之则为五常,而详之则为百行。会家国天下,而反之本焉,则在吾之一身,身则必礼以修之,而纲常百行,动容周旋,必中其节文也。推此本身而联乎末焉,则通吾之家国天下,家国天下,必礼以齐治均平之,而纲常百行,道德一而风俗同也。②

罗汝芳讲"博也者,考古而证今,虽确守一代之典章,尤遍质百王之建置,耳目固洞浊而不遗,心思一体察而无外也","博也者,将以求其约,约也者,惟以崇其体而已矣",便是教人从自身出发,在做到约之于"己"的同时,兼顾博古证今的工夫。至于其后所道,实是将一切践履行动的主体归结到此身之上,促成人的自觉担当。

据上所述,罗汝芳对人"身"的关注和象山路径相近,却与泰州王心斋"明哲保身"的理论有所区别。王心斋《明哲保身论》中云:"明哲者,良知也。明哲保身者,良知良能也。所谓不虑而知,不学而能者也。人皆有之。圣人

---

① (明)罗汝芳:《送许敬庵督学陕西序》,《罗汝芳集》,第 494 页。
② (明)罗汝芳:《罗汝芳集》,第 244 页。

与我同也,知保身者,则必爱身如宝,能爱身则不敢不爱人,能爱人则人必爱我,人爱我则吾身保矣。"①王心斋以"良知"定义"明哲",所谓"明哲保身"是言"良知""良能"随身动静,不需"格致"便已浑然具备。概而言之,王心斋对"身"的关注落实在"良知"的普遍可行性层面。罗汝芳也论"身"的重要性,但根据以上分析,其理论重点却落在与"反身复礼"上。就此而论,罗汝芳思想努力与泰州立学宗旨具有不同。

第三节 罗汝芳与明代儒学

罗汝芳作为明代知识界的一分子,对其学术思想的研究,必然需要结合当时的整体背景展开探讨。一直以来,谈及近溪思想,研究者关于时代因素的考虑,多是将近溪学术的探索,放置在阳明学的视域中给予关注。然结合前编文献考述结果,罗汝芳交游人群、成学背景及其悟道经历,并不仅仅局限在阳明学领域,而其晚年思想转变涉及多方面内容。因此,我们关于罗汝芳与明代学术的研究都将考虑以上因素,试从罗氏思想理念与阳明、泰州立学的具体关联谈起,再从罗氏于白沙学的汲取,考察其关于明代儒学思想的融合意识。

一、罗汝芳与薛瑄理学

罗汝芳早年曾读薛文清语录,于嘉靖辛卯(1531)、壬辰(1532)年间,有闭关静坐以灭私意的致知经历,这一工夫路径便是遵循明初理学家薛文清的治学方法。相关事实在杨起元《明云南布政使司左参政明德夫子罗近溪先生墓志铭》、曹胤儒《罗近溪师行实》都有记载。罗汝芳对薛瑄理学的践行揭示出三方面问题:其一,薛瑄作为明初理学家,其思想理念在明中期仍然具有广泛影响力;其二,事实上,整个明代理学群体似乎都面临一个重要课题,即如何解决"私意"与"天理"的冲突,"私意"之灭需通过怎样的途径完成;其三,罗汝芳对薛瑄理学的研习并不排除前者其他理念于近溪哲学其他方面的可能启发。就前两方面展开,薛瑄理学沿袭的是程朱学格物致知的思想理路,故其有语曰:"人欲尽而天理见,如水至清而宝珠露,人欲深而天

① (明)王艮:《重刻心斋王先生语录》卷上,《续修四库全书》子部,第938册,第333页。

理昏,如水至浊而宝珠暗,此先儒之成说,但先儒以气禀言,某以人欲言。"①又曰:"心如镜,敬如磨镜,镜才磨,则尘垢去而光彩发,心才敬,则人欲消而天理明。"②从薛文清的语录中即可见其灭除人欲的基本构思,至于他又道"放下一切外物,觉得心间省事"③以及"静坐中觉有杂念者,不诚之本也,惟圣人之心,自然真一虚静,无一毫之杂念"④,实是在讲去除人欲、尽灭私意的具体工夫路径。至于对第三点的探讨或可从罗近溪、薛文清二者的思想理念的重合处发掘突破点。比如在《易》学思想层面,薛氏易学主张呈现出鲜明的宋代学术特色,其言"河图乃万数万理万象万化之源",又曾道:"《易》先天诸图,自希夷以前,皆为方士所传授,至邵子反之《易》,则知《易》之本原,实出于此。朱子诗曰'大《易》图像隐',正谓隐于异学也。"⑤与此相似,罗汝芳对先天易学同样尊崇。此外,薛瑄又有"无极"之论,曾云:"无极而太极,非有二也,以无声无臭而言,谓之无极,以极至之理而言谓之太极,无声无臭而至理具焉,故曰无极而太极。以性观之,无兆朕之可窥而至理咸具,即无极而太极也。"⑥依薛文清语,"无极"与"太极"实为一体,所谓"太极"指代"极至之理",而"无极"一说则用以形容"极至之理"本身"无声无臭"的鲜明特征,于此,"无极"成为"太极"之修饰语,该修饰语按近溪论述,便被称作"赞词"。

当然,学界目前关注的焦点,仍集中在罗汝芳青年时期依照薛文清工夫理路,静坐观心,以灭私欲的工夫体验。不可否认,该事实确可作为罗汝芳思想体系发展演变过程中的一项重要经历,然此番经历在带给罗汝芳诸多困惑的同时,也将问题推向更深远处:人欲若除不尽、灭不得,要如何安置?严格来讲,也正是这一追问为罗汝芳与泰州学脉的接触、于颜钧思想的接受提供了重要契机。

---

① (明)薛瑄:《薛文清公读书录》卷六,《丛书集成新编》第 22 册,台湾:新文丰出版公司,1985 年,第 580 页。

② (明)薛瑄:《薛子道论》上篇,《丛书集成新编》第 22 册,第 548 页。

③ (明)薛瑄:《薛文清公读书录》卷六,第 580 页。

④ (明)薛瑄:《薛文清公读书录》卷六,第 580 页。

⑤ (明)薛瑄:《薛文清公读书录》卷一,第 554 页。

⑥ (明)薛瑄:《薛子道论一卷》卷首,《丛书集成新编》第 22 册,第 545 页。

二、罗汝芳与阳明心学

对罗汝芳与阳明心学之间关联的研究,首先需要厘清罗汝芳与阳明学脉之关系,其次需要明确罗氏关于阳明学术思想的看法和评价,然后才可界定二者在本体论、工夫论等哲学观点上的具体关联。就罗汝芳与阳明学脉的关系来说,根据前文考辨分析,无论从理论层面考察,抑或从自我认知层面来说,罗汝芳并不必然作为泰州学衣钵传人,但由他八岁随父习从饶行斋,听讲阳明学,再至后来与前峰先生深隐从姑专研《传习录》,与阳明学士群的广泛接触,及其关于王阳明"良知学"诸多概念、命题的关注和回应上考虑,可以确认罗汝芳确曾参与阳明学讨论,并且在中晚明心学潮流的演进中发挥了重要作用。由此,罗氏作为王阳明"私淑弟子"或者阳明后学的身份大致可以成立。从评价意见上看,罗汝芳认为阳明《尽心》之解"极于初学助长精神,然孟夫子口气,似觉未妥"[1],此处确见在近溪子认为,阳明学有激发初学者之意志,但仍不得孟子要旨。就哲思建构角度来讲,罗汝芳又云:"若论为学,则有从觉悟者,有从实践者。阳明先生与心斋先生虽的亲师徒,然阳明多得之觉悟,心斋多得之践履。要之,觉悟透,则所行自纯;践履熟,则所知自妙,故二先生俱称贤圣。但以孔子之言仁,必先以智,孟子之言力,必先以巧,则觉悟、践履,功固不缺而序实不容紊。"[2]此处,近溪比较阳明、心斋各自为学路径,认为阳明立学得于"觉悟",心斋则直以践履承担,至于他又引孔子言"仁"的例证,便是主张先"觉悟",后"践履",两者兼顾。由罗汝芳关于王阳明等人的评价来看,其对待阳明心学的基本态度,实以批判继承为主。批判由上可见,继承则可从以下诸方面逐次展开探讨。

(一)关于歌诗论学

我们对罗汝芳于王阳明思想及其实践理念的践行的探讨,将从"歌诗论学"展开。首先需要说明的是,"歌诗"有别于传统儒学以《诗经》为主要讲论的诗学体裁。《诗》教之传统延续至清,都是教化施展的重要途径或者说是模式。然中晚明阶段,"歌诗"文体的兴起与呈现,某种程度上宣告了传统《诗》教向新兴歌教的转变。而诗与歌的区别又在前者用韵逐渐流于形式化

---

[1] (明)罗汝芳:《罗汝芳集》,第 51 页。

[2] (明)罗汝芳:《罗汝芳集》,第 219 页。

的格律规定,而后者与前者同样可有诵读之"声",然歌之胜处在于兼具词、曲关于"情"和"调"的侧重,"情"、"调"又都有"气"周运其中,故歌有畅婉、铿锵等等分别,因此更具感染力。日本学者鹤成久章在其论文《明儒的讲学活动与歌诗——以王守仁的歌法为中心》一篇中讲到:"明代书院'歌诗'活动与传统以《诗经》为中心的咏唱活动又有一些不同。如果把'圣人可学而至'这种中国近世儒家人士最为重要的人生追求看成是明代书院讲学活动的原动力的话,那么,引导童子蒙师的教化、追求圣人气象、实现自身的圣人境界的思想动力,正是使得书院的'歌诗'活动在明代书院中迅速得到了普及与推广。"①参考鹤成久章先生以上观点,"歌诗"乃是中晚明讲学活动主要的诗教形式体裁,在社会教化方面发挥着重要作用。对此,中晚明阶段的"歌诗论学"之风的生成、推广、演变就有进一步深入研讨的必要。具体来讲,"歌诗论学"实则代表明代知识分子对待传统诗教严肃且灵活的态度。有明以来,理学家、心学人士无一不在关注社会教化的问题,而在教化形式的选择上,心学人士多不赞同程朱理学人士"专主经义"的做法,在强调心体妙悟的同时,普遍将视线转向了孔孟诗教之效的发挥。故于阳明创学之前,陈白沙就曾重新界定"诗"之功用。《认真子诗集序》一篇中,陈白沙云:

> 夫道以天为至。言诣乎天曰至言,人诣乎天曰至人。必有至人,能立至言。……夫诗,小用之则小,大用之则大。可以动天地,可以感鬼神;可以和上下,可以格鸟兽;四时行焉,百物生焉;黄王帝霸之褒贬,雪月风花之品题,一而已矣。小技云乎哉?②

白沙此说明确否定了时人以"小技"命名"诗"之功用的说法,认为"诗"和于"道",便是至言。《夕惕斋诗集后序》中,陈白沙又道:"先儒君子类以小技目之,然非诗之病也。彼用之而小,此用之而大,存乎人。天道不言,四时行,百物生,焉往而非诗之妙用? 会而通之,一真自如。故能枢机造化,开阖万象,不离乎人伦日用而见鸢飞鱼跃之机。若是者,可以辅相皇极,可以左右六经,而教无琼海。小技云乎哉?"③在陈白沙认为,诗可以描述人伦日用,可

---

① [日]鹤成久章:《明儒的讲学活动与歌诗——以王守仁的歌法为中心》,张海晏、熊培军主编:《国际阳明学研究》第二卷,上海:上海古籍出版社,2012年,第244—245页。

② (明)陈献章:《陈献章集》卷一,第5页。

③ (明)陈献章:《陈献章集》卷一,第11—12页。

以形状怡然自得之机,更可发挥易俗教化之功。应该说陈白沙之说于中晚明众多思想家大有启发。其中最鲜明的体现,首先即在于知识界人士关于诗与歌诗的讨论。提及歌诗,罗汝芳文集中有相当量的歌诗内容,一直以来无从探源,依据束景南教授最新力著《王阳明佚文辑考编年》中搜辑到的阳明《九声四气歌法》等文献资料,一方面,我们可以从歌诗论学的"求乐"传统角度重新考察从王阳明到罗汝芳,中晚明理学家与文艺学者之间的交流、往来经历,另一方面,也能够发掘罗汝芳之学与泰州学脉众多平民儒者相较,其超越性所在。

王阳明与明代文艺界人士的往来经历,要从其早年和茶陵诗派、前七子之间的交游唱酬说起。束景南先生力著《王阳明佚文辑考编年》所收录阳明诸多诗文中,其中两篇即可佐证王阳明早年与茶陵诗派邵宝、乔宇等人的来往经历,分别是阳明作于弘治十三年(1500)的《时雨赋》和作于正德二年(1507)的《云龙山次乔宇韵》。前篇记:

> 二泉先生以地官正郎擢按察副使、提辖西江。于时京师方旱。民忧禾黍。先生将行,祖帐而雨,土气苏息,送者皆喜。乐山子举觞而言曰:"先生亦知时雨之功乎?群机默动,百花潜融,摧枯僵槁,萧蔚萌茸,惟草木之日茂,夫焉识其所从?"先生曰:"何知?"乐山子曰:"升降闭塞,品汇是出。……信斯雨之及时,将与先生比德而丽贤也夫!"[1]

篇中"二泉先生"即邵文庄公邵宝,字国贤,号二泉,李东阳弟子,茶陵派诗人,"乐山子"乃阳明自号。《云龙山次乔宇韵》篇中,阳明云:

> 几度舟人指石岗,东西长是客途忙。百年风物初经眼,三月烟花正向阳。芒砀汉云春寂寞,黄楼楚调晚凄凉。惟余放鹤亭前草,还与游人藉醉觞。[2]

根据束景南教授考证,王阳明中进士后,京中任职期间即同乔宇常有唱酬往来,而此篇乃二人京中别后,阳明路经徐州见乔宇诗,触景生情之作。

王阳明与茶陵诗派交游往来的同时,和前七子代表人物——李梦阳、何

---

① (明)王守仁:《时雨赋》,《王阳明佚文辑考编年》,第101—102页。
② (明)王守仁:《云龙山次乔宇韵》,《王阳明佚文辑考编年》,第236页。

景明等人又有交往,正如黄绾《阳明先生行状》中所记:

> 己未登进士,观政工部。与太原乔宇,广信汪俊,河南李梦阳、何景
> 明,姑苏顾璘、徐祯卿,山东边贡诸公,以才名争驰骋,学古诗文。①

王阳明早年与茶陵派、前七子之间的交游唱和,使得阳明文学、思想皆有浓
重的复古风格。比如前文提到的《时雨赋》一篇,阳明歌云:"激湍兮深潭,和
煦兮冱寒。雨以润兮,过淫则残。惟先生兮,实如传霖。为云为霓兮,民望
于今。吞吐奎璧兮,分天之章。驾风骑气兮,挟龙以翔。沛江帝之泽兮,载
自西方。或雨或旸,一寒一暑,随物顺成兮,吾心何与。风雨霜雪兮,孰非时
雨。"②王阳明所作正是屈体赋的创作形式。

对于王阳明早年和文学人士的交游及其创作经历,清时钱谦益在编著
《列朝诗集》中记:"先生在郎署,与李空同诸人游,刻意为词章。居夷以后,
讲道有得,遂不复措意工拙。然其后爽之气往往涌出于行墨之间。"③钱谦益
所说启发了学人三方面思考:其一,阳明文艺观转向,主要因讲学有得;其
二,因讲道而生的教化理念,促使阳明礼乐思想在文体表达上必然又有变
化;其三,阳明"居夷"之后既不以词章为重,一定意义上讲,王阳明该阶段的
文学创作和理论主张就具有浓重的道学色彩和哲学蕴涵的可能。

首先,王阳明文艺观的转向可从其《训蒙大意示教读刘伯颂等》一篇得
见。按钱德洪《阳明先生年谱》正德"十有三年戊寅(1518)"条记:"先生谓民
风不善,由于教化未明。今幸盗贼稍平,民困渐息,一应移风易俗之事,虽未
能尽举,姑且就其浅近易行者,开导训诲。即行告谕,发南、赣所属各县父老
子弟,互相戒勉,兴立社学,延师教子,歌诗习礼。出入街衢,官长至,俱叉手
拱立。先生或赞赏训诱之。久之,市民亦知冠服,朝夕歌声,达于委巷,雍雍
然渐成礼让之俗矣。"④据此得知,该篇应作于正德十三年,距离阳明"居
夷"⑤已有十年。阳明云:

---

① (明)黄绾:《阳明先生行状》,《王阳明全集》卷三十八,第1555—1556页。

② (明)王守仁:《时雨赋》,《王阳明佚文辑考编年》,第103页。

③ (清)钱谦益:《列朝诗集·丙集第四》,第2930页。

④ (明)钱德洪:《阳明先生年谱》,《王阳明全集》卷三十三,第1381页。

⑤ 此条以阳明龙场悟道的1508年起算。

古之教者,教以人伦。后世记诵词章之习起,而先王之教亡。今教童子,惟当以孝、弟、忠、信、礼、义、廉、耻为专务。其栽培涵养之方,则宜诱之歌诗,以发其志意,导之习礼以肃其威仪,讽之读书以开其知觉。今人往往以歌诗习礼为不切时务,此皆末俗庸鄙之见,乌足以知古人立教之意哉!①

此处,王阳明对词章之学的全盘否定,其思考出发点便在于,诵习词章无益先王人伦之教。在他看来,先王之教的根本在于人伦,而"孝""弟""忠""义"等伦理道德,原生于"性",与"命"无违。词章之道,多是"情"的表达和宣泄,不仅不能兴人意志,反动人心性。在此基础上,阳明引文中即提倡"栽培涵养之方,则宜诱之歌诗"。这便涉及我们要说的第二点,关于阳明礼乐思想在文体上的反映——"歌诗"的文体创作。

和时人主攻"歌诗"实践不同,王阳明在歌诗唱作方法方面也有自身理论建树。束景南教授《王阳明佚文辑考编年》中著录王阳明嘉靖四年(1525)创"九声四气歌法"。"九声"者,"曰'平'、曰'舒'、曰'折'、曰'悠'、曰'发'、曰'扬'、曰'串'、曰'叹'、曰'振'"②,"四气"者,"曰'春'、曰'夏'、曰'秋'、曰'冬'"③。为作详解,王阳明具体又创《九声半篇》《四气半篇》《九声全篇》《四气全篇》等篇目,教人唱作之法。比如依据"九声"理论,阳明将其自创歌诗演绎如下:

> 鼓鼓鼓鼓鼓金金金何平者舒○堪折名悠席平上折珍悠?金都发缘扬○当折日悠得平师折○真串。金金是串知串○佚平我舒○无折如悠○老叹,金○金惟平喜舒○放折怀悠○长平似折春悠。金○金得平志舒○当折为悠○天平下折事悠,金○金退发居扬○聊折作悠水平云折身串。金金胸串中串○一平点舒分折明悠处叹,金○金不平负舒高折天悠○不振负折人悠。金○金胸串中串○一平点舒分折明悠处叹,金○金不平负舒高折天悠○不振负折人悠。金金金。④

---

① (明)王守仁:《训蒙大意示教读刘伯颂等》,《王阳明全集》卷二,第99页。
② (明)王守仁:《四气全篇》,《王阳明佚文辑考编年》,第897页。
③ (明)王守仁:《四气全篇》,《王阳明佚文辑考编年》,第898页。
④ (明)王守仁:《九声全篇》,《王阳明佚文辑考编年》,第896页。

"九声"演绎如上,王阳明《四气半篇》又载另篇歌诗,诠释了"四气"的操作方法:

> 个春之春,口略开。个春之夏,口开。人春之秋,声在喉。心春之冬,声归丹田。有仲尼亦分作春夏秋冬,而俱有春声。自夏之春,口略开。将夏之夏,口开。闻夏之秋,声在喉。见夏之冬,声归丹田。苦遮迷亦分作春夏秋冬,而俱有夏声。而今指与真头面首二字稍续前句,末三字平分,无疾迟轻重,但要有萧条之意。声在喉,秋也,亦宜春、宜夏、宜冬。只冬之春,声归丹田,口略开。是冬之夏,声归丹田,口开。良冬之秋,声在喉。知冬之冬,声归丹田,口略开。更莫疑上四字,至冬之冬时,物闭藏剥落殆尽。此三字,一阳初动,剥而既复。故第五字声要高,以振起坤中不绝之微阳。六字、七字稍低者,阳气虽动,而发端于下,则甚微也。要得冬时不失冬声,声归丹田,冬也,亦宜春、宜夏、宜秋。天有四时,而一不用,故冬声归于丹田,而口无闭焉。[①]

王阳明"九声""四气"歌诗理论在当时产生了广泛影响。比如王畿有《华阳明伦堂会语》一篇,篇中记其语曰:

> 宋子命诸生歌诗因请问古人歌诗之意,先生曰:"……《礼记》所载'如抗如坠,如槁木贯珠',即古歌法,后世不知所养,故歌法不传。至阳明先师始发其秘,以春夏秋冬、生长收藏四义,开发收闭为按歌之节,传诸海内,学者始知古人命歌之意。先师尝云:'学者悟得此意,直歌到尧舜羲皇,只此便是学脉,无待于外求也。'"[②]

王畿以上所记不仅可见阳明"九声四气歌法"于当时学界的影响力,且可知阳明对歌诗这一唱作文体的重视及其创作初衷。无论是王畿直道"学者始知古人命歌之意",还是阳明自己所说"直歌到尧舜羲皇,只此便是学脉",都揭示了王阳明实则是欲以歌诗这一通俗唱作文体光复先儒之风、大兴移风化俗之举。接下来,我们要继续追问的是,王阳明自创"歌诗"在摆脱词章之学、标举复古旗帜的前提下,与其哲学思想具体有怎样的关联。对这一问题

---

① (明)王守仁:《四气半篇》,《王阳明佚文辑考编年》,第 895—896 页。
② (明)王畿:《华阳明伦堂会语》,《王畿集》卷七,第 160 页。

的探讨,或可从两方面展开。一者,可从阳明关于"九声""四气"歌法的说明中寻找踪迹;二者,需要从阳明思想建构中得窥其歌诗章法与思想理论之间的照应。

就王阳明"九声四气歌法"的理论诠释来看,无论是"九声"指向的"舒"、"悠"等谓,还是"四气"具体所指,某种意义上都蕴涵了思想家对周行之"气"的重视。又《四声半篇》中,阳明解"只是良知更莫疑"的唱法时,说道:"上四字,至冬之冬时,物闭藏剥落殆尽。此三字,一阳初动,剥而既复。六字、七字稍低者,阳气虽动,而发端于下,则甚微也。"①王阳明这里用"物"之"闭藏剥落"以及"一阳初动"等《易》学命题,诠释歌诗过程中声音的收放、起伏,实是以解《易》之道演绎歌诗章法。再如阳明解释"九声"运用法则时,讲到"凡声主于和顺,妙在慷慨,发舒得尽,以开释其郁结;涵泳得到,以荡涤其邪秽。"这里的"荡涤其邪秽"与阳明"心镜"理论彼此呼应。《别黄宗贤归天台序》中,王阳明提出"复此心之本体"需要"去弊与害"的主张。其言:"心犹水也,污入之而流浊;犹鉴也,垢积之而光昧。……士儒既叛孔孟之说,昧于《大学》格致之训,而徒务博乎其外,以求益于内,皆入污以求清、积垢以求明者也。"②根据阳明所说,复心之本体以致良知需要"去弊与害",就比如去镜之垢一般,而"荡涤其邪秽"是一样的道理,都是为了得识至纯至净之"良知"本体。

根据上述分析,从阳明歌诗理论篇章中,我们已经可以得见其思想理念,然再反观阳明思想的建构,不仅可见其文学主张与哲学观点的彼此照应,并且可得阳明歌诗章法的理论渊源和思想依据。比如阳明曾讲:"《韶》之九成,便是舜的一本戏子。《武》之九变,便是武王的一本戏子。圣人一生实事,俱播在乐中。"③一定意义上讲,实为他自创"九声"唱法寻找到了古先依据。换言之,延续"九成""九变"路径,阳明"九声"章法同样是欲以通俗浅易之道,实现礼乐气象。至于阳明后道"今要民俗反朴还淳,取今之戏子,将妖淫词调俱去了,只取忠臣孝子故事,使愚俗百姓人人易晓,无意中感激他良知起来,却于风化有益。然后古乐渐次可复矣"④,则是将歌诗之法的实施置于移风化俗的目的前提之下。就该层面来说,阳明在歌诗理论和演绎形

---

① (明)王守仁:《四气半篇》,《王阳明佚文辑考编年》,第896页。
② (明)王守仁:《王阳明全集》卷七,第260页。
③ (明)王守仁:《王阳明全集》卷三,第128页。
④ (明)王守仁:《王阳明全集》卷三,第128页。

式方面的逻辑出发点,实在于以"歌诗成道"践履"文以载道"的文艺观念。阳明又云:"阴阳一气也,一气屈伸而为阴阳;动静一理也,一理隐显而为动静。春夏可以为阳为动,而未尝无阴与静也;秋冬可以为阴为静,而未尝无阳与动也。春夏此不息,秋冬此不息,皆可谓之阳、谓之动也;春夏此常体,秋冬此常体,皆可谓之阴、谓之静也。自元、会、运、世、岁、月、日、时,以至刻、杪、忽、微,莫不皆然,所谓动静无端,阴阳无始,在知道者默而识之,非可以言语穷也。"①据此,阳明在"阴阳一气"及心体"动""静"等问题上,以"春夏""秋冬"四时节气探讨"阴""阳"周运、"动""静"无端等道理,正与他歌诗之法中"四气"转换彼此照应。

综上所述,针对王阳明生平经历中从文学向道学的转变,其"歌诗"作品及理论创作无论就文学场域抑或思想层面,都有重要的发掘价值。在此认知基础上,三方面问题昭然若揭:第一,王阳明弃词章,从道学,与他自身"居夷"的经历、感触有关,而其出发点便是出于实施先王"人伦"之教的考虑。从该角度来说,王阳明文艺观的转向只是在复古方式上有变,变化的根本原因在于其践履道学的意志和目的。第二,中晚明阶段知识分子讲学不足为奇,然阳明学士群之所以成为这场文化普及运动的主力军,排除其人多势众的因素,根本原因在于王阳明在"歌诗"方面的诸多开拓之举,已经为其后学日后的践履行动提供了相对完备的理论指导。第三,以上两方面启发后人,或可从歌诗角度探讨阳明后学的师承路径以及晚明心性之学的演变现状。其中第一、第二方面或通过前文分析已得见一二,然第三方面关系甚大,还有待分析。

晚明知识分子群体中,王畿作为浙中王学的重要思想家,也只是记载了阳明有"九声四气歌法"一说,并未具体论述更无从践行。相较之下,泰州一脉,以王艮为代表的阳明学人士则对其先师开创的歌诗文体,无论在实践层面抑或理论层面,都有继承、发扬之功。其《乐学歌》《次答友人》等等皆是歌诗的形式。心斋之后,作为王阳明私淑弟子,罗汝芳,严格来说,则可称得上是一位名副其实的阳明歌诗传统的继承者和践行者。王畿《书顾海阳卷》中便曾记罗汝芳关于阳明歌诗论学风格的发扬。其记曰:

> 甲子暮春,予赴宁国近溪罗侯之会,遇海阳顾子于宛陵。谈及黄山天都温泉之胜,欣然命驾,由水西抵太邑,遍观弦歌之化,信宿合并,意

---

① (明)王守仁:《答陆原静书》,《王阳明全集》卷二,第72—73页。

廓如也。①

参照王畿所记，罗汝芳会讲之前先令童子合歌的行为与阳明歌诗传统"每学量童生多寡，分为四班，每日轮一日歌诗，其余皆就席，敛容肃听"②是相一致的。而引文中提到的，于王畿听来"遍观弦歌之化，信宿合并，意廓如也"的效果，则与钱德洪《阳明先生年谱》中所言阳明歌诗讲学的盛况"久之，市民亦知冠服，朝夕歌声，达于尾巷……"③相近。除此之外，罗汝芳讲学过程中所引用的阳明言论，有些原本就出自阳明歌诗篇目。比如罗汝芳有论："尝观世人，却也有一种生来便世味淡薄、物欲轻少者，然于此一着，亦往往不悟，纵说亦往往不信。此却果如阳明先生所谓：'个个人心有仲尼，自将闻见苦遮迷也。'"④此处罗汝芳征引的诗句正是上文引证的阳明佚文《四声半篇》所演诗章。既然如此，可见罗汝芳对于阳明歌诗应该是谙熟于心的。而在其会讲过程中，近溪子对于阳明"春夏秋冬"四气歌法曾有论及并给予了相关评论。讲学中有生诵"入室先须升此堂"诗句不得和谐，乃问是否此歌诗未入阳明春夏秋冬四气歌法。罗子答曰：

> 七言八句，是唐人之诗，又谓之律诗，盖唐人作此诗，其字其句、其音韵、其平仄，如法律然，分毫差不得。此惟诗社诸人，自相传受，故其诗入律，便其歌高下，自成春夏秋冬也。至于讲学诸儒，则止以诗咏学，而其律少谙，间或于春夏秋冬之调难合尔。⑤

这里众人所咏的"入室先须升此堂"诗句出自王艮《次答友人》："入室先须升此堂，圣贤学术岂多方？念头动处须当谨，举足之间不可忘。莫因简易成疏略，务尽精微入细详。孝弟家邦真可乐，通乎天下路头长。"⑥按照唐诗用律，此诗平仄自然是不合规则的。如罗汝芳言，如讲学诸儒一味"以诗咏学，而其律少谙"那么自然与"于春夏秋冬之调难合尔"。那么为何又说该歌诗"自

---

① （明）王畿：《王畿集》卷十六，第475页。
② （明）王守仁：《王阳明全集》卷二，第101页。
③ （明）钱德洪：《阳明先生年谱》，《王阳明全集》卷三十三，第1381页。
④ （明）罗汝芳：《罗汝芳集》，第75页。
⑤ （明）罗汝芳：《罗汝芳集》，第219页。
⑥ （明）王艮：《王心斋全集》卷四，台北：广文书局，2012年，第121—122页。

成春夏秋冬也"？之前罗汝芳即已讲："此惟诗社诸人，自相传受，故其诗入律，便其歌高下。"由此可见，该诗所用之律不是唐律而应是作为阳明学脉"自相传受"的"春夏秋冬四气歌诗法"。

与王阳明一样作为中晚明极具社会担当意识和哲学思考的思想家，罗汝芳歌诗过程的重点仍在论学。比如童子歌诗之前有请其先教之，罗子即曰：

> 是皆所以教我者也，诸英俊其知之乎！夫教且学，以明人伦而已。明有二义，如讲求以致其精，则明白之明也；秩叙以尽其分，则明显之明也。今一堂之中，或坐或听，或立或诵，坐者又辨上下前后，诵者又互相唱和，疾徐中节，则父子叔侄、兄弟宾朋，昭然若发蒙矣。其为明白显设，不亦多乎！其为敦睦恭敬，不亦至乎！[1]

罗汝芳见讲堂童子歌诗，雍肃可爱，则顾谓仕途诸君曰："天下之善，贵在扩充。吾人能因一念忻喜诸生之心，推之必欲其由壮而老，以无异今日，又推之必欲四海九州，以无异一堂，则教化兴，风俗美，其容顷刻怠缓耶！"[2]在歌诗中，罗汝芳随即讲出了"扩充善端"的重要性。又当近溪命众人静坐歌诗，歌及"万紫千红总是春"之句，罗子因怃然叹曰："诸君知红紫之皆春，则知赤子之皆知能矣。盖天之春，见于花草之间，而人之性，见于视听之际。今试抱赤子而弄之，人从左呼则目即盼左，人从右呼则目即盼右，其耳盖无时无处而不听，其目盖无时无处而不盼，其听其盼，盖无时无处而不展转，则岂非无时无处，而无所不知能也哉！"[3]此处，罗汝芳在评诗论学的过程中又教人反观赤子之心的无所不知、无所不能。

由上述内容可知罗汝芳于歌诗论学方面是一位名副其实的践行者。既得阳明歌诗传承，那么罗汝芳思想体系中有众多理论内容与阳明歌诗不无关系。阳明歌诗中有对"一阳来复"说的强调，罗氏思想体系中也曾对"一阳之气"进行反复阐发。相较于阳明之说的玄远，罗近溪在其"一阳之气"论说中极为明确地肯定了良知天体与人双方的实体性和主体性。如门生问："如何是天下归仁？"罗子答曰：

---

① （明）罗汝芳：《罗汝芳集》，第 369 页。
② （明）罗汝芳：《罗汝芳集》，第 367 页。
③ （明）罗汝芳：《罗汝芳集》，第 116 页。

一阳之气虽微，而天地万物生机皆从是发。此礼之复，虽在一己，而阳和发育，天下万世，又岂有一人不生化者哉？观之古今人人皆学颜子之学，则古今人人皆归颜子一复礼中矣；古今人人皆归于一复礼之中，则吾辈愿作圣人，又何必求于一己之形性外耶？①

在上述描述中，罗汝芳将"天下归仁"的状态理解为"一阳之气虽微，而天地万物生机皆从是发"。从此则可看出，近溪将良知之"仁"具体化"一阳之气"。宇宙间因此"一阳之气"之流行、生化从而充满活泼生机。近溪不仅将良知之"仁"比拟为"一阳之气"而且说"人人能仁，是乾乎乾而机自不息，性乎性而生恶已。"②于此即是肯定了人的主体能动性。后说"盖一阳元气，从地中复，所谓由乎己，黄中通理，正位居体也"便是认定了"一阳之气"不仅作为实体存在，而且本身生发"由乎己"，同样具备主体性质。双方主体性的既成事实保证了致良知则可"复其见天地之心"的终极理想。

与此同时，罗汝芳论《易》时也强调学必从"乾"、"复"着手。《复》是一阳之初动，可视为乾元之始，所以《盱坛直诠》上卷中，近溪有言："《复》在六十四卦岂不是第一最善者哉？"罗氏对《复》卦的重视，关键因素在于该卦与动态的"生生之化"直接相关。《象》谓之"复，其见天地之心乎"，所谓的"天地之心"即指天地间蓬勃充盈的生命力。近溪注重生生之论，因此说"非复无以见天地之易"③，又说："盖复是阳德，阳则生活而乐在其中，阳则光明而知在其中。"④作为王阳明重要私淑弟子之一，罗汝芳讲到"克己复礼"的路径时，同样用"复"卦来解释。他说："盖天与人原浑然同体，其命之流行即己性生生处，己性生生即天命流行处。但一顾则是得须臾难离，惕然惊醒……即是火之始燃，而一阳之气从地中复也。地中即所谓之黄中，中而通者乾阳之光明，知之所始也。乾知太始处便名曰复。复也者，即子心顿觉开明，所谓复以资质者也。子心既自知开明，又自见光辉愈加发越，则目便分外清朗，耳便分外虚通，应对便分外条畅，手足便分外轻快，即名中通而理。所谓天视自己视天听自己听，己身代天工己口代天言也。"⑤如周群先生所言："在他

<hr>

① （明）罗汝芳：《罗汝芳集》，第 360 页。
② （明）罗汝芳：《罗汝芳集》，第 324 页。
③ （明）罗汝芳：《罗汝芳集》，第 28 页。
④ （明）罗汝芳：《罗汝芳集》，第 192 页。
⑤ （明）罗汝芳：《罗汝芳集》，第 156 页。

(罗汝芳)看来,克己复礼是由《易经》之复卦起始之一阳而发端,一阳从地中复起,为一切万物滋生之始,在个人则是天命之性之始萌。"①由此说即可知近溪论人性主体的前提是肯定良知天体作为"一阳之气"的主体性质。通过对罗汝芳于"一阳之气"的阐发的分析,可见其学与阳明学之间的传承关系,同时也可见近溪哲学的真正脉络所在。

综上所述,从阳明《九声四气歌法》到近溪之学,二者之间具备密切关联。这种联系严格上说,乃是从哲学思想到文艺观念的全面呈现。明儒中,王艮也曾作《孝弟箴》宣讲孝悌道德,王襞有作《歌修齐》宣扬适合平民大众的简易哲理,然与以上两位平民儒者不同的是,罗近溪更得阳明歌诗论道的真精神。之所以作此般论说,正是因为通过前文分析,我们觉察到歌诗对于罗汝芳而言,不仅是宣扬教化的手段,更重要的是歌诗中体现的思想线索直接反映了罗汝芳对阳明思想的汲取和拓展。

(二)关于"有""无"之辩

关于罗汝芳学术主张与阳明学之间的关联,除了可从他对于阳明本人思想理念的继承及践行展开分析之外,还可从近溪和阳明高足之间的学术交流活动进行分析,于此,又可见二者之分别。而谈到罗汝芳和阳明直系弟子之间的交流,最广为人知的便是近溪与邹东廓的一次关于"有""无"的讨论。该次会面,邹东廓对近溪子十年得一"无"字的领悟并不予认可。不认可的原因,是我们接下来要重点探讨的问题。

首先,罗汝芳缘何答"无"?根据前面的文献考证,罗汝芳与邹东廓诸老会面讨论的时间,乃是在其入京参加廷试之前十年游历期间。结合罗汝芳十年前后的游学经历来看,近溪得悟"无"字一理,可从以下几个方面予以总结:前后十年,近溪于三教之学皆有汲取之努力,未曾排斥任何一方,此是以"无他"为念;研习宋儒周、程之书,立"大学"之道、"大人"之志,便是以"无我"为宗;师从山农"制欲非体仁"之旨,方晓圣学原本"无束"人性,天性自发自足之义;至于学易胡子宗正,又是知伏羲未画前之《易》学宗旨,即得"无极"一理;壬子年间忽悟"格物"之说,从《大学》"至善"推演于孝、弟、慈为天生明德之论,便是得儒教"一贯""无隔"之真精神。进一步讲,即使排除早年悟道的经历,罗汝芳在晚年也始终对"无"有所持守,这又和他论治学工夫之入门途径更具有极大关联。《明德夫子临行别言》载近溪晚年谈入悟方法时曾曰:

---

① 参见许苏民编:《明清思想文化变迁》,第120页。

有从有而入于无者，则渐向玄虚，其妙用愈深，则去人事日远，甚至终身不肯回头一看，自谓受用无穷也；有从无而入有者，则渐次浑融，其操持愈久，则其天机愈显，所谓经纶天下之大经，立天下之大本，知天地之化育也。此个关头，圣狂由分，汝当早鉴而择之。①

罗汝芳既说"从有而入于无者，则渐向玄虚"且"去人事日远"便是暗指自己的治学途径更倾向于"从无而入有者，则渐次浑融"。然当弟子詹养贞问三教之别时，罗氏答："无而无，始堕于偏空；有而无，适得乎中正。"②此处的"有""无"问题则不仅关涉治学工夫，并且也涉及儒释道三家立教之本的问题。所谓"无而无"是说佛道二氏终以"虚无"为本，而儒学则是以"实有"立足。又有其孙怀智曾问儒与二氏之别，罗汝芳再以与"有""无"问题息息相关的"虚寂"一说给以回应："吾心原自虚寂，原自感应。二氏知虚寂而废感应，世人逐感应而忽虚寂。惟吾儒自虚静中感应，故不逐物；在感应里虚寂，故不落空。"③近溪既说"吾儒自虚静中感应"，"不逐物"且"不落空"便是再次强调了儒教正脉应是遵循"由无入有"之法，而终归宗于"实有"。经上述分析可知，罗汝芳一生论学无论从其工夫路径抑或是其思想立足基点都与其"有""无"之论相关，而其治学宗旨便是尊儒教实有之本，以"由无入有"为路径，致力于"践履"之学。

至于邹东廓为何否认罗汝芳"无"字之论，一方面需要结合阳明学思想宗旨去说，另一方面则有必要从邹东廓思想的发展和演变来考虑。就前者而言，王阳明思想宗旨的确立可由"天泉证道"得知，此番证道乃是阳明学历史上关于"有""无"之说最为关键的一场讨论。学界向以钱德洪之记为准的，然同作为阳明高足，钱德洪与王龙溪、邹守益、聂双江等人文集记录阳明所说实则有别。《王畿集》载阳明语曰：

吾教法原有此两种：四无之说，为上根人立教；四有之说，为中根以下人立教。上根之人，悟得无善无恶心体，便从无处立根基，意与知、物，皆从无生，一了百当，即本体便是工夫，易简直截，更无剩欠，顿悟之学也。中根以下之人，未尝悟得本体，未免在有善有恶上立根基，心与

---

① （明）罗汝芳：《罗汝芳集》，第 302 页。
② （明）罗汝芳：《罗汝芳集》，第 390—391 页。
③ （明）罗汝芳：《罗汝芳集》，第 303 页。

知、物,皆从有生,须用为善去恶工夫,随处对治,使之渐渐入悟,从有以归于无,复还本体,及其成功一也。世间上根人不易得,只得就中根以下人立教,通此一路。汝中所见,是接上根人教法;德洪所见,是接中根以下人教法。汝中所见,我久欲发,恐人信不及,徒增躐等之病,故含蓄到今。此是传心秘藏,颜子、明道所不敢言者。今既已说破,亦是天机该发泄时,岂容复秘?然此中不可执着。若执四无之见,不通得众人之意,只好接上根人,中根以下人无从接授。若执四有之见,认定意是有善有恶的,只好接中根以下人,上根人亦无从接授。但吾人凡心未了,虽已得悟,不妨随时用渐修工夫。不如此,不足以超凡入圣,所谓上乘兼修中下也。汝中此意,正好保任,不宜轻以示人,概而言之,反成漏泄。德洪却须进此一格,始为玄通。德洪资性沉毅,汝中资性明朗,故其所得,亦各因其所近。若能互相取益,使吾教法上下皆通,始为善学耳。①

根据王龙溪、钱德洪二人关于"四有""四无"问题的讨论,以及阳明夫子给出的答复,三则事实昭然若揭:其一,王阳明一生思想的总结,并非向来认定的钱德洪宣讲的"四句教",而是经阳明最终修订之后的"八句教",这八句概括钱、王所说,便可整理为:"心是无善无恶之心,意是无善无恶之意,知是无善无恶之知,物是无善无恶之物;至善无恶心之体,有善有恶意之动,知善知恶是良知,为善去恶是格物。"实际上,天泉证道之后,王阳明并没有如钱德洪所记的那般,执意秉持"四句教"立学,而多将"四有""四无"兼顾论之。《与邹谦之书》一文中,阳明曾讲:"故区区专说致良知,随时就事上致其良知,便是格物;着实去致良知,便是诚意;着实致其良知,而无一毫意、必、固、我,便是正心。着实致良知,则自无忘之病;无一毫意、必、固、我,则自无助之病。故说格、致、诚、正,则不必更说个忘、助。"②根据束景南教授考证,王阳明该文作于嘉靖七年,此时阳明说法可以定论对待。王阳明这里说"着实去致良知,便是诚意",原则上即是"四有"的路数,讲"无一毫意、必、固、我,便是正心",即是以"意"无善、恶的"正心"观点,即是"四无"理路。王阳明"诚意""正心"兼论,实是"八句教"的理论阐释。这一兼而论之的主张在王龙溪那里得到了全面继承和发挥。由此可说,龙溪"四无"观点可作为本次论辩的

---

① (明)王畿:《天泉证道纪》,《王畿集》卷一,第2页。
② (明)王守仁:《与邹谦之书》,《王阳明佚文辑考编年》,第1007页。

结果,其真实宣讲的实是阳明"八句教"宗旨。在此前提下,龙溪工夫论就同时兼具"境界工夫"与"本体工夫"①两种面向。与此同时,阳明学"四有"与"四无"之论,学界多以阳明"四句教"与龙溪"四无说"作为论定"有""无"的参照。这里尚存在一个问题,如果"四有""四无"之争仅仅局限在"意"之有无"善""恶"的事项上,王阳明在阐述过程中便无需针对中根以下之人治学要领云及"未尝悟得本体,未免在有善有恶上立根基,心与知物,皆从有生"②。阳明既有此说,"四有"便不同于其原有提及的"四句教",而应为"有善有恶心之体,有善有恶意之动,知善知恶是良知,为善去恶是格物",这里的"有善有恶心之体"即可理解为"心"体"至善"之说。与此同时,钱氏所记与龙溪所记有一处是极为一致的,即阳明分别针对"上根人""中根以下之人"提出顿、渐两种修为途径,且教两位高足融摄彼此主张,那么嘉靖六年,阳明最终的立教宗旨实则是"八句教"。这一推理结果关系重大。首先,"八句教"一旦成立,钱德洪所云及其关于阳明生平、思想的载录和论断皆有质疑的必要。其次,钱德洪作为阳明高足,其所言不确的原因值得进一步探究。

事实上,阳明弟子中云及"天泉证道",且提到阳明学宗旨之争的不只钱德洪、王龙溪二人。邹守益载钱、王二氏之辩也有异于钱德洪所记。邹氏云:

> 阳明夫子之平两广也,钱、王二子送于富阳。夫子曰:"予别矣,盍各言所学?"德洪对曰:"至善无恶者心,有善有恶者意,知善知恶是良知,为善去恶是格物。"畿对曰:"心无善而无恶,意无善而无恶,知无善而无恶,物无善而无恶。"夫子笑曰:"洪甫须识汝中本体,汝中须识洪甫工夫。二子打并为一,不失吾传矣。"③

邹东廓记钱德洪语和钱氏自身所云就有不同,按邹氏载,钱德洪与王阳明对话之始并非"四句教"之说,却以"至善无恶者心"为端的,这便是"四有"之"有"的首句指向。且按东廓记录,阳明后云"二子打并为一,不失吾传"便也是"八句教"的明证。此外,聂豹在《答王龙溪》一篇中,也曾载:

---

① 此处"本体工夫"特有所指,笔者于本书第七章第五节将详细论述。
② 此条参见王畿《天泉证道纪》所记,见《王畿集》卷一,第2页。
③ (明)邹守益:《青原赠处》,《邹守益集》卷三,第103页。

> 龙溪云：《大学》全功,只在"止至善"一语。止至善之则,只在"致知"二字,而格物者,致知之功也。先师教人,尝曰："至善无恶是心之体,有善有恶是意之动,知善知恶是良知,为善去恶是格物。"盖缘学者根器不同,故用功有难易。①

聂豹记王畿此处既有云及先师(阳明)曾道"至善无恶是心之体,有善有恶是意之动,知善知恶是良知,为善去恶是格物",即揭示阳明确有"四有"之说。与此同时,龙溪又曾以"良知无是无非"为师门密旨,又有暗指阳明也有"四无"之说。其曾记曰：

> 先师家居,四方从者云集。公(刘半洲)往浙二三年,听讲之暇,日夜坐小楼,证悟所闻。予相与聚处,有交修之助焉。公叹曰："'良知即是独知时',此师门宗旨。"予曰："独知无有不良。良知者,善知也。'可欲之谓善',有诸己方谓之信。信者,信良知也。"公颔之曰："良知知是知非。"予激之曰："良知无是无非。"未达,予曰："是非者,善恶之几、分别之端。知是知非,所谓规矩也;忘规矩而得其巧,虽有分别而不起分别之想,所谓悟也。其机原于一念之微,此性命之根、无为之灵体,师门密旨也。"②

王龙溪否定刘半洲以"独知"之说论讲师门宗旨,又排斥其"良知知是知非"之论,且不以善、恶论"良知",主张"良知无是无非",此便是"四无"之论的另说。结合龙溪以上诸说,一则事实昭然若明："四有""四无"二说,王阳明皆有论及,结合阳明嘉靖六年所下论断,王门"八句教"确为定论。

现在需要继续追问的是,钱德洪弃置阳明"八句教"的缘由何在?首先,"八句教"分别指向"上根人"与"中根以下之人",并且大肆引入佛氏"顿""渐"诸说,这便有法华判教的倾向。或出于护师的考虑,钱氏向来坚持其所谓的阳明真传之"四句教"宗旨。事实上,在王龙溪的理论拓展中,阳明诸说确有更近禅氏的倾向。龙溪云：

> 天泉证道大意,原是先师立教本旨,随人根器上下,有悟有修。良

---

① (明)聂豹:《答王龙溪》,《聂豹集》卷十一,南京:凤凰出版社,2007年,第405页。
② (明)王畿:《半洲刘公墓表》,《王畿集》卷二十,第640—641页。

知是彻上下真种子，智虽顿悟，行则渐修。譬如善才在文殊会下得根本知，所谓顿也；在普贤行门参德云五十三善知识，尽差别智，以表所悟之实际，所谓渐也。此学全在悟，悟门不开，无以征学。然悟不可以言思期必有得。悟有顿渐，修亦有顿渐。着一渐字，固是放宽；着一顿字，亦是期必。放宽便近于忘，期必又近于助。要之，旨任识神作用，有作有止，有任有灭，方是师门真血脉络。①

顿渐之别，亦概言之耳。顿渐一机，虚实之辨，乾坤一道，刚柔之节也。理乘顿悟，事属渐修。悟以启修，修以征悟。根有利顿，故法有顿渐。要之，顿亦由渐而入，所谓上智渐修中下也。真修之人，乃有真悟，用功不密而遽云顿悟者，皆堕情识，非真修也。孔子自叙十五而志学，是即所谓不逾矩之学。犹造衡即是权始，矩者良知之天则也。自志学驯至于从心，只是志到熟处，非有二也。权不离经，自始学以至用权，只是经到化处，非有二也。孔子之学，自理观之，谓之顿可也，自事观之，谓之渐亦可也。此终身经历之次第，学道之榜样也。②

参照龙溪以上所说，王门"八句教"与佛氏融摄更为鲜明。然若按钱德洪定案，则可挽回此种形势。钱德洪虽持"心"体至善之说，然他认同阳明"无善无恶心之体"实是就"知"的主宰义上讲，然就其感应是非之能来说，则必有善恶之显露，而"意"正是感应的体现，自然也有善恶之分，与之相应地，"物"被"意"感知，为"知"判准，当然也有善恶之别。其曰：

心之本体，纯粹无杂，至善也。良知者，至善之著察也。良知即至善也。心无体，以知为体，无知即无心也。知无体，以感应之是非为体，无是非即无知也。意也者，以言乎其感应也；物也者，以言乎其感应之事也；而知则主宰乎事物是非之则也。意有动静，此知之体不因意之动静有明暗也；物有去来，此知之体不因物之去来为有无也。③

据此，钱德洪真正执守的乃是阳明"四有"之论。并在此基础上展开其"诚意"工夫论。钱氏云："吾师接初见之士，必借《学》《庸》首章以指示圣学之全

---

① （明）王畿：《答程方峰》，《王畿集》卷十二，第311页。
② （明）王畿：《渐庵说》，《王畿集》卷十七，第500—501页。
③ 钱明编校：《钱德洪语录诗文辑佚》，《徐爱钱德洪董沄集》，第124页。

功,使知从人之路。"①王阳明确有对《学》《庸》宗旨的界定,曾云:"《大学》之要,诚意而已矣。……是故至善也者,心者本体也,动而后有不善,而本体之知,未尝不知也。意者,其动也;物者,其事也。至其本体之知,而动无不善,然非即其事而格之,则亦无以致其知。故致知者,诚意之本也;格物者,致知之实也。物格则知致意诚,而有以复其本体,是之谓止至善。圣人惧人之求之于外也,而反复其辞,旧本析而圣人之意亡矣。"②又云:"诚意只是慎独工夫,在格物上用,犹《中庸》之'戒惧'也。君子小人之分,只是能诚意与不能诚意。"③于此,王阳明正是以"诚意"贯通了《学》《庸》等经典的学术要义。得先师言论辅正,和王龙溪侧重"灭意"相较,钱德洪则将理论重心落实在"诚意"面向上。又云:"学者稍见本体,即好为径超顿悟之说,无复有省身克己之功。谓'一见本体,超圣可以跂足',视师门诚意格物、为善去恶之旨皆相鄙以为第二义。简略事为,言行无顾,甚者荡灭礼教,犹自以为得圣门之最上乘。噫,亦已过矣! 自便径约,而不知已沦入佛氏寂灭之教,莫之觉也。古人立言,不过为学者示下学之功,而上达之机,待人自悟而有得,言语知解,非所及也。"④按钱氏以上所说,其夺阳明原意,强以"四有"为内涵的"四句教"作为王门立教定论的原因之二便与自身"四有"主张相关。

以上事实揭开之后,相关研究也可另辟蹊径。据此,嘉靖丁未年间,罗汝芳第一次面见邹守益,以"无"字总结十年游历所得,被邹东廓一语否定,那么罗子的路径便是以上根人的寻悟路径为根本,又根据其晚年对"由无而入有"理路的充分阐发,罗汝芳对"由有而入无"工夫的明确否定,更证其于工夫论层面的"上根人"立场。该立场较之阳明主张更为激进。与之相应地,邹守益对罗汝芳"无"字一说的否认,无论在存有论层面,抑或于工夫论视域,都代表邹氏本人的朱子学立场或者说是王阳明"四有"主张。

关于邹东廓的学术立场,历来众说纷纭。沈佳《邹守益言行录》记其:"己卯,就执文成于虔台。文成曰:'独,即所谓良知也。慎独者,所以致其良知也。戒谨恐惧,所以慎其独也。《大学》《中庸》之旨一也。'东廓豁然悟。"⑤按沈佳记载,邹东廓受教于阳明的,正是"独知"的实体性定位和"戒慎恐惧"

---

① (明)钱德洪:《大学问序跋》,《徐爱钱德洪董沄集》,第198页。
② (明)王守仁:《大学古本傍释序》,《王阳明佚文辑考编年》,第732页。
③ (明)王守仁:《定本大学古本傍释》,《王阳明佚文辑考编年》,第734页。
④ (明)钱德洪:《大学问序跋》,《徐爱钱德洪董沄集》,第199页。
⑤ (明)邹守益:《邹守益集》卷二七,第1396页。

的工夫论选择。此外,刘宗周亦谓东廓"以独知为良知,以戒惧慎独为良知之功"①,黄宗羲则追随师说,将邹东廓的戒惧说、罗念庵的主静论一同视为阳明学正传,且尤推东廓之学。其云:"阳明之没,不失其传者,不得不以先生为宗子也。"②综合前人的评述,我们大致可以认为邹东廓之学是有强烈的"矩矱"设置意识的。这一"矩矱"不仅体现在其戒惧工夫论说上,并且体现在对"良知"之体用层面,即认为"良知"应有"矩",也应设"矩"。这里的"矩"便可理解为"格则",理解为"理"的规范。又据《炯然亭记》载东廓语"圣门之学,以不逾矩为极功"③,即知思想家原是在强调"矩矱"之重要性。在东廓看来,阳明所谓的"良知"虽可与圣合德,可谓大矣,然不出"絜矩"之外。概言之,东廓在《炯然亭记》里的言论,一方面强调了"良知"的广大,另一方面则重申了圣学"矩矱"之重。故其于文后再叹朱子之学的敬慎之道,言曰:"勖哉,朱君!传而习之,夙兴夜寐,式克弘于遗训,则出门如宾,承事如祭,立参于前,舆倚于衡,是炯然者,将无待于亭而得之矣。"④正是在"有矩"的理念之下,邹守益的圣学之路始终以儒学敬惧之道为学术立足点,中正而不曾逾"矩"。与之相较,罗汝芳则更着力于"良知"之用,故言"良知"在于"能好""能乐"。其曰:"此个东西本来神妙,不以修炼而增亦不以不修炼而减。其最先下手,只在自己能悟,悟后又在自己能好能乐,至于天下更无以尚则打成一片,而形神俱妙与道合真矣。"⑤比较邹、罗二人以上言论及主张,邹东廓关于阳明学"矩"的意识的秉承,乃是继承王阳明"四有"进路而来,更明确地讲,邹守益的哲学努力实在强调"良知"得"致"的工夫过程,而非其存有形态的先验性、绝对性。与邹氏观点不同,罗汝芳以"无"一概自身所学,则是就本体周行妙用而论,更倾向于一种境界哲学的表达。

(三)"研几"理念与"心"体之论

如果说以上两方面内容,包括歌诗论学、"有""无"之辩,罗汝芳都有汲取阳明心学思想并予以发挥拓展的表现,同时在论"研几"工夫层面,近溪子则有融合朱、王学术理念的倾向。"研几"一说从源头上讲,儒、道二家对此

---

① (清)黄宗羲:《明儒学案》卷首《师说》,第8页。
② (清)黄宗羲:《明儒学案》卷十六《邹东廓本传》,第334页。
③ (明)邹守益:《邹守益集》卷六,第326页。
④ (明)邹守益:《邹守益集》卷六,第326页。
⑤ (明)罗汝芳:《罗汝芳集》,第69页。

都有深入探讨。其中,老庄论"几"与"道"之实存、"象"之现形、"物"之化生紧密相关,然其着重点则集中在对抽象存在的探讨上。《道德经》第二十一章,老子言:"道之为物,惟恍惟惚。惚兮恍兮,其中有象。恍兮惚兮,其中有物。"①这里虽没有明确提及"几"字一语,然却形象描述了作为本体的"道"的存在模式,这一模式,老子以"恍兮惚兮"定论。"恍惚"之间几微显现,"象"因此得显,"物"由此而生。老子的上述观点在庄子哲学体系中被全面接受并得到一定程度的拓展发挥。《庄子·至乐》载:"至乐活身,唯无为几存。"②又载:"天无为以之清,地无为以之宁,故两无为相合,万物皆化。芒乎芴乎,而无从出乎!芴乎芒乎,而无有象乎!万物职职,皆从无为殖。故曰:'天地无为也,而无不为也。'人也,孰能得无为哉!"③庄子此处所谓"唯无为几存"则是进一步诠释了"几"之于"道"二者在存在形态上的一致性,至于其后言天地无为、物象生生之论是说"道"之孕生万物在无形无臭之间,与之相应的,是人的理想生存状态便是顺应天地之道,顺其自然之理。

与老庄之论相较,儒学言"几"则突破了道家于本体范畴内的相关探索而更多关系到认知、工夫诸说。《系辞》载孔子语曰:"知几其神乎?君子上交不谄,下交不渎,其知几乎。几者,动之微,吉之先见者也。君子见几而作,不俟终日。"④孔子讲"知几"便是识得动静"几微"之神运,又说"见几而作"即是教人在天道端倪的引导下谨言慎行。孔子"知几"之论在宋明理学学术体系中得到广泛引用和进一步地释解,因而在其各自思想中占据重要分量。周敦颐《通书》中有曰:"寂然不动者,诚也。感而遂通者,神也。动而未形,有无之间者,几也。诚精故明,神应故妙,几微故幽。诚、神、几,曰圣人。"⑤邵雍《冬至吟》载:"何者谓之几,天根理极微。今年初尽处,明日未来时。此际易得意,其间难下辞。人能知此意,何事不能知。"⑥依据周、邵所言,"几"现乎"动而未形,有无之间",存于"今年初尽处,明日未来时",如此说,"几"之存在实是"理"之妙运极微处,是天道幽隐之偶露端倪。与周、邵二者对"几"的存有论关注,朱熹在遵从孔子"知几"路数的前提下,明确将问

① 高明:《帛书老子校注》,第 328 页。
② (清)王先谦、刘武:《庄子集解庄子集解内篇补正》,北京:中华书局,2011 年,第 150 页。
③ (清)王先谦、刘武:《庄子集解庄子集解内篇补正》,第 150 页。
④ (宋)朱熹:《周易本义》,南京:凤凰出版社,2011 年,第 89 页。
⑤ (宋)周敦颐:《周子通书》,上海:上海古籍出版社,2000 年,第 33 页。
⑥ (宋)邵雍:《邵雍集》,北京:中华书局,2010 年,第 472 页。

题转引至"研几"的认知论层面。从认识论层面出发，人对自然的掌握，对遥远未来发生事情的预知并不能全部依赖直观、体验，在认知向前推进的过程中必然需要推理，于渐进展开的推理和判断中逐步形成对事物的认知。在此理念下，朱子的"研几"理论与认知学思想密切相关。《周易·系辞》载："夫《易》，圣人之所以极深而研几也。唯深也，故能通天下之志；唯几也，故能成天下之务；唯神也，故不疾而速，不行而至。"①朱子注曰："研，犹审也。几，微也。所以极深者，至精也；所以研几者，至变也。"又注："所以通志而成务者，神之所为也。"②《系辞》论"几"重其"道"之幽微，论"研几"强调对"几"的研知工夫关系体认天下万理之根本，然朱熹在注解中将"研几"与"至变"相论则是认为"研几"之目的在于通达天地变化之道，预知万物变幻之理。与宋儒的关注视角不尽相同，明代阳明学学者关于"研几"之学的主张则在各自本体认知的基础上将侧重点进一步推展到工夫论层面。在此基础上，对罗汝芳"研几"理论的探讨，就需要兼顾考察其同时代的理学家、心学人士在该问题上相关主张，在比较研究中发掘近溪学术观点的独特性。分析来看，罗汝芳论"研几"，既有对前人理念的扬弃，又有对后来学者的启发之功。罗氏"研几"理论的提出，与其论《易》主张相关。因其往往于讲《易》过程中着重阐释"几"之内涵与"研几"之意义。其曰：

> 吾身只是个神气，气则有呼有吸，呼则温，即复也；吸则冷，即姤也，其始呼即吸以为呼，吸即呼以为吸，原只是一气而往来有差殊尔。至于心之动静，则原说合一不测之谓神，又说动而无动、静而无静，尤彰彰明甚者也。但此体在人，极是精妙，故动静之间，有几存焉。《易》曰"极深而研几"，又曰"几者动之微"，"知几其神乎"！未有不知其微妙之几，而能得夫姤、复互根之体，亦未有不得其互根之体，而能通乎阴阳不测之神者也。古之善易者，真是自朝至暮、由昏达旦，浑然一致而体用如如，隐然寸几而灵明炯炯，似有而实无，似无而实有，莫可方物探讨，莫可言句形容者也。③

罗汝芳言"动静之间，有几存焉"即是以《易》"复""姤"二卦释解"几"之所存

---

① （宋）朱熹：《周易本义》，第83页。

② （宋）朱熹：《周易本义》，第83页。

③ （明）罗汝芳：《罗汝芳集》，第72页。

又在"动""静"之间。"动""静"之间的存有状态乃是类似于"姤、复互根之体","通乎阴阳不测之神者也"。既说"互根"且说"通乎阴阳",那么"研几"也全在研究"动""静"相交的"一"体之妙。

具体来看,罗汝芳思想体系中,"研几"之论的侧重点正落在"几"字的释义上,在他认为,"几"字与"一"字涵义实可统一,换言之,"研几"即"研一"。罗子云:

> 如曰:此心而人,则欲动而多危险;此心而道,则几神而最微妙。吾人于此不可不研精而致一也。其着力功夫,全在精处,但要精切明透,舍前数语,亦难得便了也。况所以精之者,正所以一之也。今其始初分说处不犯斧凿,则精后归一处亦自浑融而妙合矣。①

罗汝芳这里说"此心而道,则几神而最微妙",又说"吾人于此不可不研精而致一也",继而道"况所以精之者,正所以一之也",三处言论的诠解可以概括为:"几"之神妙在于"精微"处,如此,"研几"即是"研精","精"之者正是心、道合一之"一"体之谓。罗汝芳"研一"之论和王阳明弟子薛中离对"一"的总结和对待颇有相通之处。薛氏云:"收敛归于一,发用出乎一,安有不是处?"②又道:

> 道一而已。圣贤虽千言万语,功夫则同,不同便是异端。会得一时,方是知学。一者何?天理也,吾心之本体也。语其一谓之"诚",语其主一谓之"敬",语其无往非一谓之"贯"。凡语求仁、语博文、语集义、语致中和、语道德九经,皆存天理别名耳。会得便见万物皆备于我。③

按薛中离所说,儒学"一以贯之"的传统因此涉及存有论和工夫论的双面探讨。"一"的静态诠释便是"天理",动词体会便是意志高度纯化,象征主体与天理极致贴合的践履过程和态度要求。至此,"一"即是本体,也是工夫。这便是薛中离理解的阳明"合一"之道,便是他所讲的"功夫即是本体,本体即

---

① (明)罗汝芳:《罗汝芳集》,第33页。
② (明)薛侃:《研几录》,《薛侃集》卷二,上海:上海古籍出版社,2014年,第30页。
③ (明)薛侃:《研几录》,《薛侃集》卷二,第30页。

是功夫"①。然薛、罗二人又有不同处,因后者在诠释"研一"的进程中,又将问题的讨论推至"慎独"的面向。参见引文:

> 问:"致知与慎独,何别?"罗子曰:"不同。"曰:"何为不同?"罗子曰:"其功夫有先后也。"曰:"独是独知,既是独知,原是一个知,则慎独与致知,又岂容有先后耶?"罗子曰:"学者未详耳。《大学》分明说:'物格而后知至,知至而后意诚。'今观慎独是诚意时事,则致知当在诚意先也。"曰:"然则独非独知乎?"罗子曰:"独是虞廷'一'字,亦即孔子所谓一贯的'一'字也。"问者跃然曰:"把'一'字作独字看,甚是痛快,则致知可即是'惟精'否?"罗子曰:"岂止如此。修身以齐、治、平,亦即是'允执其中'也。若在《中庸》尤为明白,如曰'莫见乎隐,莫显乎微'却是'惟精',慎独却是'惟一'。下文中者'天下之大本'却是'执中'。虞廷宗旨,至孔子发尽无余,何可轻易分合也哉?"②

参照上述对话,罗汝芳明确地将"慎独""致知"合解,又道"独是虞廷'一'字,亦即孔子所谓一贯的'一'字也"便是进一步明确了"独"与"一"的等同性质,那么,"慎独"即是"惟一",即与"研几"同义。关于"慎独",罗子认为此等工夫乃修、齐、治、平之本,此处的"独"字便不能完全解作"独知",而是等同于一份"己"性自觉的"敬""慎"工夫。罗汝芳曰:

> 程子不云乎:用意恳切,固是意诚,然着力把持,反成私意。是则诚意而出格者也。例之修、齐、治、平,节节为格物致知也明矣。但诚意紧接着知本、知至说来,即所谓知止而后有定也。盖学大人者,只患不晓得通天下为一身,而其本之重大如此。若晓得如此重大之本在我,则家、国、天下攒凑将来,虽狭小者,志意也著弘大;虽浮泛者,志意也著笃实;急缓者,志意也著紧切,自然欺不过,自欺不过,便自然已不住,如好色恶臭,又自然满假不得,而谦虚受益,其凝聚一段精神于幽独之中者,又非其势之所必至也哉! 幽独者,是未接国家之先慎,则是知得本立于此,而敬谨严切,即前定其志之谓也。③

---

① (明)薛侃:《研几录》,《薛侃集》卷二,第 31 页。
② (明)罗汝芳:《罗汝芳集》,第 189—190 页。
③ (明)罗汝芳:《罗汝芳集》,第 3 页。

引文中,罗汝芳引程子云"用意恳切,固是意诚,然着力把持,反成私意",即谓诚意操持需廓如安定也;然得"定"又在于知"至",知"止",此"至"即"通天下为一身"之"我"处,如此,我之修行实关乎家、国、天下之大事;又说"幽独者,是未接国家之先慎,则是知得本立于此,而敬谨严切,即前定其志之谓也",便是道"幽独"之"敬""慎"工夫全在修己,以为担当国家之重任之责。

需要明确的是,对"慎独"之"独"字的释解,罗汝芳是在"物我无对"的基础上,以孟子"万物皆备于我"为基点,提出"物我一体"的"独"之特性。其曰:

> 有宋大儒,莫过明道,而明道先生入手,则全在"学者先须识仁",而识仁之说,则全是体贴《万物皆备于我》一章。今学者能于孔门求仁宗旨明了,则看孟氏此章之说,其意便活泼难穷矣。盖天本无心以生物而为心,心本不生,以灵妙而自生。故天地之间,万万其物也,而万万之物,莫非天地生物之心之所由生也;天地间之物,万万其生也,而万万之生,亦莫非天地之心之灵妙所由显也。谓之曰"万物皆备于我",则我之为我也,固尽品汇之生以为生,亦尽造化之灵以为灵。此无他,盖其生其灵,浑涵一心,则我之于天,原无二体,而物之于我,又奚有殊致也哉?是为天地之大德,而实物我之同仁也。反而求之,则我身之目,诚善万物之色,我身之耳,诚善万物之音,我身之口,诚善万物之味,至于我身之心,诚善万物之性情也哉!故我身以万物而为体,万物以我身而为用。其初也,身不自身,而备物乃所以身其身;其既也,物不徒物,而反身乃所以物其物。是惟不立,而身立则物无不立;是惟不达,而身达则物无不达。盖其为体也诚一,则其为用也自周。此之谓君子体仁以长人,亦所谓仁人顺事而恕施也,岂不易简,岂非大乐也哉!其有未诚者,事在勉强而已,勉强云者,强求诸其身也,反求诸身者,强识乎万物之所以皆备焉尔也。果能此道则虽愚必明,虽柔必强。物我相通之几,既体之信而无疑,则生化圆融之妙自达之顺而靡滞矣。①

依据引文,罗汝芳对"万物皆备于我"的解释实则是建构在"物""我""一"体的基础上,此处的"一"体又是因万物同归"仁"体,浑涵一心,故"我身以万物而为体,万物以我身而为用"。最后说"物我相通之几,既体之信而无疑,则生化圆融之妙,自达之顺而靡滞矣",此"物我相通之几"即是取消了"物"

---

① (明)罗汝芳:《罗汝芳集》,第200页。

"我"相对的矛盾模式，营造"一"体共存的特殊的整全的"独"体。

严格意义上讲，罗汝芳"研几"主张与其"心无定体"观点正相契合。其曰：

> 此心在人，原是天地神理，寂之于感，浑涵具在，言且难以着句，况能指陈而分析之也耶？但其妙用则每因人互异。故即心而言，其初只是一样；若即人而论，则世固有知为学与不知为学之分，人之为学又有善用功与不善用功之别。其不知为学者，姑置勿论矣。即虽知为学者，而功夫草次，则亦往往不向本源求个清莹，辄与末流图之，或当无事之时而着意张主，或于有感之际而尽力祛除，然见未透彻，把捉愈难，不惟寂体背驰，即感应亦未能安妥也已。惟夫明睿过人，资近上智者，则功夫不肯妄用，而汲汲以知性为先，究悉名言，询求哲士，体察沉潜，而性命之蕴，能默识心通，便自朝至暮，纵应感纷纭，却直养无害之功，如如自在，静定不迁之妙，寂照圆通。世人则终身滞泥于应感之偏，而至人则无日无时而不从容于不动之中矣。[1]

引文中，罗汝芳针对"寂""感"问题表达了三方面观点：一者，说"寂之于感，浑涵具在"，即委婉讽刺了当时众人对"寂"之于"感"指陈分析的情况；二者，谓"或于有感之际而尽力祛除，然见未透彻，把捉愈难，不惟寂体背驰"则是明确反对当时众人致力祛除"感应"以求"寂"体的工夫行径；再者，说"惟夫明睿过人，资近上智者，则功夫不肯妄用，而汲汲以知性为先"以"直养无害之功，如如自在，静定不迁之妙，寂照圆通"，则是以求识"性"体为至"寂照圆通"之境的根本。事实上，近溪的总体理念也在表明，"寂""感"原本浑涵一体，过于执着于对"寂""感"的陈析反会造成害"性"之恶果。正是在本体认知"心无定体"的基础上，罗汝芳的"研几"观点强调对"慎独"工夫的重视，同时将"研几"与守"一"相提并论，这一特色从渊源处讲实是遵循程朱的治学理路，从其功用上说则与近溪"上帝"观念紧密契合。这一"上帝"概念，在罗汝芳哲学体系中并不单纯被作为解释的对象，而往往以超验理念介入到其思想解释中，同时兼具一定成分的宗教气息。如他道："此时汝心他人不及见处，即是隐，即是微。而独觉光明处，即是'莫见乎隐'，即是'莫显乎微'。此个莫见、莫显之体，虽率汝自家心性，然却是天之明命，而上帝监临之也。

---

[1] （明）罗汝芳：《罗汝芳集》，第 198 页。

盖天与人,原浑然同体,其命之流行,即己性生生处,己性生生,即天命流行处。但一顾误,则见得须臾难离,惕然警觉,恐然悚动,而光辉愈加发越,即是火之始燃,而一阳之气,从地中复也。"①如此,"研几"即是研"一","慎独"也在于体认独知"一"体之圣境,此"一"体之境因其隐微不可易见,但其无处不在,又似"上帝监临"也;又因其"独觉光明处",且是"己性生生处",故而又需是"独知"之妙。由上分析,罗汝芳不仅将"慎独""知几"的问题与"上帝"之论相衔接,同时将朱子的"独知"之谓发挥到更为广大深延处。正因如此,中晚明理学家中,以"研几"理论为思想重心的人士众多,但能如罗氏得一贯宗旨者却鲜有其人,就此而言,罗汝芳的"研几"主张相较陈明水、王时槐等人,呈现出独具一格的鲜明特色。

综上所述,"研几之学"关系历代学者的存有论认知和工夫论主张,尤其在中晚明时期,明阳学者对该概念的诠释又突显他们各自的心学理念。据此,对罗汝芳"研几"理论的探析,不仅可见其关于"良知学"的基本主张,更是彰显了他理论观点的独特性。

(四)罗氏论"良知"与治学之道

综合以上分析,罗汝芳诸多思想理念与阳明学主张皆有关联,也有他自身的创新发挥。在接下来的追问中,我们需要切入课题的中心,即罗汝芳如何对待王阳明"良知"说,在此前提下,近溪子于工夫论又有何特色。但在探讨罗氏主张之前,首先还须对王阳明"良知"与"致良知"宗旨的酝酿、发展与流传细作梳理。

1. 王阳明"致良知"宗旨与其后学所传

任何思想理念的提出都需要经历酝酿、演进、成熟的过程,现考阳明"致良知"主张并非如钱德洪《阳明先生年谱》所记,始揭于正德十六年,而是在正德十四年即已提出,正德十五年已得阳明大倡天下。与此同时,伴随着"致良知"理论的逐步演进,阳明"四有""四无"主张也有出现逆转的重要变化。由该线索得考王阳明晚年学术之精也并非向来公认的"四句教",乃是完整的"八句之教"。对王阳明"致良知"宗旨的全面梳理和分析,为阳明后学各大派系的划分,及其立学宗旨的全面考察提供了崭新线索,由此牵扯到的相关课题,也具有了重新解读的可能。

---

① （明）罗汝芳:《罗汝芳集》,第 156 页。

①王阳明"致良知"主张的演进历程

以往研究中,关于王阳明始揭"致良知"之时间,向有两种说法:一者,以正德三年(1508),王阳明"龙场之悟"为凭;二者,以钱德洪《阳明先生年谱》记正德十六年"始揭致良知之教"①作证。然钱德洪对阳明学术宗旨发展脉络的梳理原本自相矛盾。其云:

> 先师始学,求之宋儒不得入,因学养生,而沉酣于二氏,恍若得所入焉。至龙场,再经忧患,而始豁然大悟"良知"之旨。自是出与学者言,皆发"诚意"、"格物"之教。病学者未易得所入也,每谈二氏,犹若津津有味。盖将假前日之所入,以为学者入门路径。辛巳以后,经宁藩之变,则独信"良知",单头直入,虽百家异术,无不具足。自是指发道要,不必假途傍引,无不曲畅旁通。②

根据钱氏以上所说,阳明正德三年龙场之悟,已得"良知"之旨,然按其《阳明先生年谱》记,阳明龙场所发乃是"格物""致知"诸论。钱氏又道阳明辛巳(正德十六年)以后独信"良知",此处时间待考之外,从学理上讲,"良知"为"本体","致良知"为工夫,故钱德洪以上说法有混为一谈之嫌。若以时间层面考虑,疑点更多。

首先,王阳明"龙场之悟",所"悟"并非"致良知"。钱德洪记阳明"忽中夜大悟格物致知之旨,寤寐中若有人语之者,不觉呼跃,从者皆惊。始知圣人之道,吾性自足,向之求理于事物者误也。乃以默记五经之言证之,莫不吻合,因著五经臆说"③。据此,王阳明龙场所悟的根本,不在"致良知",却在"格物致知"的方法和路径。此时王阳明在"格物"问题上,为突破程朱理学对"外物"的侧重,将"致知"转为内向的求取。需要说明的是,这一内向的求取过程,确是阳明正德三年"龙场之悟"所得,但于顿悟之前,其渐修过程实自弘治十七年就初露端倪。弘治十七年(1504),王阳明主持山东乡试,曾作《君心惟在所养》一篇,此文原属《山东乡试录》二十篇之一,吴光先生主编《王阳明全集》以为该二十篇"非皆阳明之作"④,故将隆庆刊本卷三十一下所

---

① (明)钱德洪:《阳明先生年谱》,《王阳明全集》卷三十四,第1411页。

② (明)钱德洪:《答论年谱书》,《徐爱钱德洪董沄集》,第214页。

③ (明)钱德洪:《阳明先生年谱》,《王阳明全集》卷三十三,第1354页。

④ (明)王守仁:《王阳明全集》卷二十二,第926页注①。

录全部篇目,移至阳明《山东乡试录序》之后,然考《君心惟在所养》一篇同时见于锡山钱普著《批选六大家论》,该书首卷《阳明先生论》四篇即分别为:《君心惟在所养》《士穷见节义》《田横之客皆义士》《四皓羽翼太子》。据此知《山东乡试录》二十篇确为王阳明所作。而阳明于《君心惟在所养》文末即云:

> 人君之心,顾其所以养之者何如耳?养之以善,则进于高明,而心日以智,养之以恶,则流于污下,而心日愚,故夫人君之所以养其心者,不可以不慎也。……若夫自养之功,则惟常于存养省察,而其要又不外乎持敬而已。[①]

> 一失其所养,则流于私,而心之智荡矣,入于邪而心之智惑矣,溺于恶而心之智亡矣,而何能免于庸愚之归乎。夫惟有贤人君子以为之养,则义理之学足以克其私心也。[②]

观此篇,王阳明对"持敬存养"的强调,不仅和陈白沙《与民泽》一篇中所讲"圣人之学,为求尽性。性即理也,尽性至命。理由化迁,化以理定。化不可言,守之在敬。有一其中,养吾德性"[③]的观点一致,再往前追溯,阳明、白沙之论和李侗关于默坐存养的强调又极为相契。延平先生曾云"学问之道不在于多言,但默坐澄心,体认天理,若见虽一毫私欲之发,亦自退听矣。久久用力于此,庶几渐明,讲学始有力也"[④],即是教人恪守持静存养之道。再据束景南教授的重要辑考成果,王阳明弘治十八年曾以延平"默坐澄心,体认天理"为座右铭[⑤],据此知,弘治十七、十八年期间,沉溺仙佛的同时,在心性之学方面是以程朱理学、延平工夫为践履法则。此间,阳明的信佛之举昭昭若明,弘治十七年,阳明作《游灵岩次苏颖滨韵》,根据束景南教授考证,该诗正是王阳明主考山东乡试赴济南,途经灵岩寺时作。然弘治十八年,王阳明又有《无题文》,文曰:

---

① (明)王守仁:《君心惟在所养》,(明)钱普:《批选六大家论》,《中国人民大学图书馆藏古籍珍本丛刊》第104册,北京:北京燕山出版社,2012年,第18页。

② (明)王守仁:《君心惟在所养》,钱普:《批选六大家论》,第15页。

③ (明)陈献章:《陈献章集》卷四,第278页。

④ (宋)朱熹编:《延平答问》,《朱子全书》第13册,上海:上海古籍出版社,合肥:安徽教育出版社,2002年,第341页。

⑤ 参见(明)王守仁:《书明道延平语跋》,《王阳明佚文辑考编年》,第216页。

孟氏没而圣人之道不明，天下学者泛滥于辞章，浸淫于老佛，历千载有余年，而二程先生始出。其学以仁为宗，以敬为主，合内外本末，动静显微，而浑融于一心，盖由茂叔之传，以上溯孟氏之统，而下开来学于无穷者也。二先生往矣，乃其遗书语录散佚而弗彰，识者恨焉。于是胡光大诸公裒为《性理大全》，后学之士始忻然若接其仪刑，而聆其讲论，闻风而兴，得门而入，其所嘉惠亦良多矣……①

以上事实启发两方面问题：其一，王阳明与甘泉正德元年一见订交，其理论基础原在二人对程朱理学的一致践行。其二，王阳明心学的发展和演进历程，尤其是他"致良知"主张的发明，乃至对"四无"的兼顾，其愈加鲜明的内向"穷理"路径，多与延平"默坐体认"具有相关性，这在某种程度上也指向阳明与甘泉其后"格物""致知"之辩，不在"心""物"关系之见，却在前者对延平"默坐体认"工夫的选择，对其"分殊体认"宗旨的弃置。《山东乡试录》未取篇目又有《田横义士》，此文同样收录在钱普《批选六大家论》一书中，篇中记云：

知死之为义而不权衡乎义，勇有余，而智不足者也，天下未尝有不可处之事，吾心未尝有不可权之理。死生利害婴于吾前，惟权之于义，则从违可否，自有一定之则。生亦不为害仁，死亦不为伤勇，古人沉晦以免祸，杀身以成仁，其顾瞻筹度之，顷见之，亦审矣，而后为之不然，奚苟焉于一日之便，而取公论不题之讥乎。吾观田横之不肯事汉，致五百人之皆死，固尝悯其事之有可矜，亦尝惜其死之未善也。②

阳明此文既提"吾心未尝有不可权之理"，便是将"心"的灵明之力推演到至广至远处。此番虽尚未云及"心即理"，亦未有"致良知"一说，但可见其对"心"的侧重，对内向体"理"的强调。再者，王阳明以为田横之死"勇有余，而智不足"，又云其"其死之未善"，便是强调"心"之"智"力及其明灵机能。某种程度上可以说，王阳明弘治十七年对"心"的认知，虽极重其"用"，但往往还是以"理"为道之本体。其言："心者，身之主，心好于内而体从于外，斯亦

---

① （明）王守仁：《无题文》，《王阳明佚文辑考编年》，第214页。
② （明）王守仁：《田横义士》，钱普：《批选六大家论》，第27页。

理之必然欤。"①又云:"盖箪瓢之乐,其要在于穷理,其功始于慎独。"②据此,王阳明该时间段无论是在存有论层面对"心""理"关系的诠释,抑或是工夫论层面关于"慎独穷理"的侧重,皆可证其弘治十八年前后由词章之学向圣贤之学的转向,实则是向程朱理学的归复,然按以上论述,阳明对"心"的强调,已然见其心学端倪。更进一步地讲,王阳明对"心"体的强调,更与其正德三年龙场之悟有关,龙场之悟的根本即在"格物致知"一项。王阳明弃程朱即物求理路径于不顾,其根本意旨便是将格物致知的路径逆转至心本体。

其次,至于钱德洪记王阳明正德十六年始揭"致良知",此处疑点主要在钱氏举证中。根据钱德洪举例,正是该年,王阳明曾与邹守益有关"致良知"的探讨,云及:"近来信得'致良知'三字,真圣门正法眼藏。往年尚疑未尽,今自多事以来,只此良知无不具足。譬之操舟得舵,平澜浅濑,无不如意,虽遇颠风逆浪,舵柄在手,可免没溺之患矣。"③虽阳明信中确有"致良知"一说,但"近来信得"四字,却非定论。期间,钱氏又举王阳明和陈九川曾有"良知"话题的讨论,云:"一日,先生喟然发叹。九川问曰:'先生何叹也?'曰:'此理简易明白若此,乃一经沉埋数百年。'九川曰:'亦为宋儒从知解上入,认识神为性体,故闻见日益,障道日深耳。今先生拈出良知二字,此古今人人真面目,更复奚疑?'先生曰:'然。譬之人有冒别姓坟墓为祖墓者,何以为辨?只得开圹将子孙滴血,真伪无可逃矣。我此良知二字,实千古圣圣相传一点滴骨血也。'又曰:'某于此良知之说,从百死千难中得来,不得已与人一口说尽。只恐学者得之容易,把作一种光景玩弄,不实落用功,负此知耳。'"④依据钱德洪之记载以及《传习录》中所云,王阳明确与陈九川之间有过关于"良知"事项的探讨,但是钱氏毫无顾忌地将"一日"界定在"正德十六年"理据不足,或有臆断之嫌,难以为信。

综合以上梳理、分析,王阳明"致良知"主张的提出时间确实有待再考。考证的过程大致可以经由两条线索。其一,以钱德洪《阳明先生年谱》作提示,从阳明、九川二人会面时间考阳明"致良知"主张提出的具体过程;其二,

---

① (明)王守仁:《心好之身必安之民好之民必欲之》,《王文成公全书》卷三十一,《四库全书》集部,第1265册,第866页。

② (明)王守仁:《王文成公全书》卷三十一,第876页。

③ (明)王守仁:《再与邹谦之》,参见钱德洪记于《阳明先生年谱》,《王阳明全集》卷三十四,第1411—1412页。

④ (明)钱德洪:《阳明先生年谱》,《王阳明全集》卷三十四,第1412页。

突破钱德洪《年谱》载录内容,查证王阳明和其他人等,在"良知"事项上的交流经历。

从王阳明和陈九川之间的会面历程来看,二人正德年间曾有三次极其重要的学术讨论。第一次是在正德十年,《传习录》载:

> 正德乙亥,九川初见先生于龙江,先生与甘泉先生论格物之说。先生曰:"是求之于外了。"甘泉曰:"若以格物理为外,是自小其心也。"①

此年,王阳明对程朱、甘泉"即物穷理"的否定,揭示他自"龙场悟道"以来,逐渐成熟、完善的内向度体认原则,而王阳明对这一体认原则的践行,必然为其学术主张的成熟提供铺垫作用。据此,正德十年前后,则可以作为王阳明"致良知"主张的酝酿阶段。王阳明发挥"良知"宗旨,分判儒与二氏之别,应在正德十三年(1518)。该时段,邹守益拜入门下。冯梦龙《三教偶拈》亦有记:

> 先生上疏奏捷,请于和平峒添设县志,以扼三省之冲,得旨准添设,名和平县。升先生都察院副都御使,荫一子锦衣卫,世袭千户,辞免不兑,时正德十三年也。诸贼既平,地方安靖,乃得专意于讲学,大修濂溪书院,将《古本大学》、《朱子晚年定论》付梓。凡听教者,悉赠之。时门人徐爱亦举进士,刻先生平昔问答行于世,命曰《传习录》。海内读其书,无不想慕其人也,江西名士邹守益等执贽门下,生徒甚盛。先生尝论三教同异,曰:"仙家说到虚,圣人岂能于虚上加一毫实?佛家说到无,圣人岂能于无上加一毫有?但仙家说虚从养生来,佛家说无从出离生死苦海来,却于本体上加却这些子意在。良知之虚,便是天之太虚,良知之无,便是太虚之无形,日月风雷、山川民物,凡有象貌形色,皆在太虚无形中发用流行,未尝为天障碍。圣人只是顺其良知之发用,天地万物皆在于我。"②

---

① (明)王守仁:《王阳明全集》卷三,第102页。

② (明)冯梦龙:《三教偶拈》卷一《皇明大儒王阳明先生出身靖难录》,《域外汉籍珍本文库》第一辑,集部第4册,北京:人民出版社,重庆:西南师范大学出版社,2009年,第439—440页。

王阳明这里所说的"良知之虚"、"良知之无",揭示的乃是德性本体周行妙用之相状,"良知"现成,当主体面对事物,皆提起此心给以应待,于是,万事万物皆在"良知"关照之中,这便是阳明心学意义上的"万物皆备于我"的理论内涵。

王阳明、陈九川第二次会面是在正德十四年(乙卯,1519),此时王阳明即以论"诚意"工夫,提出"良知"之"致",乃借由随意、随事格物致知,其"致知"的蕲向便被界定为去人欲而归天理。《传习录》又记:

> 己卯归自京师,再见先生于洪都。先生兵务倥偬,乘隙讲授……先生曰:"耳、目、口、鼻、四肢,身也,非心安能视、听、言、动?心欲视、听、言、动,无耳、目、口、鼻、四肢亦不能,故无心则无身,无身则无心。但指其充塞处言之谓之身,指其主宰处言之谓之心,指心之发动处谓之意,指意之灵明处谓之知,指意之涉着处谓之物:只是一件。意未有悬空的,必着事物,故欲诚意则随意所在某事而格之,去其人欲而归于天理,则良知之在此事者无蔽而得致矣。此便是诚意的工夫。"①

该年,王阳明论"指其充塞处言之谓之身,指其主宰处言之谓之心,指心之发动处谓之意,指意之灵明处谓之知,指意之涉着处谓之物",便是在"四有"主张运用的同时,提出"良知"之"致",即是在事事物物上"去其人欲而归于天理"。由以上阐发,正德十四年,王阳明已有关于"致良知"的考虑,而此时主张的核心仍有程朱理学,尤其是李延平"分殊体认"的理论内涵。

继正德十四年王阳明初提"良知"之"致"的主张之后,次年(正德庚辰,1520),王阳明在"心""意""知""物"的关系问题上,明确表达了"四无"观点。且在此基础上,思想家提出"性外无理""性外无物",由此说,其广为学界关注的"心外无物"一说,原则上正是建立在"四无"理论之上。且立足"四无"一说,王阳明领悟朱、陆之学整合的可能性。冯梦龙《皇明大儒王阳明先生出身靖难录》载:

> 正德十五年正月,先生尚留省城……武宗皇帝感动遂降旨命先生兼江西巡抚,刻期速回理事,先生遂于二月还南昌,以祖母岑太夫人鞠育之恩,临终不及面诀,乃三疏请归省葬,俱不允,六月复还赣州,过泰

---

① (明)王守仁:《传习录下》,《王阳明全集》卷三,第102—103页。

和,少宰罗整庵以书问学。先生告以学无内外,格物者,格其心之物也,正心者,正其物之心也,以理之凝聚而言,则谓之性,以其主宰而言,则谓之心,以其主宰之发动而言,则谓之意,以其发动之明觉而言,则谓之知,以其明觉之感应而言,则谓之物。故就物而言,谓之格,就知而言,谓之致,就意而言,谓之诚,就心而言,谓之正。所谓穷理以尽性,其功一也。天下无性外之理,即无性外之物。学之不明,皆繇世儒认理为内,认物为外,将反观内省与讲习讨论分为两事,所以有朱陆之歧,然陆象山之"致知"未尝专事于内,朱晦庵之"格物"未尝专事于外也。整庵深叹服焉。①

王阳明所谓"格其心之物"即谓扫除心上杂染,使归于天理主宰,故他讲"正其物之心"便指向于以良知关照事事物物,于此,"格物"与"致知"得到整合。按该理路,"正心""诚意"同样皆是唤醒良知、体贴天理的进程。换言之,当气禀之性尽除,"心"与"性"、与"理"便是统一指向,不同名相,"意""知""物",相应只是前一系列存有论概念的不同面向而已,可谓"良知"的主宰义、发动义以及明觉义,相应地,物不在性外,理亦不在心外。当事事物物皆在良知照应之下,"格""致""诚""正"皆是一种工夫,即本体价值的时刻拳守。概言之,正是在本体工夫认知前提下,王阳明统合了存有论范域的诸类概念,最终,以"四无"观点的推理完成,揭开了朱熹与象山在"格物致知"问题上的分歧根源,并指出二人在本体工夫的实做一事上观点的汇合,在他认为,朱、陆本无分歧,其实践主张都落实在以"良知"关照万物,以"天理"主宰人心。

王阳明、陈九川师徒二人的第三次会面,也正是在正德十五年。该年,王阳明对于"良知"的强调,则有更深体会,且对于自身主张也尤为自信。与此同时,"良知"概念在阳明理论中正式取代"理",成为新的主宰实体,而"致良知"也因此跳脱程朱"即物穷理"的工夫路径,和思想家的"四无"观点相系。经由这一演进历程,王阳明正德十五年正式展开"致良知"宗旨的宣教活动。《传习录》载:

> 庚辰(正德十五年,1520)往虔州,再见先生,问:"近来功夫虽若稍

① (明)冯梦龙:《皇明大儒王阳明先生出身靖难录》,《域外汉籍珍本文库》第一辑,集部第4册,第459—461页。

知头脑,然难寻个稳当快乐处。"先生曰:"尔却去心上寻个天理,此正所谓理障。此间有个诀窍。"曰:"请问如何?"曰:"只是致知。"曰:"如何致?"曰:"尔那一点良知,是尔自家底准则。尔意念着处,他是便知是,非便知非,更瞒他一些不得。尔只不要欺他,实实落落依着他做去,善便存,恶便去。他这里何等稳当快乐。此便是格物的真诀,致知的实功。若不靠着这些真机,如何去格物?我亦近年体贴出来如此分明,初犹疑只依他恐有不足,精细看无些小欠阙。"①

王阳明此番论讲"良知",以其为"自家底准则",又教人依该准则实实落落地去做,由此方是"致知"的工夫。阳明以上主张,一方面突出了"良知"的主宰意义和本体性质,另一方面则暗示了"致知"即是"致"此"良知"。并且,于引文末,阳明云:"我亦近年体贴出来如此分明,初犹疑只依他恐有不足,精细看无些小欠阙。"可见该时间段,王阳明"致良知"的主张已然发展成熟。这一主张成熟的标志,便在王阳明终将该宗旨和他的"四无"理念衔接合一。《传习录》即载:

崇一曰:"先生致知之旨,发尽精蕴,看来这里再去不得。"先生曰:"何言之易也!再用功半年看如何?又用功一年看如何?功夫愈久,愈觉不同,此难口说。"先生问九川:"于'致知'之说体验如何?"九川曰:"自觉不同。往时操持常不得个恰好处,此乃是恰好处。"先生曰:"可知是体来与听讲不同。我初与讲时,知尔只是忽易,未有滋味。只这个要妙,再体到深处,日见不同,是无穷尽的。"又曰:"此'致知'二字,真是个千古圣传之秘,见到这里,'百世以俟圣人而不惑'!"九川问曰:"伊川说到'体用一原,显微无间'处,门人已说是泄天机。先生致知之说,莫亦泄天机太甚否?"先生曰:"圣人已指以示人,只为后人掩匿,我发明耳,何故说泄?此是人人自有的,觉来甚不打紧一般。然与不用实功人说,亦甚轻忽可惜,彼此无益。与实用功而不得其要者提撕之,甚沛然得力。"又曰:"知来本无知,觉来本无觉,然不知则随沦埋。"②

上文中,王阳明以在与陈九川的对话中已然将之前的"归于天理"的"致良

---

① (明)王守仁:《传习录下》,《王阳明全集》卷三,第105页。
② (明)王守仁:《传习录下》,《王阳明全集》卷三,第106页。

知"指向,推进到关于实体的体认工夫层面,故他讲"良知"之"致",原是"无穷尽的","无穷尽"的原因,一方面是因为事物的不间断涌现,"致知"始终处于无限的推进过程中;另一方面,就"知"体存在的性状而言,"致知"同时是主体认知趋向实体性的"良知"的不断挺进。实体的"知"无形无臭,其相状本归"虚""无"的统筹。至此,阳明"致良知"的推进处,便是将"格物""穷理"逆转为"致知""致虚"。

理论发展成熟的同步,正德十五年,王阳明已开始全面宣讲"致良知"之教。之所以这样说,证据正是由第二条线索而来,即该年王阳明除和陈九川有"良知"与"致知"的讨论之外,按董燧编《王心斋先生年谱》,正德十五年,王阳明在南昌期间已大讲"良知之学",正于此年,王心斋始拜入阳明门下,而王心斋听讲内容正是阳明"致良知"一说。《王心斋先生年谱》载:

> 时阳明王公讲良知之学于豫章,四方学者如云集。先是执师黄文刚,吉安人也,听先生(王艮)说《论语》首章,曰:"我节镇阳明公所论,类若是。"先生讶曰:"有是哉! 方今大夫士,汩没于举业,沉酣于声利,皆然也。信有斯人论学如我乎? 不可不往见之。吾俯就其可否,而无以学术误天下。"……遂纵言及天下事,公曰:"君子思不出其位。"先生曰:"某草莽匹夫,而尧舜君民之心未尝一日忘。"公曰:"舜居深山,与鹿豕木石游居,终身忻然乐而忘天下。"先生曰:"当时有尧在上。"公然其言。先生亦心服。公稍稍隔坐,讲及"致良知",先生叹曰:"简易直截,予所不及。"乃下拜而师事之。辞出,就馆舍,释思所闻,间有不合,遂自悔曰:"吾轻易矣。"明日复入见公,亦曰:"某昨轻易拜矣,请与再论。"先生复上坐。公喜曰:"善。有疑便疑,可信便信,不为苟从。予所甚乐也。"乃又反复论难,曲尽端委。先生心大服,竟下拜,执弟子礼。[①]

按上述引证和分析,钱德洪记王阳明于正德十六年始揭"致良知"确实有误,王阳明该主张的演进历程,前后经过酝酿、发展、成熟三个阶段,其具体时间段分别是:正德三年"龙场之悟"到正德十年会面陈九川,再至正德十四之前,此阶段可作为王阳明"良知""致知"观点的酝酿时期;正德十四年,阳明即揭"致良知"宗旨;正德十五年,"致良知"一说逐步完善,并得以大倡天下。

---

① (明)董燧:《王心斋先生年谱》,"(正德)十五年庚辰"条,《北京图书馆藏珍本年谱丛刊》第 45 册,第 30—31 页。

应该说对阳明"致良知"始揭时间的考证某种程度上启发学人需审慎征引钱德洪之言论和记事。事实上,该问题已经引起学界越来越多的关注,然深入、系统的研究尚未全面展开。

②阳明学场域论"致知"与"归寂"

"致良知"作为阳明学脉重要宗旨,在阳明后学中曾引起广泛讨论。王畿《致知议略》即载:"徐生时举将督学敬所君之命,奉奠阳明先师遗像于天真,因就予而问学。临别,出双江、东廓、念庵三公所书《赠言》卷,祈予一言,以证所学。三公言若人殊,无非参互演绎,以明师门致知之宗要。予虽有所言,亦不能外于此也。"①据此,阳明逝后,王畿、聂双江、邹东廓、罗念庵等弟子曾就"致知"的问题集中展开过讨论。考以上诸人在讨论过程中,又涉及关于心体"寂""感"、本体"有""无"等哲学范畴的重新诠释。

上文对王阳明"致良知"主张发展历程的梳理过程中,曾提及"四有""四无"之说。该组概念向为学界重视,张新民先生在《回顾与前瞻:阳明学研究的百年经验总结》一文中曾讲到:"'四有''四无'最终可以会通,不落二边才是本体与工夫合为一体的上乘法门,究竟孰当用孰不当用,如何契理契机灵活有效地施教,仍必须准确勘定每一个体的实存状况,凭借证量功夫或直觉智慧眼光,恰到好处地予以处理,才能更好地防范流弊的产生或偏差的出现。"②张新民先生此处所说,实是教人从本体与工夫论会通其旨,严格来说,这是一种纵向的关注。质言之,"四有"与"四无"或可依据史料整理和研究的结果,从纵向的、发展的视角予以考察。根据前文分析,正德十四年,王阳明始揭"致良知"之际,曾借"诚意"工夫论及"心""意"关系的话题,其云:"意未有悬空的,必着事物,故欲诚意则随意所在某事而格之,去其人欲而归于天理,则良知之在此事者无蔽而得致矣。此便是诚意的工夫。"③据此,王阳明对"诚意"的解析过程中,言及随事格物,言及"去其人欲而归于天理"④,皆是在诠释"有善有恶意之动"与"为善去恶是格物"的"四有"内涵。至正德十五年,"致良知"主张成熟完善阶段,阳明又云:"知来本无知,觉来本无觉,然

---

① (明)王畿:《致知议略》,《王畿集》卷六,第130页。
② 张新民:《回顾与前瞻:阳明学研究的百年经验总结》,《贵州大学学报》(社会科学版)2014年第6期,第54页。
③ (明)王守仁:《传习录下》,《王阳明全集》卷三,第103页。
④ (明)王守仁:《传习录下》,《王阳明全集》卷三,第103页。

不知则随沦埋。"①又与陈九川讲"致知"时说道："体来与听讲不同。我初与讲时，知尔只是忽易，未有滋味。只这个要妙，再体到深处，日见不同，是无穷尽的。"②根据前文分析，此时的"致知"便是"致虚"，便不再借由程朱理学"分殊体认"工夫，逐时、逐物层层推进式的格物路径，而是依托"默识体认"路径，将"致知"导向"归寂"。

2. 罗汝芳论"良知"与其治学的开展

根据以上对王阳明及其门人弟子关于"良知"本体，以及"致良知"工夫展开的讨论，可以发觉，阳明逝后，其"良知学"走向已经渐趋分裂。及至罗汝芳关于"良知"的理解，某种程度上，已经跳脱阳明学范畴，具有追根溯源、独立己见的特色。罗汝芳虽极赞阳明"良知"说，但并不认为其得《孟子》真谛。其云：

> 阳明先生乘宋儒穷致事物之后，直指心体，说个良知，极是有功不小。但其时止要解释《大学》，而于孟子所言良知，却未暇照管，故只单说个良知，而此说良知，则即人之爱亲敬长处言之，其理便自落实，而其工夫便好下手。且与孔子"仁者人也、亲亲为大"的宗旨，毫发不差，始是传心真脉也。③

根据引文，罗汝芳极赞阳明处，正在于阳明提"良知"直指心体，但在近溪看来，源自孟子的"良知"说，其着力处却是教人于爱亲敬长处践行仁道。质言之，罗汝芳对阳明"良知"宗旨的基本看法，即认为阳明乃是从存有论的视角对待"良知"，且将"致知"的工夫导向内向求"理"的路径，这在罗氏看来便是阳明哲思的精要。但与此同时，罗汝芳并不认为阳明直得孟学根本精神，因在罗氏观念中，孟子说"良知"实则指向孝悌伦理的自然发生和平常落实。换句话讲，罗子认为孟子为主体的道德实践提供了最为关键的理论依据和践履平台。就这一点展开，罗汝芳首肯的是阳明"直指心体"的启发之功，发扬的却是传统伦理道德和孔孟践履精神。与此同时，罗汝芳这里提及"良知"践履应以爱亲敬长作为落实处，工夫才好下手，也揭示了他在工夫论层

---

① （明）王守仁：《传习录下》，《王阳明全集》卷三，第 106 页。
② （明）王守仁：《传习录下》，《王阳明全集》卷三，第 106 页。
③ （明）罗汝芳：《罗汝芳集》，第 86 页。

面的基本主张,即默识"性"体,随顺自然。

三、罗汝芳与泰州学脉

关于罗汝芳与泰州学脉的关系,本书撰写之初即已明确表示,将突破《明儒学案》研究的窠臼,考察罗氏哲学思想的整体建构,在此基础上尝试重新为其定位。事实上,据前文分析,泰州以"大成乐学"为根本宗旨,罗氏哲思体系与此脉所传原有区分。杨国荣教授评泰州学派云:"泰州学派以为率良知而众善出,其理论价值也正在于突出了德性培养与道德教育中的主体性原则。当然,他们把德性发展的内在根据归结为通过天赋而一次完成的现成良知,则是一种先验论的偏见。"①杨国荣教授此说是在聚焦评判泰州学脉对于先验"良知"的高举,然也启发笔者提出这一问题,即泰州学脉是否还有工夫之说? 如果没有,逻辑上讲仅仅标举"良知"天然具足,工夫便无从谈起;如果有,这种工夫究竟如何配合本体的持守得到推进,又是如何影响当时阳明学的演进,这些都将是我们持续研究的课题。事实上,考察泰州学创始人王艮对做圣人的提倡,及其早年宣讲主题,的确存在杨先生所谓的"先验论偏见",但我们之所以坚持排除学案研究探讨罗汝芳思想宗旨,关键即在罗氏工夫论不同于泰州众人,其缜密精微之处远胜王艮、颜山农之阔略。而我们之所以要将罗汝芳与泰州学脉之间关联作专项研究,主要即是出于对罗汝芳泰州学归属问题的质疑。就师承角度讲,罗汝芳早年确曾拜师颜山农,但从彼此立学宗旨来看,罗汝芳晚年思想成熟期,其学术理念和颜山农、王心斋等人的主张都已大不相同。因此,笔者认为,有必要从理论和实践两个层面,客观分析罗汝芳与泰州学脉之间的真正关联,借此发掘罗氏思想的真面目。

(一)理论层面:"格物"线索的学脉传承之争

对罗汝芳与泰州学之间的理论探讨,我们将以"格物"的诠释作为切入点。"格物"可先从"物"说起,以实现从更广阔的文化视域考察该哲学论题的根本内涵和价值意义。综观整个宋明理学的发展,无论是理学家还是心学家,他们一直在诠释的核心问题,便是如何定位人、物、理三者之间关系。

---

① 杨国荣:《王学通论——从王阳明到熊十力》,上海:华东师范大学出版社,2003 年,第 99 页。

于三者中,处在绝对客体位置的"物",更是成为关键话题中的关注焦点。言及"物"的判断和定义,又总关系"心""意""知"等概念范畴,更会涉及《大学》《中庸》等经典诠释进路的选择。与朱子学、阳明学者都有不同,罗汝芳的经典诠释是以《易经》为中心,辅之以《中庸》《大学》等典籍诠释展开,在后二者的排序上,罗氏又坚持"先《中庸》,后《大学》",且在《大学》"格物"之"物"的问题上,罗汝芳也有自身创见,正由其发明、独创处可见思想家于阳明学的汲取,于泰州学的扬弃。

1. 儒、道二氏关于"道""物"的追问

从先秦到宋明,儒学场域对"格物"之说的关注,究其本质,实则呈现儒者对待"道"与"物"的总体态度。扩展开来,若就中国本土文化场域出发,儒、道两家之学在待"物"的问题上虽各自主张,但都是在"道一"的理论基点上别有发挥。程朱有"理一分殊"主张,老庄哲学则有"道通为一"一说:

> 道行之而成,物谓之而然。恶乎然? 然于然;恶乎不然? 不然于不然。物固有所然,物固有所可;无物不然,无物不可。故为是举莛与楹,厉与西施,恢恑憰怪,道通为一。其分也,成也;其成也,毁也。凡物无成与毁,复通为一。唯达者知通为一,为是不用而寓诸庸。庸也者,用也;用也者,通也;通也者,得也,适得而几矣。因是已,已而不知其然谓之道。[1]

庄子所讲"道通为一",此"一"字蕴含二义,其一,强调道本体的变动不居;二者,侧重万物分殊,然自然之理恒定通明。立足于道家哲学立场,万事万物之间虽有现象之分,但其成因皆是自然而然,与道相契。该前提下,老庄哲学理解的"物"不仅与人之间并无主客之分、贵贱之别,并且具备"自生自造""自己而然"及"物物自分,事事自别"等特色。比如《庄子·齐物论》载:"子綦曰:'夫吹万不同,而使其自己也。'咸其自取,怒者其谁邪?"郭象注云:"无既无矣,则不能生有。有之未生,又不能为生。然则生生者谁哉? 块然而自生耳。自生耳,非我生也。我既不能生物,物亦不能生我,则我自然矣。自己而然则谓之天然。"[2]在庄子认为,"天籁"自生,既非借助人力,也非造物主成就。《齐物论》又记:"罔两问景曰:'曩子行,今子止;曩子坐,今子起。何

---

① (晋)郭象注,(唐)成玄英疏:《庄子注疏》,北京:中华书局,2011年,第39页。

② (晋)郭象注,(唐)成玄英疏:《庄子注疏》,第26—27页。

其无特操与？'景曰：'吾有待而然者邪？吾所待又有待而然者邪？吾待蛇蚹
蜩翼邪？恶识所以然？恶识所以不然？"郭象注云："故造物者无主，而物各
自造。物各自造而无所待焉，此天地之正也。故彼我相因，形景俱生，既复
玄合而非待也。"①"罔两"与"景"的对话更进一步揭示了庄周的"无待"观念。
结合郭象注解，"无待"指向的正是"物"与"物"之间所谓的"联系"，至于现实
"有待"之情形实生自作为旁观者的人的"成心"。就其存在之初、迹象之灭
来说，原不涉人力，如同"罔两"与其始终随应的"景"之间关系自是天然玄和
之道，若仅站在"罔两"立场，"景"与自身是依赖随从的关系，但从道体整体
考虑，这种依存关联，原本是相造于道，并非主客关联。正是在"无待"前提
下，不仅人与"物"之间即可取消彼此对待的关系，"物"与"物"之间更可具备
相对持久的独立自由。庄子谓"故分也者，有不分也；辩也者，有不辩也"
（《齐物论》），郭象注云："夫物物自分，事事自别，而欲由己以分别之者，不见
彼之自别也。"②庄子说"分"有"不分"，"分"皆自"成心"与一己之见，从自然
整体考察，天下之物何有分辨？皆自道而成，便无分别。然就其现象层面，
"物"与"物"既无相因的可能，又只是"自分"、"自别"，统筹于道。解"物"的
角度不同，待"物"也自然有别。与儒家观"物"往往将其视作被考究剖析的
对象不同，老庄哲学待"物"多持有不对待的意识，任其自生自在。《庄子·
大宗师》云："古之真人，其状义而不朋。"③又云："古之真人，不知说生，不知
恶死。其出不欣，其入不距。翛然而往，翛然而来而已矣。不忘其所始，不
求其所终。受而喜之，忘而复之。是之谓不以心捐道，不以人助天。是之谓
真人。若然者，其心志，其容寂，凄然似秋，暖然似春，喜怒通四时，与物有宜
而莫知其极。故圣人之用兵也，亡国而不失人心。利泽施乎万世，不为爱
人。"④郭象注云："无心于物，故不夺物宜。无物不宜，故莫知其极。"⑤总体
上看，与儒家对待"物"的认知态度不同，道家更强调维持彼此独立的存在模
式。"与物有宜"，即主张在非占有的相处模式中，给予天下之"物"生存、发
展的空间和权利；"状义不朋"，则提倡一种非目的性的道德意识，摒弃出自
私心的、等级性质的占有。在此基础上，于悟道工夫、体认路径等层面，老庄

---

① （晋）郭象注，（唐）成玄英疏：《庄子注疏》，第60页。
② （晋）郭象注，（唐）成玄英疏：《庄子注疏》，第47页。
③ （晋）郭象注，（唐）成玄英疏：《庄子注疏》，第130页。
④ （晋）郭象注，（唐）成玄英疏：《庄子注疏》，第127—128页。
⑤ （晋）郭象注，（唐）成玄英疏：《庄子注疏》，第128页。

哲学即讲求顺其自然、莫师"成心"。

相较老庄为代表的道家哲学,儒者对"道"本体的认识,以程朱"理一分殊"主张为核心。如宋明儒学强调的"分殊"之旨,其积极意义便在侧重"理一"的前提下,承认"理"的无限可分与体认可知。朱熹《通书注》中云:

> 二气五行,天之所以赋授万物而生之者也。自其末以缘本,则五行之异,本二气之实,二气之实,又本一理之极。是合万物而言之,为一太极而已也。自其本而之末则一理之实,而万物分之以为体。故万物之中,各有一太极,而小大之物,莫不各有一定之分也。[①]

朱子这里云"万物之中,各有一太极"便在于揭示"理"孕育在普天之下万事万物之中,事事物物虽各有一"理",此"理"并非"道"本体的部分显露,却是它整体的微观。朱子在《答黄直卿》一篇中又曾曰:

> ……如"先天"之说,亦是太极散为六十四卦,三百八十四爻。而一卦一爻莫不具一太极,其各具一太极处,又便有许多道理,须要随处尽得,皆不但为块然自守之计而已也。然此亦只是大概法象,若论日用功夫,则所守须先有个自家亲切要约处,不可必待见图而后逐旋安排。其随处运用,亦须虚心平气,徐观事理,不可就图上想象思惟也。既先有个立脚处,又能由此推考证验,则其胸中万理洞然,通透活络,而其立处自不费力而愈坚牢开阔矣。[②]

朱子论《易》,向来侧重其占卜之用,此处以三百八十四爻各具一太极,是将理的存在形态又作进一步揭示。根据朱子路数,《易》占卜之用的理论前提,即在"理"蕴于极微极隐处,动静变卦各有根据,又各有其旨。某种程度上,朱熹对程子"理一分殊"思想的发挥,包含两方面内容:其一,分殊之理具体可认;其二,识认分殊之理,天下至理即可触类旁通。当然,我们在此也只是就朱子主张的其中一个面向进行解读,又据束景南教授认为,朱熹"理一分殊"同时指向"道一理殊""理一气殊""理一物殊""体一用殊""性一气殊""心一分殊""仁一义殊""乐一礼殊""忠一恕殊"等。而朱子对李侗"分殊体认"

① (宋)朱熹:《通书注》,《朱子全书》第 13 册,第 117 页。
② (宋)朱熹:《晦庵先生朱文公文集》卷四十六,《朱子全书》第 22 册,第 2156—2157 页。

的继承,则具备"直觉体认""整体把握""主客一体"等特色。① 由此可见,朱熹对"理一分殊"的发挥,已经推至极为广泛的领域,在这一本体理论前提下,人伦之理与自然规律,都成为"格""致"、穷究的内容。相应地,"物"在儒者视野中即指向一切的感知事物。中晚明理学家欧阳德关于"物"就有非常明确的说明。其云:"物者,事也,思虑、觉识、视听、言动、感应、酬酢之迹者也。"②在欧阳德认为,"物"便是人身主体所有直面的现象和一切感知的结果。在此前提下,"格物"便是顺应自然之则应对事事物物。如其云:"格也者,循独知自然之则,视听格之,喜怒格之,以至于曲折细微,莫不格之,改非礼以复礼,改过不及以就中,然后能慊其独知而无不诚。"③欧阳德以上言论既牵"视听",又系"喜怒",便是将"格"的对象范围从外在事物扩展至内在体验,以此要求道德理性恒常作用于事事物物。

正是从中国本土文化的整体视域出发,相较于道家关于"物"的不对待意识,儒家"格物"一说首要意义,便在于其积极入世、矢力践履的严肃态度。由此引发的关于"格"的训解、"物"的界定等等问题,之所以难成定论,也在于该系列问题,不仅涉及存有论探讨,更关系到不同时代、不同思想家各自有别的认识论主张。尤其是在宋、明时期,自程子"理一分殊"提出,到李侗、朱熹关于"分殊体认"的发挥,再考有明一代,陈白沙、湛若水、王阳明在"格物致知"事项上的多番探讨,多是围绕识物、穷理展开。从这一立场出发,明代理学的发展与演变,或可以转变原本的以阳明心学为主线的研究思路,从认知论层面展开全新探讨。提及"认知",宋明理学家关于"性即理""心即理"的侧重,实则都可以统筹为"理一"的认知前提。所谓"性即理"即是侧重于以"性善"救道,相应地,"心即理"便是强调发挥明灵心力,救人以救世。至于如何识"性",如何知"心",最终又如何穷"理",又总关系体认工夫论。就体认工夫层面考察,明代理学即可分作以陈白沙、湛若水为代表的继承程朱、李侗等人的"分殊体认"一派,与以王守仁及其部分弟子(如陈明水等)为典型的"致良知"一脉。与之相应地,白沙高足湛若水与象山学术的推进者王阳明之间的学术讨论,由合、到分、再到合,也都关系到各自的体认工夫。仅就王阳明本人弘治十八年前后关于李侗体认工夫的践行、正德十六年"致

---

① 参考束景南:《朱熹的"理一分殊"及其认识论指向》,《四川师范大学学报》(社会科学版)2006年第2期,第8—13页。

② (明)欧阳德:《答罗整庵先生寄〈困知记〉》,《欧阳德集》卷一,第13页。

③ (明)欧阳德:《答王堪斋》,《欧阳德集》卷四,第127页。

良知"的发明、乃至晚年关于自身主张的追悔、对朱子体认工夫的推崇而言，或可成为重新考察其学术思想酝酿、发展、成熟的核心脉络。而阳明直系弟子中，陈明水对王心斋的质疑和批评，再传弟子群体里，胡庐山对漫谈"良知"人士的臆见和指责，某种程度上，正突显出"致良知"工夫在阳明一门的不同走向，以及由此产生的矛盾和冲突。无论是湛若水与王阳明论学的分分合合，抑或阳明学脉内部由"致良知"延伸的"格物"论辩，其现象的背后都隐含一个事实，即从明代中期到晚期，心学的分裂，究其本质而言，或可看作晚明理学向程朱学术理路的复归。这一漫长曲折的复归过程，发展至清初，方得有大规模的学术思潮的整体演变。接下来，我们将就阳明"格物"说、心斋"淮南格物"论，以及罗汝芳的"格物"理念详作分析。

2. 阳明学范畴中的"格物"一说

大体上讲，王阳明"格物"之说向以"念头"为格正对象，以平常世"事"为"格致"范畴。从前者展开，阳明"格物"一说最为突出的特色即在以"正"训"格"，由此牵涉出以"念头"得正为实践鹄的，关于这一路径学界多有讨论，无需赘言，然笔者关注的是，王阳明以"正"训"格"的"格念头"理论义旨在其弟子欧阳德的发挥中又有灵动且精准的揭示。比如后者即有"格如格其非心之格是，正其不正以归于正"①等言论。且其在《答项瓯东》一篇中也曾讲到：

> 惟或为意之所注，知之所及者，便不可以不格。……格者，格吾意之所注、知之所及者之一归于正，非是格天地鬼神、鸟兽草木之不正以归正也。……其心之独知，有昭然不可掩者。即观察之事而格之，主敬胜怠，改恶从善，正其不正，以尽其当然之则，然后知至而意诚，是观天察地，亦莫非日用身心性情之学。盖意即观察之意，知即观察之知，观察即是知之事。……身、心、意、知、物，虽各有所指，其实一好恶而已矣。好恶根之心，着于身，而达之家国天下。知即好恶之知，物即好恶之事。格好恶之事，以致其好恶之知，而后好恶之意诚。故逆推功夫，则自修身而本之格物，其用力于好恶一也；顺推功效，则自物格而达之身修，其收功于好恶一也。②

---

① （明）欧阳德：《答陆主政子翼》，《欧阳德集》卷四，第139页。
② （明）欧阳德：《答项瓯东》，《欧阳德集》卷五，第180—182页。

欧阳德以上发挥显然是在阳明"格念头"的前提下,将"格物"以"正意"置换,此处的妙处即在,不仅直继阳明主张并且灵活避免了王龙溪过于极端的"灭意"观点。细剖欧阳氏言论,其阐释诠解的过程同时揭明阳明学另外三方面重要思想:一者,欧阳德更明确地指出了阳明以"正"训"格"的理论出发点——"格吾意之所注、知之所及者之一归于正,非是格天地鬼神、鸟兽草木之不正以归正也"。此说便是指出阳明学一切理论基点皆在不向外求,所谓"格物"抑或"格意"原则上都在表明一种自我修正的立场。二者,欧阳氏讲出阳明"格物"理论本身具有的道德主义内涵——"身、心、意、知、物,虽各有所指,其实一好恶而已矣"。按思想家以上所讲,以"正"训"格"的阳明学"格物"理念牵涉的"修身""正心""诚意"等等诸说归根结底乃是在强调道德主义立场的展开。三者,欧阳德同时点明阳明"格物"宗旨的形上学延伸——"格好恶之事,以致其好恶之知"。所谓"格好恶之事"指向的是借助道德反省以真实做到"正心""诚心","以致其好恶之知"实是将"致知"引向与至善"良知"的贴合,就此说,欧阳德诠释下的阳明学内向求取之路径及其道德主义之精神并没有停留在形下的伦理德性事项上,乃是在自然间上升为实践哲学范式的道德形上学探讨。

就阳明学"格物"理念面对世"事"的态度来说,阳明"格物"理念因不离事物,又同时兼顾了主体念头之外的经验世界,按该理路牵扯出的是其"知行合一"的两面性。概言之,所谓"两面性"即谓阳明"知行合一"不仅指向对内向反省的行动论定义,并且具备普遍内涵的社会面向的"知""行"并重观念。《贤奕编》载:

> 有士绅官司理者,恨为职业所萦,无暇为学,阳明先生曰:"凡学官先事,离事为学,非吾格致旨。即以听讼言,如因其应对无状而作恶,其言语圆转而生喜,因其属托而加鲁,因请求而曲从,或以冗剧而怠,或以浸谮而淆,皆私蔽也。惟良知自知之。细自省克,不少偏枉,方是致知格物也。若离事为学,却是着空。"[1]

材料中所记阳明言行,已经明确揭示了思想家以"事"训"物"的基本原则。正是在此基础上,王阳明之所以主张做官出仕并不耽误为学,其理论出发点正是教人在烦乱事物中,克私意,正念头,真正将"知行合一"落到实处。

---

[1]　(明)刘元卿撰,谢秉谦补辑:《贤奕编·证学》,第97—98页。

关于王阳明"知行合一"之说,历来有多种理解路径,阳明弟子欧阳德就曾有全面且创新的阐释。首先,欧阳氏认为"知行合一"是"致知"工夫抑或说本体工夫"恒久而不已"的持续展开。其云:"夫心之良知之谓道心,杂以私意之谓人心。知也者,致其良知于人心、道心之间而不欺也。行也者,致知之功真实恳到,恒久而不已也。孟子所谓'知而弗去'是也。真知即所以为行,不行不足谓之知。言实致其知于人心道心而不已焉,即所以为行。苟不实致其知,则亦不足谓之知。"①据此,"合一"是"真知"的推进,也是实践的必要,更是检证工夫的手段。其次,在欧阳德看来,"知行合一"同时意谓"良知"与"良能"的协同作用。他曾讲:"心之良知之谓知,心之良能之谓行。良知、良能一也。故行也者,知之真切运用;而知也者,行之明觉精察,本合一者也。"②欧阳氏这里将"良能"作为"行"的运作形态,原则上即是以形上学的视角揭明"知"与"行"的"体""用"关系本质。再者,欧阳德"知行合一"理念具备常态化的身心修养的内涵。这便是欧阳德常提及的"毋自欺而常自慊,易简久大"一语的主旨。其云:"夫一念不起,则正念长存;万缘皆空,则万事皆实。此正廓然大公,物来顺应之学,良知之本体也。就此靠实磨砺,毋自欺而常自慊,易简久大,可驯致矣。"③按欧阳德此说,"知行合一"便是心性修养、端持的要求和结果。根据以上梳理,王阳明"知行合一"观念在其弟子欧阳德的拓展和发挥中,得到了系统化的,且具创新意义的呈现。

与此同时,借助西方哲学的诠释理念,本节将试以"实践诠释学"的视角关注阳明"知行合一"之说。施益坚先生在《何谓"实践诠释学"? ——从海德格早期的弗莱堡讲稿(1919—1923)说起》一文中,曾这样讲到:

> 通过修养工夫,个人能够从认识主体的"道德非本真性"达到道德主体的"道德本真性"。从这个角度看来,"乍见孺子入井"是一种过渡情况:见孺子入井的人选可以勉强说是认识主体,但通过"怵惕恻隐之心"的"震动",他变成道德主体,超越其单一性,亦即超越他与孩子之间的限制。道德主体之基本动态性事实上便成为一种"被动的主动",而且它根源于我们面对他人陷入困境的情况。在此情况下,人的心里呈现牟宗三所谓的"一无条件的行动之方向"。此现象也可说是"突破认

---

① (明)欧阳德:《答传石山》,《欧阳德集》卷一,第8页。
② (明)欧阳德:《答李古原》,《欧阳德集》卷二,第52页。
③ (明)欧阳德:《答林子仁》,《欧阳德集》卷二,第45页。

识主体之理论态度"而达成"道德主体之实践态度"。①

施益坚先生这里讲到的"道德主体之实践态度"或可作为诠释王阳明"知行合一"主张的崭新视角。王阳明讲以"正念头"训"格物",也是在以观念的纠正保证方向性的行动。按施先生又讲"心里的'震动',以及按照此震动所指出的方向而行动"②即可"视为儒家'人的基本动态性'概念,即'实践'最基本的意义"③,按此说,王阳明"知行合一"的观点就根本上讲,不仅包括"正念头"的具体实践过程,也当然具有向善而动的"实践"之基本意义。且在阳明看来,朱子言"理一分殊",于普遍事物上"格""致"普遍之理,但是"亭前格竹"的失败使得后者醒悟:客观现象的"物理之理"因其颜色、味道、情状等作为物的第一性的质或可以为世人认知,但是作为物的第二性的更为本质的存在则不得而知,且经验世界的客观现象,每个人观察视角不同,对"物"的认知结果又有不同,这便是王阳明说按朱子思路,格物终不能诚得"自家意"的缘由。此外,"竹"的存在作为独立对象,从它的身上要格出伦理之"理",也有难处,因为伦理的发生,其本质即是要人与"事"之间发生关联,独立之物作为客观现象并不能称为伦理之理的实践对象,所谓实践对象从实践主体方面来说即是实践的动机或目的。从王阳明的思路来看,朱熹的"格物"理念在现实中必然遭遇失败,而"物"的解释必然趋向"事"的层面,唯有落实在"事"上,伦理之"理"即须通过性理的"格"的工作才能实现,"良知"的推"致"也才能顺利地在诸项事物中全面展开。

3. 陈九川与泰州之间的"格物"之辩

经上述分析可见,王阳明关于"格物"的诠释,和他的"致良知"理念是相互契合的。相应的,阳明后学群体对其"格物"论的再发挥,同样和各自思想理念具有关联性。但与此同时,因"格物"引起的纷争也应运而生,其中最激烈的一场争论,就是陈九川与泰州一脉之间的思想冲突。

作为阳明后学群体中举足轻重的人物,陈九川一生与罗念庵、聂双江、王龙溪、邹东廓等人多有来往,其思想酝酿、发展、演变也正是在和众人交游

---

① 李明辉、邱黄海主编:《理解、诠释与儒家传统:比较观点》,台北:"中央研究院"中国文哲研究所,2010年,第50页。

② 李明辉、邱黄海主编:《理解、诠释与儒家传统:比较观点》,第51页。

③ 李明辉、邱黄海主编:《理解、诠释与儒家传统:比较观点》,第51页。

论学的过程中逐步成熟起来的。以往研究中,陈九川与念庵、双江、龙溪等人关于心体寂感问题的讨论,向来是学界关注的热点话题。然除此之外,陈九川向以阳明高足弟子自居,对泰州一脉颇有微词。尤其在"格物"一项上,陈九川曾直指王心斋"淮南格物"的弊病所在,也始终对心斋后学持质疑态度。对该事实的发掘和探讨,不仅可为陈九川、泰州一脉学术思想研究的推进提供全新的考察视角,且可见证阳明心学发展、演变的曲折历程。

陈九川、王心斋作为王守仁直系弟子,二人在阳明学士群中皆享有极高威望。前者与罗念庵、聂双江、王龙溪等人来往频繁,后者亦然,但是就双方交游情况来看,陈九川与泰州一脉的因缘,集中在陈氏与心斋弟子及其族人之间的往来上,比如其与流坑董氏之交。以董燧、董焕兄弟为代表的董氏一族,原是王心斋重要门人。王艮后人王元鼎主编《王心斋全集》附《弟子录》记:"董燧,字兆时,号蓉山,江西乐安人,南京刑部郎中。"①《年谱》"丙申十五年(1536)"条又记:"春正月乐安董燧永丰聂静来学。"②董燧作为心斋弟子,其师逝后,和同门聂静共同参与了心斋遗作的编集、校订。据王元鼎《东厓先生行状》记:"岁己巳,先公(王心斋)遗有《语录》,尚纷错未就裁订。先生乃手录之,过豫章,就正于阳山宋公、泉厓聂公、一厓郭公、蓉山董公,参订编纂四册,付之梓。"③该本现收于《续修四库全书》子部。参编心斋文集的同时,董燧及其弟董焕、其子董君和又是《明水陈先生文集》的编梓者。

在立学宗旨上,陈九川、王心斋各有代表主张,黄宗羲《明儒学案》评陈九川云:"按阳明以致良知为宗旨,门人渐失其传,总以未发之中,认作已发之和,故工夫只在致知上,甚之而轻浮浅露,待其善恶之形而为克治之事,已不胜其艰难杂糅矣。故双江、念庵以归寂救之,自是延平一路上人。先生则合寂感为一,寂在感中,即感之本体,感在寂中,即寂之妙用。阳明所谓'未发时惊天动地,已发时寂天寞地',其义一也。"④评心斋时则对其"格物"之旨多有转引,且云:"阳明而下,以辩才推龙溪,然有信有不信,惟先生于眉睫之间,省觉人最多。"⑤根据黄宗羲所记,陈九川心学理论的核心,或者说其得阳明真传的方面在于"寂感一体"之说,至于心斋胜人处在于"格物"一论,也在

---

① (明)王艮:《王心斋全集·弟子录》,第 167 页。
② (明)王艮:《王心斋全集》卷一,第 32 页。
③ (明)王襞:《东厓王先生遗集》卷下,《四库全书存目丛书》集部第 146 册,第 707 页。
④ (清)黄宗羲:《明儒学案》卷十九,第 457 页。
⑤ (清)黄宗羲:《明儒学案》卷三十二,第 710 页。

他对世人的启发之能。黄宗羲之评是否精当，暂且不论，但有一点是可以定断的，即陈九川立学宗旨与泰州一脉大相径庭。因哲学建构的不同，陈九川对心斋思想理念的批评尤其激烈。其与董燧通信中曾直言：

> 心斋兄勇往担当，素履笃实，同志推服，在不肖则不逮远矣。但其晚年所信，多欲自出机轴，殊失先师宗旨，岂亦微有门户心在耶？慨惟先师患难困衡之余磨跞此志，直得千圣之秘，发明良知之学，自谓孔门正法眼藏，而流传未远。诸贤各以意见掺合其间，将有不免决裂支离之患，精一之义无由睹矣。可胜悼哉！龙溪虽称透悟，然近来磨跞修炼，日就平实，其于先师一脉庶几不失。东廓悟处虽不逮龙溪，然亦不敢以己意立说，贻误后学，此学犹有赖焉。南野近岁方得细订，甚望其张主阐明。①

根据引文，在陈九川看来，相较王龙溪的透悟与平实，邹东廓的严肃谨慎，欧阳南野的渐趋真知，王心斋有其勇猛处，但更多实是自出机轴，不得阳明真传，且有决裂支离之患。陈氏之评原则上和钱德洪论心斋之勇猛具有区别。钱德洪评王艮时，曾云："良知之明，万古一日。濂洛既远，此意几熄。惟我阳明，独指其的。吾党信疑，或未协一。惟我心斋，克践其迹。"②质言之，钱氏认为，心斋之勇猛正在其践行先师"良知"之旨。陈、钱二人对心斋立学的不同对待，促使问题的探讨可以在继续追问中拓展开来。

接下来要揭示的，便是陈九川力排心斋学术主张的原因。总体上讲，二者在学术风格、受学要点等方面都有不同。就学术风格上讲，王心斋作为泰州学开创者，其《乐学歌》道："人心本自乐，自将私欲缚。私欲一萌时，良知还自觉。自觉便消除，人心依旧乐。"③又作《示学者》，其中云："人心本无事，有事心不乐。有事行无事，多事亦不错。"④直至晚年临终前，心斋又作《大成歌》，篇中云："随言随悟随时跻，只此心中便是圣，说此与人便是师，至意至

---

① （明）陈九川：《明水陈先生文集》卷一，中山大学图书馆藏明嘉靖四十二年董氏递修本，第26—27页。

② （明）钱德洪：《奠王艮文》，《徐爱钱德洪董沄集》，第179页。

③ （明）王艮：《王心斋全集》卷四，第100页。

④ （明）王艮：《王心斋全集》卷四，第117页。

简至快乐,至尊至贵至清奇,随大随小随我学,随时随处随人师。"①应该说心斋"乐学"主张及其对简易之道、随处之学的奉行,得到当时学界的普遍认同。欧阳德《祭王心斋》评王艮之学时也曾叹曰:"自先师倡道,多士景驰。中行不得,狂狷徒思。海邦崛起,天挺环奇。泛千里之夜航,叩龙门而摄齐。毅然任重余力,靡遗道之云远,迈往不辞。师喜谓,我乃今得狂者,而与之逍遥。歌竟哲人既萎,凡声应气求者,跂踵延颈,望庐为归,莫不虚往实还,喜色溢眉。犹之旅人,琐琐忽即,次而怀资。盖兄迪德,自身率作有机,乐必寻孔,志靡惭伊。其所以使人不惑,与民咸宜者,盖出乎声色之外,而今不可复追矣。"②《王心斋全集·年谱》又记曰:"吉水罗念庵洪先造庐请教,益私谓林东城曰:'余连日闻心斋公言,虽未能尽领,至正己物正处,却令人洒然鼓舞。'别后,先生作《大成歌》寄赠之。"③除得欧阳德、罗念庵首肯之外,邹东廓亦曾邀心斋主讲于复初书院。《年谱》"嘉靖四年"条记:"春正月,奉守庵公如会稽,诸子侄从。邹东廓守益以内翰谪判广德,建书院聘先生与讲席。先生作《复初说》,东廓因名书院曰'复初',刻其说于中。"④根据以上材料,阳明学诸子对心斋的总体认知总结来看大概有两方面:其一,泰州信得"良知"先验前提下彰显出的"乐学"风格;其二,心斋勇于践行之精神。与阳明学诸老对心斋的敬重有别,因于"研几之学"的侧重,促使陈九川对以泰州一脉为代表的"乐学"之旨、易简之道向来颇为质疑。《明儒学案》记其云:"近诸公只说本体自然流行,不容人力,似若超悟真性,恐实未见性也。缘私意一萌,即本体已蔽蚀阻滞,无复流行光照之本然也。故必决去之,而后其流行照临之体,得以充达。此良知之所以必致,而后德明身修也。"⑤这里,陈九川对于"不容人力"、空说觉悟等求学途径的批评,直指心斋一脉以"乐"作学,以"觉"为悟的立学宗旨,而其对决去私意以格物致知路径的执守,本质上乃是以戒慎恐惧言治学工夫。

从师承方面来说,陈九川、王心斋虽然同奉阳明为师,且同与其师探讨"格物""致知"诸说,然各自所得不同。严格说来,王心斋曾向王阳明阐述"格物"之悟,却并没有得到阳明称是。《诸儒学案·王心斋先生》记:"无何,

---

① (明)王艮:《王心斋全集》卷四,第107页。
② (明)欧阳德:《欧阳德集》卷二十八,第759页。
③ (明)王艮:《王心斋全集》卷一,第36页。
④ (明)王艮:《王心斋全集》卷一,第25页。
⑤ (清)黄宗羲:《明儒学案》卷十九,第459页。

文成复起……濒行，先生陈'格物'指，文成曰：'待君他日自明也。'"①相较之下，《传习录三》多处记陈九川向王阳明讨问"格物"之旨。当他问："物在外，如何与身、心、意、知是一件？"阳明答曰："耳、目、口、鼻、四肢，身也，非心安能视、听、言、动？心欲视、听、言、动，无耳、目、口、鼻、四肢亦不能，故无心则无身，无身则无心。但指其充塞处言之谓之身，指其主宰处言之谓之心，指心之发动处谓之意，指意之灵明处谓之知，指意之涉着处谓之物：只是一件。意未有悬空的，必着事物，故欲诚意则随意所在某事而格之，去其人欲而归于天理，则良知之在此事者无蔽而得致矣。此便是诚意的工夫。"②阳明训"物"以天下"意"中之"事"，且以此"物"与"身"相运，概言其意，即是强调反己修身的工夫门路。陈九川得阳明启发，其《格物考答聂双江》中云："万物皆备于我，诚也。故曰：诚也，物之终始，不诚，无物，反身而诚，曲成万物而不遗者也。……故即其物而格之去，善以怀于其心，是致知以诚其意也。故良知者，帝降之，则万物之所止焉者也。故格物者，强如其心，而物各付物矣，是故恕也者，天下之达道可终身行之也……新民者，明德之实也，格物者，新民之功也，致知者，格物之则也。"③这里，陈九川以"万物有备于我"论"物"与"我"的合一，又以"反身而诚"论"良知"所致，实则与王阳明主张一脉相承。基于此，按王心斋、陈九川二人和王阳明之间的"格物"探讨，或在后者看来，心斋之学并没有得阳明认可，故陈九川往往以自身之见，直指心斋立学之弊。《简董蓉山》一篇里，陈氏并没有避讳董蓉山心斋门人的身份，直言：

> 奉诵手书，如承面命，中谓心斋兄格物之训，言先师之所未言，证以颜曾博约忠恕之旨及象山国手奕局之谕，可谓详尽。川虽不敏，敢不承教？但川所论正与此不同。夫泛论理道，转语发挥，何妨异词？然是格物之训，乃孔门传心开来，入门下手宗旨，自宋儒表章《大学》以来，程朱诸贤岂不尊信孔子如蓍龟，其所以训释格致之义，岂自谓其异于孔子耶？其门人尊信师说，传之数百年而益盛，岂谓其异于孔子耶？然而意见之殊，毫厘之差，遂至支离繁难，使学术为天下裂，盖数百年。至阳明先师而后得孔氏之宗，正其训义，精当归一，使天下晓然复见圣人之心，

---

① （明）刘元卿：《诸儒学案》，《四库全书存目丛书》子部第12册，第419页。
② （明）王守仁：《王阳明全集》卷三，第103页。
③ （明）陈九川：《明水陈先生文集》卷六，《四库全书存目丛书》集部第72册，第77页。

以自悟其性。盖先师所以悟入圣域，实得于大学之书，而有功天下后世在于古本之复，虽直揭良知之宗，而指其实下手处在于格物。《古本序》中及《传习录》诸书所载详矣，岂有入门下手处犹略而未言，直待心斋兄言之耶？惟其已有成训，以物、知、意、身、心为一事，格致、诚正、修为一工，至当无二，简易精微。故作圣者，有实地可据，日可见之行也。而又别立说，以为教门，苟非门户之私，则亦未免意见之殊耳。汉儒尊信师说，至于宁谓孔圣误，讳言服郑非，岂非尊师重传之盛心？然求之于道，则岁于阿其所好矣。①

据此，陈九川对心斋"格物"理论的批评既不避讳其门人，也不曾留有余地，尤其是在"格物"问题上。篇中，陈九川对董燧关于心斋"格物之训"的推崇，直指"淮南格物论"僻陋多端。在他看来，心斋"淮南格物论"并无新意，其训解路径实是因袭阳明旧论，且不得要领。比如陈九川认为训"格"作"正"，阳明早有定论。陈氏所说确有凭证，王阳明曾云："我解'格'作'正'字义，'物'作'事'字义。《大学》之所谓'身'，即耳、目、口、鼻、四肢是也。欲修身，便是要目非礼勿视，耳非礼勿听，口非礼勿言，四肢非礼勿动。"②在此基础上，陈九川认为王心斋夺师之见，独以"淮南格物"另立门户，则有私心之嫌，又有毁道之患。必须承认，陈九川对"淮南格物论"的批评有其合理处，但心斋"格物"理念如何成为其思想特色，还需要加以探讨。大致上讲，"淮南格物"的根本要旨在于"修身"，其理论突破处却在对"物"的重新定义。心斋云：

> 或问"格"字之义，先生曰"格"如"格式"之"格"，即后"絜矩"之谓。吾身是个"矩"，天下国家是个"方"，絜矩，则知方之不正由矩之不正也。是以只去正矩，却不在方上求，矩正则方正矣，方正则成格矣，故曰物格。吾身对上下、前后、左右是物，絜距是格也。其本乱而末治者，否矣。③

> 《大学》乃孔门经理万世的一部完书，吃紧处只在止于至善。格物却正是止至善。格物之物即物有本末之物，其本乱而末治者否矣，其所

---

① （明）陈九川：《明水陈先生文集》卷一，中山大学图书馆藏明嘉靖四十二年董氏递修本，第27—28页。

② （明）王守仁：《王阳明全集》卷三，第135页。

③ （明）王艮：《王心斋全集》卷三，第73—74页。

厚者薄,而其所薄者厚,未之有也。此格物也。故即继之曰:此谓知本,此谓知之至也。不用增一字解释,本义自验之。《中庸》、《论》、《孟》、《周易》洞然昭合孔子精神,命脉具此矣。诸贤就中会得便知孔子大成学。①

心斋训"格"作"'格式'之'格'",且以"吾身"为"矩"、以天下国家为"方",在此前提下,极力宣扬"方之不正由矩之不正",其理论重点在于强调"修身""正己"的第一性质。此外,根据心斋上述所说,"格物之物即物有本末之物",那么"格物"便是"正本末"一事,结合心斋常训"身"为"本",解"齐""治""平"为"末",于此,心斋"尊身""保身"等思想理论实是其"正本末"理念的推展。某种意义上讲,如果按陈九川所说,"淮南格物"训"格"作"正"乃是阳明旧说,那么心斋以"本末"言"格物"之"物",并在此基础上完成对"尊身""保身"等理论的阐发,一定程度上正体现了心斋别具一格的思维视角和理论特色。

陈九川与泰州学人的来往经历、思想交锋及其关于心斋立学宗旨的批评和质疑,为当前的泰州学乃至阳明学研究提供了新线索。首先,陈九川之判启发学界关于王心斋生平思想研究需要另辟新路。以往研究中,王心斋多被界定为"平民思想家",这里的"平民"二字又被理解为心斋出身卑微,且其思想中多主张"平常日用即道"。于此,时人多认为王心斋正得阳明学"直认当下"之旨。然根据陈氏的观点,泰州创学之初,其立学根基并不牢固,心斋对阳明心学有宣扬之功,却无推进之力。再据陈九川所说,"淮南格物"并非王心斋独创,且心斋之悟也终未得阳明首肯,那么泰州一脉于阳明学的发挥,唯在"圣人"气度和"狂者"心态层面,这便是陈氏认可的"勇猛"之论。

在"成圣"宗旨上,阳明与其弟子早有关于"满街皆是圣人"的讨论。《传习录》记:

> 一日,王汝止出游归,先生问曰:"游何见?"对曰:"见满街人都是圣人。"先生曰:"你看满街人是圣人,满街人看到你是圣人在。"又一日,董罗石出游而归,见先生曰:"今日见一异事。"先生曰:"何异?"对曰:"见满街人都是圣人。"先生曰:"此亦常事耳,何足为异?"盖汝止圭角未触,

---

① (明)王艮:《王心斋全集》卷三,第70页。

罗石恍见有悟，故问同答异，皆反其言而进之。①

引文揭示的正是王阳明因材施教的案例，然其中内容则涉及阳明自身对于"圣人"的看法。在他看来，"满街皆是圣人"现实中是具有可能性的。阳明又说："需做得个愚夫愚妇，方可与人讲学。"②由此可见，"圣人"品阶的下放，自王阳明开始已露端倪。然阳明所说是在承认天分有别的前提下，激励时人积极修道。如他讲："众人亦率性也。但率性在圣人分上较多，故'率性之谓道'属圣人事。圣人亦修道也，但修道在贤人分上多，故'修道之谓教'属贤人事。"③又曰："不是圣人终不与语。圣人的心，忧不得人人都做圣人。只是人的资质不同，施教不可躐等。中人以下的人，便与他说性说命，他也不省得，也须慢慢琢磨他起来。"④根据阳明以上所说，成为"圣人"不是没有可能，但是人人资质不同，觉悟有别，故世人关键是要有成为圣人的意向和信心。至于泰州一脉，王心斋忽略了阳明关于"资质"和"意向"的强调，却将阳明对"满街皆圣人"的诠释重点转移到做"圣人"的无限可能上。立足于此，泰州有功处，乃是最大限度将"圣人"下放至愚夫愚妇皆可作为的层次，王心斋、颜钧、何心隐之流正由此条路径。然心斋之过，也在于断章阳明所言，将圣人之学推至阔略虚荡的地步。

至于泰州一脉的"狂者"风范，对曾点气象、乐学态度的侧重，在阳明论学过程中同样可以寻得依据。《传习录》记：

> 王汝中、省曾侍坐。先生握扇命曰："你们用扇。"省曾起对曰："不敢。"先生曰："圣人之学，不是这等捆缚苦楚的，不是装做道学的模样。"汝中曰："观《仲尼与曾点言志》一章略见。"先生曰："然。以此章观之，圣人何等宽洪包含气象！且为师者问志于群弟子，三子皆整顿以对。至于曾点，飘飘然不看那三子在眼，自去鼓起瑟来，何等狂态。及至言志，又不对师之问目，都是狂言。设在伊川，或斥骂起来了。圣人乃复称许他，何等气象！圣人教人，不是个束缚他通做一般：只如狂者便从

---

① （明）王守仁：《王阳明全集》卷三，第132页。
② （明）王守仁：《王阳明全集》卷三，第132页。
③ （明）王守仁：《王阳明全集》卷三，第111页。
④ （明）王守仁：《王阳明全集》卷三，第117页。

狂处成就他,狷者便从狷处成就他。人之才气如何同得?"①

据此,王阳明以"用扇"之例演绎"仲尼与曾点言志",意欲揭示"狂狷"之人的可教之处。又提伊川之严肃态度,则是教人放下拘谨之心,成就先儒气象。王阳明教育弟子的态度,及其关于"狂者"姿态的肯定,某种程度上助长了泰州一脉洒脱不羁的处世态度和狂放激进的狂狷心态。

其次,依据前文分析,王心斋所创泰州学脉虽从师承角度考虑,确属阳明学支脉,但心斋立学惟"勇猛"得称于阳明及其高足,就其理论造诣来说,并没有获取阳明心学真谛,其弟子门人再发挥师说,不免与阳明学愈行愈远。那么黄宗羲关于阳明学得王龙溪、王心斋发扬光大,亦得二人坠入流弊的主张,换个角度考察,实则可理解为,浙中王学、泰州王学都仅仅偏执一端,最终促使阳明心学逐渐丧失创学初衷和真正精神。再就泰州学脉内部而言,王心斋弟子董燧多游走于陈明水、泰州门户之间,宣扬"淮南格物"之说,编校心斋文集、年谱,其泰州门人地位应给予重视。比如吴震先生《明代知识界讲学活动系年》载录一则材料,即《沈太史全集》收《长水先生水云绪编·题孝感杨夷思先生怀师录》中载罗汝芳曾言:"心斋传颜山农,山农传何心隐。此一派真实恳恻,不比浙中。"②根据沈懋学所记,罗汝芳并不以自身作为泰州传人,却认为何心隐才是颜钧正传。

对上述疑点的发掘,可知泰州一脉传承之混乱,如按师门脉系、思想传承等作为划分标准,《明儒学案》著录泰州门人多有牵强附会之嫌,而流坑董氏则应被给予泰州正脉的定位,相应地,关于董氏家族的研究或可揭开江右王学发展更重要面向。

4. 罗汝芳的"格物"主张

根据以上考述结果,泰州学王心斋"格物"说,一方面并没有得到王阳明的首肯,另一方面又始终遭受阳明高足陈九川等人的质疑,再结合由该问题引发的一系列关于泰州学脉传承的问题,都要求我们关于罗汝芳"格物"理念的分析,有必要跳出泰州学的范围,对其作个案研究。大体上讲,罗汝芳"格物"理论与前人相较,突显出鲜明的创新特色。这一特色不仅体现了罗汝芳对程朱理学、阳明心学的融合贯通意识,同时也彰显出思想家对泰州学

---

① (明)王守仁:《王阳明全集》卷三,第118页。
② 参见吴震:《明代知识界讲学活动系年》,第310—311页。

术的拓展和扬弃之功。在探讨罗汝芳"格物"理念之前,我们首先需要探讨的一个问题,即罗汝芳如何对待前人之说。其云:

> 儒先云:理在于物,必即物以求之。夫物与我类也,理在于物,而独不在于我耶? 物之理与我之理亦类也,理在物,则知所以求之;理在我,独不思所以求之也耶? 兹就其说详之。夫吾侪之学,学孔氏也。孔氏之门,赐称颖悟,乃多识致问,应遽如响,一贯谆示,听若蘧然,他则更奚尤哉? 夫理一而已矣,夫一亦理而已矣。是故亘匝霄壤,孰从而一之? 则理以一之也。亦孰从而理之? 则一以理之也。盎然充盛而湛然流通,一也而莫非理也;森然具布,而浑然生化,理也,而莫非一也。是则天地人之所以为心也,是则天地人之心之所以为神且灵也。夫神则无方矣,灵则无眩矣。无眩、无方,而谓其心之有弗理,理之有弗一也哉? 故以吾而等诸天地万物,则谓天地万物之心,悉统乎吾之理无不可也;以天地万物而等诸吾,则谓吾心之中,悉统乎天地万物之理亦无不可也。何者? 天、地、物、我,形有不一,而心之所以神、所以灵,无不一也。夫即吾心之神灵,而天地万物可以统而一之,则即吾心之神灵,而天地万物自足以贯而通之。是不惟善求夫吾心,而所以善求夫天地万物之心也。不惟善尽夫吾心,即所以善尽夫天地万物之心也。否则,不以我体乎物,而为物所体;不以我用乎物,而为物所用,将何以尊崇德性,柄运经纶,而立本知化也哉?[1]

这里的"儒先"指称的便是朱子。朱熹"即物求理"的理论主张在近溪看来有其合理处,更有前提预设,即"理在于物"。罗近溪认为"人"也是"物"的一种,"求于物"亦可"求理于我"。在先儒"一贯"之学的传统主张下,罗汝芳以"一"喻"理"实为强调其恒常贯穿的存有特性,又以"森然具布"比拟"理"的秩序井然,无物不包,又是在给朱熹"理一分殊"作出诠释。对近溪来说,"理"的无限包容性得以融合先儒"一贯"之旨,也必然需要实现对人、对以人为中心经营的经验世界的整合。换言之,"理"的周行运作是在相对静态的天地之间进行,然人的经验生活方是"理"的核心载体。罗汝芳的理念重心意在揭示,只有将人放置于"物"的等同体中,那么天地万物之"理"便皆在人之主体行为中得以彰显,人不仅充当"理"得以运行的载体,并且"物化"的人

---

[1] (明)罗汝芳:《胡子衡齐序》,《罗汝芳集》,第452页。

因具备感应、认知的能力，便也具备与天心合一的可能，而在浑然物化的过程中，主体"纳物于心"的同时，即是纳天下"万物之理"于一心。至于罗汝芳所言"即吾心之神灵，而天地万物可以统而一之，则即吾心之神灵，而天地万物自足以贯而通之"，则是进一步侧重于"心之神灵"的感通性质。至此，罗汝芳最终认同的乃是陆王心学"心统万物""求理于心"的思维模式。这一思维模式某种程度上并不完全是王阳明"致良知"的路径，因其倡"致良知"乃是"致良知于事事物物"，是为一种阔达的知行合一的路线，而罗汝芳所言则是求事物之理于"心"，仍然停留在陆象山心学的理论基点上，不曾开拓开来。故他又说：

> 夫我与物，其形迹似涣泮而殊以异也，况众以万言，将盈天地之间焉举之矣，曷从而皆定于我也哉？盖君子善观乎其中也，不求诸物，惟取诸我。我之形也有涯，而其气也无涯；我之迹也可定，而其神也莫定。夫无涯则触处而充满，莫定则随时而妙应。即大如两间，远如千古，咸精彻于思维，聪明于视听，而莫或外之也。万物虽众，固尽藏乎两间，消息乎千古者也。独不善观而得，反身而诚以皆备于我也哉？[1]

罗汝芳这里强调"反身而诚"，既将自己当作克制的对象，严格来讲，实是遵循程朱恐惧戒慎之道。与之相应地，近溪此处所说便是为"即物求理"作出辩护，同时又以"气"之广阔灵妙譬喻心体，最终将"我"归于"物"的范畴，将"理"纳于"心"的轮廓。结合罗汝芳关于"心"体施用之效的强调及其对"心""物""理"之间关系的理解，再来具体分析罗汝芳"格物"主旨。首先，关于"格"，罗汝芳多将其与"至善"之"则"并相论之。其讲《大学》一章时曾曰：

> 物皆当其则，事皆合其式，而格之必止于至善之极焉耳。诚格之而知至善之所止焉，则意可诚、心可正、身可修、家可齐、国可治，而天下可平矣。故自天子以至于庶人一是皆以修身为天下国家之本。本乱则末不能治，何也？躬自厚而薄责于人，所厚既薄，无所不薄矣。夫知乱本末者之非善，则知格本末者之为至善，故申之可见知所先后即知所止矣……"毋自欺"以至历引《淇澳》诸诗、《康诰》诸书，而及夫"无讼"之说者，皆求知夫诚意之所以为物之本、所以为事之始，而一一须合夫至善

---

[1] （明）罗汝芳：《松门观物册序》，《罗汝芳集》，第523页。

之格，如是则诚意为合格，否则为出格。①

罗汝芳上述言论和他向来强调的以"古制"训"格"为"则"的基本主张极为契合。其曰："斯格也，物之则也，亦古之制也。"②而"至善"作为"诚""正""修"的"格则"，"格物"之"格"即可解作"则"字，于此，"格物"便落实到以"身""心""意"为起点，使"物"归于"至善"之"则"的既定轨道上。这里需要明确的是，罗汝芳虽也强调"格物"的"本末"问题，但是没有表达解"格"作"正"的主张，这一点和泰州学创始人王艮"淮南格物"理路存在差别，而差别的存在正说明王艮延续王阳明以"正"训"格"的主张并不被罗汝芳完全接受。相较前人，罗汝芳则明确地讲：

> 即良知本章，孟子亦自有说，致的工夫处，原非格其不正以归于正也。③

> 致也者，直而养之，顺而推之。所谓致其爱而爱焉，而事亲极其孝；致其敬而敬焉，而事长极其弟，则其为父子兄弟足法，而人自法之。是亲亲以达孝，一家仁而一国皆与仁也；敬长以达弟，一家义而一国兴义也。④

文段中罗汝芳所论，一反阳明、心斋以"正"训"格"的路径，将"格物致知"的诠释复原到《孟子》原典去训解，又在训"格"作"则"的基础上，将"致"译为"顺推"之义，这一诠释正是欲将古之格物解释为从一己之修推至一家之孝悌，再顺推至天下一体之仁的建构。于此，伦理社会和乐之境的构建便是由一人、一家作为起点，顺推实现。由此可见，罗汝芳关于"格物"以及"致良知"的理解，实是从其"良知实践说"立场出发，不仅巧妙回避了王阳明训"格"作"正"可能遭遇的理论冲突，并且从工夫论层面逐步落实了"格"与"致"的具体施展。

训"格"思路的不同，关系到罗汝芳对"物"的根本认知。大体上讲，罗汝芳关于"物"的训解理路，遵从两项原则：其一，于存有论层面，强调"物"与

---

① （明）罗汝芳：《罗汝芳集》，第2—3页。
② （明）罗汝芳：《罗汝芳集》，第343页。
③ （明）罗汝芳：《罗汝芳集》，第86页。
④ （明）罗汝芳：《罗汝芳集》，第86页。

"心""情""境"的相关性质;其二,于经验现实层面,侧重以"事"训"物"。

关于第一层面,罗汝芳论"物"多从"物感"和"感物"讲起。有问:"先儒谓:心体寂静之时,方是未发,难说平常即是也。"罗子答曰:

> 《中庸》原先说定喜怒哀乐,而后分未发与发,岂不明白有两段时候也耶?况细观吾人终日喜怒哀乐,必待物感乃发,而其不发时则更多也。感物则欲动情胜,将或不免,而未发时,则任天之便更多也。《中庸》欲学者得见天命性真,以为中正平常的极则,而恐其不知吃紧贴体也,乃指着喜怒哀乐未发处,使其反观而自得之,则此段性情,便可中正平常。便可平常中正,亦便可立大本而其出无穷,达大道而其应无方矣。①

罗汝芳以上言论体现了他三方面的重要主张:其一,人的感受、认知始终与"物"发生关联,"物"的存在牵动人情绪感受的变化;其二,因"物"触"情"是不可否认的既定现实,"以性禁情"并无可能;其三,"未发"并不具备现实性,仅作为"已发"的反观作用存在。从第一个层面分析,罗汝芳说"喜怒哀乐必待物感乃发",又说"感物则欲动情胜,将或不免",即已默认在心体之外,物作为客观现象的切实存在。客观存在的,作为现象的"物"的第一性的质,成为牵动主体感觉认知的源头,而当"物"指向一种关系的建构比如"事",那么罗汝芳主张的则是,主体认知必然在经验社会之中进行,因为"物感"形成的主观感受一方面可以成为干扰中正心体的因素,另一方面也同时具备牵动世人道德意识的重要因素,比如宋明理学家向来多有提及的"恻隐"之心。就第二个层面切入,罗汝芳既说"感物则欲动情胜,将或不免",实已承认在对"物"的感知过程中,人的主观感受无法回避,也就是说触"物"生情的现实,决定了"情"产生的必然性和必要性。在罗汝芳看来,有"物"方有"物感",因"物感",人的认知模式开始启动,道德意识得以激发,在该过程中,"情"亦是直观的结果,更是道德实践的前提,故其存在价值不可或缺,正因如此,宋明以来以"性"禁"情"的相关主张不仅不具备现实的可行性,并且对主体认知过程的推进和道德意识的产生都造成了极大的阻碍。立足于第三层面考虑,罗汝芳理解的"喜怒哀乐未发处"乃是圣贤教人主动从情绪起伏中解脱出来,在反省过程中体验静正平常的理想境域。于此,罗汝芳对"已

---

① (明)罗汝芳:《罗汝芳集》,第13页。

发"和"未发"的诠释相较于其他理学人士关于传统儒家心性工夫的拓展,更显平实。

至于罗汝芳训"物"作"事"的理路,则基本与王阳明解"物"相似。近溪曰:

> 孔门之学在于求仁,而《大学》便是孔门求仁全书也。盖仁者浑然与物同体,故大人联属家、国、天下以成其身。今看明明德而必曰"于天下",则通天下皆在吾明德中也,其精神血脉,何等相亲!说欲明明德于天下,而必曰古之人,则我之明德、亲民,考之帝王而不谬也。其本末先后,尚何患其不至善也哉!细玩首尾,只此一意,故此书一明,不惟学者可身游圣神堂奥,而天下万世真可使之物物各得其所也。大哉仁乎!斯其至矣。①

罗汝芳称《大学》为"孔门求仁全书",即谓《大学》宗旨在于"求仁"。而"求仁"的根本在于处理好与"物"的同体关系。人与"物"的统和整一,则是要以一己之身而絜矩、成就天下国家之事。于此,修身为本,其他为末,在明确本末的前提下,明德、亲民成为顺理成章之事,古之圣君可以做到,今之学者同样可以借此途径"身游圣神堂奥",即便是天下万世也"真可使之物物各得其所"。严格来讲,罗汝芳的哲学努力,一者在于解决对"己"性的疏通,二者在于实现对外"物"的融贯。针对前者,思想家有"信己""克(能)己"之论;对于后者,问题的探讨首先需要明确在罗汝芳的思想体系中,"物"的具体所指。上述引文曰"盖仁者浑然与物同体",继云"故大人联属家、国、天下以成其身",那么这里的"物"即指向于人之主体时刻面对且始终置身其中的家"事"、国"事"、天下"事"。依据此解,"物物各得其所"即"总是每件物、事与他一个至善格子"②,而在经验世界的层面便可解:人通过对修身、齐家、治国、平天下的顺次践行,最终完成对经验世界不断涌现的世"事"的妥当处理。罗汝芳以"事"解"物"的思想理念同时体现在他对《大学》"止于至善"一语的诠释上。其云:

> 问:"《大学》明德亲民,还易训解。惟'至善之止',则解者纷纷,竟

---

① (明)罗汝芳:《罗汝芳集》,第7—8页。
② (明)罗汝芳:《罗汝芳集》,第9页。

未能惬人意,何也?"罗子曰:"规矩者,方圆之至也,圣人者,人伦之至也。只识得古圣为明亲之善之至,而明德亲民所必法焉,则《大学》一书,从首贯尾,自然简易条直,而不费言说也已。"问:"古之欲明明德于天下者,可即是至善否?"罗子曰:"此古者的有所指,即尧舜是也。故曰:'克明峻德,以亲睦九族,九族既睦,平章百姓,协和万邦,黎民于变时雍。'此即是天下之本在国,国之本在家,家之本在身,物之本末,事之终始,知所先后而不乱者也。是为明明德、亲民之至善,足为万世之格则,而万世诚、正、修、齐、治、平者之所必法之者也。"①

依据引文,在罗汝芳看来,《大学》一书尽现古圣贤明亲之善之至,后人理解"至善之止"即要以《大学》篇章中载录的圣人言行为"规矩"。而这里提及的古圣贤即"尧舜是也"。尧舜所为首先是"克明峻德以亲睦九族",之后乃是"平章百姓,协和万邦,黎民于变时雍",这一处理路径便是明确"物之本末,事之终始",便是"知所先后而不乱"。概言之,罗汝芳认为"止于至善"的理路在于遵从《大学》篇章中记载的尧舜言行,以"克明峻德"为修身要则,为行动起点,逐次实现对"齐家""治国""平天下"的践行。在该理念导引下,罗汝芳将"物之本末"和"事之终始"相提并论,那么此处的"物"与"事"的概念内涵几可等同。

如果说罗汝芳的"感物"理念是从感觉与直观的角度探讨人、物关系,"格物"是于经验世界中寻找"性理"的落实处,那么罗氏理解的"知物"便是"感物""格物"的后续步骤。关于"知物",罗汝芳曾曰:

是以学必知物,不知乎物,非知学也;物必知格,不知乎格,非知物也;格必知本末,本末必知先后,不知乎本末先后,非知格也。②

罗汝芳这里说的"知物"之"物"要如何去理解?若以纯粹的客观认知对象去定位"物",那么"不知乎物,非知学也"无从谈起,因为"知学"的前提可以从方法论或者意义论去讲,而"知现象"在两个层面都不具备相关内涵;如以经验世界的"事"训解"物","不知乎格,非知物"的解释也甚为牵强,"事"可以作为格物的落实处,"格"与"事"能够构成施受组合,却不具备条件关系。事

---

① (明)罗汝芳:《罗汝芳集》,第 8 页。
② (明)罗汝芳:《罗汝芳集》,第 343 页。

实上，对罗汝芳“知物”之“物”的理解需要结合“知”字去说。其曰：

> 吾辈为学，盖学圣也。圣者，明之通，而知者，明之实也。夫子告子路以知，是即告之以明通之圣也，乃特呼其名，以致其珍重。亦以当时在门高弟，自颜子以下，聪明只有子贡，子贡以下，勇往只有子路，皆是的确要做圣人汉子。奈缘两个途径都差，惟晓得要做圣人，而不晓得先去理会圣人之所以为圣。虽晓得从知处入圣，而不晓得理会知所以为知，是本然之知，而非闻见之知也。故夫子直指以示之曰：由，汝欲从知以入圣乎？吾将诲汝以知之所以为知也。盖天下古今事理，有耳目心思到而知之者矣，有耳目心思未到而不知者矣。今汝之意必曰：尽知其所不知，方谓汝心有知，方谓汝心通明而后为圣耶？如此为知，则知从外得，而非本心之灵。况事理无穷，虽圣人亦难尽必其皆知也。要之，有不必然者，惜汝不善自理会耳。今只问汝，此理此事能知之否耶？曰吾能知之，是汝心之明，于所知者，即能知之也。又问汝，此事此理能知之否耶？曰吾不能知之，是汝心之明，于所不知者，又即能知之也。知者知之，不知者亦知之，则汝心之知，何等光显，何等透彻，何等简易直截！又何必尽知其所不知者，而后为知也哉？况如此求知，则其知，方可通乎昼夜，而无不知之时；方可等乎贤愚，而无不知之人。真是扩四海、贯古今，而合天人物我于一点虚灵不昧中矣。圣人可学而且易学也，固如是哉！[①]

罗汝芳讲到“理会知所以为知，是本然之知，而非闻见之知”，表明他的思维并没有满足于触目所及、耳所闻的现象世界，而是已经开始思考世界所由从出和所由构成的某种确定的东西。然“本然之知”的提法，即已预设一种乐观的自信态度，认为世界本然的存在和可知是不言而喻的。之后提及的“耳目心思到而知之者”意味着主观意见之知，从主体意见出发，世界充满着变化和无常，感官虽随时可及，但往往不可穷尽，这与永恒、完整、无限的实体的世界是对立的。至于他说“知者知之，不知者亦知之，则汝心之知，何等光显，何等透彻，何等简易直截”是在承认主体意见之知的有限性的前提下，极赞“本心之灵”的无限性，此“心”非方寸之心，实是对本体之“良知”“良能”的描述。这里罗汝芳反复强调的“本然之知”“本心之灵”和他在讲解《周易》过

[①] （明）罗汝芳：《罗汝芳集》，第 17—18 页。

程中提到的"心之常知"概念内涵相通。其曰:"《大学》之谓明德,即《大易》之谓乾乾也。天行自乾,吾乾乾而已;天德本明,吾明明而已。故知必知之,不知必知之,是为此心之常知。而夫子诲子路以知,只是知其知也。若谓由此求之,又有可知之理,则当时已谓是知也,而却犹有所未知,恐非夫子确然不易之词矣。今将本文诵之自见。"①在罗汝芳看来,"心之常知"同样具备"知必知之,不知必知之"的超越功能。

从认识论层面分析,"知什么"与"知"的程度虽是两个不同的概念,但是有关联,因为"知"的程度决定了"知"的可能。罗汝芳对"本然之知""本心之灵"以及"心之常知"的提倡事实上都是在强调于主体"闻见之知"以外,尚存在无所不知之"知"。从"本心之灵"的认知结构去说,"知物"之"物"的内涵亦包含经验世界蕴涵的普遍之"理",罗汝芳强调"知者知之,不知者亦知之",正默认了所"知"之"物"的含义还应具备事物之"理"的内涵。真是在此诠解思路的指引下,我们对罗汝芳所谓"是以学必知物,不知乎物,非知学也;物必知格,不知乎格,非知物也;格必知本末,本末必知先后,不知乎本末先后,非知格也"②才有明确理解。近溪所谓的"不知乎物,非知学也",这里的"物"结合格必知本末而言,即谓"事物本末之理";"不知乎格,非知物也"实是表达"格物"的目的便是"知物",便是"知事物蕴涵之理",于此,"穷理"成为"感物""知物"的最终落实处。

综上分析,无论是对"物"的认知,抑或对"格物"的训解,罗汝芳的相关主张已然跳脱"淮南格物"理路。更严格地讲,罗氏将"知物"作为"格物"的矢力所向,也同时呈现出融合程朱、陆王工夫论主张的思想倾向。

(二)践履层面:罗氏"狂"行新判

儒学范畴内,言"狂"往往会提到"曾点言志"的话题,该话题在理学家眼中各有理解。薛中离曾道:"曾点言志,是认得这个天理不落方所,所以随遇而安,有素位而行的意思。推此意,使其治赋便做得子路事,使其治民便做得冉有事,使其治礼乐便做得子华事。"③薛侃此说便是将儒者之"狂"理解为随事尽性的入世意识和超脱情怀。但在王阳明及其他人士的诠释下,儒者之狂又有新的解释。这一解释路数又和"圣人"之学衔接一体,在泰州学派

---

① (明)罗汝芳:《罗汝芳集》,第191页。
② (明)罗汝芳:《罗汝芳集》,第343页。
③ (明)薛侃:《云门录》,《薛侃集》卷一,第5—6页。

那里尤其如此。

严格来说，世人将罗汝芳归于泰州，一者有颜山农的因素，再者则是出于践履层面的考虑。从实践层面探讨罗汝芳与泰州学的异同，我们试从历来的"狂""左"之判展开。泰州立学、近溪立行向有"左派""狂狭"抑或"狂禅"之称。我们试图解释的首要问题便是，"狂""左"从何而出？从源头上讲，如前文梳理，泰州之"左"得于阳明启发。换言之，与其以"左派"命名心斋一脉，不如说阳明学开创之初早有偏激端倪。如有人问关于"异端"的看法，王阳明答曰："与愚夫愚妇同的，是谓同德。与愚夫愚妇异的，是谓异端。"①这里，阳明关于"小人"之教的重视，某种程度上已经偏离了程朱理学对"君子"之学的偏向。此外，阳明众弟子在各自文集语录也多有载录阳明对世俗目光的质疑，比如在对待"狂者"态度上。邹守益曾记："先师曰：'古之狂者，嘐嘐圣人而行不掩，世所谓败阙也，而圣门以列中行之次。忠信廉洁，刺之无可刺，世所谓完全也，而圣门以为德之贼。某愿为狂以进取，不愿为愿以媚世。'"②王阳明宁"为狂以进取"的思想主张，首先影响的便是他的弟子群体。比如王畿在"狂者"一事上，所持观点就与其师相近。龙溪云："夫狂者志存尚友，广节而疏目，旨高而韵远，不屑弥缝格套，以求容于世。其不掩处，虽是狂者之过，亦其心事光明特达，略无回护盖藏之态，可进于道。"③据此，王龙溪理解的"狂"之优越处便在主体心性之坦荡无蔽。此外，欧阳德关于"狂"行也有相关主张，他讲："曾点之狂，盖其心无私累，不为利害毁誉所局，不为信果适莫所系，庶乎得其本心矣。然无圣人战兢惕励之功，故未免少失之肆，所谓'罔念作狂'者也。若其克念，则作圣矣。故狂者，圣之基。"④据此，欧阳德理解的儒者之"狂"原是"心无私累"的境界呈现，然曾点之"狂"与圣人之间的区分即在少了一份"战兢惕励"。故此，欧阳氏所谓"狂者，圣之基"更在揭示"心无私累"乃"成圣"之道的必由之径。参照以上梳理，草率地将泰州一脉界定为"狂者"或"异端"，皆有"断章取义"之嫌，因参照王阳明立学宗旨，泰州一脉实是从实践层面真正实现了王阳明对"狂"的平反，对"行"的侧重。当然我们必须承认，泰州确有其弊漏之处，而弊漏的根源，正在于王艮作为平民出身，其文化水平和受教育程度某种程度

---

① （明）王守仁：《王阳明全集》卷三，第 121 页。

② （明）邹守益：《阳明先生文录序》，《王阳明全集》卷四十一，第 1739 页。

③ （明）王畿：《与阳和张子问答》，《王畿集》卷五，第 126 页。

④ （明）欧阳德：《答确斋兄轼》，《欧阳德集》卷二，第 57 页。

上限定了他在阳明心学心本体等理论探索上的发展,而其"大成之学"以简易法则为求道成圣的路径,因此也在情理之中。如果从这一点上说,罗汝芳晚年践履"成圣"宗旨,广开先儒之风,其渐趋沉稳的论学风格和境界哲学的突破意识,皆不可以泰州之"狂"一概而论。

接下来,我们要追问的是,泰州"左"在何处?罗汝芳"狂"在何处?概言之,理论上讲,无论泰州抑或近溪都是在秉承"良知"现成的阳明学宗旨上倡行圣学。就实践层面来说,双方践履之勇猛又都可以讲学为证。从朝野到民间,中晚明时期讲学运动对当时社会各个场域都产生了不同程度的影响。这里我们并非单纯就影响力来看待这场声势浩大的文化变革事件,而是将研究的起点建立在对讲学兴起之由的探讨上。关于这一点,知识分子作为文化运动的主要参与者,自然成为讲学的主要拥护群体。当时曾有人称赞王阳明"古之名世,或以文章,或以政事,或以气节,或以勋烈,而公克兼之。独除却讲学一节,即全人矣"[1],阳明则应曰:"某愿从事讲学一节,尽除却四者,亦无愧全人。"[2]据此可见,王阳明对讲学的重视或已超越了传统学者"儒者之效"的发挥,又经其后学群体的不断努力,儒学发展渐趋民间化这一过程的推进,就其积极意义上来说,是一种新的文化运动的展开。就此而论,无论是泰州一脉或是罗汝芳等人的宣讲活动,都不能算作特立独行之举,乃是整体社会思潮的反映。所谓社会思潮之反映意谓王艮之作为乃至大部分泰州门人之行径皆有时人理论乃至行动的引导。仅从王艮嘉靖壬午(1522)进京讲学这一大事件来看,其源头也因其得阳明授意。《王心斋先生遗集》卷三《年谱》"世宗嘉靖元年"条记:

> 时阳明公以外艰家居,四方学者日聚其门,道院僧房至不能容。于是,先生为构书院,调度馆谷以居,而鼓舞开导,多委曲其间,然犹以不能遍及天下。一日入告阳明公曰:"千载绝学,天启吾师倡之,可使天下有不及闻此学者乎?"因问孔子当时周流天下,车制何如?阳明公笑而不答。既辞归,制一蒲轮,标其上曰:"天下一个万物一体,入山林求会隐逸,过市井启发愚蒙,遵圣道天地弗违,致良知鬼神莫测,欲同天下人为善。无此招摇做不通,知我者其惟此行乎?罪我若其惟此行乎?"于

---

① (明)邹守益:《阳明先生文录序》,《王阳明全集》卷四十一,第1739页。
② (明)邹守益:《阳明先生文录序》,《王阳明全集》卷四十一,第1739页。

是作《鳅鳝赋》。沿途聚讲,直抵京师。①

王心斋此等勇猛举动在后来确实令阳明不满,但当其制车北上、仿效孔子周游讲学,首先是得阳明理论主张及具体行动的激励,其次,阳明"笑而不答"也并未指出心斋举动有何不妥。王阳明对"讲学"的提倡,对其门人子弟"异端"行径的默许,以及他为"狂者"的平反态度,某种程度上都为当时"儒者之效"的发挥开拓了新视野。该新视野正暗示宋、明两个时代的知识分子践履行为的蕲向原有不同。

清代焦循有《良知论》一篇,篇中即指出朱熹之学乃是君子之教,阳明之学则是小人之教。焦循所说可谓精辟。在他看来,程朱一脉与阳明众人皆有警世之功,然朱熹立学的根基在于"成己"以成君子,而阳明思想的宗旨在于启发众人醒心以致良知。学术理路的不同促使施教群体也有区别,比如诵习朱子著述,经史、性命涵盖其中,能够学有所得者恐不多,相较之下,阳明学入手处便在心上觉悟,落实处又在伦理道德,于是,其启发之效可以突破听讲群体文化水平的限制,因而"愚夫愚妇"、布衣僮仆,不分贵贱,不论出身,都可以成为施教对象,并且根据阳明学主张,都具有成为圣人的可能。基于以上分析,从知识传播的角度考虑,阳明学的立学初衷及其绩效影响都要超越程朱理学,与此同时,若论精专艰深,与程朱相较,阳明学阔略之处也不可回避。

严格来讲,中晚明知识界以阳明学众人为主力军的"讲学"活动就文化传播和抚世化俗的层面,确有其效,但其具体开展过程中也遭遇多方面阻力。阻力的产生,从社会学角度来看,实在于朝野与地方以及知识分子内部对"象征资本"的争夺。因在"象征资本"争夺中,讲学和议事、干政一同,皆可作为知识分子"立言"的重要途径。综合以上分析,泰州之"左"源于阳明之教,实是应时代而生,本无可非议。至于罗汝芳之"狂",从其讲学践履处探讨,确与泰州相似,但晚明清初人士或以"狂禅",或以"泰州流弊"评论近溪立学,还需要再予细致分辨。

首先,罗汝芳践履行径中确有狂侠的因素,从他不顾世人非议营救颜山农、何心隐,与落难的严嵩父子保持交往等等行径中都可得见。这里我们要说的是,罗氏此等出位行径,某种程度上和他对待儒家"仁爱"与墨家"兼爱"

---

① (明)王艮:《王心斋先生遗集》卷三《年谱》,《四库全书存目丛书》子部第 10 册,第 31—32 页。

的基本态度有关。李贽评近溪时有云"泛爱容众"一语,考察罗汝芳一生交游经历,确实有不分差等结交友朋的特点。从该层面考虑,罗汝芳狂侠风范确有"兼爱"之嫌。以往研究中,罗汝芳崇"仁"之说向来有之,但近溪对"仁"德"生生之化"的强调之外,对"仁"普遍有效性的侧重使"仁爱"又具有一定程度的"兼爱"倾向。事实上,罗汝芳评儒、墨之别对后者并无彻底否定义,这与阳明人士对于"兼爱"的"差等"之嫌是有区分的。比如阳明曾道:"墨氏兼爱无差等,将自家父子兄弟与途人一般看,便自没了发端处;不抽芽便知得他无根,便不是生生不息,安得谓之仁? 孝弟为仁之本,却是仁理从里面发生出来。"①阳明以为,墨氏谈"兼爱"乃是取消了伦理体制上的等差,促使"仁"缺失了根基。阳明主张代表了历来儒者对墨家理论的主要观点。然在罗汝芳看来,实则不必如此芥蒂。其曰:"墨氏兼爱,吾儒万物一体,非兼爱乎?"②严格来说,儒家的"仁爱"自张载《西铭》所论"天地之塞,吾其体;天地之帅,吾其性"③就已然将人之身心从父母孝道中解脱出来,这里的"仁"自然也不再分等级,而是走向民胞物与的"博爱"之意。罗汝芳对"兼爱"的强调,实是以"爱"的名义教人去践行"仁"道。正是延续这一思路,罗汝芳将"仁"爱范围继续扩延,终以"性之能觉否"论人、物之别。应该说,罗汝芳在"仁"爱方面的理念和他关于人、物之别的判定理念是一致的。近溪以为,人、物在至高的精神层面的性体上已无本质区分,不过是"人则其气清正,能觉者多;物则偏浊,而能觉者少也"④而已。

其次,世人又有以"狂禅"界定近溪学术特色。不可否认,罗汝芳一生与僧道羽仙确有来往,其思想理念也多曾受禅佛启发。但将罗汝芳划归"狂禅"之流,则有偏颇。根据前文分析,罗汝芳一生"狂"行,不在"禅"字上,却在义"行"方面,于此,罗汝芳之"狂"彰显出来的是一份道德意义上的儒者形象。在道德哲学领域,康德认为真正具有道德意义的事件必然需要摆脱经验的洗染。正如他所说:"每一个经验的东西不但完全不配成为道德原则的一个部分,而且甚而会有损于道德实践自身的纯粹性。因为,在道德里,一个绝对的善良意志所固有的不可估量的价值,正在于行为的原则摆脱了所

① (明)王守仁:《王阳明全集》卷一,第 30 页。
② (明)罗汝芳:《罗汝芳集》第 302 页。
③ (宋)朱熹:《西铭解》,《朱子全书》第 13 册,第 141 页。
④ (明)罗汝芳:《罗汝芳集》,第 45 页。

有来自只由经验提供的偶然根据的影响。"①康德以上理念反映在罗汝芳思想主张中,即体现在思想家对两方面的强调:其一,"赤子之心";其二,即儒者之"狂"。在近溪看来,"赤子之心"因未受经验习礼,却于天性浑全具备,即是初心,即是纯粹的道德意志;儒者"狂"士即使身在世俗之中,其所以为"狂"便是在"知其不可为而为之"的无畏精神。"赤子"与"狂"者的可贵之处于此得以统一,即不受经验法则的约束,以纯粹道德担负者的身份呈现在世人面前。概言之,罗汝芳之"狂"是没有"偏好"的责任担当,其出发点在于对"率性成道"的自觉实践。康德在《道德形而上学基础》中曾这样讲到:"尽其所能对人友善是一项责任。另外,还有许多人天生就是如此地富有同情心,以至于他们毫无虚荣和自私的动机,对在周围撒播快乐感到一种内在的满足,对能够让他人满意而感到快乐。但是我认为,这类行为无论怎样合乎责任,无论怎样亲切,都不具有真正的道德价值。它和'行为来自于此的'其他偏好处于同一层次,像对荣誉的偏好,如果这种偏好幸而定向于事实上合乎责任的领域,并普遍有用,也因此而受到褒奖,则它值得赞誉和鼓励,但却不值得崇敬。"②如中国传统众多自觉担当的真儒士那般,孔子"知不可为而为之"是出自"责任",其"情"在于对天下的普遍关怀,却不在私己之间,因此圣人"无情"是道德的体现;罗汝芳对严东楼的接济,对梁汝元的营救,其义举也不在一己名誉之得失,故其"泛爱"亦不是出自偏好。

结合以上分析,从道德实践的层面出发,罗汝芳之"狂"行,并非可以特立独行言之,实出于两方面考虑。其一,中行不能,则从狂狷之志。如近溪评"中行"与"狂狷"两种体段时,曾云:"其体段本是一样。观《易》谓'中行独复',则其特立径造,与动称古人,而踽凉卓越,气概正同。但其复自中通,美体畅发,视行不掩者,则有间耳。孔子谓颜氏为庶几,而告以克己复礼一日而天下归仁。至四代制作,则直许其上下千古焉,此正独复之能事,而中行之实德也。后世欲慕中行,而不从狂狷之志行求之。噫!吾见中行之不可复识也已。"③按罗汝芳以上言论,"中行"之道的践履前提,即在于从狂狷之志。其二,任"性"而为,践履"道""德"。这里说的任"性"原则是"性善"的信仰基础上,以勇猛坚定的意志践行天命。康德讲到:"每一个只是按照自由观念行动的存在者,在实践方面,才是真正的自由。这也就是说,所有与自

---

① [德]康德著,孙少伟译:《道德形而上学基础》,南昌:江西教育出版社,2014年,第35页。

② [德]康德著,孙少伟译:《道德形而上学基础》,第11页。

③ (明)罗汝芳:《罗汝芳集》,第20页。

由不可分地联系在一起的规律对它都有效,正像在理论哲学中其意志被证明为自身即是自由的那样。现在,我们必须得承认,每一个有意志的理性存在者也有自由的观念,而且也只依从这个观念而行动。"①根据康德关于意志自由的定义,儒者之"狂"的依据便是在此,他们摆脱世俗经验的束缚,以有意志的理性存在者的身份自由行走,践履道德律令赋予自身的责任。从先秦至宋明,儒者特立独行的全部根据即是在此。从这一层面出发,王阳明"心"学的精髓便是对道德意志的强调。然而,随着商业社会的逐渐成型,人心陷溺的愈演愈烈,"先儒"之"狂"与阳明之"心"在中晚明也同时出现因"偏好"和"冲动"诱导而生的偏颇趋向。针对这一现实,出于对世俗人心的挽救,罗汝芳重申"上帝"的监临功能,亦是为理性王国中每位成员立普遍之法。

四、罗汝芳思想与白沙学的汇通

根据前篇文献考述,近溪高足杨起元曾提及师从罗汝芳之后,始读白沙文集的经历。又评曰:"我朝学问,自白沙、阳明二先生而来,至于先师,始会合要旨。"②且其《白沙先生全集序》解白沙宗旨云"以自然为宗,乃其静中妙悟,不由师傅云"③。综合杨起元的以上言论,或许可为我们重新探讨阳明学、近溪学,提供新线索。然罗氏于陈白沙学术的认同并非偶然个案,而是由阳明学的哲思特色所致。

（一）延平体认工夫视域中的白沙、湛王之学

中晚明时期的理学,有阳明一派,更有白沙学之传人湛若水一门。王阳明粤地门人薛中离曾认为,阳明学与白沙学原本贴合。其云:"白沙之学与阳明先生无异,但不甚与人讲说,故能传其学者甚少。"④这种"无异"究竟体现在何处? 可以从王阳明及其后学理解的白沙宗旨中得窥一二。湛氏师从陈白沙,白沙学宗"自然",论学向有"自得"一说,即便是甘泉立学,在王阳明认为,亦在于"务求自得者也"⑤。以往研究往往从心性观层面对陈白沙、湛

---

① ［德］康德著,孙少伟译:《道德形而上学基础》,第 55 页。
② （明）杨起元:《重刻杨复所家藏文集》卷二,第 689 页。
③ （明）杨起元:《重刻杨复所家藏文集》卷二,第 577 页。
④ （明）薛侃:《云门录》,《薛侃集》卷一,第 23 页。
⑤ （明）王守仁:《别湛甘泉序》,《王阳明全集》卷七,第 258 页。

若水学术宗旨展开探讨,然考湛若水于陈白沙所学,此一学脉严格来说,并非可以"心"学概论,却是对程朱、延平体认工夫的继承和发挥。

1.延平工夫两种:"默坐体认"与"分殊体认"

延平体认工夫有两说:"默坐体认"与"分殊体认"。从理论渊源上讲,"默坐体认"主张并非延平独创,从二程到杨时,到罗从彦,再至延平,以上诸儒之间不仅有师承关系在,且同有静坐宗旨。二程主静广为人知,杨时曾云:"夫至道之归,固非笔舌能尽也。要以身体之,心验之,雍容自尽于燕闲静一之中,默而识之,兼忘于书言意象之表,则庶乎其至矣。反是,皆口耳诵数之学也。"①此说便是教人在"燕闲静一"之中体认天理。罗从彦得其教诲,亦有云:"静处观心尘不染,闲中稽古意尤深。周诚程敬应粗会,奥理休从此外寻。"②又云:"性地栽培恐易芜,是非理欲谨于初。孔颜乐地非难造,好读诚明静定书。"③罗氏这里讲到的"静处观心"严格来说亦是一种内向的领会原则,其云"好读诚明静定书"则直承明道先生《定性书》之旨。不仅如此,罗氏在"默坐体认"宗旨上,明确指出体认的中心所向。按李侗云:"某曩时从罗先生学问,终日相对静坐,只说文字,未尝及一杂语。先生极好静坐,某时未有知,退入室中,亦只是静坐而已。先生令静中看喜怒哀乐未发之中,未发时作何气象。此意不惟于进学有力,兼亦是养心之要。"④罗从彦教人于静中体认"喜怒哀乐未发之中",某种程度上正启发了李侗对于"默坐体认"的理论发挥和工夫践行。其云:

> 太极动而生阳。至理之源,只是动静阖辟。至于终万物,始万物,亦只是此理一贯也。到得二气交感化生万物时,又就人物上推,亦只是此理。《中庸》以喜怒哀乐未发已发言之,又就人身上推寻。至于见得大本达道处,又衮同只是此理。此理就人身上推寻,若不于未发已发处看,即何缘知之?⑤

① (宋)杨时:《寄翁好德其一》,《龟山集》卷十七,《四库全书》集部,第1125册,第277页上。

② (宋)罗从彦:《观书有感》,《罗豫章集》卷十,《国学基本丛书》,上海:商务印书馆,1937年,第111页。

③ (宋)罗从彦:《自警》,《罗豫章集》卷十,第111页。

④ (宋)朱熹编:《李延平先生文集》卷一,《四库全书存目丛书》集部第15册,第454—455页。

⑤ (宋)朱熹编:《李延平先生文集》卷一,第459—460页,

此外,朱熹评延平先师时亦云:"李先生教人,大抵令于静中体认,大本未发时气象分明,即处事应对,自然中节,此乃龟山门下相传指诀。"①据此,李延平对"默坐体认"的提倡,实是遵从罗从彦静中体认未发气象的观点。正因如此,在后者认为,"所谓静坐,只是打叠得心下无事,则道理始出。道理既出,心下愈明矣"②。按延平认为,静坐工夫的践行乃是为体认做足心性层面的准备,体认的过程,原则上即是与天理的互证。在此基础上,虽同样主张默坐,阳明私淑弟子罗念庵其志不在体认天理,却在"收敛保聚",就存有论层面展开,乃与陈白沙"致虚立本"之说一致。念庵云:"心既有扰,须以静除;欲其尽除,必令尽忘。内外俱忘,动始不动。质之《定性》,语亦不殊。"③云:"愈收敛保聚,便是了结一世事业。今若此,真是无志于斯世者,愿与兄勉之。"④又云:"白沙先生所谓'致虚立本'之说,真若再生我者,方从静默,愿与之游衍。"⑤由此可见,在宋明理学家的践行过程中,"默坐"虽同样呈现出内向度的倾斜,但事实上具有两个面向:一者,在于领悟或验证天理;二者,在于保聚或执守本体。

李侗"分殊体认"主张以何为据?徐用检《仁山先生文集序》记:

> 昔朱元晦先生始谒李愿中先生,语之曰:"天下理一而分殊,今君于何处腾空理会得一个大道理,更不去分殊上体认?"朱先生唯焉,憬然悔悟,遂去分殊上寻理之一。⑥

李侗在"理一分殊"的前提下,强调"分殊体认"的主旨,便是教人关注周遭事物,穷极一事之理,乃至事事之理,逐步突破时空的限制,实现"集义"的可能。按该理路,延平"分殊体认"主张已然具备"随处体认"的内涵。此外,《延平答问》也曾记朱熹与李侗之间的数次交流,其间,延平又曰:

> 所云见《语录》中有"仁者浑然与物同体"一句,即认得《西铭》意旨。

---

① (宋)朱熹编:《李延平先生文集》卷二,第479页上。

② (宋)朱熹编:《李延平先生文集》卷二,第469页下。

③ (明)罗洪先:《寄聂双江》,《罗洪先集》卷六,第192页。

④ (明)罗洪先:《寄王龙溪》,《罗洪先集》卷六,第216页。

⑤ (明)罗洪先:《寄湛甘泉公》,《罗洪先集》卷七,第237页。

⑥ (明)徐用检:《仁山先生文集序》,金履祥:《仁山集》(二)卷五,《丛书集成初编》,第2002册,第91页。

所见路脉甚正,宜以是推广求之。然要见一视同仁气象却不难。须是理会分殊,虽毫发不可失,方是儒者气象。①

讲学切在深潜缜密,然后气味深长,蹊径不差。若概以理一而不察乎其分之殊,此学者所以流于疑似乱真之说而不自知也。②

据此,李侗在认同朱熹以"仁者浑然与万物同体"概论《西铭》意旨的同时,教其理会"分殊"之理,便指向于事事物物中体认"仁"道。论及此处,就须明确延平"分殊体认"主张的重要特色——教人"于日用处便下工夫"。延平曾曰:

谢上蔡云:"吾常习忘以养生。明道曰:施之养则可,于道则有害。习忘可以养生者,以其不留情也。学道则异于是,'必有事焉勿正',何谓乎?且出入起居,宁无事者?正心待之,则先事而迎,忘则涉乎去念,助则近于留情。故圣人心如鉴,所以异于释氏心也。"上蔡录明道此语,于学者甚有力。盖寻常于静处体认下工夫,即于闹处使不着,盖不曾如此用功也。自非谢先生确实于日用处便下工夫,即恐明道此语亦未必引得出来。此语录所以极好玩索,近方看见如此意思显然。元晦于此更思看如何?唯于日用处便下工夫,或就事上便下工夫庶几渐可合为己物,不然只是说也。③

李侗在和朱熹的交流中,征引谢良佐之言及其学术主张,即为说明日用处下工夫的重要性。据此,延平默坐体认原是反省、追问、穷理的进程,这一进程的初始与落实处,皆出于对经验世界的关照。正如朱熹所云:"大率有疑处,须静坐体究,人伦必明,天理必察。于日用处着力,可见端绪。"④总而言之,李侗倡导"默坐澄心,体认天理"同时,其关于"日用处着力"的主张也具备对"分殊体认"的兼顾,而此"分殊体认"一说的宗旨即已指向"随处体认"。

有延平主张作为导引,朱熹一方面继承李侗观点,极为侧重分殊体认之道,正如湛若水《谒朱文公先生庙庭文》中即云朱子"早得师于延平,将终身

---

① (宋)朱熹:《延平答问》,《朱子全书》第13册,第324页。
② (宋)朱熹:《延平答问》,《朱子全书》第13册,第351页。
③ (宋)朱熹:《延平答问》,《朱子全书》第13册,第336页。
④ (宋)朱熹:《延平答问》,《朱子全书》第13册,第341页。

以为依。默体认夫天理,直上达乎精微。悟浑然以同体,别分殊以求之"①。另一方面则对程伊川"随事讨论"主张尤其认同,并以此针对陆象山凡事"但求之心"工夫观点提出质疑。《朱子语类》载:

> 问:"陆先生不取伊川格物之说。若以为随事讨论,则精神易弊,不若但求之心,心明则无所不照,其说亦似省力。"曰:"不去随事讨论后,听他胡做,话便信口说,脚便信步行,冥冥地去,都不管他。"义刚曰:"平时明知此事不是,临时却做错了,随即又悔。此毕竟是精神短后,照烛不逮。"曰:"只是断制不下。且如有一人牵你出去街上行,不成不管后,只听他牵去。须是知道那里不可去,我不要随他去。"②

针对他人索问,朱熹对于程氏"随事讨论"的侧重,某种程度上正突显其对李侗"分殊体认"主张的继承。不尽相同的是,李侗"分殊体认"是要人在一事上穷尽其极,待一事通透之后,然后别穷他事。朱子则更为认同程子"今日明日"之自然而然、水到渠成之工夫,认为程氏工夫"是教人若遇一事,即且就上理会教烂熟离析,不待擘开,自然分解。久之自当有洒然处,自是见得快活"③。至于李尧卿等人质疑的延平体认工夫与伊川"穷理"主张的比较问题,朱子则答曰:"程子之言诚善。穷一事未透,又便别穷一事,亦不得。彼谓有甚不通者,不得已而如此耳。不可便执此说,容易改换,却致工夫不专一也。"④朱子此说,一方面调和了程、李二人在"格物"路径上的异同,并且强调了程氏体认路径的顺遂平常自然之风格。从程氏到延平,再至朱熹,宋代理学对于存有论层面的"理一分殊"主张和与之相应的工夫论观念"分殊体认",在明代即彰显在陈白沙、湛若水关于"随处体认天理"达成的共识。

根据以上分析,相较于"默坐体认",李侗关于"分殊体认"的提倡则近似于自然科学的认知方法。因为该逐次推进的认知方式,体现了一种有序的观念结构。在这一系统化的有序结构中,每一"分殊"之理得以领会之后,都将成为下一次认知的小前提,通过持续并且稳定的增加和修正,士人的认知得以连贯的方式无限地接近真理。此外,"分殊体认"同时具备"寓居"内涵。

---

① (明)湛若水:《湛甘泉先生文集》卷三十,《四库全书存目丛书》集部第57册,第220页。
② (宋)黎靖德辑:《朱子语类》卷十八,《朱子全书》第14册,第600页。
③ (宋)黎靖德辑:《朱子语类》卷十八,《朱子全书》第14册,第635页。
④ (宋)黎靖德辑:《朱子语类》卷十八,《朱子全书》第14册,第635页。

如英国哲学家波兰尼所说，"我们通过寓居于细节之中，来根据整体领会整体的细节。我们通过寓居于细节之中，来把握它们的结合意义"①。参照波兰尼的观点，宋明儒学关于"格物穷理"，关于"致知"，关于"随事体认"，揭示坚信这种真理寓居的性质，以此实现集义的推进。

具体践行过程中，李延平一方面兼顾两种体认方法开展论述，另一方面也区别对待之。谈"兼顾"，延平对"分殊体认"侧重的同时，一样强调"静中存养"之道。其道："唯存养熟，道理明，习气渐尔销铄，道理油然而生，然后可进，亦不易也。"②又云："学问之道不在于多言，但默坐澄心，体认天理，若见虽一毫私欲之发，亦自退听矣。久久用力于此，庶几渐明，讲学始有力也。"③需要说明的是，延平对默坐存养的强调，并非脱离日用平常的冥想，乃指向于事物的穷理过程，这一穷理过程的前提，便是对经验事物的普遍关照。论"区别对待"，按延平主张，"分殊体认"与"默坐体认"可以分向进行，即随时随处经验生活，事后依托反省工夫静中体认天理。践履两种体认工夫的时间间隔甚至被其以"日""夜"区分。朱熹记延平曾云：

> 道理须是日中理会，夜中却去静处坐地思量，方始有得。④

根据延平此说，所谓"日中理会"指向的便是"分殊体认"工夫，即于日常事务、经验生活中理会事事物物之理；所谓"夜中静坐"，便是借由静思、默识的方法验证于天理。李侗"分殊体认"与"默坐体认"有日、夜分功之别，与之相应地，其承继孟子的夜气之说，也主要在夜间实施：

> 来喻以为人心之既放，如木之既伐。心虽既放，然夜气所息，而平旦之气生焉，则其好恶犹与人相近。木虽既伐，然雨露所滋，而萌蘖生焉，则犹有木之性也。恐不用如此说。大凡人礼义之心何尝无，唯持守之，即在尔。若于旦昼间不至梏亡，则夜气存矣。夜气存，则平旦之气未与物接之时，湛然虚明，气象自可见。此孟子发此夜气之说，于学者

---

① ［英］迈克尔·波兰尼著，彭锋等译：《社会、经济和哲学》，北京：商务印书馆，2006年，第381页。

② （宋）朱熹：《延平答问》，《朱子全书》第13册，第325页。

③ （宋）朱熹：《延平答问》，《朱子全书》第13册，第341页。

④ （宋）朱熹编：《李延平先生文集》卷二《答问下》，第472页下。

极有力。若欲涵养,须于此持守可尔,恐不须说心既放、木既伐,恐又似隔截尔。①

李侗关于"分殊体认"与"默坐体认"的同时提倡和践行,揭示其对知识和修养的共同关注,而在具体操执中又以日、夜区分工夫之不同,就此说,延平默坐主张与宋以来流行天下的"默照禅"又有区别,禅氏向来不究日夜守以空寂,以延平为代表的儒者其价值拳守及工夫相状皆与其区分鲜明。且李侗以"日""夜"两分工夫之阶段,也启发后人思索求知与修养孰先、孰后的问题。

2. 湛若水"随处体认"主张的工夫论渊源

湛若水之学要从陈白沙讲起。关于陈白沙"自然"之学,嘉靖元年壬午(1522),湛甘泉《白沙先生改葬墓碑铭》中,对白沙"自然"之学曾作总结。其云:

> 勿忘勿助,一也,中正也,自然之学也。皆原诸周、程,至矣。惟夫子道本乎自然,故与百姓同其日用,与鬼神同其幽,与天地同其运,与万物同其流,会而通之,生生化化之妙,皆吾一体充塞流行于无穷,有握其机,而行其所无事焉耳矣。惟夫子学本乎中正,中正故自然,自然故有诚,有诚故动物。②

湛若水以"勿忘勿助""中正守静"理解白沙"自然"之学,有一预设前提,这一前提便是认为其师实得万物一体之旨,更得"平常日用即道"之意。正是在此认知基础上,湛若水从师所得,便是"随处体认天理"一说。弘治十年丁巳(1497),湛若水曾作《上白沙先生启略》,文曰:

> 门生湛雨顿首百拜尊师白沙老先生函丈执事:自初拜门下,亲领尊训,至言勿忘勿助之旨,而发之以无在无不在之要,归而求之,以是持循,久未有落着处,一旦忽然若有闻悟,感程子之言"吾学虽有所受,天理二字却是自家体认出来",李延平云"默坐澄心,体认天理",愚谓"天

---

① (宋)朱熹编:《李延平先生文集》卷一《答问上》,第453页下。
② (明)陈献章:《陈献章集》附录(二),第885页。

理"二字，千圣千贤大头脑处，尧舜以来至于孔孟，说"中"、说"极"、说"仁义礼智"，千言万语，都已该括在内。若能随处体认，真见得，则日用间参前倚衡，无非此体，在人涵养以有之于己耳，云云。

据此，湛甘泉得于白沙"自然之学"，发明"随处体认"一说，首要即是得于对程子"自家体认"、延平"默坐体认"等说的反省和再发挥。只是湛氏对程、李二人学术的总结，虽有确处，但没有得其精髓，若得精髓，自然可知前人所说即已蕴含"随处体认"一旨。比如，程氏"理一分殊"主张，即已揭示普天之下万事万物皆具恒常一致之理，世人"格""致"工夫便不可局限在一定之事上，而李延平"默坐体认"同时兼顾"分殊体认"，"分殊体认"的质料，正是周边事事物物。综合对程、李理论宗旨的分析可见，湛若水"随处体认"一说实是对程朱主张的继承。《与杨士德》一书中，湛若水云：

> 书中所问阳明立志之教，与鄙见理一分殊之说，本并行而不悖者，立志其本也，理一分殊，乃下手用功处也。盖所立之志，志此耳。若不见此理，不知所志者何事，如人欲往京师，此立志也，京师之上自有许多文物，先王礼乐之遗教，一一皆有至理，此理一分殊之说也。惟其见此可慕可乐是以志之益笃，求必至而不能自已也。[1]

正因如此，湛若水"随处体认天理"的领悟，深得陈白沙赏识，陈氏在《与湛泽民（十一）》中直言："日用间随处体认天理，着此一鞭，何患不到古人佳处。"[2]陈白沙对湛氏之说的认可，实与他平日所宗"自然之学"息息相关。结合上文征引湛若水言论与白沙自说，陈氏"自然"之学具有三方面内涵。一者在于强调"天命流行，真机活泼"之旨，二者则在"勿忘勿助，不勉而中"之道，三者又在"尽性至命，学贵自得"之说。关于第一点，白沙《示湛雨》一诗有云："於维圣训，先难后获。天命流行，真机活泼。水到渠成，鸢飞鱼跃。"[3]湛氏《奠先师白沙先生文》亦评其师："因圣学以明无欲知敬，举渊鱼以示本虚之仁。卓有见乎神化，初不离乎人伦。"关于第二点，湛若水《粤秀山白沙书院记》一篇记其师曾曰："千古有孟子'勿忘勿助'，不犯手段，是谓无在而无不

---

① （明）湛若水：《湛甘泉先生文集》卷七，《四库全书存目丛书》集部第 56 册，第 562 页。
② （明）陈献章：《陈献章集》卷二，第 193 页。
③ （明）陈献章：《陈献章集》卷四，第 278 页。

在,以自然为宗者也,天地中正之矩也。"①白沙此说,在湛若水理解实与程朱"理一分殊"之道相契合。湛若水《进圣学疏》云:"夫一者,天理也;敬者,勿忘勿助以体认乎天理、令有诸己焉者也。"②至于第三点,陈白沙又有《与民泽》一篇,篇中云:"圣人之学,为求尽性。性即理也,尽性至命。理由化迁,化以理定。化不可言,守之在敬。有一其中,养吾德性。"③故湛若水以"随处体认天理"诠释白沙"自然之学"的思考路径,主张工夫并不在远求,却是在近取。因此,在他看来,随处体认的重要体现,便在于能"反"。一者,反之于"身",如其《再论圣学疏》有云:"反身而求之,知吾身之心思不可以一时不宰也,则心思所以正其心,以主群动,不宜或有放失也。"④二者,反之于"初",如其《赠龙游子祝宪佥序》中道:"君子之学反其初而已。"所谓"初",即"与万物一也,万物与天地一也,能知与天地万物一,则可与几矣。是故人之大初也,与天地万物也。一者,无物也,无物故能与道一。"⑤综合湛氏所说,"随处体认天理"的精髓,一方面在于借助自身主体的力量,发挥"心思"正"心"之用,另一方面则强调此"心"、此"身"与"物"的一体性质,于此,"格物"、体认的同时,心思的着落处便是"致知"的落实处。正因为如此,湛氏"随处体认天理"的学术主张,其用即在日用平常。这一日用平常之道很自然地将其学术宗旨和当时流行的圣祖之教结合起来。嘉靖三年甲申(1524),湛氏作《途中进申明学规疏》,篇中云:"臣窃推圣祖之所谓道学者,其志在于谦柔恭谨,其道在于人伦物理,其实在于孝弟忠信,其用在于开物成务,其蕴在于圣经贤传,其践履在于诚敬笃实。由乡人而可至圣人之道,平易明白,非有索隐行怪,高远难稽,离于日用之常以为道也。"⑥据此,湛若水"随处体认"一说更得圣学践履精神,也更具实用价值。

与此同时,通过对湛若水"随处天理"一说理论渊源及其具体内涵的分析,一则事实也得以揭示,即学界向来多将陈白沙一脉归入心学一说或有不妥。不用说陈白沙、湛若水师徒二人对程明道静坐体认工夫的沿承,对李侗"分殊体认"主张的发挥推拓,即便是湛若水在《伊川唐录序》中也曾讲:"吾

---

① （明）陈献章:《陈献章集》附录(四),第 942 页。
② （明）湛若水:《湛甘泉先生文集》卷十九,《四库全书存目丛书》集部第 57 册,第 44 页。
③ （明）陈献章:《陈献章集》卷四,第 278 页。
④ （明）湛若水:《湛甘泉先生文集》卷十九,《四库全书存目丛书》集部第 57 册,第 32 页。
⑤ （明）湛若水:《湛甘泉先生文集》卷七,《四库全书存目丛书》集部第 56 册,第 711 页。
⑥ （明）湛若水:《湛甘泉先生文集》卷十九,《四库全书存目丛书》集部第 57 册,第 36 页。

独惧夫后之学者,乐超逸而厌平易,好径捷而恶中道,崇象山而忽二程子之为至学,以达诸孔孟也,既采明道语为《遵道录》。"①即是将自家治学与陆王心学区别看待。此外,与阳明人士对杨慈湖的普遍尊崇,湛若水则有云:"信斯言也,是累象山者也。然而吾得其肯綮矣!吾得其肯綮矣!曰'心之精神之谓圣',以为孔子之言也,一编之宗指不外是焉。然而非孔子之言也,外家者之流也。夫心之精神,人皆有之,然必得其精神之中正,乃可以语道,而遽以精神为圣,则牛马之奔奔、昆虫之欣欣,凡知觉运动者,皆可谓曰圣矣,如蠢动含灵,皆可谓曰佛性矣,而可乎? 故知非孔子之言也。"②甘泉门人洪垣为撰《新泉问辩续录序》,其中又记湛氏曾语:"象山非禅也,其言博学、审问、慎思、明辨、笃行,必求个止处,象山非禅也。象山而上为慈湖,慈湖则禅之流矣。其学也,以不起意为宗,则无所用于学矣。无所用于学,夫何有于禅?而卒不免于禅之归,为其容有未中焉者也。"③相较于阳明学众人士,例如王畿等人对慈湖心学的推崇,湛若水针对杨氏学说展开的批判,正是从根本上否定了心学人士以"明灵""知觉"等禅家术语讲论"心"本体的治学理路。据此可见湛氏对象山、慈湖之学的特殊态度,这些态度启发我们需要区别对待陆王心学与白沙心学。

3.王阳明于延平体认工夫的批判继承

依据上文分析,湛若水"随处体认"主张的工夫论渊源实在李侗"分殊体认"宗旨,更明确地讲,湛氏学说原是遵从程朱"理一分殊"的存有论观点,以此为前提下对"分殊体认"进行再发挥。概言之,有明一代湛氏一脉的立学主张,实则代表程朱理学的传承和发展。与湛氏不同,王阳明矢力践行的,乃是李延平"默坐体认"主张,而其摒弃的,正是先儒"分殊体认"宗旨。

①于"默坐体认"的践行

阳明、甘泉在正德初年尚未出现理论分歧,究其原因,二者在两个理论上具有共识。其一,对"万物有备于我"理念的一致推拓;其二,于李延平体认工夫的共同实践。正德丙寅(1506),湛若水、王阳明初次会面。湛氏《阳明先生王公墓志铭》一篇曾记阳明此时"始归正于圣贤之学,会甘泉子于京

---

① (明)湛若水:《湛甘泉先生文集》卷十七,《四库全书存目丛书》集部第56册,第700页。

② (明)湛若水:《杨子折衷·杨子折衷引》,《续修四库全书》子部,第938册,第257页。

③ 转引自黎业明:《湛若水年谱》"嘉靖十八年己亥(1539)"条,上海:上海古籍出版社,2009年,第250页。

师。语人曰：'守仁从宦三十年未见此人。'甘泉子语人亦曰：'若水泛观于四方，未见此人。'"①同篇又记湛、王二氏"遂相与订交讲学，一宗程氏仁者浑然与天地万物同体之指。故阳明公初主格物之说，后主良知之说，甘泉子一主随处体认天理之说，然皆圣贤宗旨也，而人或舍其精义，各执于语言，盖失之矣。故甘泉子尝为之语曰：'良知必用天理，天理莫非良知，以言其交用，则同也。'"②据此，湛、王二人初见如故，正是在"万物一体"之说的基础上共参圣学。

至于湛若水讲到阳明该阶段方归正圣贤之学，湛氏所说实指向阳明此时已由词章之学转向理学，而他不曾觉察的，却是阳明圣贤之学转向最为关键处，乃是对李侗"默坐体认"工夫的践履。弘治十七年（1504），王阳明主持山东乡试，曾作《君心惟在所养》一篇，篇末云：

> 人君之心，顾其所以养之者何如耳？养之以善，则进于高明，而心日以智，养之以恶，则流于污下，而心日愚，故夫人君之所以养其心者，不可以不慎也。……若夫自养之功，则惟在于存养省察，而其要又不外乎持敬而已。③

> 一失其所养，则流于私，而心之智荡矣，入于邪而心之智惑矣，溺于恶而心之智亡矣，而何能免于庸愚之归乎。夫惟有贤人君子以为之养，则义理之学足以克其私心也。④

观此文，王阳明对"持敬存养"的强调，不仅和陈献章平日所讲"圣人之学，为求尽性。性即理也，尽性至命。理由化迁，化以理定。化不可言，守之在敬。有一其中，养吾德性"⑤的观点一致，若往前追溯，阳明、白沙之论和李侗关于默坐存养的强调又极相契。李侗曾曰："学问之道不在于多言，但默坐澄心，体认天理，若见虽一毫私欲之发，亦自退听矣。久久用力于此，庶几渐明，讲

---

① （明）湛若水：《湛甘泉先生文集》卷三十一，《四库全书存目丛书》集部第 57 册，第 231 页。
② （明）湛若水：《湛甘泉先生文集》卷三十一，《四库全书存目丛书》集部第 57 册，第 231 页。
③ （明）王守仁：《君心惟在所养》，钱普：《批选六大家论》，第 18 页。
④ （明）王守仁：《君心惟在所养》，钱普：《批选六大家论》，第 15 页。
⑤ （明）陈献章：《与民泽》，《陈献章集》卷四，第 278 页。

学始有力也。"①细究延平"默坐澄心,体认天理"一说,正是教人恪守持"静"以"敬"、"存养"以"诚"之道。再据束景南教授最新文献辑考成果,弘治十八年(1505),王阳明作《书明道延平语跋》既以李侗"默坐澄心,体认天理"为座右铭,李诩《戒庵老人漫笔》载其文曰:

> 明道先生曰:"人于外物奉身者,事事要好,只有自家一个身与心却不要好。苟得外物好时,却不知道自家身与心已自先不好了也。"
> 延平先生曰:"默坐澄心,体认天理,若于此有得,思过半矣。"
> 右程、李二先生之言,予尝书之座铭。南濠都君每过,辄诵其言之善,持此纸索予书。予不能书,然有志身心之学,此为朋友者所大愿也,敢不承命? 阳明山人余姚王守仁书。②

王阳明弘治十八年既以李延平"默坐澄心,体认天理"为座右铭,据此揭示,该阶段,王阳明和湛若水同是践履延平工夫论观点。只是与湛氏不尽相同的是,阳明矢力践行的并非李侗"分殊体认"工夫,却是"默坐体认"主张。更明确地讲,王阳明一生对"静观"的侧重、对"心悟"的强调,乃至其"致良知"主张的提出,某种意义上讲,多以李延平"默坐体认"为工夫路径,将"穷理"导向内向性的致知。

　　进一步讲,王阳明对延平"默坐体认"工夫的选择和践履,在其后学中即被置换为对"默识心通"的强调。阳明高足王龙溪《意识篇》中云:"意统于心,心为之主,则意为诚意,非意象之纷纭矣。识根于知,知为之主,则识为默识,非识神之恍惚矣。"③据此,王龙溪"四无"之说,便是对"默识体认"工夫的践行。又有罗汝芳,其论学也多讲"默识体认",曾曰:"默识是定静的头,定静是默识的尾。"④又曰:"惟夫明睿过人,资近上智者,则功夫不肯妄用,而汲汲以知性为先,究悉名言,询求哲士,体察沉潜,而性命之蕴,能默识心通,便自朝至暮,纵应感纷纭,却直养无害之功,如如自在,静定不迁之妙,寂照圆通。世人则终身滞泥于应感之偏,而至人则无日无时而不从容于不动之

---

① (明)朱熹:《延平答问》,《朱子全书》第 13 册,第 341 页。
② (明)王守仁:《书明道延平语跋》,《王阳明佚文辑考编年》,第 216 页。
③ (明)王畿:《意识解》,《王畿集》卷八,第 192 页。
④ (明)罗汝芳:《罗汝芳集》,第 176 页。

中矣。"①罗汝芳对"默识心通"的强调,其中提及"上智者"一说,这和王阳明、王龙溪向来侧重的"上根人"说法一致。而阳明学者反复言及"上根人""上智者"的原因,也正在于"默坐体认"工夫的实行,所倚赖的,正是一份"智的直觉"。这一以"物自身"为对象的直觉体验境界,并非"中根人""下智者"简单便可成就。概而言之,阳明学脉对延平"默坐体认"工夫路径的选择,其考虑的视角,便是不仅教人"皆可做圣人",更主张成为圣人的途径即是要践履"上根人"的工夫。

既已提及"默坐",这里还需明确一个问题,儒学的静坐工夫与佛氏禅修实践究竟有何区分?对这一问题的探讨,单纯就工夫相状上考察,极难明晓,只有参照相对完整的诠释架构进行考虑,方可明鉴。佛氏中讲默坐工夫首属曹洞宗默照禅,然据儒、佛二氏的本体建构、宇宙论主张,及工夫操执的具体过程,一般意义上的儒学静坐工夫与默照禅仍有原则上的区别。当然,这里并不排除个别理学家或有禅宗的切身经历。

首先,就价值意识的本体论考虑,儒学、默照禅同讲"默坐",但本体拳守有别。默照禅的工夫推进原则是对般若"空"慧的拳守,正所谓"法随法行,法幢随处建立,昨时长芦江上,而今普照光中。衲僧家。不可以静躁,则不可以去来求。步步不将来,心心无处所"②,所谓"真实做起,唯静坐默究,深有所诣,外不被因缘流转,其心虚则容,其照妙则准,内无攀缘之思,廓然独存而不昏,灵然绝待而自得,得处不属情,须豁荡了无依倚,卓卓自神"③。"心无处所"即是对般若智慧的执守,"内无攀缘",便是逐于空境。又有,天童正觉禅师讲"若与诸法对待,即不成自,若是身空,则眼处空,眼处空,则色处空,以自己合自己,于一切法中,如空合空。似水入水相似,何用作分析"④,讲"法身无相,应物而形,般若无知,对缘而照。……自然转物,心无异心,而法无异法"⑤,皆在于以般若"空"慧作为价值拳守的本体。与佛氏相较,儒者即便在进行涵养工夫的时刻,其价值参照体仍是"仁"体相关的概念。阳明高足钱德洪曾云:"先师曰'无善无恶心之体',双江即谓:'良知本

① (明)罗汝芳:《罗汝芳集》,第 198 页。

② (宋)集成等编:《宏智禅师广录》卷一,《大藏经》第 48 册,台北:新文丰出版公司,1993 年,第 2 页上。

③ (宋)集成等编:《宏智禅师广录》卷六,《大藏经》第 48 册,第 73 页下。

④ (宋)集成等编:《宏智禅师广录》卷五,《大藏经》第 48 册,第 71 页上。

⑤ (宋)集成等编:《宏智禅师广录》卷五,《大藏经》第 48 册,第 71 页中。

无善恶,未发寂然之体也。养此,则物自格矣。今随其感物之际,而后加格物之功,是迷其体以索用,浊其源以澄流,功夫已落第二义。'论则善矣,殊不知未发寂然之体,未尝离家国天下之感,而别有一物在其中也。即家国天下之感之中,而未发寂然者在焉耳。此格物为致知之实功,通寂感体用而无间,尽性之学也。"①钱氏此处认为"未发寂然之体,未尝离家国天下之感,而别有一物在其中也",该"物"便是"仁"体,在此基础上,家国天下自然常在儒者胸怀之中。

其次,在宇宙论问题上,默照禅修行进程中,乃是紧扣其鲜明的佛学宇宙论观点。比如禅学默照中的"光景"之说曾有描绘"见佛"之境。天童觉法师曾描述一种境界,云:"恍恍惚惚,其中有物;杳杳冥冥,其中有精。其中之精则无像,其中之物则无名,应繁星而常寂,照空劫而独灵,悟之者刹刹见佛,证之者尘尘出经,门户开辟,也分而为三教,身心狭小,也局而为二乘,真境无涯兮妙观玄览,大方无外兮独立周行。……虚若谷神元不死,道先象帝自长生。"②对于衲僧来说,"见佛"即是工夫的达成,即是莅临"真境"的表露,该"真境"便是与此在世界有别的他在存有。与此同时,"默照"的宇宙论预设即是佛教"三千世界"的存有。因此,默照工夫理论描述中,佛教宇宙论观点往往相随。如禅师尝云"默默灵光,堆堆坐忘,衲僧事业,宗印文章,应物空三世,随缘遍十方"③,云"生生死死,轮回之迹无穷,寂寂惺惺,真照之机不昧"④,又云"肘后符能应一切事,顶门眼自照脱身,双收双放,无中无外,大千与我同出,三世自然超过"⑤,以上诸说皆在指出默照禅修与佛学宇宙论之间的密切关联。

再者,从工夫操作的具体过程和追求境界展开来看,儒、佛之别也极为明显。一者,佛氏工夫几无昼、夜之分,境界达成之际,时空局限即得以消除。天童觉禅师即云:"空而不空,廓然自照,有而不有,湛兮若存,法身圆极,而无去来,物物难逃其外,佛眼洞鉴而一同异。尘尘但入其中,所以古人道,森罗及万象,一法之所印。若恁么会得,方知道,一切处是尔自己,一切处是尔光明,一切处是尔坐道场,一切处是尔作佛事。虽然如是,且道:光影

---

① (明)钱德洪:《复周罗山》,《徐爱钱德洪董沄集》,第154页。
② (宋)集成等编:《宏智禅师广录》卷一,《大藏经》第48册,第10页下。
③ (宋)集成等编:《宏智禅师广录》卷九,《大藏经》第48册,第116页下。
④ (宋)集成等编:《宏智禅师广录》卷一,《大藏经》第48册,第9页中。
⑤ (宋)集成等编:《宏智禅师广录》卷六,《大藏经》第48册,第76页中。

俱忘,又作么生体悉。"①禅师所说"一切处是尔坐道场"便是指出般若空慧原本不分时空,本体工夫进行过程中及其最终达致最高境界,时间、空间都不是构成阻碍的要素。相较于此,前文提及延平静坐主张,则有日中理会和夜间思量的区分。二者,"默照"一说得以成立,实质乃是"佛灵自照"。概言之,禅修进行中,操执者达致最高境界时,不仅感受到佛光显现,并且感知到"自照"的实现。参照引文:

> 佛灵自照,妙彻根源,识得底里尽,分身应事,门门放光,物物现影。②

> 本明破暝,看毗卢顶后之光。寂照含虚,具舜若身中之眼。……传出九重之语,光生万里之春。③

> 照与照缘,混融不二,心与心法,潜和无差,所以道,如珠发光,光还自照。④

> 唯默默而自照,故湛湛而纯清,想凝而结成器界,知觉而流作众生,情多少而岐分六道,智大小而区别三乘,境真则触处见佛,道妙而破尘出经,犹明珠而应色,似空谷而传声。⑤

> 一点环中照极微,智无功处却存知,缘思净尽无余事,半夜星河斗柄垂,若向这里着得个眼,即照破生死,所以古人道,妄息寂自生,寂生知自现,知生寂自灭,了了唯真见,且道见个什么,如珠发光,光还自照。⑥

据此,默照禅修持进程中,感知佛光并非工夫的证成,逆觉体证式的"自照"才是工夫开展的更高阶次。这和宋明儒者常以静坐涵养、思量体察皆有不同。而最高工夫境界,乃是"光影俱断","心法两忘"。禅师云:"穷万化之渊源,得一真之住处。体空而了了,不涉根门,照尽而绵绵,全超尘想,直得光

① (宋)集成等编:《宏智禅师广录》卷一,《大藏经》第48册,第11页下。
② (宋)集成等编:《宏智禅师广录》卷六,《大藏经》第48册,第74页下。
③ (宋)集成等编:《宏智禅师广录》卷一,《大藏经》第48册,第3页下。
④ (宋)集成等编:《宏智禅师广录》卷一,《大藏经》第48册,第4页中。
⑤ (宋)集成等编:《宏智禅师广录》卷四,《大藏经》第48册,第37页上。
⑥ (宋)集成等编:《宏智禅师广录》卷一,《大藏经》第48册,第6页上。

境俱断,心法两忘,卓尔独存,廓然圆湛,生灭去来,不我迁变,便能应缘无碍,静照亡功。"①意旨即在破除法执。

依据前文分析,禅氏与儒学"静坐"工夫在具体细节展开的面向和价值拳守的问题上都有区分,就此来说,延平"默坐"主张乃是纯粹的儒学静修、涵养路径,而王阳明则确有禅坐经历,但并不代表其完全地、始终地以佛氏般若智慧作为价值拳守的核心要素,更严格地说,阳明"静坐"也不以佛学宇宙观作为工夫操执的背景。概言之,阳明"静坐"工夫虽以延平"默坐体认"为座右铭,但其操执过程则有别于延平,与此同时,阳明虽曾有禅坐之真实经历,但也在根本处不同于禅氏止观之修。

②对"分殊体认"的弃置

从根本上讲,延平"分殊体认"主张指向的是"即物穷理"的方法论原则,而其"默坐体认"主张强调的则是内向性的体悟。于此,湛若水"随处体认"前提下,"物"即作为认知的对象存在,而阳明静观倾向,自然是要将"物"容括在"心"的范畴之内,首先作为感知和接受的现象。依该理路,湛、王二人关于延平体认工夫的不同选择、践履,必然导致在其他相关理念上的思想冲突。

正德十年乙亥(1515),湛氏丁母忧,扶枢南还,阳明逆吊南京龙江观之际,二人曾有"格物"之辩。湛若水《与阳明鸿胪》一篇云:

> 兄意只恐人舍心求于外,故有是说。不肖则以为,人心与天地万物为体,心体物而不遗,认得心体广大,则物不能外矣。故格物非在外也,格之致之之心又非在外也。于物若以为心意之着见,恐不免有外物之病,幸更思之。②

据此,湛若水与王阳明关于"格物"的论辩之实,是对"万物一体"理念的认知。此说作为湛、王二人当初一见订交的论学基础,似为阳明又作发展。这种发展的起因即是以"心外无物"取代程朱区分"人""物"前提下,阐发的"格物"理念。"人心与天地万物为体"观念之下,"心"与"物"原本浑然同在,所以在湛氏看来,王阳明以"心""理"之分评介程朱"格物"之弊,原是自持"外物之病",以致在"心""物"关系上先做了隔离。

---

① (宋)集成等编:《宏智禅师广录》卷一,《大藏经》第48册,第7页下。
② (明)湛若水:《湛甘泉先生文集》卷七,《四库全书存目丛书》集部第56册,第560页。

湛若水的理解是否真得阳明思想精髓,这一点未必见得。因阳明"心外无物"主张本质上和程朱"万物一体"之论并无根本不同,只是在体认方法上区别鲜明。《传习录》记王阳明曾曰:"心外无物。如吾心发一念孝亲,即孝亲便是物。"①又记"南镇观花"一例,其间主张"心外无物"一说。参见引文:

> 先生游南镇,一友指岩中花树问曰:"天下无心外之物,如此花树,在深山中自开自落,于我心奈何相关?"先生曰:"你未看此花时,此花与汝心同归于寂。你来看此花时,则此花颜色一时明白起来。便知此花不在你的心外。"②

这里,王阳明"心外无物"之说导出的是其独具特色的"格物"主张。在王阳明看来,因"物"在"心"的观望中,其意义和价值为人所赋予,故"格物"即"格念头"。由该理念分析,"格物"便不再是延平、朱子分"心""理"为两类,于事事物物上分殊体认的学术理路,而是将"正心"与"穷理"合一。于此,王阳明在《答顾东桥书》中又有曰:"至吾心良知之天理于事事物物,则事事物物皆得其理矣。致吾心之良知者,致知也。事事物物皆得其理者,格物也。是合心与理而为一者也。"③从伦理价值层面讲,王阳明在"心外无物"理论基础上,发挥独具特色的"格"、"致"之说,确实具有一定进步性,也将传统儒学直觉体验、整体把握的方法论原则推至顶点,但是从知识论角度来看,王阳明"心外无物"基础上延伸而出的体认方式,本质上便是对"分殊"识"理"路数的否定。就根本上讲,湛若水、王阳明二人的此番论辩,已经脱离了"心""物"关系的争执,却是在体认主张上各执己见。换言之,湛氏此时并没有意识到,王阳明与其观念之所以产生分歧,实是因为阳明此时已弃置延平"分殊体认"之工夫路径,选择了"默坐体认"的究理路径。而在湛王二氏论学交往中,这一认识路数的区别又直系两位思想家"格物""致知"之辨。

4.体认工夫影响下的"格物""致知"之辩

按上文分析,湛、王二人学术分歧似已极其鲜明。但这里又一难题涌现,即湛氏和阳明都曾承认"随处体认天理,与致良知一般",且阳明晚年关

---

① (明)王守仁:《王阳明全集》卷一,第28页。
② (明)王守仁:《王阳明全集》卷三,第122页。
③ (明)王守仁:《王阳明全集》卷二,第51页。

于"随事体认"也有阐述。张瀚《松窗梦语》卷四载："王公守仁……五年复起征思、田。时驻节武林，余为诸生，心景慕之，约同侪数人廷谒公，得观风仪。神骨清朗，步履矫捷，翩翩如鹤。求其指示，但云：'随事体认皆可进步，为诸生诵习孔孟，身体力行，即举子业，岂能累人哉？所患溺于口耳，无心领神会之益，视圣贤为糟粕耳。'"①于此，王阳明关于"随事体认"的偶有运用，又要从何说起呢？就宋明理学、心学发展、融合的整体视域考虑，二者此论，首先要从各自的"格物""致知"主张说起，其次，需结合湛、王二人的思想演变历程展开探讨。

正德十四年己卯(1519)，湛若水又作《答阳明》一篇，其中依孟子"深造以道"为据，提出"格物即造道"一说。文曰：

> 格者至也，"格于文祖"、"有苗格"之格。物者，天理也，即"言有物"、"舜明于庶物"之"物"，即道也。格即造诣之义，格物者即造道也。知行并造，博学、审问、慎思、明辨、笃行皆所以造道也。读书亲师友酬应，随时随处皆求体认天理而涵养之，无非造道之功。意、身、心一齐俱造，皆一段工夫，更无二事。下文诚正修功夫皆于格物上用了，其家国天下皆即此扩充，不是二段，此即所谓止至善。故愚尝谓止至善则明德亲民皆了者，此也。如是方可谓之知至。②

细剖湛氏"格物"之旨，实得程氏学脉真精神。一者，湛氏以"造道"解"格物"，原得于程子"至理"之论。其《圣学格物通大序》一篇即引程子言"格者至也，物者理也，至其理乃格物也"③。二者，湛氏论"知行并造"并非阳明以"真知即是行"作为理论基点，主张"知行合一"，而是在"意、身、心一齐俱造"的基础上，讲求致知与格物的并重；三者，湛氏讲"格物致知"并不局限于道德修养。所谓"博学、审问、慎思、明辨、笃行"等等皆"造道"途径，此处的"道"既是"天理"，又是"真知"，结合一体，便是人伦天常与自然规律的整合。从这一理路推展开来，湛氏继承程朱"格物"路径更具有进步意义。按程朱思路，"格物"进程中，人作为分析和辨别的认知主体，追随质料的不断涌现，

---

① (明)张瀚：《松窗梦语》卷四，上海：上海古籍出版社，1986年，第61页。
② (明)湛若水：《湛甘泉先生文集》卷七，《四库全书存目丛书》集部第56册，第568—569页。
③ (明)湛若水：《湛甘泉先生文集》卷十七，第693页。

"集义"的推进,即逐步实现对"理"的认知。于此,某种程度上来说,从程氏、李侗、朱熹提倡的"分殊体认"工夫,到湛若水"随处体认天理"一说,并非"义袭",乃是具备人文科学和自然科学的双重价值。而就陆王心学立场出发,这一"逐物""求理"的思考路径实是成为压抑心灵和麻痹想象的根源,故其一反程朱思路,将"心"之功效理解为存有论层面的无所不包、优先存在,实是站在主体受用的角度,宣告人对自然物的所有权,他们极力宣扬主观心灵,并且宣称"心"无所不包,无所不明,则是将客观存在的普遍之物推向为我所用的次要地位。客观地讲,阳明心学局限在"心"体之思,自困于道德场域,于阐扬"天理"的人伦价值具有重要意义,但于自然科学领域内的"真知"的追求却成妨碍。

湛若水"格物"主张明确提出的同时,正德十四年至十六年,也是王阳明"致良知"一说从酝酿,到逐步发展、完善的阶段。该时间段,湛、王有"格物致知"之辩,此时二者争论的核心已转移到"致知"一项上,甚至出现僵持不下的情势。湛氏于《答阳明王都宪论格物》一篇中曾曰:

> 盖兄之格物之说,有不敢信者四;自古圣贤之学,皆以天理为头脑、以知行为工夫,兄之训"格"为"正",训"物"为"念头之发",则下文"诚意"之"意",即念头之发也,"正心"之正,即格也,于文义不亦重复矣乎?……兄之"格物"训云:"正念头也。"则念头之正否,亦未可据……吾兄确然自信而欲人以必从,且谓"圣人复起,不能易"者,岂兄之明有不及此?盖必有蔽之者耳。仆之所以训格者,至其理也。至其理云者,体认天理也。体认天理云者,兼知行、合内外言之也。天理无内外也。陈世杰书报,吾兄疑仆随处天理之说,为求于外,若然,不几于义外之说乎?求即无内外也。吾之所谓随处云者,随心、随意、随身、随家、随国、随天下,盖随其所寂所感时耳,一耳。寂则廓然太公,感则物来顺应,所寂所感不同,而皆不离于吾心中正之本体。本体即实体也、天理也、至善也、物也,而谓求之外,可乎?致知云者,盖知此实体也、天理也、至善也、物也,乃吾之良知良能也,不假外求也。但人为气习所蔽,故生而蒙、长而不学则愚。故学、问、思、辨、笃行诸训,所以破其愚、去其蔽、警发其良知良能者耳,非有加也,故无所用其丝毫人力也。如人之梦寐,人能唤之醒也。故格物则无事矣,大学之事毕矣。若徒守其心,而无学、问、思、辨、笃行之功,则恐无所警发,虽似正实邪,下则为老、佛、杨、

墨,上则为夷、惠、伊尹是也。①

湛若水此处针对阳明的批评,为自己作出了辩解。与此同时,按湛氏信中所述,阳明所谓"义外"即"义袭""外物"。如何理解王阳明以"义外"评介湛若水"随处体认"的宗旨,相应地,阳明即用"义袭"界定湛氏之说,那么他"致良知"的主张又能否实现"集义"? 王阳明关于"集义"与"致良知"的关系,曾作诠释道:

> 若平日能集义,则浩然之气至大至刚,充塞天地,自然富贵不能淫,贫贱不能移,威武不能屈;自然能知人之言,而凡诐淫邪遁之词,皆无所施于前矣,况肯自以为慊乎! 集义只是致其良知,心得其宜之谓义,致良知则心得其宜矣。②

除此之外,阳明高足邹东廓在和聂双江的通信中,曾云:"先师之旨,亦曰致吾心之良知于事事物物之间,寂感内外,通一无二,故庸德之行,庸言之谨,便是圣门致知格物样子,即此是集义,即此是致中和。"③按邹守益理解,阳明"致良知"宗旨的精髓,便在庸言庸行中,随致中和,实现心体的普遍关照。这和湛若水"随处体认"具有两方面不同:一者,湛氏"随处体认"的理论源头,如前文分析,乃是延平"分殊体认"的延续,而阳明"致良知",既强调"心"体之力,其工夫路径实则经由"默识体认"实现。二者,"随处体认"与"分殊体认"的一致性,揭示该工夫路径乃是先"物"后"意",而"致良知"的着眼处则在"心"本体,于是,在阳明学者的理解中,"随处体认"难免有"临事揣摩,入于义袭"④之嫌,而若以"心"为基点,"理"即是"心","物"便在"心"的普遍关照之中,"致知"之功,便是"致其常寂之感,非离感以求寂也;致其大公之应,非无所应以为廓然也"⑤,时刻处于一种完满境域。面对王阳明的质疑,湛若水在反驳之前,首先即明确指出了王阳明以"正念头"训解"格物",路径

---

① (明)湛若水:《湛甘泉先生文集》卷七,《四库全书存目丛书》集部第 56 册,第 571—572 页。

② 阳明此处言论载于董沄:《从吾道人语录·日省录》,《徐爱钱德洪董沄集》,第 249 页。

③ (明)邹东廓:《简复聂双江》,《邹守益集》卷十一,第 540 页。

④ 欧阳德语,邹东廓《再答双江》引其言论,《邹守益集》卷十一,第 542 页。

⑤ 欧阳德语,邹东廓《再答双江》引其言论,《邹守益集》卷十一,第 542 页。

偏失,并认为自身"随处体认"观念并非"为求于外",更无"义外"之嫌。与此同时,进一步强调了"格物"即"造理","致知"便是"知理",所以"不假外求",原因正在"造"和"知"的过程全在此心之无限意志和无限可能,却不在"徒守其心"以致陷入佛老、杨墨学术路径之中。然考湛甘泉对阳明"格物"主张的批评,严格来说,仍然站在延平"分殊体认"工夫立场中。于程朱一脉"分殊体认"的格物宗旨下,湛氏云"随处",便非于"某处"的义袭,乃是更广泛层面的集义。至此,"随意、随心、随身、随家、随国、随天下,只是一个'格物',随性、随情、随形、随体、随礼、随乐、随政、随教,只是一个'慎独',随视、随听、随言、随动,只是一个'勿',随色、随貌、随言、随事、随疑、随忿、随得,只是一个'思'"①。经上所述,湛若水"随处天理"主张,某种意义上,实是对"分殊体认"的再发挥。

针对湛氏的种种质疑,阳明《答甘泉》一篇云:

> 随处体认天理,是真实不诳语。鄙说初亦如是,及根究老兄命意发端处,却似有毫厘未协,然亦终当殊途同归也。修齐治平总是格物,但欲如此节节分疏,亦觉说话太多。……此是圣学传心之要,于此既明,其余皆洞然矣。②

王阳明承认湛氏"随处体认天理"的合理性,但是在他看来,"随处体认"是发挥心力于事事物物之上,穷尽其理,"正念头"训解"格物"的逻辑起点,也是着眼于周遭伦理平常,以良知为主宰,念头每每复归于纯粹心体,"行"的完成便是"知"的实现,由该理路,湛、王二人以上主张确有异曲同工之效。但此处阳明并没有放弃自身的"致知"主张,并以其"致知"之说作为圣学传心之要,这于湛氏看来并非如此。后者有《孔门传授心法论》一篇,其中云:"夫无内外者,心之本体与物一也。内则离物,离物则高,高则虚,虚则寂灭窈冥之说兴……夫《中庸》何为也? 程子曰:'孔门心法也。'"③由此可见,湛氏理解的"心"乃是以万物合一为体,以神妙默运为用。事实上,该阶段,湛若水和王阳明之间在"致知"问题上的思想冲突,仍在于,湛氏主张直承程李、朱

---

① (明)湛若水:《新泉问辨续录》,《湛甘泉先生文集》卷九,《四库全书存目丛书》集部第 56 册,第 615 页。

② (明)王守仁:《王阳明全集》卷五,第 202—203 页。

③ (明)湛若水:《湛甘泉先生文集》卷二十一,《四库全书存目丛书》集部第 57 册,第 80 页。

熹主张,而王阳明"致良知"刚刚成熟,有待发挥不说,且此时的王阳明,对程朱理学"格物致知"主张,尚有"外求""逐物"的偏执理解。"致知"一说,朱熹曾云:

> 致知分数多。如博学、审问、谨思、明辨,四者皆致知,只力行一件是行。言致,言格,是要见得到尽处。若理有未格处,是于知之之体尚有未尽。格物不独是仁孝慈敬信五者,此只是大约说耳。且如说父子,须更有母在,更有夫妇在。凡万物万事之理皆要穷。但穷到底,无复余蕴,方是格物。①

由此可见,朱子主张的"格物"并不局限于穷得"仁孝慈敬信"之理,而引文中朱子所说便已蕴含二义。其一,天下之"理"并不全在人伦道德。这一点和庄子所谓的"道隐于小成"②之说似有相通,因成玄英疏云:"小成者,谓仁义吾德,小道而有所成得者,谓之小成也。"③但究朱子该主张的理路源头仍在延平。延平曰:

> 盖天地中所生物,本源则一,虽禽兽草木,生理亦无顷刻停息间断者。但人得其秀而最灵,五常中和之气所聚,禽兽得其偏而已。此其所以异也。若以为此理唯人独得之,即恐推测体认处未精,于他处便有差也。……伊川所谓"理一分殊",龟山云"知其理一,所以为仁,知其分殊,所以为义"之意,盖全在知字上用着力也。……仁之一字,正如四德之元。而仁义二字,正如立天道之阴阳,立地道之柔刚,皆包摄在此二字尔。大抵学者多为私欲所分,故用力不精,不见其效。若欲于此进步,须把断诸路头,静坐默识,使之泥滓渐渐消去方可。不然,亦只是说也。④

李延平以"气"之清浊有别区分人、物,并非自创,因程氏早有论说。但他以"阳""阴"二气比对"仁""义",虽认定"仁"为四德之首,但并非认其为本体。

---

① (宋)黎靖德辑:《朱子语类》卷十五,《朱子全书》第14册,第474—475页。
② (晋)郭象注,(唐)成玄英疏:《庄子注疏》,第34页。
③ (晋)郭象注,(唐)成玄英疏:《庄子注疏》,第34页。
④ (宋)朱熹:《延平答问》,《朱子全书》第13册,第332—333页。

换言之,天下至理并非局限在人伦道德层面。其二,朱熹既说"万物万事之理皆要穷",即谓"理"藏于万事万物,非现象,可以直观,却是道的端倪显露。朱子又云:"格物者,欲穷极其物之理,使无不尽,然后我之知无所不至。物理即道理,天下初无二理。"①按朱子所说,"格物致知"的前提是"知"与"行"的严格区分,而当其实施之时,所穷之"理"并不局限道德、人伦等伦理学范畴,还包括对事物自然规律的认知。该自然规律又不局限于对事物第一性的质的认识,更延伸到对"物"第二性的质的发掘。正如朱熹又云:"盖天下之事,皆谓之物,而物之所在,莫不有理。且如草木禽兽,虽是至微至贱,亦皆有理。"②继云:"自家知得物之理如此,则因其理之自然而应之,便见合内外之理。目前事事物物,皆有至理。如一草一木,一禽一兽,皆有理。草木春生秋杀,好生恶死。'仲夏斩阳木,仲冬斩阴木',皆是顺阴阳道理。"③又曰:

> 知者,吾自有此知。此心虚明广大,无所不知,要当极其至耳。今学者岂无一斑半点,只是为利欲所昏,不曾致其知。孟子所谓四端,此四者在人心,发见于外。吾友还曾平日的见其有此心,须是见得分明,则知可致。今有此心而不能致,临事则昏惑,有事则胶扰,百种病根皆自此生。……若不知得,只是作事,只是接人,何处为穷理?④

此处,朱熹的"致知"主张,一是强调"知"的首要性质在于"致",二是侧重承载、主导"知"的乃是广大纯粹之"心",再者是将"致知"与"穷理"相结合,故他又讲"知至",乃是"天下事物之理知无不到之谓"⑤。由该理路,事事物物皆以"致知""穷理"落实,正是李延平"分殊体认"工夫的延伸,更是湛若水"随处体认"的先导。某种意义上讲,湛氏对阳明以"义外"评介"随处体认"深表不满的原因,也正因其"格物"路径实则与孟子"集义"、程朱"致知"路数正相契合。朱子曾讲:"物理无穷,故他说得来亦自多端。如读书以讲明道义,则是理存于书;如论古今人物以别其是非邪正,则是理存于古今人物;如应接事物而审处其当否,则是理存于应接事物。所存既非一物能专,则所格

---

① (宋)黎靖德辑:《朱子语类》卷十五,《朱子全书》第14册,第475页。
② (宋)黎靖德辑:《朱子语类》卷十五,《朱子全书》第14册,第477页。
③ (宋)黎靖德辑:《朱子语类》卷十五,《朱子全书》第14册,第477页。
④ (宋)黎靖德辑:《朱子语类》卷十五,《朱子全书》第14册,第474页。
⑤ (宋)黎靖德辑:《朱子语类》卷十五,《朱子全书》第14册,第478页。

亦非一端而尽。如曰:'一物格而万理通,虽颜子亦未至此,但当今日格一件,明日又格一件,积习既多,然后脱然有个贯通处。'此一项尤有意味。"①朱子此说正是在"理一分殊"前提下,揭示"格物"不可究于一端之见,而应以博文为重,知、行并举。与此同时,程朱关于"今日格一件,明日又格一件"的体认工夫的普遍认同,事实上正是顺应时间的推移,实现集义,对比来看,湛若水"随处体认"或可谓突破空间、时间的多面向局限,试图完成"致知""穷理"的进程。

据此,湛氏与阳明此次关于"致知"的不同意见,牵涉的主要问题,实则是程朱、陆王求证于"物"与求证于"心"的区别。与陆王心学内向的求证不同,程朱、李侗"格物致知"的路径整体上属于更开放的认知路数。这一路数原本并非刻意为之,却须循序渐进。如朱子又云:"事事物物各自有理,如何硬要逐一捏合得。只是才遇一事,即就一事究竟其理,少间多了,自然会贯通。如一案有许多器用,逐一理会得,少间便自见得都是案上合有底物事。"②按此说,朱熹主张"随事讨论"的价值便在,"分殊"之理日益积习,贯通之"理"自然可得。

王阳明对程朱于事事物物上穷理,曾有"逐物"之评,又有"义外"之惑,又疑由此路径所得大致皆是"自家意"。阳明之说,严格地讲,或属误解程朱宗旨,或出于好异之故。关于"内""外"之论,朱子曾云:

> "致知"一章,此是《大学》最初下手处。若理会得透彻,后面便容易。故程子此处说得节目甚多,皆得因人之资质耳。虽若不同,其实一也。见人之敏者太去理会外事,则教之使去父慈、子孝处理会。曰:"若不务此,而徒欲泛然以观万物之理,则吾恐其如大军之游骑,出太远而无所归。"若是人专只去里面理会,则教之以"求之情性,固切于身,然一草一木,亦皆有理。"要之,内事外事,皆是自己合当理会底,但须是六七分去里面理会,三四分去外面理会方可。若是工夫中半时,已自不可。况在外工夫多,在内工夫少耶? 此尤不可也。③

按朱熹以上论述,他亦主张"六七分去里面理会",朱子此说即在揭示道德自

①　(宋)黎靖德辑:《朱子语类》卷十八,《朱子全书》第14册,第598页。
②　(宋)黎靖德辑:《朱子语类》卷十八,《朱子全书》第14册,第603页。
③　(宋)黎靖德辑:《朱子语类》卷十八,《朱子全书》第14册,第616页。

省的内向检证路数。与此同时,在朱子理解,程氏主张的诠释原本需要辩证去看,程氏教人不泛观于外物,是为告诫敏者"道不远求",又主张穷理于一草一木,则唯恐后人偏执内求、不问世事。据此来看,王阳明对于程朱"格物致知"路径的质疑,从其逻辑起点处考虑,是因在他认为,心为"良知"主宰,人伦之理自然浑涵具备,但物品繁杂,自然之理或终不可尽得,既不可尽得,如何得贯通之理?而在朱熹看来,正如他将《周易》视为占卜之书,《易》道广大,阴阳流行、变迁,皆合其道,自然之理一样可以"格"得。比如他讲:"一草一木,岂不可格。如麻麦稻粱,甚时种,甚时收,地之肥,地之硗,厚薄不同,此宜植某物,亦皆有理。"①按朱子所说,春种秋收之理,不仅可以穷尽,并且必须穷尽。这让我们联想到阳明早年"格竹"失败的经历,其中缘由或不在程朱"格物"路径上,实是阳明当时并不认同朱子的"格物"方法。

5."随处体认"与"致良知"的最终整合

从体认工夫层面展开,湛若水沿承李侗"分殊体认"主张得来的"随处体认"一说,和王阳明践行延平"默坐体认"工夫,再作发明的"致良知"之旨,似无整合的可能。但这里确实存在一则公案,即湛若水和王阳明都曾承认"随处体认天理"即是"致良知"。这一共识又是如何达成?就宋明理学以及心学发展的整体视域考虑,湛氏、阳明此论,需结合二人的思想演变历程进行分析。严格来讲,"随处体认"与"致良知"作为延平"分殊体认""默坐体认"的两条工夫理路,其得以融贯的关键,不在体认工夫本身,却在存有论层面。这即关涉"良知""天理"关系之辩。

在王阳明及其后学理解,"良知""天理"向来是贴合一致的。从理论推展来讲,王阳明以"良知"为本体,且主张"致良知"便是"随处体认天理",其理论预设便是将"良知"与"天理"等同对待,在该前提下,"致良知"的成立又总关系"天理"的"格"与"致"。至此,王阳明在"心外无物"的前提下,主张以"正念头"训解"格物",以"致良知"理解"致知",和湛若水"造理"一说并无本质区别。阳明后学中,董沄即道:"格物者,凡事物之来,或可或否,一皆以天理正之,使得其宜也。天理在何处,即是吾心本有之良知也。今人遇事接物,只因不肯放出天理处之,不得其宜,自昧其心,即是良知不尽。若能自家心中觉得理当如此,即便依此理去处此事,谓之正物。物正于外,而尽于内

① (宋)黎靖德辑:《朱子语类》卷十八,《朱子全书》第14册,第633页。

矣,此正是合内外之道。"①董沄此处训解"格物"为"正物"的逻辑起点,便是以"天理"为"良知",以"天理"正"物",复心体本然之明。薛侃亦有云:"'良知'二字,以理言之,尽天下之理;以事言之,尽天下之事;以学言之,尽天下之学。阳明先生晚年提掇此二字出来,道理方有统会处。早年虽不曾指出,然所讲莫非是这件。"②中离此处言论便在揭示,无论王阳明或者自身学问皆是认准"良知"与"天理"的一致性,在此前提下"事"与"学"皆是要提起"良知"应对,而"致良知"即是"穷天理"。

相较阳明学士群关于"良知"即"天理"的坚信和持守。湛若水实则处于矛盾的或者说持有更为谨慎的意见。比如王阳明、湛若水晚年之辩,正集中在"良知"与"天理"是否等同的问题上。钱德洪曾记:

> 先师在越,甘泉官留都,移书辨正良知、天理同异。先师不答,曰:"此须合并数月,无意中因事指发,必有沛然融释处耳。若恃笔札,徒起争端。"先师起征思、田,没于南安,终不得对语以究大同之旨,此亦千古遗恨也。③

阳明逝后,其弟子钱德洪与湛若水曾继续就"良知、天理同异"话题展开探讨:

> 良知天理原非二义,以心之灵虚昭察而言谓之知,以心之文理条析而言谓之理。灵虚昭察,无事学虑,自然之然,故谓之良;文理条析,无事学虑,自然而然,故谓之天。然曰灵虚昭察,则所谓昭察者,即文理条析之谓也。灵虚昭察之中,而条理不著,固非所以为良知;而灵虚昭察之中,复求所谓条理,则亦非所谓天理矣。今日良知不用于理,则知为空知,是疑以虚无空寂视良知,而又似以袭取外索为天理矣,恐非两家立言之旨也。④

参照引文,湛若水事实上一直在思索的一个重要问题,即"良知"是否能够与

---

① (明)董沄:《从吾道人语录·求心录》,《徐爱钱德洪董沄集》,第254页。
② (明)薛侃:《云门录》,《薛侃集》卷一,第8页。
③ 钱明编校:《钱德洪语录诗文辑佚》,《徐爱钱德洪董沄集》,第122页。
④ (明)钱德洪:《上甘泉》,《徐爱钱德洪董沄集》,第150页。

"天理"一致。然嘉靖七年戊子(1528),湛氏作《圣学格物通大序》,篇中云:"理也者,吾之良知也;学也者,所以觉其良知也,知也,存之又存,存存而不息,由一念以达诸万事,皆行也,故曰'有感悟之义焉'。"①此外,于《阳明先生墓志铭》中,湛氏又云:"故阳明公初主'格物'之说,后主'良知'之说;甘泉子一主'随处体认天理'之说,然皆圣贤宗旨也。而人或舍其精义,各滞执于彼此言语,盖失之矣!故甘泉子尝为之语曰:'良知必用天理,天理莫非良知,以言其交用则同也。'"②再于《奠欧阳南野文》中云:"孟氏大指,良知良能,爱敬仁义,空知则禅,师门自毁。吾与阳明,斯文共起,有如兄弟,异姓同气。天理良知,良能天理,相用则同,二之则异。"③据此,世人或有疑问,湛甘泉以上言论又在肯定"良知"即"天理",表面上看,这其中似乎存在着矛盾。细剖之,湛若水否认"良知"即"天理"乃是从工夫论的视角出发,意在教人落实工夫,而其认定"良知"与"天理"的和合则是从本体上讲,"良知"之"知"正是伦理道德意义上"天理"涵盖的全部内涵。结合湛氏全部意见,思想家所要表达的乃是遵循"诚""敬"之工夫"致知""穷理"。正因如此,阳明后学中唯邹东廓合其心意。《答邹东郭司成》一文,湛氏对邹子极为赞赏的原因,也在于后者对"良知"的理解与自身相近。更具体地讲,邹氏之所以能得甘泉认可,便在二人相对一致的对"诚""敬"以"穷理"路数的强调。参见其文:

> 拜领四月八日手翰,足见光明正大之心,与护短专固者,大天渊矣。何洒然!如之问:"何为良知?"曰:"所知天理。"问"何为天理","即下文爱敬"。何等洒然!两家之教,协一无二,可传之无弊矣。今谓常知常觉、灵灵明明为良知,大坏阳明公之教。东廓为王门首科,岂不虑杨慈湖欲去意,遂非诚意等语,为非圣经,不亦自误以误人乎?④

湛氏在与邹守益的书信中,再次强调世人若以"常知常觉、灵灵明明"指代"良知",便是有损阳明立学之本。此话的另说,即在于强调"良知"与"天理"在存有论层面的一致性。据此,湛若水为自身理论与阳明主张寻找到契合理据,便是将"天理"与"良知"在施用层面等同对待。严格来说,湛若水这一

---

① (明)湛若水:《湛甘泉先生文集》卷十七,第694页。
② (明)湛若水:《阳明先生墓志铭》,《王阳明全集》卷三十八,第1539页。
③ (明)湛若水:《湛甘泉先生文集》卷三十,《四库全书存目丛书》集部第56册,第223页。
④ (明)湛若水:《湛甘泉先生文集》卷三十,《四库全书存目丛书》集部第56册,第593页。

思路和王阳明平时所论终有弥合,因阳明平时并非不讲"诚"之工夫,其教人"致良知"亦是强调工夫的落实过程。

综合上述分析,湛若水否认"良知"即"天理"往往出于工夫论的考虑,其主旨正是是为防止主体实践落入悬荡阔略的境地。而在价值意识的本体论层面,一旦湛氏否定"良知"与"天理"的贴合,那么"随处体认"必定无法与"致良知"统整,只有其接受二者的一致性,"随处体认天理"即是"致良知"的无限推进。

6.关于湛、王二氏主张的总体评介

按前文论述,李延平先生"分殊体认"与"静坐体认"两种工夫路径于后世学术发展影响甚大,阳明学脉严格来说更为鲜明地继承了延平工夫主张中内向取证的面向和默坐体认的路数。在这一基础上,湛甘泉"随处体认"和王阳明"致良知"宗旨严格意义上讲,乃是各自偏重延平体认工夫的其中一端,并不能够完全对等。然前者在讲"随处体认"的同时,并非不顾静中体认,王阳明工夫主张既然是"致良知于事事物物",自然也要兼顾经验生活的分殊之理的穷致。至此,"随处体认"和"致良知"唯有在一则事项上达成一致意见,方可统合为一,该则事项即要求"天理"和"良知"完全对等,而两者对等的可能又需要从存有论、工夫论、知识论等三方面进行考察。

存有论讲"良知"与"天理",实则是在谈论"心"与"理"的关系,在学术宗旨尊崇程朱、白沙一脉的湛甘泉而言,自然站在"性即理"的立场,而发挥象山心学的王阳明认为,必然坚持"心即理"的主张。质言之,就存有论层面考察,王阳明乃是"良知"即"天理"的持守者,湛若水则不必然。就工夫论考察,"良知"与"天理"对等关系的构成,只有在本体工夫达致最高境界时才具备充分条件,换句话讲,"良知"并非对任何个体来说都能够等同"天理"。结合湛若水一生关于阳明学脉"良知""良能"之论的批评可见,湛氏之所以很长时间内不能接受"良知"即"天理",原因正是出于工夫论的考虑。再就知识论展开,"良知""天理"关系的界定,更直关"道问学"与"尊德性"的讨论,在此过程中,客观知识即"见闻之知"始终面临尴尬处境。

宋时张载云:"见闻之知,乃物交而知,非德性所知;德性所知,不萌于见闻。"①横渠所谓因观物所得的知识有感官知觉形成的主观认识,也包含在观

---

① 　(宋)张载撰,(清)王夫之注:《张子正蒙》卷四《大心篇》,上海:上海古籍出版社,2000年,第144页。

物过程中获取的自然之理,然在思想家理解,"见闻之知"始终不比德性之知,也就是说,横渠认为真正客观的知识乃是德性之知。承继张载观点,程颐曾云:"闻见之知,非德性之知。物交物则知之,非内也,今之所谓博物多能者是也。德性之知,不假闻见。"①伊川先生这里提到的"闻见之知"事实上有特指,其曰:"学莫贵于知言,道莫贵于识时,事莫贵于知要,所闻者,所见者,外也,不可以动吾心。"②据此,"闻见之知"指向的实是外事纷扰。也正是在此前提下,程颐关于"致知格物"的诠释事实上已然具有"知行合一"的理论内涵。其曰:"致知在格物,非由外铄我也,我固有之也,因物有迁迷而不知,则天理灭矣,故圣人欲格之。"③此处的"我固有之"即是预示一种内向的"致知"路径,所谓"圣人欲格之"意谓以"我固有"之"知"穷理、尽性、至命。与之相应地,程颐尤其强调随处"反躬"之工夫。曾云:"随事观理,而天下之理得矣。天下之理得,然后可以至于圣人。君子之学,将以反躬而已矣。反躬在致知,致知在格物。"④原则上,伊川所谓"理"必然包括自然科学与人文德性的两方面内涵。故其又云:"凡眼前无非是物,物物皆有理。如火之所以热,水之所以寒,至于君臣父子间皆是理。"⑤但立足实践哲学立场,二程侧重的仍是后者,甚至不惜合邵雍所谓的三种真知为一。邵康节曾曰:"天下之物莫不有理焉,莫不有性焉,莫不有命焉。所以谓之理者,穷之而后可知也;所以谓之性者,尽之而后可知也;所以谓之命者,至之而后可知也。此三者,天下之真知也。"⑥又云:"《易》曰:'穷理尽性以至于命。'所以谓之理者,物之理也;所以谓之性者,天之性也;所以谓之命者,处理性者也;所以能处理性者,非道而何?……人能知其天地万物之道所以尽于人者,然后能尽民也。"⑦据此,邵雍指出传统哲学场域中的"真知"具有三个面向,获取途径相应地也有三种:理由穷而得;性由尽而得;命由至而得。伊川则云:"理也,性也,命也,三者未尝有异。穷理则尽性,尽性则知天命矣。天命犹天道也,以其用而言之则谓之命,命者造化之谓也。"⑧云:"观物理以察己,既能烛理,则

---

① （宋）程颢、程颐撰,王孝鱼点校:《河南程氏遗书》卷第二十五,《二程集》,第317页。
② （宋）程颢、程颐撰,王孝鱼点校:《河南程氏遗书》卷第二十五,《二程集》,第320页。
③ （宋）程颢、程颐撰,王孝鱼点校:《河南程氏遗书》卷第二十五,《二程集》,第316页。
④ （宋）程颢、程颐撰,王孝鱼点校:《河南程氏遗书》卷第二十五,《二程集》,第316页。
⑤ （宋）程颢、程颐撰,王孝鱼点校:《河南程氏遗书》卷第十九,《二程集》,第247页。
⑥ （宋）邵雍:《观物内篇》（十二）,《邵雍集》,第49页。
⑦ （宋）邵雍:《观物内篇》（三）,《邵雍集》,第9页。
⑧ （宋）程颢、程颐撰,王孝鱼点校:《河南程氏遗书》卷第二十一下,《二程集》,第274页。

无往而不识。天下物皆可以理照,有物皆可以理照,有物必有则,一物须有一理。穷理尽性至命,只是一事。才穷理便尽性,才尽性便至命。"①正是出于对本体工夫的侧重,以程颐为典型的宋明理学家在各自理论发挥过程中,对德性之知普通采取拥护甚至是过分强调的态度,关于自然科学之知则显露出不自觉的疏漏,或者说是一笔带过。以上两种倾向发展至陆象山、王阳明更为鲜明。这种发展一方面是内向求取的演进,另一方面也体现心学家关于道德理性的强调。

陆象山《与胡季随》一篇中云:"《大学》言明明德之序,先于致知;孟子言诚身之道,在于明善。今善之未明,知之未至,而循诵习传,阴储密积,廑身以从事,喻诸登山而陷谷,愈入而愈深,适越而北辕,愈骛而愈远。"②大致上,陆象山对"见闻之知"的否定已经达致否定经纶之学的境地,只要求人实做工夫,而他自身践行的工夫正是精专纯一的德性拳守工夫,表现在外即是静坐体认的工夫模式。如果说陆象山是以因强调工夫实做,而否定主观认识与自然之知的话,那么王阳明则更进一步,其"心外无物"主张即已揭明"理"的全部都在现成"良知"。阳明云:"'格物'如《孟子》'大人格君心'之'格',是去其心之不正,以全其本体之正。但意念所在,即要去其不正以全其正,即无时无处不是存天理,即是穷理。天理即是'明德',穷理即是'明明德'。"③阳明这里讲"格物"就是"去其心之不正",那么"格物"的过程便是"正念头"的推进,而在阳明看来,"念头"得正的根本依据全在"天理"的周行,而"天理"不在人外,全在人心。这一在人心的"天理"即是"明德",按此说,"穷天理"就是"明明德",原本不包括自然之理的认知。王阳明以上主张严格来讲即是为强调道德理性的绝对权威地位。正如张学智先生所讲:"他(王阳明)所期望的结果是合目的与合规律为一,道德与知识为一,内圣与外王为一。"④阳明之后,其弟子、门人更明确地诠释了"良知"与"知识"的确切关系。王龙溪就曾曰:"夫良知之与知识,争若毫厘,究竟千里。同一知也,良知者,不由学虑而得,德性之知,求诸己也;知识者,由学虑而得,闻见之知,资诸外也。……知即是未发之中,譬如北辰之奠垣,七政由之以效灵,四时由之以

---

① (宋)程颢、程颐撰,王孝鱼点校:《河南程氏遗书》卷第十八,《二程集》,第193页。

② (宋)陆九渊:《陆九渊集》卷一,第7页。

③ (明)王守仁:《王阳明全集》卷一,第7页。

④ 张学智:《王阳明致良知中道德和知识的结合》,《心学论集》,北京:中国社会科学出版社,2006年,第119页。

成岁,运乎周天,无一息之停,而实未尝离乎本垣,故谓之未发也,千圣舍此更无脉路可循,古今学术之同异,尤不容不辨者也。"①在王龙溪看来,不由学虑的德性之知即"良知",是永恒的且绝对为真的"知",由闻见、学虑得来的"知识"一方面局限于外物的存有,另一方面受制于主体的感官和认识能力,并不具备普遍效力。至于他讲"良知"与"知识"同属"一知",实则是以"良知"统筹"知识"。故当人问"良知""知识"之异,王龙溪答曰:"知,一也,根于良,则为本来之真,依于识,则为死生之本,不可以不察也。知无起灭,识有能所,知无方体,识有区别。……变识为知,识乃知之用,认识为知,识乃知之贼。"②王龙溪拆分"知"与"识",乃是以"良知"为本然之知,以闻见所得代指感官、经验获取的"情识"。必须指出,王龙溪以"起灭"与否谈"知"的永恒存在和"识"的成住毁空,本质上是以大乘佛学"一心开二门"的逻辑路径诠释"知"的本体性质和"识"的暂存相状。与王龙溪同时代的罗汝芳在知识问题的讨论上,曾道:"所云不知识而顺天则者,非全不用知识,正是不着人力,而任天之便,以知之识之云尔。盖心之应感,若非知识,则天则无从而显现也。"③依照引文,罗汝芳虽没有以王龙溪的佛学诠释思路理解"不知识而顺天则",却教人全以天则即良知统合感官、经验所得认识,在此前提下,见闻之知便是良知本然的显现。

按上述分析,宋明以来,见闻之知无论在理学家、心学家认为,向来不是真知的主要内涵,所谓"天理""良知"强调的根本要素,一直都是德性之知,该德性之知在宋明儒者看来,即是绝对判准,是本然之知。湛若水晚年最终认同王阳明"良知"即"天理"的观点,便是向儒家强调的"德性之知"的倾斜。这一倾斜姿态意谓"闻见之知"在心性主导的明代理学体系中的进一步削弱。

（二）罗汝芳哲思观点与白沙学的交汇

事实上,阳明与甘泉虽有争辩,但其对白沙却不乏赞誉,阳明曾评白沙云:"白沙先生学有本原,恁地真实,使其见用,作为当自迥别。"④王阳明认为陈白沙学有本原,即谓其所宗得正,言其见用迥别,则是指向社会践履层面。

---

① （明）王畿:《书婺源同志会约》,《王畿集》卷二,第39页。

② （明）王畿:《金波晤言》,《王畿集》卷三,第65页。

③ （明）罗汝芳:《罗汝芳集》,第187页。

④ （明）王守仁:《评陈白沙之学语》,《王阳明佚文辑考编年》,第219页。

且根据前文对湛、王学术观念的系统分析，罗汝芳晚年思想向白沙学的倾斜，就根本上说便是罗氏于阳明学体认方式、工夫主张的渐次脱离，而就另一方面讲，也在于中晚明境界哲学趋向的整体呈现。更进一步讲，我们认为阳明学与白沙、甘泉之学虽在体认方式上有着鲜明区分，然亦有汇通处，此汇通的可能便可从境界论切入。就境界哲学视域考虑，在明时诸人看来，不仅罗汝芳治学与陈白沙相近，阳明学与白沙学在基本形态上原本呈现出极高的相似性。据束景南教授考证，《康熙雩都县志》卷九《何廷仁传》曾载："何廷仁，初名秦，字性之，别号善山……王公守仁节镇虔台，四方学者多归之，廷仁曰：'吾恨不及白沙之门，阳明子，今之白沙也。'遂裹粮入都……追至南康拜之。"①从心学脉络上分析，陈白沙学宗"自然"，"自然"之旨的重心乃是以"性""命"流行为根本归属，而其工夫途径则以"自得"为向，王阳明《自得斋》一篇中亦有"自得"一说，且阳明"致良知"教义同样讲求自证工夫，并强调境界达致之时，"良知""良能"的先验效力，这一先验效力的本旨最终指向随顺"性""命"之流行布施，如此说，亦是"自然"。照此说，阳明学、白沙学融通的可能即可以境界哲学给以揭示。且根据前文考述，杨起元既云白沙学术"以自然为宗"，我们就将以此切入，首先探寻白沙立学精髓。除杨起元的评介之外，黄宗羲同样评陈白沙"学宗自然，而要归于自得"②，又称其："识趣近濂溪，而穷理不逮；学术类康节，而受用太早，质之圣门，难免欲速见小之病者也。"③前人所论指引我们继续下一个追问，"自然""自得"何以见得？白沙此等立学的逻辑起点又在何处？白沙《与湛民泽》一篇中云：

> 此学以自然为宗者也。……自然之乐，乃真乐也。宇宙间复有何事？……今之学者各标榜门墙，不求自得，诵说虽多，影响而已，无可告语者。④

白沙"自然而得"的主张，在黄宗羲看来，实是"不思而得，不勉而中，从容中道"⑤。但事实上，白沙提及"自然"之学的同时，也讲到"真乐"的问题。也就

---

① 束景南：《王阳明散佚语录辑补》，《王阳明佚文辑考编年》，第 1077 页。
② （清）黄宗羲：《明儒学案·师说》，第 4 页。
③ （清）黄宗羲：《明儒学案·师说》，第 5 页。
④ （明）陈献章：《陈献章集》卷二，第 192—193 页。
⑤ （清）黄宗羲：《明儒学案·师说》，第 5 页。

是说,白沙学术宗旨和他在心性观层面的基本态度是一致的。那么白沙又是如何定义"真乐"的呢?白沙有《真乐吟·效康节体》一篇,篇中云:"真乐何从生,生于氤氲间。氤氲不在酒,乃在心之玄。行如云在天,止如水在渊;静者识其端,此生当乾乾。"①据此,陈白沙理解的"真乐"实源自静中体验,心中感知。

接下来需要揭示的问题便是,陈白沙学宗"自然"的依据何在。大体来看,白沙此说首先在于他"天人相通,心具万理"的核心主张;其次则在思想家关于"自信""尽性"的强调。从前者来说,《论前辈言铢视轩冕尘视金玉》中,白沙云:

> 君子一心,万理完具。事物虽多,莫非在我。此身一到,精神具随,得吾得而得之矣;失吾得而失之耳,厌薄之心,何自而生哉?②

陈白沙讲"君子一心,万理具备",原则上是在强调"心"于"理"的感知功能和超越性质。而担当"心"与"理"的践行主体,即是人身,故白沙又道:"高明之至,无物不覆。反求诸身,霸柄在手。"③综合以上所说,在白沙的思想世界中,"人""天""理"原本相通无隔,而人的一举一动、一言一行,只要随顺安常,便是天道端倪显现,天理自然流行。在此前提下,天、地、人、物各有其性,各得其所,一切都是自然而然,无任何凑泊、刻意之处。故而,陈白沙《与林时矩》一篇又云:

> 宇宙内更有何事,天自信天,地自信地,吾自信吾;自动自静,自阖自闭,自舒自卷;甲不问乙供,乙不待甲赐;牛自为牛,马自为马;感于此,应于彼,发乎迩,见乎远。④

陈白沙"自信"之说一方面在于他对"人""天""理"相通无隔的坚信,另一方面,结合《春兴,追次后山韵》记白沙曾曰"万物各得性"⑤一语,陈氏关于"自

---

① (明)陈献章:《陈献章集》卷四,第312页。
② (明)陈献章:《陈献章集》卷一,第55页。
③ (明)陈献章:《陈献章集》卷四,第278页。
④ (明)陈献章:《陈献章集》卷三,第242页。
⑤ (明)陈献章:《陈献章集》卷四,第346页。

信"的侧重,还在于他的"尽性"之论。《与民泽》:"圣人之学,惟求尽性。性即理也,尽性至命。理由化迁,化以理定。化不可言,守之在敬。有一其中,养吾德性。"①于该篇,陈白沙的理学家角色尽显无遗,从他关于"性即理"的强调,又有对圣人"尽性"之学的侧重,由此见白沙"学宗自然"并非一味地放任心体,更非后人常道的禅修路径。而是在宗"性"前提下,强调随顺自然之工夫。这一宗旨正是罗汝芳与白沙学的真正契合点。关于自然之工夫,根据前文分析,罗汝芳虽不似陈白沙主张静坐体悟,但思想家对"虚上着力"的侧重,及其关于"随机致力"的强调,原则上和白沙"学宗自然"的工夫路径是相通的。再从宗"性"层面去讲,罗汝芳曾云:"人之所以独贵者,则以其能率此天命之性而成道也。如山水虽得天性生机,然只成得个山水;禽兽虽得天性生机,然只成得个禽兽;草木虽得天性生机,然只成得个草木。"②这里,罗汝芳所讲虽是为强调人关于"率性成道"的自觉担负,但其理论前提和陈白沙"万物各得性"③主张又是一致的。综合以上引证、分析,罗汝芳学术主张确有融汇白沙、阳明思想的倾向。这一倾向为接下来的研究提出了新的思考方向,即罗汝芳在思辨哲学领域如何处理"心""性""理""意""命""情"等形上学范畴之间的关系。

---

① (明)陈献章:《陈献章集》卷四,第 278 页。
② (明)罗汝芳:《罗汝芳集》,第 178 页。
③ (明)陈献章:《陈献章集》卷四,第 346 页。

下　篇

"默识性体"，"信己""安常"

——罗汝芳的哲学建构及现实意义

引　言　"四方架构"与中晚明理学研究

在文献考述与思想研究的基础上,接下来,我们将就罗汝芳的哲学建构展开系统探讨。严格意义上讲,哲学体系的探讨首先需要选择或者建立一个较为完善的诠释架构。当代新儒家中,冯友兰先生曾将思辨哲学的存有论探讨与实践哲学进路的价值实现区分开来,提出"觉解说""境界说""新理学"及"形上学的方法"作为诠释中国哲学的重要途径。牟宗三先生则以"静态的存有论""动态的存有论"两分宋明理学探讨路数,区别对待程朱、陆王各自学术建树的形上学与工夫论的哲思特色。劳思光先生又按形上学、心性论、宇宙论等三方面展开中国哲学研究,并在否定宇宙论的前提下,以心性论突显中国哲学尤其是宋明理学之关键特色。近年来,台湾大学哲学系杜保瑞教授从基本问题意识视角出发,区分思辨哲学进路的存有论、实践哲学进路的工夫论两大脉络,且按宇宙论、本体论、工夫论、境界论组成的"四方架构",试图以最完备的诠释体系真实反映儒、释、道三家哲学的理论创制和思想特色。总结以上诸位先生所说,牟先生"两层存有论"提示在儒学研究范围内,形上学的讨论有别于一般意义上的实有论分析,劳思光先生的研究方法揭示心性论的探讨乃是中国哲学的重要面向,杜保瑞教授在前人研究成果的基础上,以哲学基本问题意识为出发点,进一步将中国哲学研究推进至实践哲学知识论检证的场域,这一步尤其可贵。根据"四方架构"的运用原则,"本体论""宇宙论""工夫论""境界论"是一个顺次推导的进程,涉及研究对象完整的价值观、世界观及人生观的系统建构理路。换言之,四大基本哲学问题乃是相互关照、彼此促进的整体,据此,针对个别思想家展开的研究,就需首先厘清其四大基本问题的根本观点,继而细致梳理出该研究对象的理论侧重和思想特色。除此之外,"四方架构"在"工夫论"一项上,明确分出"本体工夫""境界工夫""工夫次第""具体工夫"等类别,并详细界定了其具体内涵,为中晚明时期工夫理论的研究,以及儒释道三教之判的探讨,提供了较为完备的诠释路径。笔者以为,或可借助"四方架构"的诠释架构,以"本体工夫""境界工夫"等作为探索工具,重新审视明代中期以来理学场域的重要课题。需要说明的是,本文所提"本体工夫"专有新指,即以价值意识的拳守为主要内涵的工夫理论。比如正是在"本体工夫"理论观瞻下,甘泉、阳明"天理""良知"之辩关乎儒学根本价值之拳守;又以"境界工夫"为探讨进路,龙溪、近溪思想建构的比较研究,直系各自的宗"性"主张。总体上讲,正是在实际操用过程中,"四方架构"的优越性得以全面彰显,然在个别事项上也具有一定的改进空间。

具体来看,中晚明阶段,王阳明、湛若水作为当时重要的思想家,两人曾有"良知""天理"之辩,而其争论的焦点正是"良知""天理"能否等同的问题,若纯粹地相信两者一致,是理想主义的表现,只有从理性的角度证明之,才能实现阳明学术真谛。因此,根本上说,"良知""天理"关系之辩,实际涉及本体论、功夫论两个层面的问题。从本体论上看,"良知"作为先验本体,具有超越意义,原则上就等同于"天理",但工夫层面说,"良知""天理"能否真正对等,还在于主体有无实做工夫,因为"良知"只有在得到最极致的开显的情况下,才能与"天理"对越,而这一开显的工夫首先即是本体工夫。根据钱德洪记,直至王阳明去世,该问题仍未得以完善诠释,但按阳明基本立场,"良知""天理"原本大同,理据在于两方面:第一,"良知"与"天理"的和合依据两则依据,一者在于其超越义,二者在于其先验义。第二,"良知"作为本体存有,乃是工夫的着手处,唯拳守"良知"即"天理"的信条,一切行为才得以在道德本心的关照下周运常行。钱德洪的解释启发我们重新审视王阳明提起"良知"的本质目的及其"致良知"的根本精神。总体上讲,阳明学脉认定"良知"即"天理",突显的正是其道德主义立场,而其根本精神,是在于强调价值拳守的本体工夫。这一本体工夫按杜保瑞教授所说,便是"主体自己意志凝练纯粹化的工夫"①。正因如此,配合阳明学脉"致良知"之本体工夫相应展开的具体施做,不仅可以是时时提起道德之心,于事事物物上实现善端的检证、扩充,并且也可以是延平、象山一脉的静坐工夫的内向展开。王阳明晚年曾作《书明道延平语跋》,就曾提及自身向以延平"默坐体认"为座右铭。某种程度上讲,唯有参照儒家价值拳守的面向,二人早年同讲"随处体认"便是"致良知",才能够成立,一旦脱离儒学本体工夫的根本立场,不仅"良知"不可能与"天理"等同,"随处体认"更与"致良知"成为殊途。之所以如此讲,因涉及实践哲学的逻辑检证以及知识论等课题的讨论。就前者而

---

① 杜保瑞:《南宋儒学》,台北:台湾商务印书馆,2010年,第392页。

言,"良知"与"天理"对等关系的构成,只有在本体工夫达致最高境界时才具备充分条件,换句话讲,"良知"并非对任何个体来说都能够等同于"天理"。结合湛若水一生关于阳明学脉"良知""良能"之论的批评可见,湛氏之所以很长时间内不能接受"良知"即"天理",原因之一正是出于工夫检证的考虑。就知识论展开,"良知""天理"关系的界定,又关乎"道问学"与"尊德性"的讨论,在此过程中,客观知识即"见闻之知"始终面临尴尬处境,而湛若水"随处体认天理"根本继承的实是程朱一脉的"理一分殊"之主张,换言之,湛氏"随处体认"原则上也包括事事物物道德之理之外的运作规律之理。

中晚明时期,工夫理论与以往较为不同的一点,即"境界工夫"得到突显。所谓"境界工夫",侧重的乃是"境界达致以后的功夫"①,质言之,该工夫类型是在强调将一切工夫皆从境界上说。根据这一研究进路,罗近溪、王龙溪两位思想家的哲学建构及其工夫论特色就此得到极好彰显。首先,罗汝芳解"心"建"性"的完成,及其对"性地为先"的境界工夫的侧重,两方面都揭示了近溪子具有境界形态的哲思特色。罗氏云:"天地生人原是一团灵物,万感万应而莫究根源,浑浑沦沦而初无名色,只一'心'字,亦是强立。"②此处便是对"心"本体的消解。又云:"盖性之为性,乃乾坤神里,无善亦无不善,亦不善而亦无善,所谓:上天之载,声臭俱泯,而为善之至焉者也。"③严格来讲,罗汝芳对"性"体的描述,原本就是按超越德性之判的标准树立其本体义的定位。在此前提下,罗近溪的工夫论主张亦是以"性地为先"。在罗近溪宗"性"理念下,境界工夫的探讨,指引学人关于罗氏"能己"一说又有新的探索思路。整体上说,传统儒学讲"克己",乃是以自身作为对治的客体,近溪"能己"之论则是一个实现人格养成的新的思路。再来看王龙溪的宗"性"主张,一直以来,学界多关注其"四无"之说,"四无"按王阳明诠释,即是为"上根人"立教。其"四无"宗旨即是要"心""意""知""物"统合,这一统合的过程并不经由工夫次第逐级达致,主体操执之初,其入手处便是"心"体,工夫的推进便是始终保持意志、信念与"心"体合一。由此考察,"四无"之说同样是境界工夫的一种。原则上说,王龙溪"四无"主张,乃是思辨的结果,而这一思辨的结果与其工夫论主张也是彼此契合的。而王龙溪对杨慈湖"不起意"的理解,即是"防未萌之欲",细究该"防治"的过程即是始终保持本心自然之

---

① 杜保瑞:《北宋儒学》,台北:台湾商务印书馆,2005年,第164页。

② (明)罗汝芳:《罗汝芳集》,第270页。

③ (明)罗汝芳:《罗汝芳集》,第314页。

用的发挥,保持主体之境界工夫始终在与良知本然的和合中推进。龙溪又有《意识解》一篇,其中又提到:"夫心本寂然,意则其应感之迹;知本浑然,识则其分别之影。万欲起于意,万缘生于识。意胜则心劣,识显则知隐。故圣学之要,莫先于绝意去识。"[①]王龙溪此处所讲的"绝意去识"并非是要世人摒除一切感官知觉,而是要求"意"不妄起,仅仅作为"心"的应感相状存在,换言之,龙溪仍是以主体价值拳守的本体工夫达致化境的状态,展开境界工夫的探讨。综上所述,"二溪"作为中晚明时期的重要思想家,其宗"性"主张都集中将本体工夫导向境界哲学的言说方式。正是以"境界工夫"作为探讨视角,"二溪"学术之异同得窥一二。

与此同时,宋明理学研究回避不了佛、道二氏之学,比如经常被关注的一类课题——佛道思想于个别思想家的影响。而我们在研究阳明后学过程中,也会遇到多数思想家近禅涉道如何对待的问题,于此,"四方架构"即为学人的客观研究提供了相对有效的诠释路径。

第一,以"本体论"为第一原则,儒释道各有自身的本体论建构,然"本体论"这一概念按杜保瑞教授详分,有抽象概念的存有论(theory of being)讨论,有关于价值意识面向(theory of value)的审定。就前者来说,中晚明人士经常提及的"心""性""理"等属于存有论的思辨概念,这些概念并不局限于儒学场域,佛道二氏也常有云及,原则上并不受学脉归属的限定,质言之,单从该类概念的探讨研究思想人士的学派归属,并不一定得出其真实的哲学立场,较为可能的,是得到一种关系言说语境的理念或者意见。问题的关键还须落在价值本体的界定上。儒学以实存的"仁""义""理""智"等价值为根本立足处,道以"无为"作基设,佛以"空有"为般若智慧,参照以上三种价值系统,思想家的根本立场就此得以确认。

第二,参考"宇宙论"的基本问题,也可作出相关判断。儒家哲学建立之初,其根本立身处,即经验社会、此在世界,换句话讲,对于儒者来说,此在的经验世界是其价值实现、人格历练的全部场域,一名儒者不可能以对他在世界的宗教性质的功利向往,作为此世的努力薪向。至于道家哲学,则要分别对待。老子哲学严格地讲,其虽主"无为",但关注面不离经验世界的智慧管理,所以可与儒学互补,当特别留意。庄子则是"出世"情怀的实践为根本宗旨,自其始,道教逐渐走向对他在世界的构建。佛学他在世界自无需赘言,"圆善"的实现,正依托于其生死轮回诸说。原则上,儒释道三教在宇宙论问

---

① (明)王畿:《意识解》,《王畿集》卷八,第192页。

题上，其基本立场还是比较明确的。以此为据，某些思想家的多面性即可揭开，比如王龙溪。

第三，从"境界论"考虑，儒释道三家在人格养成理论上各有建树，儒学以"圣人""君子"言之，道家有"至人"之说，佛学更有"阿罗汉""菩萨""佛"等区分。当然"境界论"的考察并非仅以人格建树为唯一面向，也包括对思想人士的追求境域的审视。凡立场坚定的人士，其人格养成理念往往是作为引导自身工夫修养、行事原则的关键线索，但理想人格不可以独断，然他追求的境界却可见其哲学乃至实践的矢力所在。比如杨起元就曾指出焦竑乃是以"舍己"训解"克己"。表面上讲，焦竑"舍己"之论可作为训诂主张理解，但究其实质，焦氏在诠释过程中，乃是要以"舍己"为前提，实现与天地同体，这便是境界哲学的讨论内容了。继续追问，焦竑"舍己"一说有没有逾越儒学的立场呢？儒学"克己"实以"复礼"为标的，若舍弃"复礼"不说，全以追求大同臻化之境为宗旨，那么儒家"克己"之说，则被从工夫论置换成境界论的一种，若再以"舍己"诠解，焦竑主张更是将"克己"工夫引向一种人生态度，这种态度并不局限在儒家哲学场域，"舍己"即"无我"，于佛道二氏之教皆可通也。正是通过对焦竑"舍己"理念的分析，可以见得，境界理论亦可推导其哲学立场，而焦氏融摄三教之判名副其实。

第四，来到"工夫论"场域，儒释道三教之判的关键落实处即在于此，尤其是"本体工夫"。"本体工夫"在三教之判的问题上，首先能够取代以实体之有无区分三家之学的惯有路数。换言之，世人可以工夫拳守之价值区分儒释道三教，因有无之论在任何一家观看都是非客观的评价，比如牟先生曾以天台宗无法保证世界存有的必然性，终判儒学为"圆教"，却忽略了一个根本问题，即佛氏向来不以经验世界能否存在为根本关注面向。其次，"本体工夫"亦可以取代按工夫相状区分三教的误区，将问题落实在价值本位之上。举例来说，佛氏有静坐工夫，儒家强调心性收敛以至中正，也有"默坐澄心"的取径，如此若非以价值拳守之根本以作分别，佛儒即混合为一。事实上，中国儒学发展过程中，尤其在宋明阶段，这种仅以"静坐"评定个别儒者比如陆象山近禅的论说一直存在。又比如，儒学讲"默识"，佛氏曹洞宗亦有默照禅一脉，主张潜神内观，以致悟道，同样，如果排除主体工夫实践中拳守的本质内容，那么儒、佛亦无区别。综合以上，"本体工夫"的提出，真正揭示了价值拳守才是区分儒佛的关键，也是各家本体证成的动力因，而一切形式上的工夫相状则不足以作为混儒为佛的因素，也不可能相继推导出其本体论、境界论乃至宇宙论的观点蕲向。以本体工夫观看阳明学思想家立说，可知其工夫初衷确在儒学,问题可能出现在其操持的过程和执守的信念,及由此导出的宇宙论、境界论等观点上。就这一视角展开,无论是王阳明抑或阳明后学关于儒学"仁"本体的拳守都是一致的,关于"诚""敬"工夫的强调也已成为共识。即便我们必须承认罗汝芳确有"杂禅"倾向,确有判摄佛道二氏之学的哲思呈现,但一个事实必须明确,即罗氏哲学建树真正增益王学流弊处乃在其关于"境界哲学"的倡导上,其哲思体系真正趋向佛道二氏之说的进路又在宇宙论面向,若单纯以价值拳守考察罗氏的儒学思想,罗氏实是儒学本体工夫的实做者,正是在此前提下,思想家关于境界工夫的倡导原则上也得益于自身本体工夫的证成。其云:

> 人心惟危,差毫厘而谬千里,故此会以百人成之而不足,以一人坏之而有余;终身以百行成之而不足,以一念坏之而有余。故此一念,尧所兢兢,而舜所业业也已。譬如行路,千里万里,只是出门一步趑去;千年万年,亦只是当下一念积成。甚哉! 其机之可畏,而其发之当慎也。故圣贤不放逸而必敬,不率易而必慎,是以愈久而愈盛矣。①

此处,罗汝芳以"一念积成"诠释尧舜兢业之道,以"敬""慎"工夫说"率性"之途径,这即是以儒家价值立场为工夫论入手处。相较之下,真正在价值拳守方面出现偏离倾向的或是王龙溪。众所周知,龙溪往往以"一念灵知"释解阳明"良知"之说,王阳明所讲"良知",突显其先验义、超越义,更强调其道德理性的主宰义,王龙溪反复论述的"灵知"侧重的实是"知"体的超越义,超越义被提起,则道德心反退居其次,至此,尽管王龙溪也强调"正心""诚意",也主张"戒慎""保聚"诸说,但其所理解的价值本体已然不再局限于儒学价值体系之内,甚至有宗教因素的存在。据此,以本体工夫为考察进路,诸儒即便同讲价值拳守,亦有思想进路区分。

按上文分析,"四方架构"极好地完成了关于儒者的界定,其中涉及自身修养的面向及其修养过程中的价值拳守、工夫蕲向与社会实践的面向,及其信仰的"公珍""自用"的对待等问题。且通过宇宙论与境界哲学可见,中国哲学儒释道三教都有各自渐次发展、完善的哲学体系。但是"四方架构"在笔者看来,仍然有以下几方面需要谨慎探讨。比如,杜保瑞教授以"仁义礼智"作为儒学本体论认知,然价值意识的本体论界定中"仁"能否与"礼""智"

---

① (明)罗汝芳:《罗汝芳集》,第122页。

"信"并列称作本体,因"仁"有"生生"之动力因,其他并非如此,且立"仁"为本体,其与"诚"之间是否构成儒学二元本体论? 二者抑或为唯一本体与根本工夫关系? 再者,"真""善""美"等等不局限于儒释道各自的普遍价值如何与三教价值论各自补充。又比如,以价值定位中国哲学的本体论探讨,面临一种困局,即价值论与存有论隔阂愈深,一定程度上会进一步消解中国哲学在形上学存有论课题上的继续追问和持续探讨,按此进路,思辨哲学仍然处于被搁置的局面。在此,中国哲学知识论面临更大困境,其检证也相应地更为集中地局限在价值独断面向,形上学的探讨与自然科学在此诠释架构之下的关系更为疏离。又有,杜教授将形上学单独辟出,于哲学研究而言,是清晰且恰当的,但是儒学方面,朱熹哲学是否已经实现完善的形上学建构? 这是值得反思的。如果能够将形上学与实践哲学结合起来系统研究,或更有哲思突破的可能。更为关键的问题是,"四方架构"对符合四类基本问题探讨的思想家的处理和对作为习从者的后学或者基本问题偏侧一端的学者的研究效果需要细致对待,笔者认为,阳明后学研究首先需要界定其习从者的身份,之后分析其基本哲学问题的着手面向,并结合其关于前人范畴概念的理解,才能更为客观地区别对待。在此情形下,又有一个问题需要进一步思考,杜保瑞教授在"四方架构"的界定上,乃是严格以本体论、宇宙论、工夫论、境界论这样一个逐步推导的次序,建立四大哲学基本问题之间的彼此关联。该进路实是借由本体独断、工夫检证最终实现境界达致,可以说是发展的境界哲学路数,然笔者认为,作为理论的创建者,该理路是精准无疑的,但是对于大部分的习从者而言,其治学思路也可以是先进行境界选择,然后展开工夫操执,最后实现本体确立的实现的存在主义脉络。因此,我们认为,"四方架构"并不必然是固定的推导结构,或可依据不同研究对象灵活运用。

在研究方法论反思的基础上,笔者意欲揭示的是,罗汝芳哲学理念的研究或可不以其宗"仁"主张为进路,也可不以其"赤子之心"作线索,或又不必以其"孝悌慈"理念为逻辑起点,进一步讲,以上观点原则上实是罗汝芳作为一名儒学人士不能不给出的立场表达。换言之,儒者皆崇"仁",皆强调对"赤子之心"的反观,皆将"孝悌慈"理解为"修齐治平"的出发点,这些观点并不足以标示罗汝芳哲学体系的特色。相应地,关于罗氏的哲学研究就要立足于文献考据的基础上,兼顾范畴分析和基本问题的探讨来系统展开,全面考察其哲学努力、理论创制及其于当时代乃至后世的可能影响。

第六章 解"心"建"性":思辨哲学视域的罗氏形上学主张分析

在明确罗汝芳关于诸儒学术理念的评判、汲取以及融合之后,接下来就要将探讨的视角转向对罗汝芳自身思想建构的探讨。关于罗汝芳思想建构的研究,必然涉及对诸多宋明理学概念、范畴的探讨。在探讨的过程中方可提炼出罗汝芳在当时社会背景下,他所面对的现实世界,所置身的文化思潮,以及他深处的人生境遇和他试图突破的哲学难题。作为一名儒士,罗汝芳面对的中晚明社会充满了动荡不安的诸多因素,内忧外患的国家现状促使士人不得不认真地驻足、反思前行的方向。他们不再唯仕途进递作人生之终极目标,这在阳明学士群中体现得尤其鲜明;也并不完全彻底地独尊儒学,魏晋以来士人即有人性自觉之态势,到宋明时期,人们对自身主体受用的关注更是已经逐步摆脱了传统儒学的外衣。但是世风的演变也同时赋予具备淑世情怀的儒者以更激进的思想主张或者更鲜明的践履行动,救人"心"于陷溺。明代儒学开篇伊始便是对程朱理学的扬弃。所谓"扬",是以继承者的身份,推崇"理"的权威性;所谓"弃",便是以反思者的立场,重新面对具体现实,摒弃无效之谈,开拓新思路。与其他群体不同,儒学士人对社会的反思、对人心的关注,需要解决的首要问题往往不是经济、技术,而是理论的再构。由宋至明,儒学群体在学术思想层面始终聚焦在"心""性""理"和"意""情""命"等哲学范畴上,对这些理论概念的探讨并非仅是为以逻辑关系来定位或区分思想家学术主张的不同,更是为探寻他们各自思考问题的逻辑起点和哲学努力所在。从时代进程来看,明初有以薛文清为代表倡导的程朱理学,明中期又有王阳明"致良知"之论。明后期心学在演变和分化中,因门户之见纷争不断,新说频出,这一趋势不能不令人质疑明代儒学领域的知识分子是为公而"救世""救心",还是为私而抢占象征资本与文化资本。在众多中晚明人士中,罗汝芳的独特在于,他身处江右王学的重地,但其学术体系并非与阳明心学完全契合,却有发挥创作;他曾执策颜均之后,但其思想主张已与泰州大相径庭。概言之,罗汝芳乃是以"心""理"为用,以"性"体为宗,且依托于此,提出诸项"境界工夫"主张。事实上,关于罗汝芳"宗性"基础上的本体论、工夫论建构的研究,笔者在《阳明后学思想家罗汝芳研究综述》一文中已有所提及,又曾专撰论文《罗汝芳"宗性"观探析》详作探讨,本章将展开系统性论述。

第一节　罗汝芳的"心"学理念

援"禅"入"儒"的心学思潮中,作为晚明极具社会担当意识的思想家,罗汝芳自身思想体系具有杂禅倾向,他如何对待心学,又如何建构自身思想体系,成为我们深入研究的重要课题。大体来看,罗汝芳言"心",多是为进入形而上的"心"学探讨中,理解并克服纯粹形上学探讨所造成的悬荡的、虚无意境的结果,将世人对无限"存在"的关注引向"此在"本身。这一努力必然面临两种困境:其一,阳明学关于"心"的实体性定位,罗汝芳将如何处理?其二,对"心"体性质重新界定的前提下,罗汝芳如何处理与之相关的其他抽象思辨的哲学范畴? 以上问题便是我们试图发掘的重要事项。

一、"心"乃强立,何况"光景"?

罗汝芳对"道"本体的理解,原有境界哲学的趋向。在该前提下,罗氏认为,"心"实为强立之名相,至于"光景",更是工夫操持者的瞬间幻像。关于该问题,牟宗三先生以为,罗汝芳"破除光景"之论的核心意义在于要求回归日用体"道"的工夫模式,后世学者多因循其说。严格来说,罗汝芳"破除光景"之论放置在中晚明心学视域考察,原是阳明主张的一个面向。罗汝芳云:"只一'心'字,亦是强立。后人不省,缘此起个念头,就会生个识见,因识露个光景,便谓吾心实有如是本体,本体实有如是朗照,实有如是自在宽舒。不知此段光景原从妄起,必随妄灭。"①此论从阳明学立场考察,实与王阳明对待本体及本体工夫的根本态度极为契合,然尚未尽得阳明全意。王阳明云:

---

① (明)罗汝芳:《罗汝芳集》,第 270 页。

> 吾昔居滁时,见诸生多务知解,口耳异同,无益于得,姑教之静坐。一时窥见光景颇收近效。久之渐有喜静厌动,流入枯槁之病,或务为玄解妙觉,动人听闻,故迩来只说致良知。良知明白,随你去静处体悟也好,随你去事上磨炼也好,良知本体原是无动无静的,此便是学问头脑。①

此处可见王阳明对"光景"的认识并没有完全予以否认。综合阳明言论,精于"知解"之人所以要静坐,大致有两种原因:其一,本体工夫的实施,价值意识的拳守需要在默坐涵养中提炼修习;其二,"知解"学问面对的是经书,属于分别之学,阳明学根本立场乃是教人内向求取,体认天理。故阳明认为,收敛心性之后所见"光景"即是本体工夫达致的表现。但此之后,阳明又道过于专静则有"流入枯槁之病",也是为提醒众人两方面事项:一者,本体流行遍在经验世界,沉入孤寂未必得见真体;二者,一味静坐即便见得"光景"或坠佛氏寂灭之境。故阳明最终选择"致良知"作为立教宗旨,便是将其理论重心从存有论转向工夫论,转向"知行合一"。参照王阳明关于"光景"的论述,及关于"致良知"的提倡,罗汝芳"破除光景"之论事实上更为激进。这种激进,体现在存有论面向,即是为强调实践,似有消解"心"本体之嫌,而体现在工夫论面向,则是为侧重随顺平常之道,不惜否定主体内向求取过程逆觉体证之可能。

二、"心"从"仁"生,不相对等

罗汝芳认为,"心"字既是强立,然其生生之化,应感事理,又从何说起?对该问题的回答,就要结合他的本体观展开探讨。罗汝芳在《论语赞》中曾曰:"仁心流生德,妙应自时时。"②近溪认为"德"的现成乃是因"仁心"的生生不息,这里的"心"实是"仁"的附属,具备本体论特征的实是"仁"体自身。近溪又云:

> 圣门之求仁也,曰"一以贯之",一也者兼乎天地万物,而我其浑融合德者也;贯也者通乎天地万物,而我其运化同流者也。非一之为体

---

① (明)王守仁:《王阳明全集》卷三,第119页。
② (明)罗汝芳:《罗汝芳集》,第597页。

焉,则天地万物斯殊矣,奚自而一之能也? 非贯之为用焉,则天地万物斯间矣,奚自而一之能也? 非生生之仁之为心焉,则天地万物之体之用斯穷矣,奚自而一之能贯,又奚自而贯之能一也? 是圣门求仁之宗也。①

此处,罗汝芳"生生之仁之为心"观念的提出,意义重大。其一,"生生"是谓"仁"具有生化他物的条件,即在强调"仁"体本身的"动力因"。其二,以"仁"为主宰之"心",则是赋予"仁"更为关键的本体性质。综合以上所论,"心"与"仁"这一紧密的附着关系彰显近溪对待"心"体定位的谨慎态度。这一谨慎态度在近溪"求放心"的理论上也得以彰显。概而言之,罗汝芳所谓的"求放心"实则是随顺"仁"体。有问孟子《仁人心也》一章,罗汝芳答曰:

> 此是孟子极言心字在人最为要紧处,如曰天下恒言仁义之大,殊不知仁只是吾人身中,有此主宰虚明之心,而其视听言动,应酬万变,事事皆天则处,即所由之路而为义也。故下文继叹曰:人之所以终身履错,陷于凶咎,而不由乎正路者,正因放其心而不求焉耳。此其所以陷溺而可哀也,然良知在人,明白不昧,虽鸡犬至轻,皆知求之,岂有人心至重如此而反不知求耶? 弗学弗问焉耳矣,故曰:学问之道无他,只为求其放心。盖心以不知而放,则可以学问而求,如曰:博学而笃志,是能学矣;切问而近思,是能问矣,则自然仁在其中,仁在其中,则心便不放矣。②

此处,罗汝芳"求放心"的理论基点正是"仁只是吾人身中",故"反身"即为"求仁","求放心"才是"体仁"。正是于此基础上,此"放"实则是"约"。有问:"求放心,即是致良知否?"罗子答曰:

> 虽是一个工夫,然用处稍有不同。如求放心,是未尝知学之人,须要发愤操持,以立其志相似,故曰:将已放之心,使反复入身来,则知体精明,方可下手致去,即所谓:气质清明,义理昭著也。大约求放心,是外以约之于中;致良知是中以出之于外也。其中愈精明,则其发愈详

---

① （明）罗汝芳:《天衢展骥册序》,《罗汝芳集》,第 519 页。
② （明）罗汝芳:《罗汝芳集》,第 21 页。

密,其发愈详密,则其中益精明矣。①

这里,罗汝芳以"仁"言"心",以"戒惧谨慎"规范"心"之工夫,故他讲"放心"乃是以"仁"体主宰"心"之运用,讲治学工夫实是教人之行为遵从先天具备的德性,故以"约之于中"为路径。另一方面,罗汝芳不仅有"求放心"之说,更有"安心"主张。其曰:"圣人者,常人而肯安心者也;常人者,圣人而不肯安心者也。故圣人即是常人,以其自明,故即常人而名为圣人矣;常人本是圣人,因其自昧,故本圣人而卒为常人矣。"②此处,近溪论"安心",论"圣人"与"常人"之别只在是否"自明",在能否知"仁",能否"安"此"仁"体。也正因如此,罗汝芳对颜渊、曾点、漆雕开等人士的推崇也全在诸位先儒的知"仁"之能。事实上,罗汝芳虽以先儒识"仁"为准的,然其思想主张的出发点却是面对当时的现实社会。在大多数的阳明心学人士尤其是以王龙溪为代表的浙中王学大肆宣讲"心"之形而上之超越价值,加之陷溺于流弊者以告子"性"论代言孟子言"天命之性"的趋势下,罗汝芳借助"仁"的明确规定性完善"心"的自律,正是发挥"性"本位的实用功能。从这一点上讲,思想家的哲学努力正是为避免无限扩大"心"之灵妙自验,可能造成的"情""意"代"心"的后患。

由以上分析,在罗汝芳的诠释体系中,"心"于"仁"而言,不相对等,更严格地来说,"心"与"仁"实则是伴生的性质,这种伴生性质原则上即是"心"非"性",亦非"理"的变相表达。这与王阳明的相关主张是有一定区分的。嘉靖六年,王阳明曾作《寄正宪男手墨二卷》(书五),其中载其语曰:"吾平生讲学,只是'致良知'三字。仁,人心也;良知之诚爱恻怛处,便是仁,无诚爱恻怛之心,亦无良知可致矣。"③阳明此说即将"诚爱恻怛之心"等同"仁"体,又将"仁"作为"良知"的根基,至此,"良知"周行便是"仁"体发用,"致良知"即"诚"之工夫,"孝悌忠信"便是"良知"的落实。相较阳明以上主张,罗汝芳则云:

> 如逐物以放其心,则此心之体,已化为物,物则不通不神矣。颜子克己复礼便心不着物,即流通神妙,心又非仁如何? 故不违仁者,正心

---

① (明)罗汝芳:《罗汝芳集》,第 139 页。

② (明)罗汝芳:《罗汝芳集》,第 142—143 页。

③ (明)王守仁:《寄正宪男手墨二卷》,《王阳明佚文辑考编年》,第 958 页。

即是仁,仁即是心处也。①

　　此心之体,其纯乎仁时,圆融洞彻,通而无滞,莹而无疑。恒人学力未到,则心体不免为怒所迁,为过所二也。颜子好学纯一,其乐体常是不改,乐体不改,则虽易发难制之怒,安能迁变其圆融不滞之机耶?其明体常是复以自知,明常自知,则过未尝行,虽微露于恍惚之中,自随化于几微之顷,又安足以疑二其洞彻灵莹之精耶?②

罗汝芳主张"心不着物,不违仁",又道"孔子于六十四卦,惟于复则言见天地心,于七十数子,惟于回则许之以心,意可想也",可见近溪于颜渊最为认可处即在于颜渊识"仁"。与此同时,罗汝芳认为"心"即"仁",但是并非从本体上讲,乃是从工夫上去讲,故他讲"心"即"仁"的前提便是此"心"须是纯熟之时。罗汝芳此说和陆王心学以"心"作本体的哲学思路似有不同,却与朱子"心即理"路数相近。《朱子语类》卷十八载:

　　次日禀云:"……若此心不在道理上穷究,则心自心,理自理,邈然更不相干。所谓道理者,即程夫子与先生(朱子)已说了。试问如何是穷究?先生《或问》中间一段'求之文字,索之讲论,考之事为,察之念虑'等事,皆是也。即是如此穷究,则仁之爱,义之宜,礼之理,智之通,皆在此矣。推而及于身之所用,则听聪,视明,貌恭,言从。又至于身之所接,则父子之亲,君臣之义,夫妇之别,长幼之序,朋友之信,以至天之所以高,地之所以厚,鬼神之所以幽显,又至草木鸟兽,一事一物,莫不皆有一定之理。今日明日积累既多,则胸中自然贯通。如此,则心即理,理即心,动容周旋,无不中理矣。……"先生曰:"是如此。"③

据此,朱子认同的"心即理"并非从本体上讲"心"自诞生即与"理"本体浑涵为一,而是在主体发挥意志功能,保持此"心"始终在格物求理的过程中,与"仁""义""礼""智"无违,方得合一境域。从这一点上讲,罗汝芳前文讲到的"心不违仁"诸说和朱子诠释路径实如出一辙。

---

① (明)罗汝芳:《罗汝芳集》,第192页。
② (明)罗汝芳:《罗汝芳集》,第192页。
③ (宋)黎靖德辑:《朱子语类》卷十八,《朱子全书》第14册,第618页。

三、此"心"之用,"知"作主宰

根据以上分析,在罗汝芳看来,"心"与"仁"体非等同之物,接下来就需要继续探讨,此虚灵之物的本质是何种存在?事实上,在罗汝芳看来,"心"之形态原本虚灵静寂,其作用对象时往往是以"知"为主宰。此时的"知"便被看作思维的主体,即心学人士常论的"虚灵明觉",即张学智先生所谓"思想和知识的承担者"[①]。罗汝芳云:

> 虚灵固无别物,而人见则有浅深。若浅泛而观,则具众理而应万事,即童蒙诵习,已于此心虚灵似无不解,却原来只是个影响之见,去真知之体,何啻天渊?盖吾人为学,云是学圣,圣者通明者也,通明者,神明而不测者也,故明可测则不神,明不神则难通。谓之通者,天地人物原是一个,即如"乾知太始,坤作成物",虽乾坤,亦是此个知字。今问诸公,乾之为知,果是如何?……人心既是以知作主,而天心却不是以知作主耶?止因今世认知不真,便只得把主字来替知字,不想天若无知也,做主不成也。[②]

罗汝芳认同"心"乃虚灵之体的同时,又讲"心"之中枢在于"真知之体",换言之,此"心"纯粹是一无形的镜面,它可以照临万物,但感知世事,周旋应对的原是"真知"。与此同时,此"真知"和"知觉"并非同一物。近溪云:"盖曰:心本无知,如广谷空空。鄙夫来问,其说定有两端,我即扣而竭之,随响应声,则实无所不知也。故周子论思云:无思本也,思通用也,无思而无不通曰圣人。"[③]近溪此处所谓"心本无知"意在揭示,"心"之"真知"并非一般意义上的"知觉"之"知",而是代指"意识"的整体。严格来说,罗汝芳强调"心"以"知"作主,和朱子以"心"为"包含该载,敷施发用"[④]之功具有相通性,因二者都侧重指向"意识"的绝对价值。此"知"之内涵即是"意识"之机能。比如"知"其"不知"是其理性之知,"知"喜、怒、哀、乐也全在意识的感应。其后,罗汝芳将人"心"与天"心"相提并论则是对一种脱离个人主体观念的普遍"意识"的

---

① 张学智:《王阳明致良知中道德和知识的结合》,《心学论集》,第 144 页。
② (明)罗汝芳:《罗汝芳集》,第 203 页。
③ (明)罗汝芳:《罗汝芳集》,第 131 页。
④ (宋)黎靖德辑:《朱子语类》卷五,《朱子全书》第 14 册,第 223 页。

推崇。如果我们将探讨继续推展开来,罗汝芳此处探讨的"心"之"知体"涉及的更深刻的哲学问题即是"意识"的发生和作用。我们知道阳明学人士讲"知",多以"良知""良能"为中心话题,阳明学士群对"知"体的强调,本质上讲,皆出于关于"良知"之"用"的侧重。王阳明曾曰:"知是心之本体。心自然会知:见父自然知孝,见兄自然知弟,见孺子入井自然知恻隐,此便是良知,不假外求。"①阳明此处所论"本体"是以"本质"言之,却非形而上的哲学范畴。其以"知"解为"心"的本质,强调的正是此"心"的妙用。此外,阳明学者论"知"最为不同的当属欧阳德,因其并不从"心"上讲"知",反从"性"体论"知"的权威地位。欧阳氏云:"'格物'二字,先师以谓致知之实。盖性无体,以知为体;知无实,事物乃其实地。离事物,则无知可致,亦无所用其致之之功。犹之曰'形色乃天性之实,无形色则无性可尽,惟践形,然后可以践性'云尔。"②欧阳德以上所说便在指出"知"体对于"性"体的主导权及其核心地位。相较阳明、南野等人的主张,在罗汝芳看来,"心"与"知"二者的关系乃是"真知"主宰"心"体,在"真知"面前,"心体"沦为虚境,万物纯属客观,这便是近溪哲学的精华所在——对超越主观意念的纯粹"意识"绝对价值的肯定。罗汝芳关于"心"与"知"之间关系的定位,揭示其"心"学思想的重心实在于强调"意识"的恒常主宰功能,故罗氏以"常明"界定"知"之机能。其云:

> 汝之目常无不明,而汝心之明却有去来,是天性离形色,而形色非天性矣。……目之明,亦有去来时也。今世俗至晚则呼曰:眼尽黑矣。其实则眼前日光之黑,与眼无与,而见日之黑,正眼之不黑处也。故孔子曰:知之为知之即日光而见其光也;不知为不知即日黑而见其黑也,光与黑任其去来,而心目之明,何尝增减分毫也耶?③

罗汝芳先说"汝之目常无不明"是从人的生理器官的正常机能上说,他讲"心之明却有去来"是从感觉认知提升至理性认识。在生理机能正常的情况下,人对事物的认知确有清醒与模糊的区别,近溪"天性离形色,而形色非天性"便是说,以理性认识为主要内容的"天性"和以感觉器官形式存在的"形色"确有区分。但"天性"和"心"的存在形态原有区别,前者作为"理"的形态存

---

① (明)王守仁:《王阳明全集》卷一,第7页。
② (明)欧阳德:《答陈明水》,《欧阳德集》卷三,第109页。
③ (明)罗汝芳:《罗汝芳集》,第134页。

在,后者则以一种意识的形式定位,故其以"常知"为本,"常明"为特色,总而言之,"心"体作用的发挥是在"常知"的监理前提下实现。

　　这里便又有一个问题,由"常知"主宰的"心"体,于"动""静",于"寂""感"等问题上又如何诠释? 罗汝芳之前,罗念庵、陈明水等王阳明直系高足曾就该课题展开过探讨。陈明水在《简罗近溪先生》(即已证应为《简罗念庵先生》)一文中有云:"夫心无定体,感无停机。凡可以致思着力者,俱谓之感,其所以出思发知者,不可得而指也。"①此外又于《答罗念庵》一书中道:"若鄙意则谓心本寂而恒感者也,寂在感中,即感之本体。若复于感中求寂,辟之骑驴觅驴,非谓无寂也。感在寂中,即寂之妙用。若复于感前求寂,辟之画蛇添足,非谓未感时也。易以寂感为神,非感则寂,不可得而见矣。凡致思用力,皆谓之感。"②由材料可知,对于"寂""感"问题,陈明水在与罗念庵的通信往来中已经将观点表达得相当清楚,所谓"感在寂中,即寂之妙用"即是说"寂""感"原本一源,也正是这一观点成为陈、罗二者学术思想的根本区分处。罗汝芳对"心"之"寂""感"问题的看法和陈明水主张相近,亦有推拓处。其曰:

　　　　此心在人,原是天地神理,寂之于感,浑涵具在,言且难以着句,况能指陈而分析之也耶? 但其妙用则每因人互异。故即心而言,其初只是一样;若即人而论,则世固有知为学与不知为学之分,人之为学又有善用功与不善用功之别。其不知为学者,姑置勿论矣。即虽知为学者,而工夫草次,则亦往往不向本源求个清莹,辄与末流图之,或当无事之时而着意张主,或于有感之际而尽力祛除,然见未透彻,把捉愈难,不惟寂体背驰,即感应亦未能安妥也已。③

罗汝芳此段讲"此心在人,原是天地神理,寂之于感,浑涵具在"则是主张"寂""感"一体,然后论"见未透彻,把捉愈难,不惟寂体背驰,即感应亦未能安妥"实是申明此"心"原自静寂,但其应感本不间断。按罗汝芳理论,"寂"

---

　　① (明)陈明水:《明水陈先生文集》卷一,《四库全书存目丛书》集部第 72 册影印江西清钞本,第 31 页。
　　② (明)陈明水:《明水陈先生文集》卷一,《四库全书存目丛书》集部第 72 册影印江西清钞本,第 32 页。
　　③ (明)罗汝芳:《罗汝芳集》,第 198 页。

"感"浑涵具在的理论基础或在两方面，其一，时间成为"动"与"静"，"寂"与"感"之间距离的实际量度，其无限可分，计算时间的单位不断缩小，差距的逐层隐退，"动""静"、"寂""感"的转化也在悄无声息中进行；其二，罗汝芳既认为"心"以"知"为主宰，"知"的本质内涵之一便是"意识"，故以"知"言"心"强调的正是"意识"的整体功能，这一整体功能在"物"的存在形态中仿佛是一种附着，它无时无刻不决定"物"涌现的时间、地点、意义、价值。就此说，罗汝芳以"知"为"心"之主宰，则又是侧重意识的意志自主性能。

四、罗氏论"心"与"物""事""情境"

承接上述分析，罗汝芳关于"心"体的理解，原本和阳明学本体观具有区别，在此前提下，思想家关于"心"与"物""事""境""情"等范畴间的关系界定就有深入探讨的必要。关于"心""物"关系，罗汝芳在论立志一事上，曾曰："若有外之心，便不可合天心也。"①此是要人心以天地为心，放大志向。又云："须将前时许多俗情世念，务于奉承耳目口体，徇物肆情，一付偿污浊杂扰，会转移窒塞此心之虚灵洞达的东西，痛恨疾仇，惟恐其去之不远，而决之不净焉。"②便是要人将俗情之事一一放下，以纯粹的客观的"物"作为经验对象。如此，去除俗情干扰的经验世界的"物"，便成为一种自在的存在。它与人并行存在，以游离的方式出现在人的认识世界，此时心体虚灵洞达，无牵无绊，人与自在的超越的物的存在方式也不再是以人为主宰的具有等级的分层模式，而是一种伴随的平等的共生。这里，近溪对"物"的首要观念实是将其从经验世界中抽离，同时教人卑己心体与天地为徒，两方面要素的叠加，促使"人""物"完全化归一体的同时，"心"之廓然实现对客观之"物"的完全容纳。

罗汝芳对"物"的特别处理方式，令人怀疑他对无法脱离经验世界的"事"会如何看待？此"心"与"事"又该如何应对？罗氏曰："盖天下无心外之事，何独所持而不是心？但既有所持，则必有一物矣。诸君试看，许多老幼，在此讲谈，一段精神，千千万万，变变化化，倏然而聚，倏然而散；倏然而喜，倏然而悲。彼既不可得而知，我亦不可得而测，非惟无待于持，而亦无所容其持也。林子于此心浑沦圆阔处，曾未见得，而遽云持守而不放下，则其所

---

① （明）罗汝芳：《罗汝芳集》，第125页。
② （明）罗汝芳：《罗汝芳集》，第125页。

执者,或只意见之端倪,或只见闻之想象,持守益坚,而去心益远矣。"①罗汝芳这里所讲的"心",如我们前文分析,并非意念,也非"光景",乃是浑沦具在,发挥广大无限主"持"之用的"天心"。在罗汝芳看来,"物"的感知离不开"心"的映照,"事"的应对同样离不开"知"的主宰。

罗汝芳对"心"与"事"关系的理解,揭示的是人在处理客观事物时的应持态度和原则,接下来要说的罗汝芳关于"心"和"情境"的诠释,涉及的核心问题则是"人"对自身所处环境的处理。在相关研究之先,我们需要理解罗汝芳如何解释"情境"的生成。当人云"喜怒与广大精微,似亦不同",罗汝芳应曰:

> 细论,果有不同,然皆属乎情境。情境之现,有自外之物感而生者,有自内之思想而生者。思想在心,有时清清朗朗,而无远弗届,无物不备,此则其广大时也;思想在心,亦有时浑浑噩噩,内外俱忘,物我无迹,此则其精微时也。虽是情境相殊,而心体则一。若工夫熟时,遇着事来便随时答应,有何不可?若再回头转念,或去疑贰昏明,或去比量阔隘,则中藏冰炭,先自不宁,安能外得和平而事顺无情也哉?②

罗汝芳这里主张,"情境"的生成经由两种途径:其一,由"物感"而生;其二,源自"思想"而成。前者是人的感觉认知在发挥效用,通过"耳""目""口""鼻"等器官,世人感受到客观"物"的第一性的质,此后使客观"物"成为认知对象,"情境"因此而生;后者因"思想"成就的"情境"和近溪尝言的"光景"有本质区别,"光景"一论侧重于人对形而上的"本体"的一种想象,而此处"情境"即是以"心"言之,以人的自身意识为主宰体认到的超越境域。此等境域或如"广大"时的"清清朗朗",或如"精微"时的"物我无迹",但总指"心体合一"之境。达此情形,"心"于"情境"应对,一样是"随时"周旋,施"用"自如,而人身则可从世事烦扰中抽离。

综合以上所论,我们认为罗汝芳的"心"学理念和中晚明时期以王守仁"心"实体论为主流的思想主张并非同一理路。如果说王阳明哲学创制在于提倡"良知""直指心体",那么罗汝芳的"心"学宗旨实是遵循孟子"良知"观,融合程朱"心即理"的思路,力求落实"心"体灵妙之用。在此基础上,"心"的

---

① (明)罗汝芳:《罗汝芳集》,第 181—182 页。
② (明)罗汝芳:《罗汝芳集》,第 64 页。

实体性存有即处在搁置的状态，那么引发后人思考的便是罗汝芳的思辨哲学与实践哲学建构以何为宗的问题。大致上讲，罗汝芳实以宗"性"为其根本立场，这一立场促使近溪哲学在各个方面都呈现出极其鲜明的创新特色。

第二节　罗汝芳宗"性"主张

经过上文分析，罗汝芳哲学思想的重心并非与阳明"心"学理念完全一致，乃是以"心"为"用"，其形上学的根本归属却在"性"体事项上。更具体地讲，罗汝芳乃是以"性"体为存有之本和思辨基点，全面构建"性"与"心"、与"命"、与"情"等等范畴的关系脉络。在此期间，罗汝芳确曾汲取宋明以来诸位理学家的重要主张，但同时也有自身独具特色的哲学创制。正是这些哲学创制为其诸项工夫论观点提供了重要的理论依据。

一、"性"本位的确立

罗汝芳的宗"性"主张，从师承渊源上来说乃是受启于颜山农。《明儒学案》记山农语曰："吾门人中，与罗汝芳言从性。"[1]然相较颜氏之直言与激进，罗汝芳"宗性"主张的构建乃是从存有论、工夫论乃至经典诠释等三个面向的系统呈现。

首先，根据罗汝芳与其弟子邓潜谷之间的谈话，罗汝芳事实上已然默认了自身"归宗性地"的立学宗旨。他们之间的对话详列如下：

> 诸生侍坐，朗诵《会语》，潜谷邓孝廉叹曰："我师谈道，每当天人合一，与心迹浑融处，真是令人豁然有省而跃然难已。在我明昭代，当特称一宗，而大事因缘，关系世道民生，非云小可也。"大众闻之，同声欣庆。师因举张大夫"格物"之论为问。孝廉笑曰："此事有个公案请正。宋时晦庵先生意似向外，乃于无极、太极再四称是；象山先生意似向里，乃于无极、太极再四相非。近如我师归宗性地，却又以至善为圣训格言，门下独不为然，则又留心经解之最笃者也。岂非古今一异事也哉？"师曰："此处关键颇重，故不敢苟从，但我潜谷蓄疑不放，久当沛决江河

---

① （清）黄宗羲：《明儒学案》卷三十二，第 703 页。

也。"孝廉静默久之:"老师以孝弟慈吃紧提掇性体,且于诸家讲说,非排
特甚,故居常谓老师言,固尊信圣谟,而己身不免相背。"师曰:"此却两
下,各有个意思,须要分别明白。盖我潜谷,将至善看作纯全天理之极,
谓是人人性体;予则谓此体虽同然,惟至圣能先得。今日莫说纯全极
处,众不能知,即近易粗浅,如一个孝弟慈,若非《大学》恳切提撕,谁人
晓得从此起手?起手之差,其初不过毫厘,而究竟结果,其终将谬千里,
故如我潜谷天理纯全,虽似近而反不近;如鄙见所凭圣训格则,虽似远
而实不远。潜谷则只得孟子之道性善一边;鄙见则并孟子言必称尧舜,
两边兼得也。"①

罗汝芳和邓潜谷之间的谈话内容涉及最核心的问题即是罗汝芳的思想归属
问题。在邓潜谷看来,罗汝芳的思想路经似乎并不精纯。因罗氏既归宗"性
地",指认人之浑全天性,"良知""良能"天然具备,乃是陆王心学的思路,但
其以圣训格言为宗,注重经解,则又是遵循程朱论学的路径。邓潜谷讲"晦
庵先生意似向外,乃于无极、太极再四称是"是言朱子学以"即物求理"为路
径,解"太极"为"有理",释"无极"作"无形",据此在认同周敦颐"无极而太
极"的前提下,将其诠释为"无形而有理";邓氏云"象山先生意似向里,乃于
无极、太极再四相非",意在认定陆象山以"返心求道"为理路并据此否定"太
极"之上还有"无极"之说,换言之,邓潜谷认为陆象山否认"无极"一说的本
质即在于此"理"不在于"分殊"万物之理,"理"仅有一个,即是此"心",求
"理"便非外寻,全在一"心"。应该说邓潜谷对朱、陆学术宗旨的归纳确有道
理。朱、陆二人也确有相关论辩,象山《与陶赞仲》、晦庵《答陆子美》两篇文
章即是力证。总之,在邓氏看来,程朱、陆王学术理路全然不同,近溪子对诸
家之说"非排特甚",似乎与自身所宗有相背之处。对于邓潜谷的质疑,罗汝
芳的答复极其微妙。他讲"将至善看作纯全天理之极,谓是人人性体",是承
认象山、阳明二人之远见卓识,肯定"性"体层面人人直承;然他道"惟至圣能
先得",又叹"今日莫说纯全极处,众不能知,即近易粗浅,如一个孝弟慈,若
非《大学》恳切提撕,谁人晓得从此起手",便是要世人在求道中有个着落,此
"着落"即在圣训格则,儒学经典。换言之,罗汝芳的总体理念,一方面承认
"性"体的先天具备,另一方面则是从实际出发,教人以最现实的办法,实现
向道的靠拢。

①　(明)罗汝芳:《罗汝芳集》,第308—309页。

其次，罗汝芳在工夫论问题上也有"性地为先"之论。《罗汝芳集》载其语曰：

> 若性地为先，则言动即是现在，且须更加平淡，意念亦尚安闲，尤忌有所做作，岂独人难测其深浅，即己亦无从验其增长，纵是有志之士，亦不免舍此而之彼矣。然明眼见之，则真假易辨，而有进无进，非所论矣。就如兄所举戒慎恐惧一段工夫，岂是凭此四字，便即可去战栗而慢为之耶？也须小心查考立言根脚。盖其言原自道不可离来，今举业讲贯，也晓得非我不离道，乃是道不离我。所以然者，又是道非自道，只是率性；性非自性，只是天命。故道之所在，性之所在也；性之所在，天命之所在也。既天命常在，则一有意念，一有言动，皆大则之毕察，上帝之监临，又岂敢不就业捧持，而肆无忌惮也哉！如此则戒慎恐惧，原畏天命，天命之体，极是玄微，然则所畏工夫，又岂容草率？今只管去用工夫，而不思究其端绪，即如勤力园丁，以各色膏腴，堆积芝兰，自诧雍培之厚，而秀苗纤芽且将消沮无余矣。要而论之，务求速效者，必功不细腻；理无根据者，必事终废弛。噫！爱惜身命，珍重机缘，千生万生，总在今日。[①]

罗汝芳此处对"以用功为先者"与以"性地为先"者做了一番比较，在他看来以上途径代表的正是为学两路。但就此说并无几分创意，因"性之"与"反之"原本即为当时理学家公认的两种工夫。欧阳德就曾有相关主张。其云："夫功夫本体，非有二也。良知者，孩提之初心，真实无妄，明觉自然，本自大公，大顺。凡闻见、思索、学问、酬酢，无非妙用，不假私智。循而弗失，是谓性之；失而复循，是谓反之。反之之谓工夫，性之之谓本体。其为循其良知，则一而已，非判然二途也。"[②]依据欧阳德所说，所谓"性之"即循良知而作为，相应地，"反之"则是人心向道心的复归。据此，欧阳德与王龙溪的观点大致相近，不同的是，欧阳德以"本体""工夫"分论两种实践路径原则便是暗示"性之"是守本体而行之，"反之"则因工夫具体进阶的开展，因而更加切实、具体。至于他讲"一"的理念实则指出无论"性之"还是"反之"，根本上都是向"良知"的靠拢，力求无距离地贴合。相较他人言论，罗汝芳极具特色的见解却在提出"性地为先"的观点。此说之意便在指出，先识"性"体乃是以随

---

① （明）罗汝芳：《罗汝芳集》，第 282—283 页。

② （明）欧阳德：《答周陆田》，《欧阳德集》卷一，第 10 页。

顺安常的态度对待为学处世,识得此"性"即天命随常,人心便得定静,一切作为随处当下。由此可见,较之"戒慎恐惧"端持心体的工夫路径,"性体为先"便多了几分平常自适,少了几许刻意做作。且近溪引文中论"性非自性,只是天命",论"性之所在,天命之所在"又在指出"性地为先"的主旨原本即建立在"天命"监临的理论基础之上。因"率性"并非一般人理解的"任情","性"与"天命"原本同一,"天命"流行时如"上帝监临",在至高德性监督之下的"率性"之道原本已经包含"敬畏"因素。若只知"敬畏"却不知敬何物,不知其根基所在,便是"理无根据"。概言之,罗汝芳所论识"性"不仅包含随顺天命自然的意义,同时也包括奉行於穆不已之"天命"的内容。在此前提下,"性地为先"理论原本包括对"戒慎恐惧"的根本领悟,因人识"性"的过程即是在对"天命"敬畏前提下奉行任性安命之道。于此,"性地为先"从更为根本处实现了对"戒慎恐惧"之道的统摄。罗汝芳之所以否定为学之初即以"戒慎恐惧"工夫识认天理,和其自身早年的治学经历有关。早年罗汝芳曾以薛文清为学工夫端持心体,此次践学的结果随即促成了近溪因颜山农"急救心火"之教向阳明心学的转型。我们说转型,并非以"决裂"去定义思想家的为学心态,而是发掘作为一名自觉担当的儒学人士,罗汝芳开始思考换一个角度去寻求同一个问题的解决办法。这一"问题"便是对求"道"工夫的探讨。从这个角度上讲,早年的为学经历带给罗汝芳最大的感触即是对程朱理学工夫论的彻底反思。然纵观罗汝芳晚年日趋成熟的"性命之学"主张,可见其拓展处正是从"性"体於穆不已之"天命"流行处,兼顾了程朱的敬畏之道与陆王的"乐"学之长。一定程度上讲,罗汝芳的哲学努力之一也正在于融合他学的前提下,建立起自身更加完备、完善的思想体系。这一融合的宗旨即严肃地树立起"性"学的旗帜。

再者,就经典诠释的进路探析,罗汝芳对"性"体的侧重,在其"书""经"学体系中也都有鲜明的体现。比如时人常以褒贬之旨评论孔子作《春秋》的意图,然于近溪看来,则有不同。其曰:

> 儒先亦有此说。以某细细考究,乃是存几希之性之书也,所以孟子历叙几希。舜曰:由仁义行,见得仁义,万世不易之常道。仁之于父子也,义之于君臣也,此外二端,别无法制,所以《诗》亡,则孝子之歌、忠臣之咏,不复听睹矣。而好辨章旨,称说乱贼之惨,皆由于仁义不明,几希之昧也。故孔子曰:"其义则丘取之矣。"观此"窃取"二字,正是孔子存几希之

性而由仁义也。后世辄以孔子笔则笔、削则削，为孔氏之刑书，误矣。①

罗汝芳一反世人常以"刑书"评论《春秋》，却以"存几希之性之书"论之，在他认为，仁、义之道随伦理常在，然忠、孝之道自《诗》亡，不复听睹，孔子删改《春秋》即是为以文字载录的方式，将仁义道德流传于世。从这一点出发，在罗汝芳认为，古籍文献的整理和传世，在知识价值之外，还有对德性的至高尊崇。

又从对"四书"主旨的理解来看，罗汝芳《大学赞》云："天性人最贵，学称大丈夫。为父子兄弟，家邦咸作乎。始本终及末，物格信非徒。明德于天下，至善古今符。"②《中庸赞》云："天命默流布，生生性浑全。鸢鱼显飞跃，凡庸体自然。日监兹不离，严畏相周旋。至敬纯於穆，圣跻象帝先。"③《孟子赞》中又道："轲氏愿学孔，性善其所宗。知能出孩提，仁义从扩充。经德息邪道，浩气薨王公。进退裕绰绰，仕止归时中。"④罗汝芳讲"天性人最贵"是从人的力行能力上去讲，因在他认为，人"性"与"物"性本无区分，然人、物之别却在于惟"人"可"率性成道"，"物"却不能；他讲"天命默流布，生生性浑全"则是因循着"天命"即"人性"的路径，赋予"性"体至高的权威特征；至于近溪对孟子"性善"一论的推崇，则是为宗"性"主张寻找最佳理论铺垫。由以上可见，近溪宗"性"主张乃是贯穿其"书""经"之学的重要阐释中心和理论出发点。

需要进一步说明的是，罗汝芳"四书"学主张中对"性"体的高扬，集中彰显了他融合程朱、陆王学术宗旨的强烈意识。其《四书赞》中云：

> 好古以时习圣神，信性以善充爱敬。运矩以身联国家，畏命以心一天人。⑤

罗汝芳这里的"信性"一说即是以"性善"为主旨，这与王阳明、王龙溪时常所论"无善无恶"等取消德性蕴涵的存有论探讨并不完全一致。罗汝芳主张宗

---

① （明）罗汝芳：《罗汝芳集》，第 292 页。
② （明）罗汝芳：《罗汝芳集》，第 596 页。
③ （明）罗汝芳：《罗汝芳集》，第 596 页。
④ （明）罗汝芳：《罗汝芳集》，第 597 页。
⑤ （明）罗汝芳：《罗汝芳集》，第 596 页。

"性"往往强调於穆不已之天"命",故宗"性"本身就包含了"敬畏天命"的成分,因此近溪宗"性"一方面包含了对"天命"的敬畏态度,另一方面也具备对"己"身的高扬。从前者展开,便是对程朱戒惧慎独之道的遵循;就后者考虑,才是对象山"能身复礼"的推崇。除此之外,程朱理学对"性"的关注有所谓"性即理"之说,此说实是为突出"人性本明"的道理。人问程颐:"人性本明,因何有蔽?"程子答曰:"此须索理会也。孟子言人性善是也。虽荀扬亦不知也。孟子所以独出诸儒者,以能明性也。性无不善,而有不善者,才也。性即是理,理则自尧、舜至于涂人一也。"①而罗汝芳宗"性"同样是以孟子论人之为善动机完具于内为宗旨,故近溪论"良知""良能"多以孟子所言为据。孟子曰:"人之所不学而能者,其良能也;所不虑而知者,其良知也。孩提之童,无不知爱其亲也,及其长也,吾不知敬其兄也。亲亲,仁也;敬长,义也。无他,达之天下也。"②也正因如此,罗汝芳得出"性"无不同的结论。当然我们可以认为这是理学家们的普遍诠释思路,那么既然如此,罗汝芳诠解的便是实实在在的孔孟学问,并非与阳明乃至泰州具有直接关联。

二、"性"体与"天德"

罗汝芳关于"性"体的侧重引导我们思考他宗"性"主张的逻辑出发点何在。程朱讲格物求"理",但"理"作为本体完全可行,但求"理"的过程即有逐物之嫌;象山、阳明主张"心"本体,"心"确有灵妙浑沦之用,但其广大精微却不易把捉。从以上两点考虑,罗汝芳宗"性"主张的首要优势,即可以教世人于当下浑沦、平常日用处着力。此外,罗氏宗"性"又以主"仁"为核心,"性"体善、恶问题的讨论因此成为"仁"体相状的一种描述。其云:

> 先儒谓治平本诸教化,教化始诸风俗,最为根极要领之谈。但予又敢谓:教化风俗,系于讲求学术,讲求学术,急须明正经书。即如孔门教主求仁,轲氏每道性善,传来二千年矣,乃于仁首以克治,于性补以气质,讲解漫传,本旨弗顾,俗沿习而愈趋,症因药而益病。予幸此生恭逢盛世,取士设科而事专经术,论民列款而式重孝慈,敷言信千载之一时,振德可事半而功倍。③

---

① （清）黄宗羲:《宋元学案》卷十五,北京:中华书局,1986 年,第 613 页。
② （宋）朱熹:《四书章句集注》,上海:上海古籍出版社,2011 年,第 360 页。
③ （明）罗汝芳:《罗汝芳集》,第 313 页。

在罗汝芳看来,孔门求仁之旨得孟子发挥之后即是"性善"主张。正因如此,教化风俗的重心又在持守孔孟之道,宗"性"主"仁",那些"讲解漫传"之人之所以距离本旨愈远,实是因其背离先儒孔孟正宗,胡乱发挥而已。但是这里的"性善"原则上已经脱离平常善、恶的评判,而是对道德理性的绝对推崇。罗氏云:

> 盖性之为性,乃乾坤神里,无善亦无不善,亦不善而亦无善,所谓:上天之载,声臭俱泯,而为善之至焉者也。《易》曰:"寂然不动,感而遂通天下之故。"《中庸》曰:"视之不见,听之不闻,体物而不可遗。"夫惟不见不闻而寂然不动,是以能为天下至无;夫惟体物不遗而感通天下之故,是以能为天下至有。为天下至无,则岂惟不善非性所有,即善亦何所得而有也?为天下至有,则岂惟善所能为,即不善亦何所不能为也。但感通其用,固虽千变万化而莫可穷极,然不动其体,实则亘古亘今而毫发未或变迁也。圣人穷理至命,故常存吾性至善之本原,以御物感参错之万用,所以立言垂训,纯粹精详,可为至善之准则。且转移化导,举世甄陶,而又为不善者之再造依归也。①

参照引文,罗汝芳提出"性"体的最高特色在于"无善亦无不善",该描述可以从两个方面进行理解:其一,"善"与"不善"作为一组逻辑同格的判断术语并不适合用来突出"性"体的关键特征;其二,正是因为超越一般道德判断之上,"性"体因此是绝对"善"的,这里的"善"暗示的是至高权威的具备。质言之,罗汝芳实是将"性"认作超越的存有实体。于此,"性"的实体形态一方面以超越德性评判的形态存在,此外,其"体""用"一源的性质决定"不善"也是在"性"体包涵之中,为"性"体所主宰。故"至善"作为"性"的根本属性,其本身即是超越的存在,类似于朱子论"理",阳明言"心",皆有"一体二用"之效。罗汝芳即赋予"性"本体性质,那么他的理论归属即在于"性"即"理"的规范,由此可见其哲学归属乃是在朱子学的路径上。需要进一步说明的是,罗汝芳对"性"体的高扬,其诠释路径与阳明学的方法论原则有所不同。阳明曾曰:"告子是硬把捉着此心,要他不动;孟子却是集义到自然不动。"又曰:"心之本体原自不动。心之本体即是性,性即是理,性元不动,理元不动。集义

---

① （明）罗汝芳:《罗汝芳集》,第 314 页。

是复其心之本体。"①王阳明关于"性"即"理"的表达其理论基点建立在"心"本体前提之下,换言之,阳明在"心之本体即是性"的基本前提下认同"性"即"理",其意在于揭示"心"的存在形态原与"性"的德性具备以及"理"的本体性质统一。相较之下,罗汝芳对"性"体的高扬是基于对其永恒存在的强调,而他所引"寂然不动"并非用以证明"心"体乃是直以描述"性"本体。

依据以上分析,罗汝芳关于"性"体的定位,及其关于"性善"的解读,原本是从超越伦理道德的层面展开。这一理论基点在中国哲学语境中,侧重的正是对"天德"的推崇。所谓"天德"同样是超越一般道德品格的存在。且"天德"在罗汝芳看来,正是《中庸》立学的主旨,也正是如此,罗氏认为《中庸》分量重于《大学》。罗汝芳曾云:

> 若论入德,到先《中庸》,观三十三章明说,可以入德。所谓德者,盖至诚至圣而浑然天德,所以曰:"上天之载,无声无臭至矣。"而《大学》则接过以为至善,却是经纶立本,而知化育之一大规模。合而言之,《中庸》则重天德,而《大学》则重王道。②

罗汝芳此处认为《中庸》即是详解"入德"之书,这里的"德"便是浑然天德。事实上,罗汝芳对《中庸》"天德"的强调正是他诠释孟子"性善"宗旨的理论基点。近溪对"性命之学"的宣讲、"日用之道"的侧重,对曾子风范的推崇等等,事实上皆是出于对"天德"的推崇,也正是这一原因,近溪对孟子所言"性善"的强调也与"天德"相关,对思想家而言,"天德"是说德性的恒常性和客观性,而"性善"则是从人说起,人秉承"天德",其"性"本是至善。至此,跳出传统哲学的研究范畴,罗氏关于"性善"的推崇及其对"天德"的侧重,实直系道德理性的实践问题。因罗汝芳侧重的"性善"宗旨,并非是在存有论层面讲"性"与"理"的关系界定,而是在道德意义上关于神圣的意志或是绝对善良意志的侧重。程朱理学在论"性"即"理"的过程中,因其立足于存有论视域,他们讲"性"与"理",实质上是在诠释人对约束性责任的担当,王阳明论"性"多将其置于心学范域之内,与前人不尽相同,罗汝芳反复诠解孟子"性善"宗旨其本意原不在"理"或者"心"的存有论探讨上,却有意高扬"性"体及道德理性的绝对权威。从该视角展望,罗汝芳立学本质上说是在汲取前人

---

① (明)王守仁:《王阳明全集》卷一,第28页。
② (明)罗汝芳:《罗汝芳集》,第216页。

主张的前提下又有自身新主见。

三、"性"与"心""命""情"

罗汝芳对"性"体的侧重尽管别有新意，然仍须面对思辨哲学场域内各类概念之间关系的全新定位。比如"性"与"心""命""情"等其他哲学范畴之间的关联就需要思想家给以明确的解读。也正是通过对以上概念关系的全新梳理，罗汝芳在思辨哲学领域进一步实现了解"心"建"性"的体系化构建。

（一）"性"与"心"

阳明学背景下，"心""性"之辩已然成为当时代思想家普遍关注的焦点话题。罗汝芳关于"心""性"关系的理解曾受佛教思想影响，其早年与僧道人士有交游经历，期间，罗汝芳曾就传统儒学的诸多概念区分请教过佛教中人。《罗汝芳集》载：

> 罗子会讲，适有僧在座。罗子问曰："儒者家言心言性，言念言意，言虑言才，纷若茧丝诸微细。试一一为我审除。"僧默然久之，谓罗子曰："我今见近溪，称作近溪矣，不知尊夫人作何称谓？"罗子曰："谓我相公。"曰："尊公如何？"罗子曰："行六。"时唤吾："行六！然则为诸生时，广文先生又如何道？"罗子曰："道予字。"僧向罗子曰："汝有许多名色也。"罗子欣然遂下拜。[1]

根据此段对话可见，罗汝芳从佛僧那里得来的重要启发即在于"心""性"等范畴都不过是同一事物的不同说法而已。佛家教予近溪的正是要他破除名相之分，去看待二者关系的定位。罗汝芳"欣然下拜"，一定程度上即是接受了佛氏的指导。罗汝芳对佛氏理念的汲取，并没有夺去罗汝芳的儒学根基，因思想家又曰：

> 心性是一个神理，虽不可打混，然实不容分开。如曰知得某事善，能得某事善，此即落在知能上说善，所谓善之枝叶也。如曰虽未见其知得某事善，却生而即善知，虽未见其能得某事善却生而即善能。此则不

---

[1] （明）罗汝芳：《罗汝芳集》，第385—386页。

落知能说善而亦不离知能说善,实所谓善之根本也。①

罗汝芳这里讲"心""性"不可"打混",亦"不容分开",那么"心""性"关系的定位还要具体分析。其道"知得某事善,能得某事善,此即落在知能上说善,所谓善之枝叶也",强调的是以"知"作主宰的"心"之认知机能;他说"虽未见其知得某事善,却生而即善知,虽未见其能得某事善,却生而即善能"则是侧重"性"之浑然具备。如果用今天的哲学术语来表达,"在知能"上说善的"心"的机能象征的是反思后的认知进程,"不落知能说善"的"性"体浑然则代表反思前的德性具备。于此,可见近溪观念中"心""性"确有区分,然"不落知能说善"与"落在知能上说善",反思前的意识和反思的认知,两组概念原本也不是截然对立,故前者为"善"之根本,后者为"善"的施展,那么"性"虽然在罗汝芳看来,乃是根本的存在,然其与"心"不可分离,而是相依相辅的关系。

关于"心""性"的关联,罗汝芳还有一段言论引起我们的关注:

> 问:"《尽心》一章,说有不同,何如?"
>
> 罗子曰:"此章之说,如阳明先生,极于初学助长精神,然孟夫子口气,似觉未妥;如晦庵先生,虽得孟夫子口气,然分析又觉稍多层节。某窃敢作一譬喻,谓其初二条,似一泓春水,其终条,则似一片寒冰也。盖心性密藏,微妙深远,其研穷精彻而知之真者,则是水影天光,空澄浩渺而了无底止也。至于心性涵育,生化圆通,其因依顺适而养之完者,则又是波流畔岸,宛曲索回,而了无窒滞也。如此以知,如此以养,则心之于性、人之于天,极是活活泼泼,浑浑融融矣。然知入于天,则愈探而愈微,养彻于天,则益纯而益泯,是即水性之浮游渺漠,不至寒冰,何从坚定?故吾此身,即心性之坚冰也。盖知以通天,而养以奉天,久之而身斯可以同天,同天则无始无终,我命在我,而寿殀何足言也哉?"②

《孟子·尽心》一篇历来备受瞩目,程朱、陆王各家阐释,直接关系到其"心""性"主张。罗汝芳此处既以朱熹、王阳明二人的不同训解作为理论铺垫,那么我们首先就需要明确朱、王二人在该问题上的不同主张。

---

① (明)罗汝芳:《罗汝芳集》,第196页。
② (明)罗汝芳:《罗汝芳集》,第51页。

　　朱子注解《孟子·尽心》实则是在区分"心""性"关系的理论前提下进行。他讲"心者，人之神明，所以具众理而应万事者也。性则心之所具之理，而天又理之所从出者"①，实则强调的是"心"的应感机能和主体能动性质以及"性即理"的概念内涵。在此逻辑起点下，朱子所谓的"人有是心，莫非全体，然不穷理，则有所蔽而无以尽乎此心之量"②，强调的正是"心"在工夫论层面向"性"（理）的无限靠拢的必要性与可能性。根据朱子的诠解，孟子"尽心知性"实则与《大学》《格物穷理"乃是同一路径，"尽心"是穷尽其广大无垠之心量，"知性"便是"穷理"的最终实现。于此，孟子"存心养性"在朱熹理解，即是操持"心"体，随顺此"性"，不违"天命"。至于"夭寿不贰"之语，朱熹则以秉承天命，修身俟命作解。其后，朱子引证程子、张载等人言论首先在于认定"心""性""理"的一致性，同时也在于重申"尽心知性"理论前提即"理"的变动不居，其实现可能即在"心"的主体机能。概而言之，朱熹上述诠释的理论出发点，实则是强调"心"之运用与"性"之现成。

　　据此，朱子对《孟子·尽心》的注解重心在于关于"性"（理）的第一性的强调。在此前提下，朱熹认为"复性"与顺"性"都是成道的有效途径。孟子曰："君子所性，虽大行不加焉，虽穷居不损焉，分定故也。"朱子注曰："分者，所得于天之全体，故不以穷达而有异。"③孟子曰："君子所性，仁义礼智根于心。其生色也，睟然见于面，盎于背，施于四体，四体不言而喻。"朱子注曰：

　　　　上言所性之分，与所欲所乐不同，此乃言其蕴也。仁义礼智，性之四德也。根，本也。生，发见也。睟然，清和润泽之貌。盎，丰厚盈溢之意。施于四体，谓见于动作威仪之间也。喻，晓也。四体不言而喻，言四体不待吾言，而自能晓吾意也。盖气禀清明，无物欲之累，则性之四德根本于心，其积之盛，则发而著见于外者，不待言而无不顺也。程子曰："睟面盎背，皆积盛致然。四体不言而喻，惟有德者能之。"④

该段，朱熹对孟子"君子所性，虽大行不加焉，虽穷居不损焉，分定故"的诠释，以两字概括，乃可以程道明"定性"言之。在程朱看来，"性"乃"天之全

---

①　（宋）朱熹：《四书章句集注》，第 356 页。
②　（宋）朱熹：《四书章句集注》，第 356 页。
③　（宋）朱熹：《四书章句集注》，第 362 页。
④　（宋）朱熹：《四书章句集注》，第 362 页。

体",不因"穷""达"生变,或者说,"它"的存在不以人的作为有所增减。之所以如此,因为"性"体得之于天,且其本质乃是以"仁义礼智"为根本支撑,它本身即是"纯善"的象征。有德者顺此"性"便是"气禀清明""睟面盎背",反之,少德者或是无德者,则或是未解此"性",或是违背了天命。虽然如此,后一种情况的现实存在,仍然不能使"性"体本身承受影响。正是如此,人人都有觉醒的机遇,也都有反省自身,求"理"归"性"的可能。据此,对于孟子曰:"尧舜,性者也;汤武,反之也。"朱子注曰:"性者,得全于天,无所污坏,不假修为,圣之至也。反之者,修为以复其性,而至于圣人也。"又引吕氏语"无意而安行,性者也,有意利行,而至于无意,复性者也。尧舜不失其性,汤武善反其性,及其成功则一也"①。以上诸论都在强调"反性""复性"与随顺天性的殊途同归。同时,这里朱子言"性"也言及"心",但此"心"已非前文言及的主观意识,却倾向于德性的一种载体存在,故朱子解"仁义礼智根于心"并非是言"四德"生发于"心",而是在于强调"心"原本承担"性"的特质,待其发见,则显现于人之体貌。

与朱子诠解相较,王阳明将理论重心落实在"尽心即是尽性"上。阳明此解与朱子诠释路径的最大分歧处在于,朱子将"尽心"作为"知性"的必要条件的原因全在从工夫论层面主张"心即理";阳明取消这一条件关系,将"尽心"与"知性"同等对待,一则是在从存有论层面重申"心即理",二则从工夫论层面主张"知行合一"。其高足徐爱问曰:"'尽心知性',何以为'生知安行'?"阳明云:

> 性是心之体,天是性之原,尽心即是尽性。"惟天下至诚为能尽其性,知天地之化育",存心者,心有未尽也。知天,如知州、知县之知,是自己分上事,已与天为一;事天,如子之事父,臣之事君,须是恭敬奉承,然后能无失,尚与天为二,此便是圣贤之列。至于"夭寿不贰"其心,乃是教学者一心为善,不可以穷通夭寿之故便把为善的心变动了,只去修身以俟命。见得穷通寿夭有个命在,我亦不必以此动心。事天虽与天为二,已自见得个天在面前;俟命便是未曾见面,在此等候相似:此便是初学立心之始,有个困勉的意在。今却倒做了,所以使学者无下手处。②

---

① (宋)朱熹:《四书章句集注》,第381页。
② (明)王守仁:《王阳明全集》卷一,第6页。

由阳明上述言论可见，其"心性"之辨多存阔略之处。他讲"尽心"即是"尽性"，讲"知天"如同"知县"，是要人在为学之初，便要执守"心"与"性"的一致性，坚信此"心"原本广大无量，无所不通，无所不能。在此基础上，在阳明看来，那些析"心""理"而为二，判"天"事与"人"事有别的作为乃是次等工夫。故他诠释孟子"夭寿不贰"之说过程中，便将朱子"修身俟命"的路径转向"便心不动"。总结阳明对《孟子·尽心》的诠释，对"心""性"的定位，不在分别，却在整合；不在教人修身俟命，却在坚信此"心"便是"天理"，"尽心"即是"率性"。按此路数，"知""行"合一成为必然。阳明该理念在其后学中，得到进一步发挥。薛侃曾云："良知者，人心自然明觉处也。见父知孝，见子知慈，此良知也。遇寒知衣，遇渴知饮，遇路知险夷，此良知也。当恻隐自恻隐，当羞恶自羞恶，当恭敬自恭敬，当是非自是非，此良知也。人惟欺此良知，则争讼诈罔，无所不至。若依而充之，知是则行，知非则止，有则曰有，无则曰无，人人太古，处处羲皇矣，竟有何事？"[1]据此，薛侃关于"良知"的主张，及其对"知""行"的诠释，一言以概之，便是为"尽心""率性"之道的另解。

参照朱熹、王阳明二人关于《孟子·尽心》一篇的诠解，关于"心""性"的定位，关于修身治学工夫路径的主张，大致可了解罗汝芳在该系列问题上的思想偏向。他讲阳明之说"极于初学助长精神"，便是就阳明对"尽心"即"尽性"，"知人事"如"知天事"一说而言，认为阳明主张确有鼓励初学者立志"尽性知天"的功效。但近溪同时认为，阳明之说较之孟子则有不妥，朱子的诠释路径才得"孟子口气"，只是"层节稍多"。根据近溪此说，可见思想家在"心""性"问题上的朱子学立场。换言之，罗汝芳对"心""性"关系的看法和朱熹更具一致性。结合前文分析，程朱"心""性"理论的核心在于强调"尽心"以"知性"的工夫路径。理解这一点，我们对近溪所举譬喻才能得其宗旨，也才能认识到近溪主张的拓展处。他讲"其初二条，似一泓春水，其终条，则似一片寒冰也"承接上文解"乾""坤"二卦，乃是以"坤"卦论之。在近溪看来，"心性密藏，微妙深远"，唯"研穷精彻"，方至"水影天光，空澄浩渺"之境域。从这一点上去说，近溪认为"复性""穷理"的过程是成道的必然途径。至于他讲"然知入于天，则愈探而愈微，养彻于天，则益纯而益泯，是即水性之浮游渺漠，不至寒冰，何从坚定"则进一步描绘了"心性"锻炼的过程。然近溪以"身"作为"心性"之坚冰，又作何解？实际上，近溪此说乃是指出"心性"贯通之时，人便全"心"全"身"做了"性""命"的载体。在此基础上，罗

---

① （明）薛侃：《良知》，《薛侃集》卷十一，第391页。

汝芳论"知以通天,而养以奉天,久之而身斯可以同天,同天则无始无终,我命在我,而寿夭何足言",意在主张,致知是为贯通天地至理,存养的工夫即是随顺天常,待工夫纯熟,"通天"演化为"同天",人超越性地成为天地至理的绝对代表,生与死、寿与夭作为现实社会的评判准则一律被认为是自在的"物"的存在,在将我的生理存在即身体归属于存在物的整体的定位前提下,人的精神的"我"同样升华为一种自在存在的模式,"自在"模式一旦生成,意味着时间的隐退。时间隐退,只因其生成之初即在于自为,自为向自在转化的过程实则是促使"现在"不断成为"过去",人之肉身的死亡便意味着自在的最终胜利。在罗汝芳看来,这种转化完全可以在人的有生之年因精神的超越性提前实现,换句话说,比如得道之人将自家生理性命搁置一边,以纯粹的天命浑全之"己"性到达与"自我"的重合,与"自在"的统一,此刻,生理层面的生命已然不能成为精神永恒的阻碍,此"命"在"我"亦在"天",天无终始可说,人亦无寿夭可言。正是在此理论基础上,罗汝芳又有云:"心之聪明,果能不惮劬劳,不计岁月,到得心思即竭,神明自来,那时许大乾坤,俱作水晶宫阙,即是说性说天,已是强为区别,如何存之与养、知之与事又岂不一齐俱到也哉?奚止曰知曰事,就是最后立命一著,虽云神圣之所极难,只是他年深藏久,欢欣浃洽,我即是天,天即是我,而天人之间,别见之了不可得。天人已是两忘,寿夭又更何有?故久则必言尽心,而终则果然心尽而已。"[1] 总结罗汝芳的思考理路,其在"心""性"关系问题上往往融贯对待,但其逻辑起点则与程朱相通,即承认"心""性"有别,其拓展处又在于将"尽心知性"推广至"尽性至命"的层面。这又关系到罗氏在对待"性""命"关系问题上的基本主张。接下来,我们将展开详细分析。

(二)"性""命"之辩

传统儒学中,"性""命"往往相提并论,这一点在《中庸》《易传》中就有体现,《孟子》一书中更有详细阐发。孟子道:"口之于味也,目之于色也,耳之于声也,鼻之于臭也,四肢之于安佚也,性也,有命焉,君子不谓性也。"[2]朱子注曰:"程子曰:'五者之欲,性也。然有分,不能皆如其愿,则是命也。不可谓我性之所由,而求必得之也。'愚按:不能皆如愿,不止为贫贱。盖虽富贵

---

① (明)罗汝芳:《罗汝芳集》,第 260 页。
② (宋)朱熹:《四书章句集注》,第 377 页。

之极,亦有品节限制,则是亦有命也。"①朱子引程子之言乃是站在"存天理"的立场上教人不可从其所欲,而当有所节制。孟子又云:"仁之于父子也,义之于君臣也,礼之于宾主也,知之于贤者也,圣人之于天道也,命也,有性焉,君子不谓命也。"②朱子注云:

> 程子曰:"仁义礼智天道,在人则赋于命者,所禀有厚薄清浊,然而性善可学而尽,故不谓之命也。"张子曰:"晏婴智矣,而不知仲尼。是非命邪?"愚按:所禀者厚而清,则其仁于父子也至,义之于君臣也尽,礼之于宾主也恭,智之于贤否也哲,圣人之于天道也,无不吻合而纯亦不已矣。薄而浊,则反是,是皆所谓命也。……愚闻之师曰:"此二条者,皆性之所有而命于天者也。然世之人以前五者为性,虽有不得,而必欲求之;以后五者为命,一有不至,则不复致力,故孟子各就其重处言之,以伸此而抑彼也。张子所谓养则付命于天,道则责成于己。其言约而尽矣。"③

朱熹以"清""浊"来说明人"性"差异,实际是将其"气"论主张介入到"性""命"之辩的事项中。严格来说,孟子论"性""命"遵循辩证、一贯的宗旨,后半段的逻辑已转化为另一思维理路:道德自律的行动虽是天命所为,然而却同时也是人的主动承当,自觉担负,这便是"性"的体现。综合孟子以上言论,人的感官能力和道德实践一方面受之于天,故是自然的呈现,另一方面又是听之于"命",故是践履天德的行动载体。总体而言,人理应自觉担当起以命作性,"性""命"合一的责任。因从孟子所言,人有耳、目、口、鼻,飞禽走兽一样具备,如此,人与禽兽在"性"的层面便没了区分,那么真正的区别则存在于道德自律以"命"作"性"的层面。

相较前人,罗氏在"性""命"关系问题上,多以《中庸》作为经典诠释的主要范本,并以"上帝"概念强调"命"的律令作用,且论人之"性"于"命"的先天秉承。其曰:

> 故《中庸》"天命谓性",分明是以天之命为人之性,谓人之性即天之

---

① (宋)朱熹:《四书章句集注》,第 377—378 页。
② (宋)朱熹:《四书章句集注》,第 378 页。
③ (宋)朱熹:《四书章句集注》,第 378 页。

命,而合一莫测者也。谛观今人意态,天将风霆,则懊恼闷甚;天将开霁,则快爽殊常。至形气亦然,遇晓则天下之耳目,与日而俱张;际溟则天下之耳目,与日而俱闭,虽欲二之,孰得而二之也哉?夫天道幽渺,其不已不离,原不假言说。乃兹首先发明以作《中庸》张本者,盖欲吾侪识知,天不离人,则一切谋虑、一切云为,俨然上帝临之,即隐而见,即微而显,恐惧惊摄而莫敢邪妄,庶感人心而和平,风世俗以淳厚,而王道荡荡平平之化,可以归其有极而会其极也已。①

此处,罗汝芳为强调"天命"之主宰性质,故以"上帝"譬喻之。正是因"上帝"概念的介入,促使罗汝芳对"天命"的推崇近似程朱对"理"之本体的侧重。罗汝芳引入"上帝"概念论证"性""命"之辩,实在于揭示"性""命"相依之道。建立在这一理论基础上,思想家所谓"率性"即指向于践行於穆不已之"命"。如其云:

　　自中国以及四夷,自朝市以及里巷,无人不有此知,无人不有此能,何等其大! 自晨兴以至夕寝,自孩提直至老耄,无时不用此知,无时不用此能,何等其久! 此个知能平铺遍在人间,洋溢充乎宇内。性之原是天命,率之便作圣功,争奈他知则自然而知,不假些子思想;能即自然而能,不费些子学习。故有知之实,无知之名;有能之用,无能之迹,究竟固云久大,当下却似枯冷。后世有志之士,捉摸这个不着,遂从新去学问,以开明其心而求个知;从新去效法,以力作于己而成个能。其功夫,比之不虑之初,更有许多意趣;比之不学之始,亦又更有许大执持,遂的确信其为入圣途径,以更相授受,传至于今。数陈训诂,蔓延解说,岂止汗牛充栋,亦且浃髓沦肌,谁能起孔圣于九原,谓其四书五经之知能,不是如今日之集说讲套所云云也哉!②

罗汝芳所谓"性之原是天命",先儒早有言之,至于"率之便作圣功"意在指明"率性为道"的宗旨,然他讲"争奈他知则自然而知,不假些子思想;能即自然而能,不费些子学习",则是将阳明学范畴内常道的"良知""良能"纳入"性"的作用范畴。换句话说,在近溪看来,"良知""良能"并非在"心"的完全主宰

---

① (明)罗汝芳:《罗汝芳集》,第57页。
② (明)罗汝芳:《罗汝芳集》,第274页。

下产生,乃是出自在天之"命",显露于在人之命。故他又讲"故有知之实,无知之名;有能之用,无能之迹",实在指出"性"体自在存在,原本不在人的捕捉之中。世人"数陈训诂,蔓延解说"只是徒增层节,其识见结果也不过是个"光景"。应该说,罗汝芳此论和陆象山不立"分别"之说具有一致性,只是其落脚处却是进一步确立了"性"的恒常性质。据此,宋明理学家关于"心""性""理"各有侧重,然罗汝芳的理论基点却在重申此天命之"性"字上。

(三)论"反情以归性"

宋明阶段,儒者言"情""性"的关系,多是从"致中和"的心性修养层面展开去讲。比如王阳明曾曰:"父之爱子,自是至情,然天理亦自有个中和处,过即是私意。人于此处多认做天理当忧,则一向忧苦,不知已是'有所忧患,不得其正'。大抵七情所感,多只是过,少不及者。才过便非心之本体,必须调停适中始得。就如父母之丧,人子岂不欲一哭便死,方快于心?然却曰'毁不灭性',非圣人强制之也,天理本体自有分限,不可过也。人但要识得心体,自然增减分毫不得。"[①]据此,阳明"性情"的主张乃是建立在"致中和"的路径上,故他说"毁不灭性"也正是出于对"调停适中"的发挥。王阳明主张"毁不灭性"的同时,对"情"的看法也并非持完全否定态度。他曾讲:

> 喜、怒、哀、惧、爱、恶、欲,谓之七情。七者俱是人心合有的,但要认得良知明白。比如日光,亦不可指着方所;一隙通明,皆是日光所在;虽云雾四塞,太虚中色象可辨,亦是日光不灭处,不可以云能蔽日,教天不要生云。七情顺其自然之流行,皆是良知之用,不可分别善恶,但不可有所着;七情有着,俱谓之欲,俱为良知之蔽;然才有着时,良知亦自会觉,觉即蔽去,复其体矣![②]

王阳明以"良知之用"论"七情",一定程度上即肯定了"情"存在的必然性以及合理性,至于阳明道"情""不可分别善恶""不可有所着",则是从形而上学的层面揭示作为"气质之性"的存在,"情"并非可用道德准则进行判断,自然也没有"善"与"恶"的说法,然脱离善恶准则的"情"不能有所"着"的原因,也在于沉溺其中,人即沦陷于对欲望的臣服。此外王阳明又曾以"体""用"概

---

① (明)王守仁:《王阳明全集》卷三,第19—20页。
② (明)王守仁:《王阳明全集》卷三,第126页。

念诠释"性""情"关系。其云：

> 喜怒哀乐之未发，则是指其本体而言，性也。……心统性情。性，心体也；情，心用也。……夫体用一源也，知体之所以为用，则知用之所以为体者矣。虽然，体微而难知也，用显而易见也。……君子之于学也，因用以求其体。①

阳明此说原则上即是教人在"情"的反省中追求"性"的本源，按此理路，"因用求体"的过程便是克"情"归"性"的推进，也是"正念头"的持续展开。与此同时，"念头"不断得"正"，"情"向"性"也无限贴合，而所谓"心统性情"，在阳明诠释下因此成为"致中和"的修养工夫。然至罗汝芳，他对"性""情"关系的判断呈现两方面倾向：其一，突破私人情绪的局限，强调伦理常情存在的必要性，且以"圣王之田"言之，并由此建立起"先《中庸》，后《大学》"的"四书"学主张。弟子问其缘故，罗汝芳答曰：

> 故圣贤最初用功便须在日用常行，日用常行只是性情喜怒，我可以通于人，人可以通于物，一家可通于天下，天下可通于万世。故曰：人情者，圣王之田地。此平正田地，百千万人所资生活，却被孟子一口道破说人性皆善。若不认得日用皆是性，人性皆是善，荡荡平平，了无差别，则自己工夫已先无着落处。又如何去通得人，通得物，通得家国而成大学于天下万事也哉？②

罗汝芳云"日用常行只是性情喜怒"，便并不排斥"情"存在的合理性，在他看来，人的性情变化正是平常日用的反映，也是真实生活的写照。并且，人的性情变迁正是其与他人沟通，与天地感应，与古今对话的必然途径。此外，近溪引"人情者，圣王之田"也正是进一步明确，平常日用的当下生活中，"人情"亦是回避不了的平常因素。故他讲"情"不仅是就"性情"上去说，且是就人的真切生活上去讲。也正是在这一理论主张的导引之下，罗汝芳对《中庸》更为重视，使其居于《大学》之前。

其二，明确揭示"情""性"关系，主张"反情归性论"。罗汝芳论"反情以

---

① （明）王守仁：《答汪石潭内翰》，《王阳明全集》卷四，第165页。
② （明）罗汝芳：《罗汝芳集》，第11页。

归性"实则是在宗"性"前提下讲出，那么"恻隐之心"于他而言就被理解为"性善"本因的彰显。"情"相应地就成为"气禀"的自然流露，而"气禀"有善、恶之别，故"归性"的过程即道德理性的作用。罗汝芳主张"反情以归性"从根本上讲，乃是对道德理性的尊崇。其曰：

> 世道之末，趋而下也，则人情浮靡，以为之先乎？夫情也者，性之所由生者也。情习于人，虽无所不至，而性本诸天，则固不容或伪者。反情以归性，而率靡以还朴，其惟教之之功为大也已。①

此处，罗汝芳讲"情也者，性之所由生者"，讲"情习于人，虽无所不至，而性本诸天，则固不容或伪者"便是承继前人，比如唐李翱的主张去说"性""情"关系。只是近溪此处明确提出的"反情归性"主张，实则又是以"性"统"情"的另说。原则上，罗汝芳"反情归性论"和王心斋的相关言论也具有一定程度的相通性。心斋云：

> 程子云："善固性也，恶亦不可不谓性，清固水也，浊亦不可不谓之水。"此语为莹，恐误后学，孟子只说性善，盖善固性也，恶非性也，气质也，变其气质则性善矣。清固水也，浊非水也，泥沙也，去其泥沙，则水清也。故言学不言气质，以学能变化气质也。故曰："明德尽，渣滓便浑化。"张子云："形而后有气质之性。善反之，则天地之性存焉。气质之性，君子有弗性者焉。"此语亦要善看，谓气质杂性，故曰气质之性。②

参照引文，王心斋此处对程子关于"善""恶"的辩证对待给予了自己的理解，在他看来，"恶"相对于"善"而言等同"气质"相对于"性"，如以"水"比拟人性之善，那么"恶"即可比作"浊水"，故"善反者"便是要去荡除气质因素，回归理智的善性。某种程度上可以说，无论王心斋抑或罗汝芳，"反情归性"体现了明代理学家的哲学努力之一，便是力求在不牺牲道德情感的前提下，实现对"情"与"理"的兼顾。

严格意义上讲，理学家关于"性""情"关系的界定也同时彰显了当时知识分子对"气"的看法。因相较于永恒的"理"和至善的"性"，"气"无论就其

---

①　(明)罗汝芳：《湘阴还朴编序》，《罗汝芳集》，第455页。

②　(明)王艮：《王心斋全集》卷三，第69—70页。

生成之初还是存在形态都充满了不稳定的因素。这一非稳定性其中就包括
"情"的起伏和调控。关于"气",程伯子论:"性出于天,才出于气。气清则才
清,气浊则才浊","才则有善有不善,性则无不善"。① 朱子也重"气",因"气"
依"理"行。其云:"此气是依傍这理行,及此气之聚,则理亦在焉……无情意
无计度无造作,只此气凝聚处,理便在其中。且如天地间人物草木禽兽,其
生也,莫不有种,定不会无种了,白地生出个物事,这个都是气,若理则只是
个净洁空阔底世界,无形迹,他却不会造作。气则能酝酿凝聚生物也。但有
此气,则理便在其中。"② 故朱子区分人与物,也和"气"的理念相关。朱子曰:

> 人物之性,有所谓同者,又有所谓异者。知其所以同,又知其所以
> 异,然后可以论性矣。夫太极动而二气形,二气形而万化生,人与物俱
> 本乎此,则是其所谓同者。而二气五行氤氲交感,万变不齐。则是其所
> 谓异者。同者其理也,异者其气也。必得是理而后有以为人物之"性",
> 则其所谓同然者固不得而异也。必得是气,而后有以为人物之形。则
> 所谓异者,亦不得而同也。是以先生于《大学或问》因谓"以其理而言
> 之,则万物一原,固无人物贵贱之殊,以其气而言之,则得其正者通者为
> 人。得其偏且塞者为物。是以或贵或贱而有所不能齐"者,盖以此也。③

综合朱子之论,此"气"乃是天理运行的附着之物,亦是万物生成的根本凭
借,更是成为"性"体区分的关键标准,最后一条上讲,"气"的存在,因此不仅
具有程子言及的"清""浊"之分,更有"偏""正"之别。相较宋明儒先对"气"
之概念的诠释,罗汝芳对"气"的关注有其继承处,亦有其创新处。其云:

> 阴阳者,人之善恶所由来也;善恶者,心之是非所由辨也。善善恶
> 恶而是非明,是是非非而直道著,斯民物之纪而治理之原也。④

罗汝芳以"善恶"辨心之是非,是将是非评判从法的层面提升至道德层面,他
以"阴阳"说人之善恶由来,则是将其说理建立在独具特色的"气"论基础上。

---

① (宋)程颢、程颐撰,王孝鱼点校:《河南程氏遗书》卷第十九,《二程集》,第252页。

② (宋)黎靖德辑:《朱子语类》卷一,《朱子全书》第14册,第116页。

③ (宋)黎靖德辑:《朱子语类》卷四,《朱子全书》第14册,第186页。

④ (明)罗汝芳:《贺毛文源考绩序》,《罗汝芳集》,第499页。

这一"气"论的基础又与"气质"相关的气禀说相系。

首先,罗汝芳对"气"的诠释,也从"气质"论之。罗子曰:"儒先立说,原有深意,而近世诸家讲套,渐渐失真,既将天性、气质两平分开,又将善恶二端各自分属。殊不知理至性命,极是精微,圣贤犹且难言,而集说诸家,妄生分解,其粗浮浅陋,亦甚矣。又安望其妙契儒先之旨,而上溯孔孟之宗也哉?"①罗汝芳这里对世人将"善"与"恶"、"天性"与"气质"两相分的作为极为不满。于此揭示罗汝芳思想中两方面的重要主张。其一,与"性"相对待的概念"气",近溪是从"气质"上说;其二,能够譬喻"性"与"气"之间关系定位的最佳诠解乃是"善"与"恶"。既如此说,罗汝芳教人切忌"妄生分解",便是主张"性"之于"气","善"之于"恶"乃是辩证统一的关系建构。然于"性善"处讲,人之"恶"时仍为"性善"处觉察,故"气质"虽漂浮不定,起伏变化,从其根本上讲,也一样接受"天性"的统筹、谋划。罗氏又云:

> 圣贤学术,须先见得大处。即如今时见人,气质从容,应事妥贴,亦有目为中和者,此则仅足善其一己,而天下国家,未必推行得去。故《大学》《中庸》,开口便说个天下,正欲挥扩吾辈器局,联属天下,以成其身。中则为大中,和则大和,非是寻常小小家数。盖其根原自有慎独中来,所谓慎独者,正是出类拔萃,顶天立地,卓然一身于天地间也。如此志愿以为工夫,如此工夫以毕志愿,则天地万物,浑为一己。当其喜怒哀乐未施设作用时,其体段精神已包涵无外,天下事几皆从其中妙应,而为天下大本也;当发用施设时,则一怒或可以安天下之民,一喜或可以造天下之福,中间节目,皆足以和平天下,而为天下之达道也。故以天下之大本形容慎独圣人,其中藏原非小可;以天下达道形容慎独圣人,其发用无不贯通处也。中和致极如此,果是包含遍覆,大哉! 圣人之道洋洋乎发育万物,峻极于天矣。②

罗汝芳此处所谓"气质从容"一句,便是从与"天性"统合融一处上说。因他是结合"应事妥贴""目为中和"等要素去讲。至于近溪后倡"中则为大中,和则大和",又道"当其喜怒哀乐未施设作用时,其体段精神已包涵无外,天下事几皆从其中妙应,而为天下大本也;当发用施设时,则一怒或可以安天下

---

① (明)罗汝芳:《罗汝芳集》,第 88 页。
② (明)罗汝芳:《罗汝芳集》,第 189 页。

之民,一喜或可以造天下之福,中间节目,皆足以和平天下,而为天下之达道也",皆是教人修至"气质从容"的前提下,直行"大中"之道。综合近溪所说,"气质"修炼关键在于对"天性"的把持。

其次,罗氏论"气"同时涉及对"情绪"的讨论。于罗汝芳而言,调升"气质"的途径之一便是歌诗。比如对歌诗的看法,罗氏即有歌诗可以"和平心气"的主张。其曰:

> 汝知孔子之所以训其子者乎? 亦不过学《诗》、学《礼》而已矣。但孔鲤既退,即能不忘。诸子姓亦能相见之后,常时如此。由歌诗,便可以和平心气;由礼立,便可以坚定德性。在父母前不改便成孝;在兄长前不改便成弟。能孝能弟,终身不改,便叫圣人矣。①

罗汝芳此处教人时习《诗》《礼》,是因"由歌诗,便可以和平心气;由礼立,便可以坚定德性",这里的"和平心气"即是突出诗教于人的情绪调控之效。在此谈论"歌诗"的基础上,罗汝芳又有"不使性气"之论。其曰:

> 故适来童子歌《诗》,谓:"乐只君子,邦家之基;乐只君子,万寿无期。""乐只"二字,亦正是一团和气之意也。汝辈老者已不必言,若许多后生小子,肯时时忍耐。不使性气于亲长之前,不好争斗于邻里之间,不多杀害于六畜之类,以去作丧这一团和乐之意,则千年万载,长时我在汝腾越地方矣。②

罗汝芳这里所说的"不使性气于亲长之前",正是教天下为人子女者在父母面前保持心平气和,和颜悦色。"不使性气",即是要使已发之"情"归入未发之"性"的统筹,以和乐之意处理与家人、邻里乃至自然万物之间的关系。

四、罗汝芳的宗"性"主张与其道德主义立场

根据上文分析,罗汝芳宗"性"理念原则上,更偏向于程朱哲学理路,但他的理论出发点乃是落实于道德救世层面。尤其是在人心陷溺的中晚明阶

---

① (明)罗汝芳:《罗汝芳集》,第 374 页。
② (明)罗汝芳:《罗汝芳集》,第 181 页。

段，"心"学的发展、演变、分裂原已超出王阳明的立学初衷，从邹东廓为"良知"设"矩"，到罗汝芳强调"上帝监临"，根本上讲都是在救"心"。从南宋时代，陆象山就有"求放心"一说，也有"存心""养心"的主张；中晚明时期，王阳明"致良知"的主张逐渐走向分化，士子或沉溺玄理，或"任情"，又或"从欲"，面对此番情形，罗汝芳提出两种思考理路，其一，他强调归"情"于"性"，这一观点和朱熹"心统性情"、"心兼体用"的理念有所区别；其二，罗汝芳讲从於穆不已的"性"体中修炼戒慎恐惧的敬畏态度以及慎独工夫，此说与程明道的主"敬"理路具有相通性。如果说前者涉及罗汝芳的"心性"理念，那么后者则关系罗汝芳哲学思想的整体建构。与此同时，罗汝芳对"天性人命"的高度关注，实则出于对当时社会、人心的担忧。从这一方面推展开来，罗汝芳在宗"性"基础上也讲"便心"、"放心"，却与颜山农"急救心火""制欲非体仁"之说区别甚大，其理论之严密，明辨之审慎已经逐渐趋向程朱理路。于此，对罗汝芳宗"性"理念的探讨和分析，启发我们有必要重新思考罗汝芳的思想归属问题。从宋明理学场域讲，世人多将罗汝芳思想主张归属心学，是因其诸多思想主张往往是以"心"为重要范畴得以表达。但结合罗汝芳哲学思想中对"性"体的高扬，又可以理学家界定。就传统文化的整体视野考虑，罗汝芳"归宗性地"一旨也同时兼具佛道二氏的思想内涵。据此，罗汝芳宗"性"主张关涉重大。

　　从其理念诞生的时代因素考虑，罗汝芳哲学思想酝酿、发展与成熟演变的过程，始终伴随着他对社会理想的反复思索和积极践履。中晚明时期，乡约作为条例性质的存在，普遍具有规范世人作为的实效性，尤其是在地方。"歌诗"作为通俗文学的一种，是依托唱作的文艺形式，演绎理学家的宣教宗旨和教化理念。原则上讲，无论是"乡约"抑或"歌诗"都是礼制内容的时代演变，于社会整合、人心凝聚方面都具备无限效力的可能，正因如此，罗汝芳曾与众多阳明学人士一样，在"立乡约""倡歌诗"等社会活动中投入大量精力。然结合晚明社会现状，商品经济冲击下，人心陷溺已非明儒复古之举可以救得。罗汝芳居官腾越宣讲乡约之时，已有人对该举措提出质疑："往见各处举行乡约，多有立簿以书善恶，公论以示劝惩，其《约》反多不行。"①会中之人所说反映出来的问题，便是民众对"乡约"之行的难信从和不配合。至于"歌诗"之教，同样作为明儒高举教化大旗的复古之风，在人心逐渐沦陷的现实面前，社会影响也是极为有限的。在见证"立乡约"和"倡歌诗"等作为

---

①　（明）罗汝芳：《罗汝芳集》，第 762 页。

的实践效果的基础上,罗汝芳力排他人质疑,终将其思想要旨"归宗性地",原则上是在对道德效力的重新发掘。换言之,在近溪看来,从当朝执政者到士人乡宦,再至普通民众,真正唤醒人心的唯有道德。也正因如此,心学背景下,罗汝芳对陆王心学的汲取便是对"德性超悟"的强调。有问:"朱陆论学不合,何也?"罗汝芳答曰:"二先生气禀不同,以己律人,各有特也。如晦翁原是浑厚之质,便要天下人,皆从闻见钻研而入;象山原是英敏之资,便要天下人皆从德性超悟而入。岂知人各所禀不一,有不可尽以己律之者?"①引文中,罗汝芳对朱熹、象山工夫路径皆给出了相对公允的评价,同时试图融贯朱、陆之学,然结合近溪关于"性地""天德"的侧重,其对于陆氏心学的推崇集中体现在"德性"层面。与此相应地,罗汝芳对阳明"良知学"的接纳也正是出于对人"向善秉性"的高扬。西方人士耿宁在《王阳明及其后学论"致良知"》一书中曾讲到:"'良知'随上下文的不同而可以被诠释为'本原能力'(第一个概念)、'本原意识'(第二个概念)或'心(精神)的本己本质'(第三个概念)。"②这三个概念,按耿宁所说,即分别对应"向善的秉性"、"对本己意向中的伦理价值的直接意识"以及"始终完善的良知本体"。今天我们参考王阳明的立学初衷来看,其私淑弟子罗汝芳的宗"性"主张乃是在汲取阳明思想的基础上,进一步发扬了明代心学极其鲜明的道德主义立场。

正是立足于道德主义立场,罗汝芳在"人""物"之别的问题上也有独特创见。在他认为,人与物之间的根本区分,一者在于能"觉"与否,二者在于是否做到"率性成道"。其云:"故知悟觉在人,极为至要,能觉则蛇而可龙;不觉则人将化物。"③又曾道:"人之所以独贵者,则以其能率此天命之性而成道也。"④"人""物"之辨作为儒学传统课题,众人各有意见。朱熹曾云:"人与万物都是一般者理也,所以不同者,心也。人心虚灵,包得许多道理过,无不通,虽间有气禀昏底,亦可克治,使之明。万物之心,便包许多道理不过,虽有间得气稍正者,亦止有一两路明,如禽兽中,有父子相爱,雌雄有别之类,只有一两路明,其他道理便都不通,便推不去。人之心便虚明,便推得去,就

---

① (明)罗汝芳:《罗汝芳集》,第 373 页。
② [瑞士]耿宁:《人生第一等事——王阳明及其后学论"致良知"》,北京:商务印书馆,2014 年,第 187 页。
③ (明)罗汝芳:《罗汝芳集》第 45 页。
④ (明)罗汝芳:《送沈玉阳人觐序》,《罗汝芳集》,第 496 页。

大本论之,其理则一,才禀于气,便有不同。"①朱子以为,"人""物"在"理"的具备面向上是统一的,不同的是,人心虚明,通透万理,禽兽之心毕竟昏蒙,所通者不过一二。总结朱熹理念,其在人、物之辨的问题上,侧重的是人"心"灵爽,强调的是"气禀"之清浊。相较前人,罗汝芳更进一步地表现却在以道德践履评判人与物的本质区分。这一践履的关键即在于两方面,一者为"觉";二者在于"率性成道"。严格来说,罗汝芳以能"觉"与否和"率性为道"作为评判"人""物"之别的准则。先将"人"搁置一旁,对"物"的追问首先要解释的问题是"物"的概念定位。事实上,当我们将"人"与"物"区别开来,将"心"与"物"确定为某种归属关系的时候,就已经在暗示,作为并不依赖主体意志而自然存在的一系列的"物",它们和人以及人心最大的区分即在于它们并非理性的存在者,理性的存在者唯有"人身"。概言之,在罗汝芳认为,人的理性因素和意志效力才是人之所以为贵的根本原因。正是在此前提下,罗汝芳不以是否具备"天性",亦不全以"气"之清浊评判人、物之别,却以能否"率性为道"作为终极评判标准,该理念的核心正是出于对实践理性和道德意志的侧重。

罗汝芳对"率性成道"的强调从根本上来说,乃出于"圣人之学"的治学主张。该主张实得王阳明启发。阳明曾云:"子思性、道、教,皆从本原上说。天命于人,则命便谓之性;率性而行,则性便谓之道;修道而学,则道便谓之教。率性是诚者事,所谓'自诚明,谓之性'也。修道是诚之者事,所谓'自明诚,谓之教'也。圣人率性而行,即是道。圣人以下,未能率性,于道未免有过不及,故须修道。"②在阳明看来,"率性行道"乃是圣人之为,"率性修道"则是学为圣人之努力。阳明又云:"道即性即命,本是完完全全,增减不得,不假修饰的,何须要圣人品节?"③根据引文,王阳明诠释下的"率性成道"乃是教人立志行圣人所为,随顺天命,修性得道。相较阳明,罗汝芳则于否定以"性"别人、物的基础上,提倡"率性成道"便将阳明"圣人"之学推展至更为广阔的生命个体中。结合罗汝芳向来对"性善"的强调,此"性"其既以"仁"总括,"善"即非一般伦理学领域中的价值评判准则,乃是具备践履原则的理性效力,于此,"率性为道"和一般的行善作为的区别即在于对责任的自觉担当,关于道德的切身践履,在康德看来,惟理性的存在者方能承担这一切,而

---

① (宋)黎靖德辑:《朱子语类》卷五十七,《朱子全书》第15册,第1838页。

② (明)王守仁:《王阳明全集》卷一,第42—43页。

③ (明)王守仁:《王阳明全集》卷一,第42页。

罗汝芳认为,"人"之尊贵也正因他是世间唯一的理性存在者。罗汝芳学以宗"性",且以"率性"标举人之为人的道德价值,严格来讲乃是以"性"体取代了阳明学关于"良知"的本体定位。因王阳明曾以"良知"抹除人、物之别,其云:"人的良知,即是草、木、瓦、石的良知。若草、木、瓦、石无人的良知,不可以为草、木、瓦、石矣。岂惟草、木、瓦、石为然,天地无人的良知,亦不可为天地矣。盖天地万物与人原是一体,其发窍之最精处,是人心一点灵明。风雨露雷日月星辰,禽兽草木山川土石与人原只一体。故五谷禽兽之类,皆可以养人;药石之类,皆可以疗疾:只为同此一气,故能相通耳。"①据此,阳明从"良知"自在实存的角度出发,不仅抹除了生命体与非生命体之间的区分,并且将世间万物完全纳入人心的范畴。阳明作为强调的正是"良知"的本体性定位。但就其价值而言,此说意义不大,并且真正迈入了唯心论的怪圈。相较阳明,罗汝芳以"性"言人、物平等,突出的是"性善"论的道德价值;又以"率性"讲人之尊贵,侧重的正是儒家开物成务的经世价值。正因如此,我们认为罗汝芳在宗"性"理念下,所倡"人""物"关系之辩更具有现实意义,也更为凸显传统儒学的道德实践精神。这种道德实践精神究其本质正是要求世人提起先天"性"体应对世事、实现自我。

---

① (明)王守仁:《王阳明全集》卷三,第 122 页。

第七章 "默识"化境:实践哲学进路的罗汝芳工夫论研究

　　按前文分析,罗汝芳在"宗性"主张的前提下,其形上学建构为其工夫论主张提供了重要的理论依托作用,同时其工夫论观点也在实践哲学的角度印证了他独具一格的思辨哲学体系。该前提下,还需要将追问继续下去,即罗汝芳的"宗性"基础上的思辨哲学、实践哲学建构能否借助第三方的视角给以更进一步的解析? 在该问题上,或可结合中国哲学最具特色的形态——境界哲学,实现对罗汝芳哲学思想体系的全新观瞻。何谓"境界哲学"? 台湾大学哲学系杜保瑞教授在其著作《北宋儒学》一书中曾讲到:"'境界哲学'一辞指涉的是针对理想完美人格的知识义涵而发展的种种论述系统。有说最高完美理想人格状态的,有说最高境界的宇宙论及本体论知识依据的,有从功夫说境界的,也有从境界说功夫的。"①总结杜教授的观点,"境界哲学"大致涵盖四个方面的内容:其一,关于理想人格的塑造;其二,宇宙论层面的境界视域的设定;其三,工夫修炼或心性涵养阶次的描述;其四,境界达致之后的工夫持守原则。以儒家哲学为例,"圣人""君子"即是其理想人格的范型;"万物皆有备于我"一方面指向宇宙论境界视域的描述,另一方面也同时指向心性涵养的最高境界;至于境界工夫,宋明理学常讲的"不勉而中""不学不虑"皆属此类。具体来讲,儒家境界哲学自孔子提出"君子"人格的养成就已初现端倪,发展到宋明理学,周敦颐、程明道、陈白沙、王阳明直至罗汝芳又各有其理论创制和发展推拓处,深察罗氏与前人尤其不同的面向正体现在他一方面兼顾经验现实世界和宇宙结构的认识,另一方面则在不回避他在世界的前提下,借助气化宇宙论观点进一步丰富了儒家境界哲学的涵盖范围,当然,该丰富的过程同时也是跳脱和出离的推进。与之相应地,折回境界哲学考虑,罗氏在人格养成理论方面最为鲜明的特色即是

---

① 杜保瑞:《北宋儒学》,第 163 页。

重新勾勒了更具融合特色的"圣人"气象,且丰富了君子刚毅无畏、随顺自然的独立人格。

　　详细展开来看,在理想人格的设定上,罗汝芳反复提及两种理想形象,分别是圣人和大君子(大人)。"圣人"自无需赘言,然"大君子"形象则有深入探析的必要。罗氏云:

> 余惟君子之为惠也,必贵于归德,德以成惠,惠斯大矣;君子之贞教也,尤先于彰志,志以敷教,教斯远矣。①

> 大君子之于天下,将以恢宏意气,而宣达其素蕴;兼历易险,而显懋其徽猷。非才,固无以为之机;非度,亦无以为之运也。夫随其所施,而咸当其可之谓才;即其所厝,而均得其志之谓度。才以渥机,运以广度,君子善斯二者于天下也,裕如矣。②

> 大君子卓立寰宇,出当家国民社之寄,以求奠安绥戢乎元元,而经画底宁,垂之奕世且永赖焉,兹固其猷为之所运量,而实机宜之所默会也。③

> 夫所谓立身者,立天下之大本也,头要顶天,脚要镇地,以立人极于宇宙之间。所谓行道者,行天下之达道也,负荷纲常,发挥事业,出则治化天下,处则教化天下,必如孔子大学,方是全人,方为无忝所生。故孟子论志,必要愿学孔子,亦恐怕偏了此身,小了此身。若偏小了此身,即是羞辱父母。岂必为恶,然后为不孝哉?④

依据罗汝芳以上言论,"出则治化天下,处则教化天下"的坦然情怀和学"大"学,做"头要顶天,脚要镇地"的"大君子"观念直接相关,同时也和罗氏反复强调的孝道伦理深度契合。同时,在罗汝芳看来,做到"出""处"自然,屈伸得度,乃是成就"君子之刚"的基础,是"浩然塞于天地"的体现。如其言:"世之目刚者,类以廉介狷直,仅得其一端,而负气好胜者,亦托于刚以自命。果若而言,则行行之由,愈如愚之回,而施舍升堂,北宫入室矣。故夫能辟能阖、能燠能寒、能荣能悴,而后为天地之刚,能屈能神、能明能晦、能进能退,

---

① (明)罗汝芳:《新城县赡士学田记》,《罗汝芳集》,第539页。
② (明)罗汝芳:《送王介石宪副云南序》,《罗汝芳集》,第491页。
③ (明)罗汝芳:《荣封并寿序》,《罗汝芳集》,第504页。
④ (明)罗汝芳:《罗汝芳集》,第114页。

而后为君子之刚,方是浩然塞于天地。此孟子所以善养,而愿学孔子以慰其见也。"①这里,思想家认为廉介狷直或是负气好胜都是各执一端的自命不凡,真正的"君子之刚"必然是具有韧性的自信无畏,安常自若。

按罗汝芳上述描述,成就惠人之教是大君子该为,而才度兼备是大君子之风格,经国治世是大君子所应自觉担当,出处自然是君子刚韧之气度。罗汝芳关于"大君子"的描述与其对"大人之学"的侧重极为相关。其云:"《大学》也者,固将以学乎其大者也,学乎其大而不知明德亲民之合一焉,则非惟身心之用窒滞弗融,而天下国家又何所依属以同其化也哉?"②又曰:"孔子十五而志于学,学,何学也?学以成乎其大者也。是故圣门宗旨,的在求仁,而曰:'仁者人也,亲亲为大。'"③据此,罗汝芳诠释下的《大学》指向的正是"学乎其大"、成乎其大的明德合一之道,而合一之道的展开又即是成己以成人,物、我浑然境界的最终达致。其云:

> 晦庵先生谓夫子志学,志于大学。《大学》之止至善,只是学古之大人欲明明德于天下耳。欲明明德于天下,即是立己立人、达己达人而为仁也。求仁之方,则又只是不怨不尤,反之于己而设身处地焉已矣。盖人之所以为大者,非大以身也,大以道、大以学也。学大则道大,道大则身大,身大则通天下万世之命脉以为肝肠,体天下万世之休戚以为爪发,疾痛疴痒,更无人相、我相而浑然为一,斯之谓大人而已矣。④

罗汝芳遵从朱熹的《大学》诠释路径,云"学大则道大,道大则身大"便是教人反身成仁以关照天下。应该说,在经典诠释方面,罗氏对待朱熹"经""书"之学是极其服膺的。然其关于"成仁"的阐释,则是推举同样归属境界哲学路数的北宋硕儒程明道之学。罗子曰:"吾夫子以仁为教,而明道又谓学者先须识仁。……夫子许以一日而天下归仁。其次则曾点、漆雕开聊见大意。"⑤依据罗汝芳以上言论,儒学一脉中真正"成仁"之"大君子",自孔夫子、颜子诸人以后,便是宋儒程明道能解圣学要义。

---

① (明)罗汝芳:《罗汝芳集》,第 335 页。

② (明)罗汝芳:《东乡县儒学记》,《罗汝芳集》,第 536 页。

③ (明)罗汝芳:《勖鲁川曹明府胤儒》,《罗汝芳集》,第 719—720 页。

④ (明)罗汝芳:《报焦漪园太史》,《罗汝芳集》,第 669 页。

⑤ (明)罗汝芳:《送王少轴行取北上序》,《罗汝芳集》,第 495 页。

由上可见,罗汝芳在完美人格的描述中,已经涉及对宇宙论层面的境界视域的设定和工夫修炼或心性涵养阶次的描述,而他自身境界的达致在他人看来也同时是圆满且超脱的。比如罗汝芳弟子、友朋曾记云:

> 盖师之心,仁心也;师之心体,仁体也。仁者以天地万物为一体,师其有之。虽其或谈玄类禅,不知有出世之心,乃可经世;或时笑号类放,不知其手舞足蹈,皆为自得。或应接吾人,不无分别,而简文温理之道,源自不混。①

> 往岁,以督楚漕艘赴淮、徐,邂逅近溪罗先生于真州。时身次语间,见先生之襟次洒落,心体平易,而举中和之说为余告,尚在耳也。②

在詹事讲、胡僖等人看来,罗汝芳已达致"自得"之境,形体洒落,心性平易。这一境界的证成和白沙立学不无统合的可能。事实上,正是境界哲学促使罗汝芳与陈白沙学术形态具有了极高程度通融的条件,而罗汝芳高足杨起元拜入其门亦与此相关。杨起元记曰:"起生岭东,幼奉庭训,即慕白沙先生之学。年三十,访道金陵,邂逅黎子,一语豁然,征其所自,则师近溪罗先生。次年,起第翰林,而先生以赍捧入京,乃修贽门下。"③杨起元所言或可启发学界罗汝芳哲思建构的真实面向,对该面向的发掘唯借境界哲学才能切入。

就工夫论展开,所谓"境界工夫"即是将所有工夫皆从境界上说,"侧重境界达致以后的功夫"④。这便意味着当本体工夫达致最高阶次,仍有一种自然而然的动作在持续展开。中晚明以陈白沙、王阳明、湛若水为代表的理学家因对"自然之学"的倡导,其思想体系中关于境界工夫多有提及,然能将一切工夫皆从境界上讲,并以此作为自身哲学体系建构进路的思想家,还要从江右人士罗汝芳说起。按以往研究,学界关于罗汝芳的评介呈现极端倾向,梁漱溟、牟宗三两位先生以为罗氏实得王学精髓,后世学者则多以泰州学脉视角界定罗汝芳哲学贡献,又有将其纳入"现成良知派"进行考察,同时也有研究者传承明清以降的儒学批判传统,以"杂禅""狂侠"诸论描述罗氏人格形象。结合两种意见,我们认为,罗汝芳哲思体系确有与泰州学脉相通

---

① (明)詹事讲:《近溪罗夫子墓碣》,《罗汝芳集》附录卷,第927—928页。
② (明)胡僖:《叙近溪罗先生集》,《罗汝芳集》附录卷,第937页。
③ (明)杨起元:《近溪子集序》,《罗汝芳集》附录卷,第936页。
④ 杜保瑞:《北宋儒学》,第164页。

处,同时具备社会实践的参与意识,但是这些因素并非罗氏哲学的精要,也并不能揭示其思想趋向和晚明王学流变有何内在关联。笔者认为宋明理学的重心在于心性论,心性涵养则离不开工夫的操持,因此,关于罗汝芳哲思体系的研究仍需从工夫论切入。而事实上,罗汝芳工夫论与同时代思想家最为不同处,即体现在罗氏对境界工夫的侧重。严格来说,罗汝芳的理论特点及其为当时儒者乃至后世学人所不解、甚至反对的"能己"诸说皆是经由境界说工夫的思维脉络所致。具体而言,罗汝芳关注的焦点并非下学上达的工夫阶次问题,其理论设想原本便是信"圣人易学",欲"平地登天"以达致。该理念下,思想家对"简易"路数的强调,促使其在经典诠释方面实以《中庸》为范本。确切来讲,罗汝芳境界工夫包含三方面内容:皈依"天"道,"默识"性体;"不思不虑","轻省""直养";"当下"检证,"因时"推进。严格地说,三方面内容缺一不可,任何环节出现疏漏,则工夫流于阔略。近溪后学或不曾深察其中要义,或取其简易途径,舍其敬慎态度,故后世学者多以王阳明"良知""良能"之论笼统概之,实足憾哉。事实上,以"境界工夫"理论探讨罗汝芳的实践哲学建树并不局限在境界论、工夫论等单一面向的研究,因罗氏境界工夫同时关涉他对待生死问题的根本态度,及其在"气化论"等宇宙哲学问题上的基本主张。就此说,境界工夫进路的罗汝芳哲学研究,并非仅以发掘他的工夫论理念为矢的,乃是试图揭示罗氏哲学的全部内涵,借以发掘晚明王学裂变的真实面向,这对于中晚明思想史、社会史的研究具有重要价值。

第一节 理论背景:中晚明王学的境界形态趋向

中晚明时期王学究竟经历了怎样的演变历程,呈现出怎样的哲学发展形态,向来是学界关注的焦点课题。根据以往研究,学者或从范畴研究入手,围绕"心""理""性""情"等概念,展开存有论的探讨,或就实践哲学观看,解析诸位思想家的具体工夫及其特色。又有学者以基本问题研究法作为探讨的出发点,试图更系统、更全面地呈现当时理学家面临的现实情境,及其各自在本体论、工夫论、宇宙论、境界论等方面的主张和建树。笔者以为,以上两种研究路向理应兼容对待,同时还需要发掘当时社会文化发展的整体趋势。故下文有别于前人的探讨进路,将借助历史研究和哲学分析两种视角,通过横向比较、纵向分析,深入研究中晚明哲思演进的整体历程及其发展流变的基本趋向。期间,不仅涉及王阳明"良知"说与康德、波兰尼等人常有论及的"隐默之知"之间的比较研究,也直系"天理"与"知识"之间的"体""用"关系的系统解读,更就工夫论展开儒、佛面向"默识"与"默照"的系统解析。通过本体论、工夫论两个层面的分析和探讨,一则事实得以揭示,即从阳明"良知学"对实体形式因和动力因的侧重,到江右罗汝芳以对"心"体目的因的强调论讲"本无实体",晚明王学境界形态形上学特色已经初露端倪,再至欧阳德以"勿忘勿助"论"致良知",及儒学"默识"理论对佛教"默照"实践法则的深度汲取,中晚明王学的境界形态趋势已然日益显明。在此情形下,王学流弊的漫衍便可重作探讨,中国特色的实践哲学与境界哲学的研究也可就此深入展开。

一、境界哲学研究的回顾与瞻望

关于境界哲学的研究,汤一介先生曾就魏晋玄学谈起该方面问题,他讲:"'境界'这种学说,虽不能说是中国传统哲学所特有的,但它却是中国传统哲学中特别注重的问题。……'境界说'在中国传统哲学中十分流行,至少是由下面两个方面的原因所造成,一是在长期的封建社会里,人们受着极端的专制主义的统治,没有自由,不仅被统治阶级是这样,就是统治阶级的大多数在等级森严的制度下也没有多少自由。既然实际生活中没有多少自由可言,那么只好向精神世界去追求所谓自由了,于是产生'境界说'。……二是中国古代许多哲人大都有'济世之志',但他们的热情抱负往往受到冷遇,因为现实社会并不需要他们的那种献身精神。从孔子起,他就被人视为'知其不可而为之者'的'迂阔'者,在他们对现实社会失望的情况下,总得找一精神寄托;这些哲人又有'不为五斗米折腰'的一面,悲怆之余,只得在精神上求得安慰,于是追求精神境界的哲理也就出现了。"①据此,汤先生一方面指出了"境界说"的重要性质,另一方面就心性论的面向探讨了主体向境界的被动选择。

其后,陈来教授著《有无之境——王阳明哲学的精神》更有开拓意义。其试图将"有我之境"与"无我之境"作为中国哲学精神境界探讨的关键范畴,"有我之境"即被界定为"'天地之塞吾其体,天地之帅吾其性'的大'吾'

---

① 汤一介:《郭象与魏晋玄学》,北京:北京大学出版社,2009年,第356—357页。

之境","无我之境"①则被强调为"'情顺万物而无情'的无滞之境"②。并就此提出:"整个宋明理学发展的一个基本主题就是:如何在儒家有我之境的立场上消化吸收佛教(也包括道家文化)的无我之境。全部宋明理学的心性论与工夫论,大半讨论的,无非就是这个问题,只是具体表现各异而已。"③陈来教授以上观点,为当前的阳明学研究开辟了境界哲学的研究路径。且据陈来先生的研究路径,借助"有我"之实与"无我"之境的建构,宋明理学三教融合的特色得以充分呈现。然这里有一个问题需要继续追问,即按陈先生观点,"无我之境"乃佛道二氏之学的精髓,且是为儒学完善自身体系的旁取要素,那么传统儒学自身境界哲学特色何在?其汲取二氏之学的理论契机何在?以上追问引导我们或许可系统建构儒释道三教各自完备的境界哲学体系,然后再以整体的视角,立足实践特色的中国哲学立场,发掘三教境界哲学的异同与和合。彭国翔教授在《良知学的展开——王龙溪与中晚明的阳明学》一书中,关于龙溪的"四无"主张与境界论建构,曾讲到:"尽管四无之下心、知、意、物的内容是作为'实相'的真实存在,但其作用和表现方式本身则并无实有的意义,而是呈现为一种心、知、意、物一体而化的终极境界。'藏密'、'体寂'、'应圆'和'用神',便是良知心体自性流行状态下'动而无动'的四无之境。"④这一"四无"之境便是彭教授所说的"天德流行的圆善之境"⑤。彭国翔先生以境界论心、知、意、物之圆融流行,笔者理解或是将哲学讲述重心放置在存有论的范畴内进行探讨。然存有论视域内,诸概念的一体而化确可作为龙溪思辨哲学的特色,但还需要继续予以揭示的,乃是从实践哲学层面考虑,"心""意""知""物"圆善之境可能造成的关于工夫实践的忽视。按此路向,晚明心学流弊或有新的探讨空间。

台湾大学哲学系杜保瑞教授关于境界哲学也有特别强调,曾云:"境界哲学确实是中国哲学特质中与西方哲学讨论距离最遥远的课题。"⑥杜教授

① 陈来:《有无之境——王阳明哲学的精神》,北京:生活·读书·新知三联书店,2009年,第267页。

② 陈来:《有无之境——王阳明哲学的精神》,第267页。

③ 陈来:《有无之境——王阳明哲学的精神》,第267页。

④ 彭国翔:《良知学的展开——王龙溪与中晚明的阳明学》,北京:生活·读书·新知三联书店,2005年,第201页。

⑤ 彭国翔:《良知学的展开——王龙溪与中晚明的阳明学》,第201页。

⑥ 杜保瑞:《哲学概论序》,杜保瑞、陈荣华:《哲学概论》,台北:五南图书出版股份有限公司,2012年,第4页。

此说即在揭示境界论探讨于中国哲学研究的重要价值。与此同时,杜保瑞教授的境界论哲学问题的研究,不仅将探讨的场域导向主体感受的层面,更将研究路径与工夫论做了极好的衔接。并且揭示“境界论是言说主体的状态,但讨论的重点是放在主体做了实践以后的理想人格状态,至于主体在做了实践的活动,但仍尚未达至最高境界前的各种过渡性状态的讨论,也是境界论的课题”①。就此推进,境界论关涉的哲学研究便具体可分为人格养成理论、工夫境界与境界工夫理论,以及就此相关的人物品评、工夫检证等事项的探讨。以上三方面在儒释道各自哲学系统内都有不同呈现。比如当孔孟门生畅言“圣人”“君子”之理想范型,即是就人格养成方面去说,当道家哲学主虚寂、论出世,便多是就心性论视角展开,又当程氏大力宣讲“定性”之说,阳明讲“成色分两”,则多是将工夫从境界上展开,又当佛氏在自身构建完备的宇宙论体系下论讲涅槃之境、成佛之境,禅氏语录中大量涌现的印证式言语,皆是关系境界论的工夫检证课题。

　　总结以上研究成果,境界哲学的探讨或可作为中国哲学研究的重要路径。尤其是在中晚明时期,社会阶层流动频繁,三教融合趋势已然更为鲜明,王学流弊渐成定局,儒释道三教关于理想人格的构想、关于修持工夫的强调,相较前人都有一定程度的转变。以境界哲学作为诠释视角,或可为中晚明理学研究带来新启发。但是这里同时也存在一个重要问题,即针对中晚明王学演进的具体情况,无论是立足儒学立场观看,抑或从佛道二氏旁观视角瞻望,王学场域关于“圣人”“君子”的人格构想大致是明确的,但是在具体工夫实践过程中,各自主张不同,或相区分、或相融合,总体相对模糊,理应成为理论探索的重点。概言之,未来境界哲学的探讨或可在兼顾存有论、心性论乃至人格养成理论等探索路径的同时,着重于实践哲学,尤其是工夫论进路的研究。

二、本体实有形态的消极化呈现

　　就存有论考虑,中晚明王学以“良知”论本体,以“致良知”为工夫,这里需要明确一个事实,“良知”作为界定的实体,究其本质,是怎样的一种存在?学界向有讨论的阳明“心外无物”一说是否仅能从意义论与方法论的视角进行诠释?与以往儒学以“仁”、以“理”论讲实体,“良知”有无特殊意旨?对前

---

①　杜保瑞、陈荣华:《哲学概论》,第 287 页。

述问题的回答,一方面关系中晚明王学本体论的揭明,另一方面则关系该特殊形态的实体所涉及的工夫论特色的研究。

首先,按李明辉先生在《康德伦理学与孟子道德思考之重建》一书中关于西方哲学"隐默之知"的分析与诠释,中国哲学语境中所讲"良知"本质上实是作为潜存性质的存有,这一存有模式近似于西方哲学向来关注的"常识哲学"(common sense philosophy)。西方传统哲学中,苏格拉底有"回忆"(anamnesis)说,莱布尼茨曾论"微知觉"(petite perception),康德又有"健全的人类理性"(gesunde Menschenvernunft)一说,直至英国哲学家波兰尼提出"隐默之知"(tacit knowing),以上诸说都在揭示人的道德意识中存在一类未经反省的道德法则。尤其在康德看来,这些道德法则即是先验存在、偶被体认的"理性的事实"。对比之下,中晚明以来,王阳明及其后学对"良知""良能"的强调,某种程度上便和康德所谓"理性的事实"的先验存有和恒常作用具备相通性。相应地,阳明学士群关于"致良知"内向求取的偏重,则又与"隐默之知"的潜存性质有关。

其次,"良知"隐默性质的存有,主要是形式因的持续作用,而非必然是动力因的机能。形式因侧重的是对质料的加工,动力因强调的则是"良知"实体与他物持续创生的关系。从该意义上讲,王阳明对"良知"的提倡和发挥并不是在强调"良知"具有创生功能。"良知"形式因的作用,促使其与"心"之应感功能,即"知"之效能具有一致性,正因如此,宋明理学家往往更侧重"心"之"用",而非其"体"之究竟义和始源义的发掘。比如王阳明南镇观花时,所讲"心外无物",便指向"心"之意识于客观存在物的指向作用和意义界定。质言之,王阳明讲"心外无物",并非否认心"知"之外,他物的切实存有,而是在说只有当"花"等现象进入主体的感知范围,"知"的第一义即是完成对质料的加工和改造,使之成为有价值、有意义的存在。此外,当面对"见闻之知","良知"形式因的发挥便集中体现在其主宰地位的判准作用。如当王龙溪讲"变识为知,识乃知之用,认识为知,识乃知之贼"[①],其诠释理路即是以"良知"为判准之"体",以"见闻之知"作质料因,二者由此形成"一体二用"之关系。正如台湾"中央研究院"中国文哲研究所林月惠研究员所讲:"良知与见闻之知在具体的道德情境中,俱是'不滞'、'不离',如此一来,'良知'为'体','闻见之知'为'用'的关系,是从本/末,主/从来连结。这样的连结,蕴含二者'既分又合'的结构,一方面保有良知与见闻之知的独立

---

① (明)王畿:《金波晤言》,《王畿集》卷三,第65页。

性,另一方面也显示良知对见闻之知的规范性与主导性。就此而言,良知有一动态的辩证过程,即因良知之'离其自己'而转为认知主体,乃有见闻之知;复因良知之'复归自己'而统摄见闻之知。经此动态辩证过程,见闻之知取得更高一层、更真实的价值。在这个意义下,见闻之知因良知之统摄与规范,成为良知之'用'。"①据此,作为"体"的存在模式,当"良知"出离其自身,面对"见闻之知",即是发挥自身形式因的作用,将后者作为质料,产生一种绝对的意见,界定其价值,判定其意义。综合"良知"在普通物与见闻之知面前,其机能的呈现,并非以创造者的地位存有,却是以改造者的身份发挥作用。从这一点上讲,王阳明对"良知"一说的发挥主要是在强调其充分的形式因要素,却不必然在于侧重"良知"可能具备的动力因。就此而论,王阳明讲"良知"也同时近似现象学讲意识的指向性。

就此说,王阳明尽管自认为"良知"即"天理",但他所谓的"良知"与"天理"、与"仁"体实质上是有一定区别的。原则上,主体知至尽处方是"天理",然"良知"效力的发挥总是针对某项具体事件,从中显露端倪,再者,"良知"与"天理"等同的关键,还需兼顾主体修持工夫的境界,即便单纯就本体论面向探讨,无论"良知""天理",根本上只能说是实体的一代名词,因我们总归还是能追问"良知"是什么?"天理"是什么?按该路向追问下去,就本体的究竟义层面讲,"天理"可以固定倾向于"仁""义""礼""智"等事项的探讨,但是,"良知"则更倾向于侧重本体的形式因,即当它面对质料,其呈现出的是对"物"的加工,正是在此意义上,王阳明"心外无物"得以成立。从"良知"与"见闻之知"的关系上讲,以"体""用"定位则随时要求"良知"有出离自身并且以后者作为质料的情况,这也是非稳定的关系。"良知"潜在形式因作用的发挥,及其与"天理"的不必然对等,揭示一个事实,即其自身动力因的可能缺失。概言之,当儒家讲"仁之生生","仁"即发挥其源源不竭之动力因,但王阳明讲"良知"则不必然需从创生意义层面诠释。"良知"观瞻下的"物"与"事"的呈现是有形式因作用的发挥,这种形式因可以改造"物",但不能创生"物",因此并不一定具备动力因。出于该层面考虑,我们认为,王阳明"良知"本意并未完全讲到本体创生的程度,仅是讲到其潜在形式因的存有模式,此时的"良知"某种程度上即相当于西方人士所讲的"隐默之知"。这种"隐默之知"与"良知"的相通首先便在两者皆可是自在的存在,且具有自主思维的性能。所谓"隐默"一词揭示的乃是"知"体存在相状偏向无形、不可

---

① 林月惠:《诠释与工夫:宋明理学的超越蕲向与内在辩证》,第176页。

见,同时其效力发挥亦是在隐微之间妙运周行。与此同时,"隐默之知"与"良知"的相通处还在其得致的过程也需借助反省和默察的工夫,内向体察。

根据上述分析,存有论范畴内探讨的王阳明"良知"一说,其主要效能即是形式因在发挥作用。正是基于对形式因的侧重,无论是王守仁,抑或其后学、私淑弟子,阳明学众人对"知"体的理解,往往是在强调其感应、主宰之义。阳明曾云:"知是心之本体。心自然会知:见父自然知孝,见兄自然知弟,见孺子入井自然知恻隐,此便是良知,不假外求。"①阳明所谓"知"乃"心"之本体,其意即在指出"知"的主宰性能决定"心"的根本价值。至罗汝芳,当其叹"人心既是以知作主,而天心却不是以知作主耶"②,也是将关注点投向"知"的应感与决断作用。在该理念前提下,罗汝芳云"只一'心'字,亦是强立"③,云"变见随时,本无实体"④,便是有意回避"心"的实存性质。换言之,"心"之关键在于"用",其"体"成为虚设,即是罗汝芳等人强调的"本无实体"。既如此讲,本体实有已无意保全,其创生之动力因更无从谈起,"心"也随即沦为一种"假相"。严格来看,这时的阳明"良知学"对"心"的诠释和道家境界形态的形上学特色即具备一定相似性。《四因说演讲录》中,牟宗三先生曾讲到这样一段话:

> 道家很特别,它不是实有形态,表面看有实有的样子,但这个样子可以揭穿,揭穿就没有了。因为《道德经》明明说"无名天地之始"(第一章),"天下万物生于有,有生于无"(第四十章),"道生一、一生二、二生三、三生万物"(第四十二章)。一切都从道出来嘛。语言是这么说,而意义并不如此。所以,我说这是个"假相",语言上有"三性"这个样子,而最后可以拆穿。为什么可以拆穿呢? 到庄子就把客观性、实体性、能生性拆穿了。到庄子彻底地显出来道家是一个境界形态的形上学。⑤

牟先生以上所说,实是基于郭象注《庄》的理论脉络。在他以为,老庄之学所设"道"体本无实体义,只是"假相",质言之,牟先生理解的道家哲学设立

---

①　(明)王守仁:《王阳明全集》卷一,第7页。

②　(明)罗汝芳:《罗汝芳集》,第203页。

③　(明)罗汝芳:《罗汝芳集》,第270页。

④　(明)罗汝芳:《罗汝芳集》,第277页。

⑤　牟宗三:《四因说演讲录》,台北:鹅湖出版社,1997年,第77页。

"道"体原属于"无"之定位,即无实质的始源义,更无"目的因",至此,道家之"道"便落入境界的体验而非实体究竟义的探讨。按该理路,儒、道相通处,正可从境界形态上展开探究,其不同处又在,道教属意的"假相"背景下的境界体验,一方面包含虚无之境的感受,另一方面则涉及对他在世界的瞻望。相较之下,中晚明王学即便也有将"心"之本体搁置在"假相"的趋向,但其用意却在力保"心"之实用,而其"用"向来不离世间现存的质料,故儒者始终不离对此在世界的热切关注。

三、境界工夫融摄三教实践蕲向

中晚明王学发展过程中,其存有论范畴内的境界形态趋向必然会在工夫论层面产生一定作用。正如前文所讲,王门学士群对"良知"形式因的侧重,对"心"体实存性的回避,某种程度上造成其工夫论也相应呈现境界化的相状。这一相状即可借助"境界工夫"的概念给予说明。所谓"境界工夫",杜保瑞教授曾讲:"境界工夫的意旨在各个学派中仍是有一同义或不同义的情况,那就是就本体工夫而言,境界工夫状态中的本体工夫与所有的次第中的本体工夫是同义的,但是身体锻炼义的境界工夫却是只能就着最高级的主体状态来说的,因此是与初级阶段的身体锻炼所成就的能力状态不同义的。"[①]杜教授以上言论意在揭示境界工夫的特殊形态,即价值拳守之本体工夫达致最高阶段的工夫相状。质言之,最高阶次的工夫不再是下学上达的阶次性呈现,乃是一种理想境界的持守。此时的工夫推进,在儒者认为,即是不勉而中;在道家看来,便是守虚坐忘;在佛氏立场,又是法执得破。按此说,境界工夫作为最高阶层的呈现,在儒释道三教视域内,皆指向于一种"无"的相状。中晚明王学场域内,有三种类型的工夫值得特别留意,一者"勿忘勿助",二者"默识",三者"静坐"。以上三种境界工夫的内涵和操执原则与以往时代儒学强调的理论面向皆有不同,就此说,中晚明境界形态的工夫论更有深入发掘的必要。

首先,中晚明王门关于"不勉而中""勿忘勿助"的强调经历了一个重要转变,即由对儒学价值的拳守,转向对工夫之境界的刻意强调。嘉靖七年,王阳明曾作《与邹谦之书》,其中云:"我此间讲学,却只说个必有事焉,不说勿忘勿助。必有事焉者,只是时时去集义。若时时去用必有事焉的工夫,而

---

① 杜保瑞、陈荣华:《哲学概论》,第 289 页。

或有时间断,此便是忘了,即须勿忘;时时去用必有事的工夫,而或有时欲速求效,便是助了,即是勿助。其工夫全在必有事焉上,用勿忘勿助,只就其间提撕警觉而已。若是工夫原不间断,即不须更说勿忘;原不欲速求效,即不须更说勿助。……终日悬空去做个勿忘,又悬空去做个勿助,济济荡荡,全无实落下手处,究竟工夫只做得个沉空守寂,学成一个痴骏汉。……夫必有事焉,只是集义,集义只是致良知。说集义,则一时未见头脑;说致良知,即当下便有实地步可用工。"①此处,王阳明以"必有事焉"替论"勿忘勿助",且以"时时集义"诠释"良知"之"致",即在强调价值拳守的本体工夫,也在侧重提起"良知"应对世事的道德主义立场。在此基础上,阳明又提出工夫不间断便是"勿忘",求效之心不欲速便是"勿助"。正是出于对价值拳守的本体工夫的属意,王阳明"勿忘勿助"便非湛甘泉向有批判的悬荡路径,更非禅学守寂宗旨的另说。更进一步来讲,湛氏与他人之说实则是笼统地以为阳明学人士所论完全是以境界讲工夫,最终导致工夫流于悬荡境地。事实上,阳明学士群关于境界工夫的发挥存在两方面可能:其一,部分阳明学者论说境界工夫的初衷是在讲本体工夫需达致臻化之境,然却为疏于工夫者提供了投机的可能。其二,如甘泉认为,阳明学者中确有仅仅侧重"良知""良能"的自然机能,不讲工夫实做之人。就第一点来说,王阳明本人及下文重点论述的罗汝芳即可作为诠释范型。如果从第二点展开,阳明后学诸位思想家又多立足境界工夫的立场,置价值本体的执守于不动不滞的相对平静状态去理解。欧阳德曾云:"知忘、助者,良知也。勿忘勿助者,致良知也。"②又云:"勿忘勿助云者,欲学者惟良知之循必有事焉,而不堕于忘助之病耳。非致知之功犹有待于勿忘勿助,以裨补增益之也。"③欧阳德上述两处言论皆是以"勿忘勿助"诠释"致良知"工夫,便是将"致知"工夫从境界上去说,在该情形下,实践过程某种程度上即被消解。正因如此,湛甘泉曾对王门"良知良能"之说及其关于勿忘勿助等境界工夫提出质疑和批评,这也是阳明高足钱德洪与湛氏进行工夫论辩的缘由所在。参考钱德洪、湛甘泉二人的论辩经过,一个事实昭然若揭,即中晚明时期,甘泉、阳明学术思想的关键区分,便在由"格物""致知"理念引发的工夫论之别,而以钱氏为代表的王门诸子,其工夫论观点首先便在宣扬随顺"良知""良能"的境界工夫。这一工夫论薪向虽意在强

---

① (明)王守仁:《与邹谦之书》,《王阳明佚文辑考编年》,第 1006—1007 页。
② (明)欧阳德:《答陈盘溪》,《欧阳德集》卷一,第 4 页。
③ (明)欧阳德:《答陶镜峰》,《欧阳德集》卷一,第 21 页。

调天道"性"体的自然作用,但却无法完全回避湛甘泉等人指出的多数阳明学人士对价值拳守本身及功夫次第的忽略可能造成的实践工夫滑落的局面。

其次,儒学传统中,"默识"原指向于暗自领会的认知方式,但于中晚明时期,"默识"一方面被与"情识"对比运用,另一方面则作为统合"性"体的关键路径。王阳明高足邹东廓即多主"默识"观点,曾云:"默识是不厌不倦宗旨,子思戒惧不闻不睹,正是默识工夫。"①邹东廓这里将"默识"与"不闻不睹""不厌不倦"等工夫持续相状相衔接,便突破了孔门"默而识之"的原有说法。至王门后学耿定向、罗汝芳等人关于"默识"与"情识",与"性"体作用等事项的讨论,"默识"工夫即可被认为境界工夫的一种。按《贤奕编》所载案例,罗汝芳目睹桥上行人同步同趋,认为其行为之所以"无少差失"②,且"个个分分明明未见确撞"③,便是行人默识"性"体的结果,故其曰"性体如此广大,又如此精微,可默识矣"④。质言之,在罗汝芳看来,不出差错的作为不必然经由思考、反省的工夫,亦非经验使然。然在他人看来,"此情识也。如此论性,相隔远"⑤。他人云及的"情识"指向的正是经验的习成。面对众人的质疑,阳明后学另一位理学家耿定向则进一步阐释道:"若以近溪此示为情识,而别求所谓无上妙理,是舍时行物生以言天,外视听言动以求仁。非吾孔子一贯之指矣。"⑥耿氏此处观点即在申明罗汝芳"默识"性体一说实与孔孟宗旨一脉相承,当主体工夫达致与"性"体化和为一之境时,人的行动便是"性"体自然作用,这种作用不仅与"命"无违,并且呈现相对自由,主体则摆脱肉体的赘负,浑融之间只是先验理性的周行。

细究罗汝芳、耿定向等人以上诠释,"默识"不再属于领会的方式,确是工夫最高境界的呈现,即与"性"体的和合,至于主体"行走"的持续,毫厘不差的推进,原则上即是"默识"工夫的操执。操执的过程从本质上讲,就是人始终保持在化境之中,不离"性"体,不生己"意"。这一境界工夫确实未离孔孟"性命"宗旨,但亦留有遗患。比如,境界工夫,无论是"不勉而中",或者"勿忘勿助",抑或"默识"性体,原则上都需要经过本体工夫达致最高阶段之

---

① (明)邹守益:《邹守益集》卷二十七,第 1387 页。
② (明)刘元卿撰,谢秉谦补辑:《贤奕编·证学》,第 102 页。
③ (明)刘元卿撰,谢秉谦补辑:《贤奕编·证学》,第 103 页。
④ (明)刘元卿撰,谢秉谦补辑:《贤奕编·证学》,第 103 页。
⑤ (明)刘元卿撰,谢秉谦补辑:《贤奕编·证学》,第 103 页。
⑥ (明)刘元卿撰,谢秉谦补辑:《贤奕编·证学》,第 104 页。

后才能进入,而任何本体工夫向境界工夫的过渡,都需要个人实践的证成。换言之,耿定向、罗汝芳讲"默识"性体或出于个人工夫实践的证成,但若他人未经实践检证,直从"默识"阶段操执,则未必得证"性"体,更无从谈及保聚、持续之境界工夫的推进。在此情形下,本体工夫即被忽略,境界工夫即沦为阔略之谈。事实上,我们认为,晚明王学流弊或与阳明学士群关于境界工夫的倡导相关,更确切地说,与工夫实做精神的流失相关。

再者,阳明学士群"静坐"实践达致最高境界之后所持守工夫呈现的实践相状已然与佛氏曹洞宗"默照"之境整合为一。关于"静坐",宋明理学人士中不乏操执禅氏工夫者,比如朱熹先师刘子翚(字彦冲,号屏山)便是默照禅的践行者。朱子记云:"屏山少年能为举业,官莆田,接塔下一僧,能入定数日。后乃见了老,归家读儒书,以为与佛合,故作《圣传论》。"①这里的"了老"即默照宗天童觉禅师弟子思彻禅师,《五灯会元》有"明州光孝了堂思彻禅师"②之载。刘子翚的默照禅学经历与其学术特色具有鲜明关联。朱熹《刘屏山复斋蒙斋二琴铭》一篇云:"匪金匪石,含玉真兮。雷伏于腹,闳其神兮。砰然一作,万物皆春兮。我观器宝,怀若人兮。主静观复,修厥身兮。与时偕诎,而不及其神兮。"③朱子此处以"主静观复"评介屏山学术,正和天童觉禅师静坐宗旨及其"阴极而阳生"④的观复理念极为相近。刘子翚之外,李延平又是另一静坐名士,但其与禅氏、与刘子翚有多方面不同。首先,延平静坐有昼、夜之分。朱熹曾云:"延平先生尝言:'道理须是日中理会,夜里却去静处坐地思量,方始有得。'"⑤延平静坐模式在明代学者中也曾流行,比如阳明弟子薛侃。其门人记曰:"先生每至夜,常彻烛焚香默坐。曰:'静坐最好。'"⑥此外,中离也曾自云:"每日五更睡觉时就榻坐起,唤醒良知做主,凡一切已往、未来事,皆不必思量,看此气象何如?清晨得此头绪,继续将去,日间应事便有得力处。如清晨云开,一日晴明。若无此工夫,如清晨云暗,一日阴晦。古人云:'一日之计在于寅。'此最是要紧处。"⑦薛侃以延平"夜气"理论为体悟"良知"的途径,实是在继承宋学涵养体察工夫的同时,发

---

① (宋)黎靖德辑:《朱子语类》卷一〇四,《朱子全书》第17册,第3436页。
② (宋)普济:《五灯会元·天童觉禅师法嗣》,北京:中华书局,1984年,第912页。
③ (宋)朱熹:《晦庵先生朱文公文集》卷八十五,《朱子全书》第24册,第3993页。
④ (宋)集成等编:《宏智禅师广录》卷一,《大藏经》第48册,第5页下。
⑤ (宋)黎靖德辑:《朱子语类》卷一〇四,《朱子全书》第17册,第3433页。
⑥ (明)薛侃:《云门录》,《薛侃集》卷一,第11页。
⑦ (明)薛侃:《云门录》,《薛侃集》卷一,第11页。

挥阳明"良知"之教。其次,根据材料记述,延平静坐既讲"思量",便有行为反省和价值拳守的要素,这与默照禅于般若空慧的秉持有所区分。再者,延平静坐思量的参考准则乃是以儒学义理为标的,在此情形下,其静坐主旨实则侧重于静坐涵养与反省体察的儒学面向。

经上分析,宋儒中,刘子翚、李延平即可分别代表佛氏禅坐与儒学静修两条路径,之间区分也相对清晰。至中晚明,这种分界在工夫相状上则渐趋模糊。模糊出现的原因主要有两方面:其一,心性学高峰阶段的有明一代儒、禅概念之借用已然更加趋向混乱;其二,以王阳明为代表的心学人士普遍有禅修之真经历,在此情形下,儒佛实践工夫不免混杂不清。众所周知,王守仁一生与佛道二氏因缘深厚,且常有近似佛家语录的言论。董毅《碧里达存·性论》载:"愚尝亲闻于阳明曰:'要知前世因,今生受者是;要知来世果,今生作者是。尽之矣。'"[1]阳明此说,即是接受了佛学因果业报之说。于《与黄才伯书》一篇中,阳明又云:"明德只是良知,所谓灯是火耳。吾兄必自明矣。"[2]这里的灯火"自明"一说,即相当于宏智禅师常有论及的"自照"诸论。此外,王阳明亦有好静倾向,且静坐实践也贯穿其一生工夫宗旨。严格来讲,阳明主"静"首先强调的是心体工夫的扎实操作。其曰:"放一毫过去非静,收万物回来是观。"[3]又云:"盖卓尔之地,必竭吾才,而后见养深者自得之耳。"[4]换言之,"静"在阳明学主张中,本身即是工夫。然在工夫相状层面,王阳明静坐宗旨和默照禅理论路径更是在指导原则上呈现极高的相似程度。正德五年,阳明曾作《与辰中诸生》,篇中云:"谪居两年,无可与语者。归途乃幸得诸友。悔昔在贵阳举知行合一之教,纷纷异同,罔知所入。兹来乃与诸生静坐僧寺,使自悟性体,顾恍恍若有可即者。"[5]"静坐僧寺,自悟性体"本质上与禅坐既已相通。蒋信《蒋道林先生桃冈日录》又载:"阳明先生尝与阎斋先生说:'一日,在龙场静坐到寂处,形骸全忘了。偶因家人开门警觉,香汗遍体。'谓:'释家所谓见性是如此。'"[6]王阳明这一工夫境界和默照禅的追求境界基本一致,宏智禅师曾描述道:"机轮未动,影象俱忘。无迹可

① 束景南:《王阳明散佚语录辑补》,《王阳明佚文辑考编年》,第 1079 页。

② (明)王守仁:《与黄才伯书》,《王阳明佚文辑考编年》,第 1003 页。

③ (明)王守仁:《题静观楼》,《王阳明佚文辑考编年》,第 424 页。

④ (明)王守仁:《与湛甘泉》(书一),《王阳明佚文辑考编年》,第 361—362 页。

⑤ (明)王守仁:《与辰中诸生》,《王阳明佚文辑考编年》,第 331 页。

⑥ 束景南:《王阳明散佚语录辑补》,《王阳明佚文辑考编年》,第 1069 页。

寻。与虚空而合体。无家可坐。尽法界以成身,毗卢顶后看神光"[①],又有
"祇如寂然不动,智已周于十方"[②]一说。据此,王阳明的静坐实践,就相状上
看,已然近似禅修入定境界。正如我们前文已经提到的,从价值拳守的初衷
来讲,王阳明及其后学无一不意在践履儒学本体工夫,然工夫操持的具体过
程中,执行主体的动作和行为是否规范化,是否杂染佛道二氏之学的内容,
这些情况都不得而知。这也是中国实践哲学的特色之一,即价值拳守是否
与最初独断一致,工夫执行是否贴合价值选择,原则上只有实践主体心中明
了。依据王阳明工夫相状的描述,立足研究者的客观视角,我们认为阳明在
本体工夫操执层面已然在某一时刻坠入佛氏"寂灭"之境,而非严格地且始
终如一地在进行儒学道德修养、体察的实践。

更进一步说,中晚明王学之所以在境界工夫层面与默照禅呈现一致性,
原因即在借由"静坐",阳明学与曹洞默照禅的工夫操执过程和实践理念原
本具备衔接和融摄的充分条件。第一,阳明心学主张直接做工夫,这一点即
与默照禅学相通。禅氏有云:"万机不到处,千圣不传底,唯自照深证。"[③]又
讲:"衲僧真实处,要在履践,彻照渊源,细中之细,混然明莹,一色无痕。"[④]宏
智禅师这里提到的"自证深照","要在践履"指向的根本问题,便是要求直接
做工夫。第二,与阳明思想理念一致,曹洞宗同样主张不向外求。阳明学内
向求取的工夫论特色不必赘言,宏智禅师则有云:"渠非修证,本来具足,他
不污染,彻底清净,正当具足清净处,着得个眼,照得彻,脱得尽,体得明,践
得稳,生死原无根蒂,出没元无朕迹。本光照顶,其虚而灵,本智应缘,虽寂
而耀,真到无中边绝前后,始得成一片,根根尘尘,在在处处,出广长舌,传无
尽灯,放大光明,作大佛事,元不借他一毫外法,的的是自家屋里事。"[⑤]禅师
所谓"本光照顶""本来具足",即为"自家屋里事"的工夫践行提供理论铺垫。
第三,这一内向求证的理路原则上并不排斥外物的存有。当王阳明讲"心外
无物"并非否认外在事物的客观存在,而是主张提起"良知",实现对万物、万
理的关照和体悟,在此进程中,主体于"物"之间乃是包容的关系。与之相
似,禅氏同样也有不与物对的观点。如宏智禅师亦有道:"坐空尘虑,默而

---

① （宋）集成等编:《宏智禅师广录》卷一,《大藏经》第48册,第3页中。
② （宋）集成等编:《宏智禅师广录》卷一,《大藏经》第48册,第1页中。
③ （宋）集成等编:《宏智禅师广录》卷六,《大藏经》第48册,第74页上。
④ （宋）集成等编:《宏智禅师广录》卷六,《大藏经》第48册,第74页下。
⑤ （宋）集成等编:《宏智禅师广录》卷六,《大藏经》第48册,第74页上。

昭,净而照,虚而容,廓而应,不与外尘作对。"①禅氏讲"不与外尘作对",虽不以"有"为参照,然以虚空一样实现对"物"的含纳。第四,从静坐涵养的外在形式上考虑,儒与佛同倡"默"与"隐"。儒学自《论语》就有"默识"一说,这种认知方法原本就讲求一种隐微的暗自领会的路径。而宏智禅师在界定曹洞宗教义的时候,也曾有"显而不露,隐而弥彰"②一说。与此同时,"默照"之"默"不在唇皮,却在时时能够随性流行,故禅师有"一言道断,不鼓唇皮,一担担起不费气力,直得口挂壁上也。妙照那人,意在目前也,圆成众事,便能默时说,说时默,用时闲,闲时用"③之论。与之相应地,又有"隐"之侧重。所谓"光里锋芒未兆,隐时头角峥嵘。……六门机息,是须宛转傍参,一色功圆,切忌当头印破。梦手推开月户,转身拨侧玉轮"④,即是强调内隐于境的行动准则。这一准则在默照宗理论体系中多有显现。比如天童觉禅师便有以下诸说:

> 默默有得,灵灵无依,妙穷出没,照彻离微,万象齐收一印。⑤

> 默默而游,如如而说,鱼行涧秋底,鹤梦松头月,大智而愚兮,大巧而拙。⑥

> 默默无思,闲闲不羁。⑦

> 默学少林,静全本心,幽灵绝待,虚明自任。⑧

> 默默忘言,昭昭现前,鉴时廓尔,体处灵然,灵然独照,照中还妙……妙存默处,功忘照中……默唯至言,照唯普应。⑨

据此,仅就工夫相状考虑,儒、佛认知理念具有相当程度的近似。根据以上比较研究,中晚明王学由"静坐"延伸出来的工夫论主张,无论其操执理念、

---

① (宋)集成等编:《宏智禅师广录》卷六,《大藏经》第48册,第75页上。
② (宋)集成等编:《宏智禅师广录》卷一,《大藏经》第48册,第2页中。
③ (宋)集成等编:《宏智禅师广录》卷一,《大藏经》第48册,第12页下。
④ (宋)集成等编:《宏智禅师广录》卷一,《大藏经》第48册,第14页下。
⑤ (宋)集成等编:《宏智禅师广录》卷九,《大藏经》第48册,第107页上。
⑥ (宋)集成等编:《宏智禅师广录》卷九,《大藏经》第48册,第109页中。
⑦ (宋)集成等编:《宏智禅师广录》卷九,《大藏经》第48册,第113页下。
⑧ (宋)集成等编:《宏智禅师广录》卷九,《大藏经》第48册,第115页下。
⑨ (宋)集成等编:《宏智禅师广录》卷八,《大藏经》第48册,第100页上—100页中。

实践过程与默照禅都有契合处,这种契合某种程度上决定了该阶段儒、佛二氏境界工夫即已具备和合的条件。

综合上述分析,中晚明王学的演变,无论在本体论层面,抑或工夫论场域,都呈现出不同以往时代的理论和实践特色。就本体论而言,以罗汝芳为代表的阳明学士群,对"心"体、"良知"之"用"的宣扬,对本体形式因的强调,即已促使儒学本体论彰显出与道家哲学相对一致的境界形态趋向。从工夫论考虑,晚明王学流弊局面的形成,与阳明学者关于境界工夫的侧重紧密关联,以此为观瞻视角,中晚明以来,三教融合情势的加剧,正是得益于阳明学"法病"与人为因素的全面显露,实现从本体到工夫、从理论到实践的全面推进。接下来,我们将立足实践哲学立场,从经典诠释的视角,借助比较研究等方法,对罗汝芳的境界哲学建构作系统分析和全面呈现,由此分析出罗氏哲学努力的鹄的、具体创制及其深远影响。

第二节 哲思取径:依托《中庸》,罗氏论"圣人易学"

根据以上分析,中晚明哲学整体向境界形态的演进已然成大势所趋。在此情形下,当时理学人士的哲学建构无论在人格发展理论层面,抑或在存有论、工夫论面向多呈现出不同以往的全新相状。同时,以上若干方面又往往彼此相关。这便意味着即便以境界哲学视角探讨某位思想家的哲思体系,原则上也并不能仅就境界论去讲,而应以此作为观瞻的起点,探讨其境界论的具体主张,再由其境界论建构考察思想家在其他哲学基本问题上的根本观念。以罗汝芳为例,罗氏作为王阳明私淑弟子,其境界工夫的建构不仅关涉其人格养成观点,更直系其经典诠释的理论进路。在理想人格的建构问题上,罗汝芳虽曾多番提及"君子"形象,但其理论重心却在如何成为圣人。而罗氏对境界工夫的侧重,正揭示其工夫论焦点亦非下学上达之路径,而是希求"平地登天"达致圣贤行列。这便涉及圣人是否易学、成圣是否可能等话题。在该系列问题上,早在孟子论"良知"时即已暗指凡人具备成圣的先天条件,其后荀子揭"涂之人也,皆有可以知仁义法正之质,皆有可以能仁义法正之具,然则其可以为禹,明矣"(《荀子·性恶》),再至南宋杨慈湖、明时王心斋等人发挥,实则都在揭示儒学场域士人对成圣的迫切向往。这一向往若在阳明早期保守派弟子看来自是难成。比如薛侃就曾多次揭示成圣并非易事,因"圣""凡"毕竟区分甚大。在薛氏以为,所谓"圣人",其生乃时时"通明"之人,其形质尽时则为恒常存有之"灵明",就此说,凡人生、死皆不然。参照引文:

> 问:"圣人所以异于人,众人所以不如圣人,其要处何在?"先生曰:"此理在天地间乃阳刚正气。譬如火,火何处不有? 石中也有,木中也有,但才有星星便息。此如常人之心,非无明处,只不免间隔,使能继续光明,无往不照,即是圣人。古人解'圣'字只是通明意,若学圣人而未到透彻,未可言通明,但可谓之贤。"①

> 圣人夜睡着时亦尝昭昭明明,如白日一般,故至人无梦。虽有梦亦自知是梦,此即是通昼夜之道,而知生便如昼,死便如夜。②

> "圣人无死生,虽形质有尽时,这灵明常常在天地间,但不能言耳。孔子后几百岁,人入其室,闻弦诵声,此是灵明未尝泯灭。"因指地下土云:"遇水辄漂散,不知所在。圣人如将此土烧造成砖,无有散时,所谓'颜子不死'、'不随死而忘',正是此意。"③

据此,薛中离以上所讲,强调了两方面内容:其一,"圣人"处世乃能维持通明之性,恒常透彻,这一相状的得来究其本质实是工夫的持续累积,即便入夜一样昭然若明,无有昧时。其二,圣人不同凡人的最根本区别还在其无死生,即便形躯毁灭,灵明依然久存于世。这种存有可以是声名的延续,也可以是精神的传递。总而言之,凡人无有圣人"炼砖"之功,则无成就圣人之行的可能。依此理解,宋明以来,"满街皆圣人"一语乃是以"良知""良能"为理解基础,由此展开的一份设想、一种向往,而不具备落实和呈现的充分条件。相较薛中离之见解,罗汝芳则曰:

> 吾辈为学,盖学圣也。圣者,明之通,而知者,明之实也。……惟晓得要做圣人,而不晓得先去理会圣人之所以为圣。虽晓得从知处入圣,而不晓得理会知所以为知,是本然之知,而非闻见之知也。……如此为

---

① （明）薛侃:《云门录》,《薛侃集》卷一,第12—13页。
② （明）薛侃:《云门录》,《薛侃集》卷一,第13页。
③ （明）薛侃:《云门录》,《薛侃集》卷一,第13页。

知，则知从外得，而非本心之灵。……知者知之，不知者亦知之，则汝心之知，何等光显，何等透彻，何等简易直截！又何必尽知其所不知者，而后为知也哉？况如此求知，则其知，方可通乎昼夜，而无不知之时；方可等乎贤愚，而无不知之人。真是扩四海、贯古今，而合天人物我于一点虚灵不昧中矣。圣人可学而且易学也，固如是哉！①

参照引文，罗汝芳讲"圣人可学而且易学"具有启发世人立志事功的初衷，而其理论推演乃是以"本然之知"的先验存有、普遍作用为依据。在此前提下，人的成圣过程便无需以求索为途径，随顺"本心之灵"即等同圣贤，即直达天人合一之境。原则上说，罗汝芳对"本然之知"的强调和王阳明关于"良知""良能"的发挥并无异义，区别却在王阳明实是撷取《孟子》核心概念，发挥其本体论义涵，又结合《大学》"致知"一说，推导出"致良知"的工夫论主张，罗汝芳作为王阳明私淑弟子，作为"良知学"的习从者，其哲学取径直以先验性质的"知"体为第一原则，赋予其证明性知识的基础地位。至于此"知"如何必然存在，恒常作用，从孟子至阳明后学、至牟宗三，在诸儒心理接受层面，"良知"具有信仰合理性的知识论意义，不容置疑。罗汝芳有别众人处，是没有局限在《大学》《孟子》，却以"知"体衔接《中庸》"性命"之道，贯通经典的同时，将成就圣人的理想人格养成工夫交付日用平常检证，故其又叹成圣原是"真平地而登天"。人问《中庸》说"性"未及"性善"，何解？罗氏云：

> 只天命一句，便彻底道破，盖吾人终日视听言动、食息起居，总是此性，而不知此性总是天之命也。若知性是天命，则天本莫之为而为，命本莫之致而至。天命本体物为不遗，本於穆而不已，则吾人终日视听言动、起居食息，更无可方所，无能穷尽，而浑然怡然，静与天俱，动与天游矣。率之身而为道，同诸人而为教也，又岂非不期然而然也耶！故天命之性，便直贯天载之神，真平地而登天也已。②

罗汝芳诠释《中庸》，首先突显的即是随顺"性""命"，其次才是"中庸即平常"。罗氏云天命於穆不已，意谓世人之视听言动皆不过是任"性"听"命"，安常处顺。推延开来，随顺"性""命"的过程即是对"诚敬纯一"工夫的持守。

---

① （明）罗汝芳：《罗汝芳集》，第17—18页。
② （明）罗汝芳：《罗汝芳集》，第11—12页。

如罗子云："究竟《中庸》一书，初则以性命而启事天之功，终则尽性至命，以显同天之妙。真的要旨，则诚敬纯一，贯彻而充周之，此外无多事也。有志于精一执中者，尚自兹焉图之。"①贯彻充周的境域中，动静周旋皆在浑沦化境之中，当时情景，工夫便不在求索，却在顺承，所谓"平地登天""简易直截"，便是从该境界工夫于平常日用的持守处言说。与之相应地，罗汝芳解"中庸"时云及："天命率性，道本是个中庸，中庸解作平常，固平常之人所共由也，且须臾不可离，须臾不离，固寻常时刻所长在也。"②参照其说，罗氏所讲"简易""平常"实是本体工夫达致随顺"性""命"、与天道合一之后的境界工夫之推进，推进期间，一切实作的工夫全部成为生命内圣实况的展现。

进一步讲，罗汝芳对《中庸》的诠释即已揭示了他对境界工夫的侧重。儒学典籍中，《大学》主讲工夫次第，《孟子》主讲本体工夫，工夫次第是程朱特别强调的面向，本体工夫的直接实践是陆王心学的理论重点。不可否认，以上这些在罗汝芳哲学体系中都有体现，但他的工夫论重心却在《中庸》，在境界工夫。更确切地讲，罗汝芳进一步发展了阳明学的工夫进路，并不特别强调下学上达，而多在圣人五十知天命之后所作《中庸》里探寻"简易"门路，其直以圣人境界达致之后操持工夫作为传教的工夫论法则，正突显思想家对境界工夫的青睐。据《罗汝芳集》，思想家多处讲到自身工夫论取径之初衷：

> 盖圣人作《中庸》，是五十学《易》之后，直见乾坤之体，易则易知，简则易从，有亲可久，有功可大；认定个天命流行，人性皆善，无反无侧，荡荡平平也。③

> 究竟《中庸》一篇，是孔子以平生自仁其身者，以仁天下万世，字字句句皆从五十知天命中发出。……故是书极言至命之难，而首发以"中庸其至"一句，盖曰：圣人尽性以至天命，乃中庸以至之也。中庸者，民生日用而良知良能也，故不虑而知，即所以为不思而得也；不学而能，即所以为不勉而中也。不虑、不学，不思、不勉，则即无声臭而暗然以淡、简、温矣。④

---

① （明）罗汝芳：《勖明德堂诸生四条》，《罗汝芳集》，第714页。
② （明）罗汝芳：《罗汝芳集》，第171页。
③ （明）罗汝芳：《罗汝芳集》，第13页。
④ （明）罗汝芳：《罗汝芳集》，第7页。

罗汝芳反复论讲孔子五十学《易》之后作《中庸》,意在强调后者乃是圣人本体工夫、价值拳守同臻化境之理论总结。罗氏直取圣人境界达致时所做工夫和同时期的王龙溪工夫主张具有区分。龙溪曾曰:

> 自先师提出本体工夫,人人皆能谈本体,说工夫,其实本体工夫须有辨。自圣人分上说,只此"知"便是本体,便是工夫,便是"致"。自学者分上说,须用"致知"的工夫,以复其本体,博学、审问、慎思、明辨、笃行五者废其一,非"致"也。[①]

按王龙溪以上言论,本体工夫可"自圣人分上说",可"自学者分上说",二者间的区别即在,学者毕竟不如圣人天资智慧,圣人只要随顺"良知",不思不虑便是实做工夫,一般学者则必然依据工夫次第,逐步提升。然罗汝芳则仅取上乘路数阐述"简易"途径,这一"简易"途径并非教人不做工夫,乃是教人以"圣人"资质定位自我,回归日用平常,在随顺自然中"率性""尽性"。而于罗氏来说,"自圣人分上说"的境界工夫最完善的诠释范本便是《中庸》。在罗汝芳看来,惟解《中庸》"性""命"之道,知上帝监临之极则,借助平常日用以持守,方得"不思不虑"、不勉而中之真正路径。

　　需要说明的是,从境界工夫展开,罗汝芳虽侧重孔氏五十知天命之学,但其境界哲学的重心却在平常日用之学。更明确地讲,罗汝芳理论的取径乃是就抚世安民的立场出发,将理想人格界定在圣人的位阶,将社会事功的实践起点转移到日常伦理生活的范域,故罗汝芳尤其强调的是"仁"的微缩机制——"孝"的重要意义。这一点在罗氏文集、语录中多有体现,其云:

> 何止集说,即汉儒,去圣人未远之日,注疏汗牛充栋,而孝弟之道却看得偏轻,不以为意,蔓延以致后世,又何足怪![②]

> 仁心流生德,妙应自时时。悦乐以循习,人己一贯之。事亲从兄间,孝友胥怡怡。不厌亦不倦,海宇阳春熙。[③]

一直以来,学界存在一种观点,认为罗汝芳思想建构是以孝悌之道作为理论

---

① (明)王畿:《冲元会纪》,《王畿集》卷一,第3页。

② (明)罗汝芳:《罗汝芳集》,第75页。

③ (明)罗汝芳:《罗汝芳集》,第285页。

宗旨,然按以上分析,罗氏关于孝悌的强调乃是为其《中庸》文本诠释、境界工夫的展开提供理论支撑和实践落实的依据。正因如此,罗汝芳曾言"致的工夫处,原非格其不正以归于正也"①,之后又言:"所谓致其爱而爱焉,而事亲极其孝;致其敬而敬焉,而事长极其弟,则其为父子兄弟足法,而人自法之。是亲亲以达孝,一家仁而一国皆与仁也;敬长以达弟,一家义而一国兴义也"②,即是将"致良知"的诠释纳入境界工夫的思路架构中。境界工夫进路观察下,罗汝芳对"良知""良能"的发挥上溯孟子,近追程颢,因程氏早有云:"盖良知良能元不丧失,以昔日习心未除,却须存习此心,久则可夺旧习。"③就此而言,罗氏主张与阳明"致良知"理论或不必然关联。严格来说,同是境界哲学的发挥者,罗汝芳关于"格物致知"的理解和程明道亦有相近处。明道云:"'致知在格物',格,至也。或以格为止物,是二本矣。"④这里的"至"即有将修齐治平交付于主体,依托于平常事物得以落实之意。与此同时,建立在《中庸》诠释体系下的境界工夫理论,促使罗汝芳的境界哲学不仅有别于孔圣路径,亦不同于同时代的王龙溪的境界哲学。王龙溪"四无"一说本质上也是将工夫从境界上说,但按其整体思路,乃是经由思辨哲学言说工夫实践,而罗汝芳的境界哲学既非本体论进路的工夫哲学,也非宇宙论进路的理论模式,他是境界论进路的工夫哲学。质言之,罗汝芳从人生境界入手,重点讲的就是境界工夫,在其哲思体系中,所有情境都是境界存养及检证的实况展现。接下来的探讨,我们就将展开对罗氏境界工夫论的系统研究。在此之前还需强调的是,我们对罗汝芳境界工夫的关注和阐释并非在否认其渐学上达主张的前提下进行,只是侧重说明罗氏境界工夫可能引发的影响。

第三节　具体展开:罗汝芳境界工夫理论的三方面内容

　　罗汝芳境界工夫之建构初衷实是意图发掘直截路径,成就圣学,而其理

---

① （明）罗汝芳:《罗汝芳集》,第 86 页。
② （明）罗汝芳:《罗汝芳集》,第 86 页。
③ （宋）程颢、程颐撰,王孝鱼点校:《河南程氏遗书》卷第二上,《二程集》,第 17 页。
④ （宋）程颢、程颐撰,王孝鱼点校:《河南程氏遗书》卷第十一,《二程集》,第 129 页。

论依据又在《中庸》。明确地讲，罗汝芳境界工夫具体包括三则内容：一者，皈依"天"道，"默识"性体；二者，"不思不虑"，"轻省""直养"；三者，"当下"检证，"因时"推进。三种面向层节相契，缺一不可，构成罗汝芳工夫论的整体范域，并同时涵盖罗氏哲学思想的诸多面向。

一、皈依天道，"默识"性体

境界工夫的推展看似直截，却非易事，因其操执之初就要求当事人经由本体工夫达致一定阶次，而后则须持续蓄力，不间断扩充。考察罗汝芳的境界工夫理论第一面向即是教示操持者皈依天道，将一切行为举止诉诸"默识"性体执行之。罗汝芳云：

> 我惟天以作依皈，天惟我而加呵护。内之敬信愈深，则外之操持益力；我之修为愈切，则天之注照益亲。我既心天之心，而神灵渐次洞彻；天将身吾之身，而变化疏忽融通。坚如金石，精诚可贯，微若尘沙，踪迹能潜。所谓飞跃由心，而形神俱妙，固非法术之可私，而亦非思虑之能测矣。[①]

> 盖人能默识得此心此身，生生化化，皆是天机天理，发越充周，则一顾误之而明命在我，上帝时时临尔，无须臾或离，自然其严其慎，见于隐，显于微，率之于喜怒，则其静虚而其动直，道可四达而不悖，致之于天下，则典要修而化育彰，教可永垂而无弊矣。[②]

罗汝芳这里讲到的"惟天以作依皈"，实际上正是对於穆不已之天命的听之任之，所道"修为愈切，则天之注照益亲"，指向的是本体工夫于价值拳守的着力和持守，其后云"天将身吾之身，而变化疏忽融通"则是揭示本体工夫达致境界之后的身心相状，再持续推进，"非思虑之能"则是皈顺天道，行止进退。就此说，罗汝芳"默识"工夫论较欧阳德"默成"理念就更为彰显自身对"性"体的坚信和执行，却非欧阳氏以道德反省为主要内容的内向度的修养理论。后者曾云："良知者，是非之心，人皆有之者也。……盖致其是非之心而无所蔽，学者之博学、审问、慎思、明辨而笃行之，其功至于人一己百、人十

---

① （明）罗汝芳：《罗汝芳集》，第 320 页。
② （明）罗汝芳：《罗汝芳集》，第 5—6 页。

295

己千,亦惟不欺其是非之心,以充其本然之善而已。"①按欧阳德理解,"良知"的本然形态即是"是非之心",它明晓所有事物处理过程的终极对错和根本原则。根据这一理路,所谓"扩充善端"即是遵从"是非之心",不断延展此"本然之善"。进一步讲,欧阳德对"是非之心"的侧重与他对"德行"一事的强调是相互照应的,正是在此基础上,思想家反复重申道德反省模式的"默成"工夫论。其云:"今日言人人殊,只是牵于意见文句,未能身心实体,徒多言耳。默而成之,不言而信,则自无此病矣。"②又云:"圣门之学,以德行为务。才涉训诂,便落第二义。德行者,根心生色,默而成之,不言而信,是谓实体。学者于此心善利之间,毋自欺而常自慊,以致其精明在躬、志气如神之实,是谓实功。"③参照引文,欧阳德言论中提到的"默成"、"自信"即被明确以"德行者"的作为论之。至于他后讲"毋自欺而常自慊"便可诠释为道德反省相状的实在工夫,该主张实得王阳明启发。如他曾引阳明语云:"先师阳明公阐慎独之训,而为之言曰:'独知也者,良知也。戒慎恐惧,毋自欺而求自慊,所以致之也。'于是学者恍然知明物察伦,精义妙用,不远于心而得之。"④显然,王阳明强调的仅是"致知"内涵的其中一面向,然据欧阳氏后来发挥可见"毋欺""自慊"已然成为思想家理论推拓的重要体现。但是这里需要明确一则事实,即欧阳德关于阳明言论的发挥或有过犹不及之嫌,原因即在欧阳氏的推导过程存在问题。因他讲:"良知本戒慎不睹、恐惧不闻,无自欺而恒自慊。功夫亦须戒慎戒惧,勿自欺而恒自慊。"⑤欧阳德此处言论之所以存在质疑,因他关于"戒慎戒惧"、"勿自欺而恒自慊"等工夫论的揭示乃是从"良知"本体存在相状推导而来,然原则上讲,本体存有形态并不必然推导工夫论的操作模式,质言之,这里存在跳跃和错置。

由上分析,相较欧阳德"默成"理念,罗汝芳"默识"主张导引下的工夫论更倚重"性"体之"良能"。因此,罗氏理论形态下,人的个体意识在与天道合一的同时暂时消解,人的任何举动都成为与天地万物同时进行的整体运作状态,这一状态即可以"定静"称之,而境界工夫的延续也是在该状态中推进,一旦"定静"被打破,"默识"则不再可能。于此,罗汝芳对皈依天道、"默

---

① (明)欧阳德:《寄夏东岩》,《欧阳德集》卷一,第33页。
② (明)欧阳德:《寄贡玄略》,《欧阳德集》卷三,第119页。
③ (明)欧阳德:《答欧梦举》,《欧阳德集》卷二,第66页。
④ (明)欧阳德:《答彭云根》,《欧阳德集》卷三,第112页。
⑤ (明)欧阳德:《答聂双江》,《欧阳德集》卷五,第186页。

识"性体的揭示和程伯子"定性"之说极为契合。故其曰:"盖伯子立论,主于默识性体,性体默识,而定自随之。横渠外物云云,正是此处欠透也。"①罗汝芳认为,程明道"定性"论说超越张横渠之处,实在以"默识性体"为根据,"定自随之",所随既是"性"体,动静浑沦,物我便无内外区分。据此,罗汝芳的思路实则是将工夫从境界上讲,境界从"性"体上说。根据罗氏的理解,伏羲作八卦时的情状也是一种皈依天道,"默识"性体的进程。罗氏云其"称物如衡星,分厘不至差爽,应响如空谷,洪纤互相低昂,问天便答以天,问人便答以人,念念点水滴冻,而言言掷地金声也"②,由此见,罗汝芳对伏羲俯仰观止以作八卦的论述,实是将伏羲氏作为"默识"工夫操执者的最完美形象。不仅如此,罗氏文集、语录中多处提及的"捧茶童子"、行走路人诸例,也多以"默识"性体教示之。参见其言:

> 此捧茶童子,却是道也。……故童子日用捧茶,是一个知,此则不虑而知,其知属之天也;觉得是知能捧茶,又是一个知,此则以虑而知,而是知属之人也。天之知只是顺而出之,所谓顺,则成人成物也;人之知却是返而求之,所谓逆则成圣成神也。故曰:"以先知觉后知,以先觉觉后觉。"人能以觉悟之窍而妙合不虑之良,使浑然为一而纯然无间,方是睿以通微,又曰:"神明不测"也。③

按罗汝芳认为,"捧茶童子却是道"的理论依据和实践可能即是顺知体而为之,在此期间,主体个人意识纳入"知"体的运作轨道,动作的连贯无失便是"默识"性体的操执结果。至于罗氏又曾讲到的"若吾心体段,则藏之方寸之间,而通之六合之外,其虚本自无疆界,其灵本自无障碍,能主耳目而不为所昏,能运四肢而不为所局"④,同样也可纳入"默识"工夫的效力呈现。

事实上,"默识"并非罗汝芳独创,王阳明在该问题上也有相关论述。其曰:"识,当音失,谓心通也。心之精微,口不能言,下学上达之妙,在当人自知。不言者,非不言也,难言也。存诸心者,不待存也,乃自得也,此之谓'默

---

① (明)罗汝芳:《罗汝芳集》,第 358 页。
② (明)罗汝芳:《罗汝芳集》,第 39 页。
③ (明)罗汝芳:《罗汝芳集》,第 44—45 页。
④ (明)罗汝芳:《罗汝芳集》,第 141 页。

识'。"①阳明弟子邹东廓也"多主默识",其云:"默识是不厌不倦宗旨,子思戒惧不闻不睹,正是默识工夫。此从唐虞相传道心惟微来。末章上天之载,无声无臭,正发此默识极则。"②据此,无论是王阳明以"默识"为"自得"之途径,抑或邹东廓以"默识"主张,多指向于不闻不睹之工夫相状。这种静态模式从认识论层面讲,可以"暗中领会"概之,这一训解即将"默识"一语,延伸至认识论乃至工夫论的范畴。作为传统哲学的工夫论主张,"默识"于孔孟夫子,于宋明理学皆有关涉,甚至可融摄佛道二氏之学。正如熊十力先生所说:"孔子自谓'默而识之',默即止,而识即观也。止观的工夫到极深时,便是证会境地。"③又云:"西洋哲学从大体上说来,是与科学同一路子的,虽亦有反知的哲学,较以东方,仍自不类。治中国哲学必须用修养的方法,如诚敬乃至四维等等。孔孟恒言敬、言诚。程子《识仁篇》云'以诚敬存之'。朱子所谓'涵养',即诚敬也。"④按熊十力先生所说,"默识"如此便可以成为区分中、西哲学理路的关键因素。严格来说,如果我们局限于"体认"工夫理解"默识",熊十力先生揭示了中西工夫论哲学的根本区分。然从更开阔的哲学视野出发,借助最新文献辑考成果,于"默识"一说,中、西哲学融会贯通不无可能。

需要说明的是,无论借助哪一种理论分析,罗汝芳以"默识"讲境界工夫,其前提都是默认"良知"的先验存有和绝对主宰性能。某种程度上讲,所谓"默识"即是随顺"良知"周转运行。在罗汝芳认为,唯借随顺自然之作为,主体方能以平等之心,统万物之理,与天地合德。故罗子曰:

> 圣门之求仁也,曰"一以贯之",一也者,兼乎天地万物,而我其浑融合德者也;贯也者,通乎天地万物,而我其运化同流者也。⑤

> 故以吾而等诸天地万物,则谓天地万物之心,悉统乎吾之理无不可也;以天地万物而等诸吾,则谓吾心之中,悉统乎天地万物之理亦无不可也。……夫即吾心之神灵,而天地万物可以统而一之,则即吾心之神灵,而天地万物自足以贯而通之。是不惟善求夫吾心,而所以善求夫天

① 束景南:《王阳明散佚语录辑补》,《王阳明佚文辑考编年》,第1076页。
② (明)邹守益:《邹守益集》卷二十七,第1387页。
③ 熊十力:《答唐君毅》,《十力语要》卷二,上海:上海书店,2007年,第120页。
④ 熊十力:《答张东荪》,《十力语要》卷一,第62页。
⑤ (明)罗汝芳:《天衢展骥册序》,《罗汝芳集》,第519—520页。

地万物之心也。不惟善尽夫吾心,即所以善尽夫天地万物之心也。①

罗汝芳认为,圣门"一以贯之"的真正涵义即是"兼乎天地万物""浑融合德",在此情况之下,人与天地等心,"良知"的主宰义、明觉义便是人心的天然灵明。既以"良知"主宰人心,这里相应出现一个问题,人自身具有的感官知觉、聪明才智置之何地? 从此处展开,罗氏关于境界工夫的提倡,必然需要谨慎处理"默识"与"情识""智识"之间的关系,更须明确揭示"良知"与"知识"的异同。其云:

> 夫良知与知识,犹水之于冰也。良知妙应不虑,即水之沃润无滞,一有所著物而不化,则天气沍寒,而冰凝莫释也。故曰"温故而知新",又曰"一日暴之,十日寒之,未有能生者也"。一暴十寒,未有能生,良知安得而不为情识? 和乐温养,知虽故而新矣,情识安得而不为良知耶?②

罗汝芳文中以"水"与"冰"譬喻"良知"与"知识"之间关系,本质上就是从根本处默认"良知"即"知识",而"水"和"冰"之间的不同,又象征"良知"的遍布周行与"知识"的相对静止的现实相状又有区别。按罗汝芳的思路,"知识"便是经验所得之"情识",其运用得当、适时作用,便是"良知"之周行妙应。从原则上讲,罗汝芳此处乃是通过不断限缩"知识"的概念内涵,由此树立起"良知"的绝对统宰地位。罗氏又云:

> 所云不知识而顺天则者,非全不用知识,正是不著人力,而任天之便,以知之识之云尔。盖心之应感,若非知识,则天则无从而显现也。③

> 学觉也,觉灵知也。人心之灵,动于感应,其是非得失,微妙纤悉,罔不自知。循其知而致焉,是圣贤之关钥也。迨夫世念萌生,周遍计度,始失其所以灵者,而任其智识以为才。是故因名以立业,勘经以自文。于是乎道非其道,德非其德,冠冕将毁,无异其然也。④

---

① (明)罗汝芳:《胡子衡齐序》,《罗汝芳集》,第 452—453 页。
② (明)罗汝芳:《罗汝芳集》,第 359 页。
③ (明)罗汝芳:《罗汝芳集》,第 187 页。
④ (明)罗汝芳:《罗汝芳集》,第 377 页。

罗汝芳所谓"心之感应"必然是"知识"方才天则显现,仍是从境界达致之后,讲"心"与天知的合一,惟此之时,"默识性体"方可成为现实。也正是以"良知"与"知识"完全契合的理想为前提,"任其智识"才能与"默识"等同,工夫境界达致之前,"智识"与"良知"远不能等而言之。通过对罗汝芳关于"知识"与"良知","默识"与"情识""智识"之间的关系界定的梳理和分析,一个事实昭然若揭,即"默识性体"的基础在于"知识"与"良知","默识"与"情识""智识"诸概念的全部等同,在于主体于"良知"的感通。该思路预示,惟本体工夫达致化境之后,"默识"之境界工夫才可得正式展开。

根据以上论述,罗汝芳对捧茶童子之作为以及路人行走状态的描述和诠释,往往具有佛学所谓"不起分别心"的智慧形态,但根本上讲,从思想家关于伏羲俯仰天地以作八卦的浑然相状的描述,关于程伯子"定性"的理解,对"天道"的推崇,其区分于"情识"的"默识"理念原则上更是儒学形态的本体工夫持续蓄力进程中的境界工夫的顺次推进。相应地,在罗汝芳认为"良知"即"知识"("情识"),学问之灵活施用才是道德之形上超越,二者相状不同,妙应有别,从更本质上讲,"良知"乃知识的活发,知识乃"良知"的一时凝聚。进一步来说,"良知"与"知识"、"默识"与"情识"、"默坐体认"与"分殊体认"等三方面问题直接关系实践哲学的检证。与此同时,罗汝芳认定的境界工夫又要摆脱知识闻见之学,该理论路径更进一步将王学工夫实践推向空疏阔略。至于他继从境界工夫讲孝悌之道、平常日用,从儒学义理层面讲合情合理,但更有抚世之意,却有落实的切实困难。这一切实困难集中体现在源自性命观念的戒慎恐惧之道与境界工夫推展之中的日用随性之道并行施展,促使"放心"工夫并非"中根人"可易为之。更进一步讲,罗汝芳关于"默识"的提法不仅要求工夫的操执者具备充分的本体工夫积累,并且要求这种积累在达到最高境界的情况下始终保持最完善状态,就此说,即便"上根人"也未必能够方便落实,如若是"中根"乃至以下之人实践此等工夫更会落入悬荡地步。当然,我们这里所说并没有否认罗汝芳对工夫次第的强调,而是在申明思想家过于倚重境界工夫可能造成的后果。

二、"不思不虑","轻省""直养"

罗汝芳关于"默识"工夫的倡导是教人随顺"性""命",虽谓"随顺",但并不易于落实,难度有两方面:其一,皈依天道,本是本体工夫境界达致的阶次,"中根人"难为;其二,与"性""命"和合之后,工夫非求索维持,不易倾力推进。此时,"不思不虑","轻省""直养"是配合"默识"进行的第二种境界工夫。罗汝芳云:"知本是天生之良,而不必杂以人为,知本不虑而明,而不必起以思索。"①据此,罗氏对"不思不虑"的阐发和阳明学士群并无异义,总体表示在"良知""良能"的主宰下,境界工夫的持守状态。然其又主张"轻省""直养",则有一定新意。其曰:

> 心地原只平等,故用力亦须轻省。盖此理在人,虽是本自具足,然非形象可拘。所谓乐者,只无愁是也。若以忻喜为乐,则必不可久,而不乐随之矣。所谓得者,只无失是也,若以景界为得,则必不可久,而不得随之矣。故《中庸》曰"君子之道,淡而不厌",则今人每每学而至于厌者,岂非不淡使然哉?②

罗汝芳云"心地原只平等,故用力亦须轻省",实是教人不刻意去做工夫,质言之,"无愁""无失"的静正状态乃是为境界工夫的推进营造可能。讲到此处,可以对罗汝芳"破除光景"之说重做诠释。一直以来,学界多将罗汝芳"破除光景"主张作存有论研究,然从工夫论层面考虑,罗汝芳语意的重点或不在对本体的真实相状做探讨,反而是对求索工夫提出质疑,因按思想家关于"轻省"的强调,勉力求索便有违境界工夫的操执原则。相应地,与"轻省"同步施展的是"直养"工夫。罗汝芳云:

> 惟夫明睿过人资近上智者,则工夫不肯妄用,而汲汲以知性为先,究悉名言,询求哲士,体察沉潜,而性命之蕴能默识心通,便自朝至暮,纵应感纷纭,却直养无害之功,如如自在,静定不迁之妙,寂照圆通。世人则终身滞泥于应感之偏,而至人则无日无时而不从容于不动之中矣。③

罗氏这里所讲"直养无害之功,如如自在"亦是从境界上讲工夫的操执,正是如此,随事应对,不过是"默识"性体,"轻省"以待。罗氏关于"直养"工夫的强调,甚至有推翻阳明"致知"诠释思路的倾向。其云"即良知本章,孟子亦

---

① (明)罗汝芳:《罗汝芳集》,第91页。
② (明)罗汝芳:《罗汝芳集》,第89—90页。
③ (明)罗汝芳:《罗汝芳集》,第198页。

自有说,致的工夫处,原非格其不正以归于正也"①,云"致也者,直而养之,顺而推之"②,皆是就境界工夫视角思索。在思想家看来,"致知"乃是"直养",直养"性"体,顺推孝悌仁德的实践,若以"正"释"致","致良知"便沦为"正念头",于是,境界工夫便滑落至下学上达的路径上,这是罗氏哲思体系不能接受的。客观地讲,王阳明的"致知"训解思路实是将"格物""致知"统合对待,将"知""行"关系作整一处理,而罗汝芳的思维起点皆是从境界工夫讲"良知""良能"的周行妙应。概言之,二人的基本问题意识不同,思考着眼点亦有区别,罗氏对阳明"致知"理念的批判,是为自身境界工夫理路的哲学体系做辩护。也正是在训"致"为"顺推"的前提下,罗汝芳向来强调的孝悌之道实际上也是"境界工夫"的展开模式。罗子曰:

> 是故慈也者,吾身之所自出。因所自出而孝生,亦因所同出而弟生,是所谓与生而俱生者也。夫语天下国家,万万其人也。人则万,而人必生于其身,则一也。身之生一,则孝、弟、慈一,孝、弟、慈一,则与生俱生亦一也。此所以可兼吾之身与人之身而为一物也。此所以可即吾身以统人之身而为物之本,即人身以归吾之身而为物之末也。③

罗汝芳这里对孝悌之道的诠释,不仅以顺推的原则,重新演绎了"慈""孝""弟"等伦理概念的自然关联,同时经由孝悌的推演,顺接修身、爱人等等面向。按该理路,"格物致知"不仅有别于向外"穷理"的过程,亦有别于求索内心的归寂途径,乃是伦理道德的具体落实,是扩充善端,顺次集义的系统推进。

对罗汝芳"直养"工夫的探讨还需兼顾一个问题,即"直养"的前提是什么?答案涉及罗氏思想理念的两个面向:一者,是对孟子"性善"的拳守。二者,是对"赤子之心"圣凡兼备的宣扬。这里所说的"性善"不是后人解作的向善的动力或者求善的理想,在宋明理学家的诠释中,实则就是具有信仰必然性和知识合理性的"性本善"的现实。罗汝芳对"性本善"的倡导极少就存有论的角度予以说明,而往往是从"性"体内涵的界定切入分析。罗氏曾云:

---

① (明)罗汝芳:《罗汝芳集》,第 86 页。
② (明)罗汝芳:《罗汝芳集》,第 86 页。
③ (明)罗汝芳:《送许敬庵督学陕西序》,《罗汝芳集》,第 494 页。

> 孟子言善只道性善,其言为善只称尧舜……人这个生性,性这样良善,官人与舆人一般,汉人与夷人一般,云南人与天下人一般,大明朝人与唐虞朝人也是一般。①

> 夫性善之宗,道之孟子,而非始于孟子也。"继之者善也,成之者性也",孔子固先言之也。……况天命之性,固专谓仁、义、礼、智也已!……要之,圣贤垂世立教,贵在平等中庸,使上智者可以悟而入,中才者可以率而由。②

> 先生曰:"此道自孟子后,实难其人,盖直养无害,由于性善之信而不疑;性善不疑,由于天人一而不二。后儒以气质谈性,则天且疑之矣。况于人耶? 疑则性根且斩矣,又安能以无害而养之以直耶?"③

结合罗汝芳以上三则言论,"天命之性"以"仁、义、礼、智"彰显,"性善"促成人的本质无别,更为圣、凡无间提供理论可能,经由"性"体四方面义涵扩充之,人人皆可率性为道,转凡成圣。需要努力处尽在从先天谈"性",且信得"性善"不疑,于此,直养即是知命尽性。

在罗汝芳看来,"性善"的本然相状可以"赤子"譬喻,而"赤子之心"作为"性善"的物格身份,乃是打通且打同圣凡的关键因素。罗氏曰:

> 今日吾人之学,则希圣而希天者也。既欲求以希圣而直至希天,乃而不寻思自己有甚东西,可与他打得对同,不差毫发,却如何去希得他而与之同归一致也耶? 反思原日天初生我,只是个赤子,而赤子之心却说浑然天理。细看其知不必虑能,不必学,果然与莫之为而为、莫之致而至的体段,浑然打得对同过也。然则圣人之为圣人,只是把自己不虑不学的现在,对同莫为莫致的源头。④

罗汝芳此处云及的"赤子之心"并非以实体论之,乃是将其作为与圣人"打得对同"的手段看待。在罗汝芳看来,圣人之所以为圣人,其"不思不虑","轻

---

① (明)罗汝芳:《罗汝芳集》,第 153 页。
② (明)罗汝芳:《罗汝芳集》,第 87 页。
③ (明)詹事讲:《叙罗近师集后》,《罗汝芳集》附录卷,第 941 页。
④ (明)罗汝芳:《罗汝芳集》,第 74 页。

省""直养"的原因和目的全在听任此"心"流转周行,今人若"欲求以希圣而直至希天"必以保聚"赤子之心",直而养之,随且顺之。罗氏甚至直言:"圣人所以异于吾人者,盖以所开眼目不同,故随寓随处,皆是此体流动,充塞一切。"①又云:"圣人者,常人而肯安心者也;常人者,圣人而不肯安心者也。故圣人即是常人,以其自明,故即常人而名为圣人矣;常人本是圣人,因其自昧,故本圣人而卒为常人矣。"②以上言论中,罗汝芳对圣人安心、直养工夫的强调也多是从境界上讲,甚至不惜忽略圣人本体工夫的蓄力之功。

在罗汝芳看来,"直而养之"即是工夫境界达致之后的持守工夫,至于"直养"的预设前提,大致有二:其一,"性善"的理论预设和价值拳守;其二,赤子之心打通凡圣之间,打通的依据在于,赤子之心是先天具备,也是后天工夫达致,更是境界工夫借以持续展开的前提。罗汝芳对"直养"的强调突显出来的哲学问题是,其哲思的理路并非存在主义范式的发展的人格养成理论,乃是西方哲学家弥尔主张的实现式的境界理论。具体地讲,罗汝芳哲思本质上乃是境界哲学的范型,该范型是以人生理想境界为首要选择,其次才是工夫论的选择和实践,然后才是本体论的证成,才是宇宙论的认识。这是习从者的进路,实践哲学的核心是工夫论,但对于理论创造者、习从者、研究者各有着手处,对于创造者而言,乃是首先对宇宙论、本体论的独断,其次是工夫论的修持,最后是境界论的达致;对于习从者而言,首先是境界论的选择,然后经由工夫的实践、本体的证成、宇宙观的识见;对于研究者来说,则需摒弃特定哲学立场,考察其诠释架构的完整性。

三、"当下"检证,"因时"推进

某种程度上讲,境界工夫的操持途径只能通过"当下"获得检验,而检验操执者本人率性、持守的价值本体是否为真,又必须依赖"因时""时时"的工夫保持。就此考虑,罗汝芳对"当下"及"因时"的强调,实是对境界持守的时刻检证和不断推进的强调,并非向来所谓的"现成良知说",也有别于完全内倾的"守寂说"。

关于"当下"之论,学界多举罗汝芳对"念庵先生不信当下"的评价作为其"现成良知"归属的力证,然细析罗氏之语,其意并非以"良知"是否当下显

---

① (明)罗汝芳:《罗汝芳集》,第102页。
② (明)罗汝芳:《罗汝芳集》,第143页。

现为重心,乃是以境界工夫的当下检证为论讲本旨。其曰:

> 当下固难尽信,然亦不可不信。如当下是怵惕恻隐之心,此不可不信者也;当下是纳交要誉之心,此不可尽信者也。不可不信而不信之,则当下不识本体,此其所以不著察;不可尽信而苟信之,则当下冒忍本体,此其所以无忌惮也。善学者,在审其几而已。①

按罗汝芳认为,"良知"当下显现并非必然,所谓"善学者,在审其几"正是要求世人在"现成良知"的事项上保持谨慎态度,这便是罗氏云"当下固难尽信,然亦不可不信"的核心涵义。事实上,罗汝芳对"当下"的关注并不必然关涉"良知"是否现成的讨论,却直系境界工夫的检证问题。罗汝芳常云:"譬如行路,千里万里只是出门一步趱去;千年万年亦只是当下一念积成。甚哉! 其机之可畏,而其发之当慎也。故圣贤不放逸而必敬,不率易而必慎,是以愈久而愈盛矣。"②这里的"当下一念"便是检证主体意识是否与天道合一,是否以"性"体为准的。换言之,境界工夫的推进绵密且精深,虽是"简易"路径,但落实需要敬慎操执,而检证该工夫的途径只能落实在最小的时间单位上,"当下一念"即属于此。在该前提下,罗汝芳不仅对"当下"的存在形态并无过多关注,即便门人弟子提起当时"现成良知"派的言论,罗汝芳也往往将本体从工夫上讲,继而将工夫从境界上说。参见引文:

> 问:"讲学者多云'只在当下',此语如何?"
> 罗子曰:"此语为救世人学问无头,而驰求闻见,好为苟难者,引归平实田地,最为进步第一义也。故曰:人情者,圣王之田。然须有许多仁聚礼缛家数,方可望收成结果也。但到此工夫渐就微密,无先觉指点,则下者便浑沦难入;高者便放荡无疆。故孔子谓:'君子中庸,君子而时中;小人中庸,小人而无忌惮。'可见中庸也只一般,但不能如君子戒谨恐惧,加以时习,便泛滥无所归者,而终归小人也。"③

罗汝芳此番对"当下"的诠释,不仅没有去讲良知本体的存有和显露的问题,

---

① (明)罗汝芳:《罗汝芳集》,第 402 页。
② (明)罗汝芳:《罗汝芳集》,第 122 页。
③ (明)罗汝芳:《罗汝芳集》,第 118 页。

而是从语意上揭示"当下"之说的本质实是教人切勿"驰求闻见",引导世人回归平时田地实作工夫。罗氏继云"工夫渐就微密,无先觉指点,则下者便浑沦难入;高者便放荡无疆"一语,更是以境界达致之后的工夫推展模式释解"当下"之说的理论价值。至于思想家后引孔圣"君子中庸,君子而时中"诸言,亦是将"当下"一说作为境界工夫的推进相状和检证手段给以理解和诠释。罗汝芳思想体系中,"当下"与"因时"往往被相提并论。其曰:

> 仁心流生德,妙应自时时。悦乐以循习,人己一贯之。事亲从兄间,孝友胥怡怡。不厌亦不倦,海宇阳春熙。①

> 盖学必贵习,习必贵时,如时动时静、时语时默之类,谓曰"时习",却似习乎时也。此时字习得停当,则其功用便是时措而皆宜,其根源便是溥博而时出,久久便可仕止久速,而圣之时也已。②

罗汝芳这里讲到的"仁心流生德,妙应自时时"即是描述圣人境界达致以后的工夫操执相状,故其后所云"孝友胥怡怡""不厌亦不倦",皆是境界工夫在平常日用中的因时推进。不仅如此,罗氏以"时动时静、时语时默"诠释"时习",同样是以境界工夫言之,至于他讲"溥博而时出"亦是如此。总而言之,从境界工夫视角解读罗汝芳"当下"之旨,与之衔接的正是程颢"当处便认取,更不可外求"③的观点,以及王阳明"知行合一"理念。与之相应地,罗汝芳"时时"主张同样是强调主体境界达致之后,持续落实"诚""敬""存仁"的价值意识的拳守工夫。

第四节　关联研究:罗汝芳的境界工夫与其存有论、宇宙观

　　关于罗汝芳境界工夫主张的研究引导我们重新看待罗氏哲学建构。事实上,将工夫往境界上说可以作为阳明学士群普遍宣讲的治学路数,因王阳

---

① (明)罗汝芳:《罗汝芳集》,第 285 页。

② (明)罗汝芳:《罗汝芳集》,第 130 页。

③ (宋)程颢、程颐撰,王孝鱼点校:《河南程氏遗书》卷第二上,《二程集》,第 15 页。

明及其后学不同于象山心学对实作本体工夫的倡导,亦有别于甘泉心学关于工夫阶次的发挥,其理论重点实在对"良知""良能"的强调,对"不思不虑"等境界工夫的侧重。从这一点上讲,罗汝芳哲思体系集中彰显了王学特色。然相较他人的零散论说,罗氏在境界工夫理论的建构上则更为完善、圆满。进一步讲,罗汝芳境界工夫理论的完整性直接影响了他在本体论、宇宙观等其他哲学问题上的理念倾向。其直接后果便是造成罗氏关于儒学理念的秉持在其境界工夫主张的冲击下,已然呈现裂变的张力。

一、境界工夫论推导下的罗氏存有论

承接上文分析,境界工夫的展开在于"当下"检证,"时时"推进,然这里的检证和推进并非以求得"良知"本体为矢的,而是以天道价值的拳守为终极准则。按此思路,罗汝芳哲学的重心不在思辨哲学的存有论探讨上,而在实践哲学的境界工夫的展开层面。认识到这一点,对于阳明学研究极其重要。从该前提考虑,境界工夫主张直接关系到罗汝芳的存有论观点。准确来说,罗汝芳在存有论问题上另有两条极其重要的言论,其一便是前文"思辨哲学"章节中已经提到的罗氏"心"字只是强立之说,此语可谓石破天惊。该主张揭示了两个面向的问题,一者,说"心"字只是"强立",意谓超越实体原则上并不必然存在。这与郭象注《庄子·则阳》时云及"物所由而行,故假名之曰道"①具有相似性质,皆有否定超越道体的嫌疑。如此,罗氏立学似有落入境界哲学坎陷的倾向。境界哲学可以是讲纯粹追求主体感受的哲学,可以是说工夫次第的哲学,也可以是不以本体的始源义与究竟义为理论鹄的的哲学类型。且按前文分析,牟宗三先生曾认为,道家设立"道"体原生于"无",即无实质的始源义,更无"目的因",道家之"道"便成为一种境界体验而非实体探讨的哲学范型。再者,罗汝芳既以"心"字勉为宗旨,揭示其在存有论面向并非与阳明"心"学的存有论观念完全契合。该前提之下,罗汝芳甚至更有"本无实体"一说。参见其言:

> 今世圣人之学,已被集说等书妄肆探究,于性则辨析有几许条件,于心则指陈有若个景光。且无奈心性原属化机,变见随时,本无实体,求以条件则似有条件,索以景光则似有景光。……统天统地而为心,尽

---

① (清)王先谦、刘武:《庄子集解 庄子集解内篇补正》,第236页。

> 人尽物以成性，大似混沌而却实伶俐，大似细碎而却实浑全。从此径途以跻圣域，则不徒孔孟经书建设有功，且于羲轩困奥，共享逸豫，非斯世斯文一大快也哉？①

罗汝芳云"心性原属化机，变见随时，本无实体"，本质上仍是从境界工夫的推进过程中论讲。本体工夫达致化境，工夫的再展开或"默识"，或"直养"，或"因时"操执、"当下"检证，于这时，实体有无并不在主体的关注视域中，实践者在化境中行止进退都与天道浑全为一，一旦有求索"光景"、保聚"实体"的念头，境界便被打破，工夫就此滑落到下学上达的次等阶次。故罗汝芳云"本无实体"同样是从自身工夫论立场考虑，试图消解勉力求索之功对境界工夫的负面影响。否定"实体"的基础上，罗汝芳对于当时普遍流行的静坐工夫也相当不满，这和罗氏向来强调的"破除光景"之论当然相关，且依其境界工夫主张，闭户静坐，矜持把捉本就不是圣贤之道。其云：

> 今世业举子者，多安意于读书作文，居则理家，出则应务，自以此为日用常行。至论讲学做圣贤，却当别项道路，且须异样工夫。故每每以闭户静坐为宁静，以矜持把捉为戒惧，欲得乎此，恐失乎彼者，殆将十人而九矣。②

结合上述分析，罗汝芳哲思之重乃是在存有论层面讲"性"之超越存有，在价值论层面讲"心"之灵妙施用，这两者各自不可替代。从这一点上，罗汝芳否认实体客观存有，且以浑沦之境譬喻工夫境界的相状，该哲思理论和郭象注《庄》有相通处，最终将其工夫境界推向一种生活心态的描述，同时，结合罗汝芳对明太祖"圣谕六言"的宣讲，仍与郭象有相似的心态，即在教人提升心境，安处当下。

二、罗汝芳境界工夫论与其宗教宇宙观

主体在境界工夫操执过程中必然展现出对本体、对宇宙的认识观点。换言之，无论是理想人格的养成抑或境界工夫的操执，都需要一个相对应的

---

① （明）罗汝芳：《罗汝芳集》，第 277 页。
② （明）罗汝芳：《罗汝芳集》，第 171 页。

世界结构之言说系统作为配合。根据前文论述,罗汝芳并非以本体认识作为人生哲学选择的第一阶次,乃是以工夫境界的达致与持守作为价值实现的标的。按此前提,罗氏哲学体系是由境界论推导工夫论,工夫论证成价值观、宇宙论。境界工夫兼具罗汝芳关于境界论构想、工夫论蕲向、本体价值之拳守等三方面内容,然最终导出的是论讲世界观的宇宙论哲学。境界工夫推进过程中,人的行为成为与天地浑然一体的存有,这种存有相状,不能不说明该工夫取径下,世界、他物、生死与人之间的关系真相,由此说,罗汝芳境界工夫理论必然需要配合宇宙论的诠释。对此,罗氏确有阐述,参照其相关理念,罗汝芳境界工夫与宇宙论哲学乃是紧密衔接的整体。确切地讲,境界工夫论推导而出的罗氏宇宙论已然跳脱儒学经"气化宇宙论"推演得出"气禀说"的哲思脉络,反趋向对道教性质的他在世界观的默认和接受。

　　一直以来,宋明理学家宇宙论观点在现当代新儒家看来,并不具有实践哲学意义。比如劳思光先生就曾明确指出:"汉儒之'宇宙论中心之哲学',不仅就历史意义说,是违背孔孟者,且在理论意义上亦是一退化堕落;盖所谓德性及价值问题,绝不能诉于存在或存有领域。以宇宙论观念为基础而建立之任何价值理论,本身皆必属粗陋虚弱。"①又云:"就理论层级说,'宇宙论中心之哲学'本身属于幼稚思维,无法与佛教之心性论抗衡,此是客观限制。"②劳思光先生以上所说实际是从其心性论立场出发,得出的结论。故他认为中国哲学"成熟阶段即心性论重建之阶段,此一工作始于南宋之陆九渊,而最后大成于明之王守仁"③。事实上,笔者认为,宇宙论主张直系哲学家世界观,更与工夫论的证成、价值意识的持守紧密相关。在这一点上,罗汝芳哲思体系的构建就是最强有力的说明。罗汝芳境界工夫主张教人"默识"性体、"轻省""直养"、"因时"推进,工夫进展的过程中,时间、空间的维次一一被突破,然人之形体终不比"性"体之恒常存有,境界工夫的主体仍要面临死生存亡的问题,以其身处浑全情状之中,所持生死观等宇宙论主张又有何不同? 这是我们由罗氏境界工夫理论考察其宇宙观哲学的切入点。谈及宇宙论,又总关乎生死观、位格神、生成论等等方面的话题。关于生死,罗汝芳曾曰:

---

① 劳思光:《新编中国哲学史》(三上),第3页。
② 劳思光:《新编中国哲学史》(三上),第3页。
③ 劳思光:《新编中国哲学史》(三上),第4页。

> 未尝不死而实未尝死,未尝不生而亦未尝生。①

> 盖人之生死,乃一团神理,出于帝天……故能保合帝心,所以生则入圣,死则还虚,新天之命,作人之化,其神与帝一也。②

> 盖吾人有生有死,我与老丈俱存日无多。适才炯炯,浑非天性而出自人为。今日天人之分,便是将来神鬼之关也。今在生前,能以天明为明,则言动条畅,意气舒展,比至殁身,不为神者无几。若今不以天明为明,只沉滞襟膈,留恋景光,幽阴既久殁,不为鬼者亦无几矣。③

罗汝芳上述言论实质上已经超越了儒学的宇宙论立场。原因有三,第一,罗氏讲"未尝不死而实未尝死,未尝不生而亦未尝生"已有庄子"死生齐一"的思想倾向;第二,罗汝芳又云"能保合帝心,所以生则入圣,死则还虚",无论是"入圣"抑或"还虚",都已然预设了他在世界的存有;第三,罗氏讲"比至殁身,不为神者无几","幽阴既久殁,不为鬼者亦无几"相关言论中提及的"鬼神"不再是"精气"演化的儒学"气"论思路,亦非用以形容道体周行的作用义,而是具有宗教性质的位格设定。概而言之,罗汝芳关于鬼神的陈述已从传统的祭祀事项直接转移到生死问题乃至死后世界的探讨,这一转向某种程度上即预设了"鬼神"存有的宗教意味和对待他在世界的默认态度。罗汝芳之前,儒者言及生死、鬼神话题最多之人当属朱熹。然朱子虽然集中处理了上述问题,但其作为此在世界的观念持有者,所得结论仍是否定鬼神的最终存有,更不认可他在世界的存有。其云:"人所以生,精气聚也。人只有许多气,须有个尽时,尽则魂气归于天,形魄归于地而死矣。人将死时,热气上出,所谓魂升也;下体渐冷,所谓魄降也。此所以有生必有死,有始必有终也。"④又云:"气久必散。人说神仙,一代说一项。汉世说甚安期生,至唐以来,则不见说了。又说钟离权、吕洞宾,而今又不见说了。看得来,他也只是养得分外寿考,然终久亦散了。"⑤对比朱子两处言论,亦足见罗汝芳宇宙论哲学已然超出了儒学的世界观宗旨,而其宇宙观于儒学的超脱,和思想家对境界工夫的强调有关,境界工夫的持续,本是对时空维次的消解,而不死不

---

① (明)罗汝芳:《罗汝芳集》,第69页。
② (明)罗汝芳:《罗汝芳集》,第290—291页。
③ (明)罗汝芳:《罗汝芳集》,第268页。
④ (宋)黎靖德辑:《朱子语类》卷三,《朱子全书》第14册,第158页。
⑤ (宋)黎靖德辑:《朱子语类》卷三,《朱子全书》第14册,第167页。

生，正是对当时相状的写照，他在世界的存有为境界工夫的操执提供"上帝监临"的终极依据。

严格来说，罗汝芳在宇宙论问题上的相关主张虽集中体现在其对待生死与他在世界的态度上，然其依据则在罗氏自身融合儒、道二氏之学的"气论"主张，这便涉及宇宙生成论的课题。罗氏云：

> 是故塞乎两间彻乎万世，夫孰非一气之妙运乎？则乾始之而坤成之，形象之森殊，是天地之所以为命而流行不易者也。两间之塞，万世之彻，夫孰非妙运以一气乎！……盖纯坤之下，初动微阳，是正乾之太始而天地之真心也，亦太始之知而天心之神发也。惟圣人迎其几而默识之，是能以虚灵之独觉，妙契太始之精微，纯亦不已，而命，天命也；生化无方而性，天性也；终焉神明不测，而心固天心，人亦天人矣。①

参照引文，罗汝芳论"性""命"流行，天、人相化，其逻辑起点即在于"气"的周运不已，恒常不息。据此，建立在"气"论基础上的人之"性""命"便被赋予完全抽象的存在形式，从而能够与天、地同体，与日、月齐明，而人的在世生存在根本上即被看做精神的永存和肉体的暂驻。需要说明的是，以上仅是罗汝芳以"气"诠释"性""命"的其中一个面向。思想家又曾以"阴""阳"之"气"探讨人的在世形式和终始意义。由此涉及的哲学范畴又须推延到罗汝芳关于"精气""神""虚灵""虚境"等概念的诠解上。就前二者来说，直系位格"神"的设立问题，从后两种概念考虑，又关系宗教性质的他在世界的描述。罗氏云：

> 吾人之生，原阴阳两端，合体而成。其一则父母精气，妙凝有质，所谓"精气为物"者也，其一则宿世灵魂，知识变化，所谓"游魂为变"者也。②

> 我之形也有涯，而其气也无涯；我之迹也可定，而其神也莫定。夫无涯则触处而充满，莫定则随时而妙应。③

---

① （明）罗汝芳：《罗汝芳集》，第 79 页。
② （明）罗汝芳：《罗汝芳集》，第 287 页。
③ （明）罗汝芳：《罗汝芳集》，第 523 页。

根据材料提示,罗汝芳主张人之生原是"阴""阳"之气的周行妙运,又是"宿世灵魂"于父母所赠之肉身的暂住。从"阴""阳"气道流转来说,罗汝芳所说和道教理论极为相近,塞昌辰《皇帝阴符经解序》中即载:"夫人生天地之间,禀形者父母,受气者阴阳,载万物者身也。然身与道应于物,幽契乎人心者,唯阴符而已。"①就罗汝芳讲到的"宿世灵魂"而论,此又是他对道教"灵魂"说的借用发挥。比如《云笈七签》就引《九真中经天上飞文》云:"太上曰夫人生结精积气,受胎敛血,所以凝骨吐津,散步流液,忽尔而立,悦尔而成,罔尔而具,脱尔而生。于是乃九神来入,五藏玄生。父母唯知生育之始,而不觉神适其间也。人体有尊神,其居无常,展转荣输,流注元津。此神外来内结,以立一身,非如三魂七魄,是精灵受气,生于父母者也。尊神有九宫,名号曰九真君,分化上下,转形万道。子能修之,则出水入火,五藏自生,长斋隐栖,以存其真。"②据此,罗汝芳所讲人的生成原理正是道教所讲"人生结精积气,受胎敛血"而后"神外来内结"的另说。结合道教典籍理解,罗汝芳此处对"神"的界定基本可以分为两个方面:其一,它与"精气"类同;其二,它近似"灵魂"的寄寓。且于《方从吾》一篇中,罗汝芳曾描述一则"神"之不全,出离人身的反面事例。据他所记,桐城方从吾与泾县翟介石皆有"出神"经历,此"神"一出,则"与身亲行无异,若不远而复,幸矣,或境界殊常,贪恋移时,及精神归身,身则冷如寒冰,四肢麻木,许久方复如常"③,二人幸得罗汝芳指点,教其"游魂为变"之理,方得领悟。此事某种程度上正突显罗汝芳对"神"存有的坚信。而此"神"原则上即等同人的魂魄。按罗氏描述,与其说罗子侧重"全神"一事,不如直讲其信得道教"游魂"之说。换言之,罗氏理论出发点与道教之说不谋而合,因道教南宗后学在性命双修的问题上,对"神"同样尤为侧重,正如其谓:"命盛则神全而性昌,命衰则性弱而神昏。"④至于"游魂"一说,此时我们完全可以将其认定为道教领域的概念。又于《书回生传后》中,思想家曾作更进一步的详解。其曰:

> 夫魂游于精气之中,而非精气之所能物者,鬼而神者也。鬼而神焉,则变通无碍。故或游而来,则精气乘魂而灵生之,所以源而自始矣;

---

① (宋)塞昌辰:《皇帝阴符经解序》,《道藏》第2册,北京:文物出版社,1988年,第759页。
② (宋)张君房纂辑:《云笈七签》卷三十,《道藏》第22册,第218页。
③ (明)罗汝芳:《罗汝芳集》,第574页。
④ 《丹经极论》,《道藏》第4册,第346页。

或游而往,则精气遗魂而物死之,所以反而由终矣。夫谓之游焉,则来者可以往,往者亦可以来;谓之变焉,则灵者可以物,物者亦可以灵。故曰:"生死者,昼夜者也。"通昼夜而游且变焉者,魂之灵,知非精气生死所能得而方所之者也。见此之谓见易,明此之谓明道。①

罗汝芳说"魂游于精气之中",即指明了"魂"与"精气"的彼此依存关系,只有"精气乘魂"万物方谓"生灵",若"精气"离"魂",则"物死之"。"魂"的游离和固守决定了世间物的生死与存亡,而所谓"鬼神"此处便是人感知到的具备"游魂"之变通无碍之特性的存在物,它们同"游魂"一样实存但是触摸不得。据此,罗汝芳"气论"思想同样包涵宗教宇宙论哲学的因素。

参照罗汝芳对待生死、鬼神、宇宙生成及他在世界等等事项的意见和态度,一个事实即可揭开,即罗汝芳宇宙论建构充分具备宗教哲学的内涵。这一内涵原则上仍与其境界工夫的持守和实践有关,相应地必然对罗氏哲思体系的整体建构产生至关重要的影响。首先,境界工夫践行之处,罗汝芳虽以圣人人格为蕲向,但其关于圣人的界定按前文提及已经并非传统意义上的儒学进路,而是充分糅合了佛道二氏的人格特征。在此前提下,罗汝芳在宇宙论问题上的诸多看法原则上也是独断的选择。当境界论、宇宙论两方面事项皆有歧出的情形下,罗汝芳关于境界工夫的强调自然会增益其超出传统儒学的倾向。

综合上述分析,罗汝芳哲思重心在于其境界工夫建构,这种建构系统关系重大。从其自身哲学体系来看,罗氏境界工夫推展的前提在其宗"性"为本的思辨哲学体系,其建构的整体乃是贯通"赤子之心"、孝悌观点、主"仁"理念等等思想观念。就其历史影响而言,罗氏工夫论直系中晚明哲学的真实趋向,更明确地讲,思想家关于境界哲学的提倡为当时儒释道三教融合提供了关键契机。该契机促成一个事实,即中晚明理学已脱离传统儒学立场。当然,结合前文对吴光明教授言论的分析,阳明学自王守仁创学之始就具有宇宙论问题的诟病,然我们要说的是,这一"法病"在罗汝芳关于境界哲学的发挥下日趋严重。且在宇宙论脱离儒学立场一事上,非罗汝芳一人为之,王畿哲学亦有体现,然二者又有不同处,具体地说,罗汝芳哲学走向脱离儒学立场乃是经由其"宗性"主张导引下的境界工夫逐步脱离儒学工夫立场,王龙溪的逾越不仅有以"四无"为依据的境界工夫的展开,且又有因价值拳守的本体工夫层面出现

---

① (明)罗汝芳:《罗汝芳集》,第 697—698 页。

诸多漏洞促成其哲学体系同样渐趋脱离儒学立场。接下来我们将给以详细分析。在此之前,必须要重申的是,境界工夫原是本体工夫达致最高阶次的持续动作,以境界工夫与本体工夫比较"二溪"哲思特色仅为突出二者各自的侧重处。

第五节　工夫论进路的"二溪"哲学比较研究

一直以来,"二溪"比较研究向是阳明学领域的热点课题,然笔者认为实践哲学视域内的工夫论比较研究或可作为探讨新视角。相较于罗汝芳的境界哲学建构,中晚明时期,"二溪"的另一成员王龙溪,其工夫论建构则体现在对境界工夫和工夫次第的兼顾。原则上讲,无论是"境界工夫"或者"功夫次第"都属于"本体工夫"的范畴。至于"本体工夫",台湾大学哲学系杜保瑞教授在《南宋儒学》一书中提及:"所谓心学主要即是工夫理论,尤其是本体工夫理论"①,又讲到本体工夫"是主体自己意志凝练纯粹化的工夫,至于凝练纯粹于何处,这就是本体的问题了,在儒学系统的求放心自然就是纯粹凝练于仁义价值的性善本体"②。参照杜教授以上观点,具体来说,"本体工夫"指向两方面内容:其一,主体意志的纯化;其二,本体价值的拳守。于此,前文提及罗汝芳"境界工夫"乃是"本体工夫"达致最高阶次以后的实践持续,而工夫次第则是本体工夫一种渐次展开的形态。前文我们以"境界工夫"界定罗汝芳工夫论的关键特色,即是罗氏在"宗性"前提下,强调工夫的开端即以"性地为先",工夫的持续仍以"默识性体"为进路,且其境界论、宇宙论等等观点皆与此等工夫选择密切相关。相较罗汝芳之激进,一直以来,中晚明王学领域,王龙溪的哲思建构同样备受关注,而学界对该思想家的界定又多以其"四无"宗旨作为其立学的根本主张。就此说,"四无"不仅可以作为论辩的结果来理解,又可以"境界工夫"看待。然考王龙溪学于王阳明乃是整全的"八句之教",在此基础上,王龙溪不同于钱德洪,亦有别于罗汝芳,其工夫理论的展开乃是对"境界工夫"与工夫次第的同步提倡。就"境界工夫"层面考察,王龙溪"四无"主张引导工夫操持者在工夫实践之初即专守纯粹

① 杜保瑞:《南宋儒学》,第 388 页。
② 杜保瑞:《南宋儒学》,第 392 页。

"心"体。当然这一工夫进路如前文解析,只有在"上根人"群体中或可达致。至于"中根人"的实践路径,王龙溪则强调工夫次第的推进。总结王龙溪关于"境界工夫"和"工夫次第"的兼顾态度,其工夫论大致可概括如下:以"正心""诚意"区分工夫路径,以"纯一悟入,内向求取""戒慎恐惧,次第展开""静正存神,保聚守真"等三方面内容论讲本体工夫的操持手段。综合以上所述,王龙溪工夫论与中晚明时期普遍流行的以罗汝芳为代表倡导的"境界工夫"诸论具有一定区别,其"四无"主张及"先天心体上立根"诸说,是哲学思辨的论述,却非立学宗旨的定见,与之相应地,龙溪工夫论也并非以此单一面向为重心,乃是同时兼顾与邹守益一致的强调次第等阶的下学上达之路数。王龙溪以上观点从工夫相状上考虑,皆是陆王心学乃至实践哲学的理论要点,也是王阳明"八句教"宗旨的完全继承者。然当他讲"真阳种子"之保聚、太极"自无而向于有",讲"识""念"起灭与死生轮回之关系,讲"至人"之修身养性,皆是发挥道佛二氏学说,以此置换儒学在本体论、宇宙论、境界论等问题上的根本立场。故论王龙溪于阳明学之过,则体现在其由价值拳守的本体工夫推导而出的本体论、境界论等事项上出现纰漏,于此,又相继关联到思想家具有鲜明宗教倾向的宇宙论哲学建构。就此说,罗近溪、王龙溪二人在工夫论层面都进一步将传统儒学推向出离的境地,该出离境地直接导致王学流弊趋向漫衍之局势。

一、龙溪工夫论与阳明"八句之教"

关于龙溪实践哲学的研究,笔者在论文《本体工夫进路的王龙溪思想研究》中已经有过探讨。首先需要说明的是,龙溪论讲工夫具有兼而谈之的特色,我们可以"组"的类别概念界定思想家的相关主张,换言之,王龙溪宣讲的工夫论观点并非偏于一端,却总以关照兼容的态度对待水积木升式的下学上达之工夫与电光石闪式的顿悟超凡之路径。以双面向的组别意识论讲本体工夫,揭示王龙溪并非世人一直以为的以"四无"主张立足,"四无"亦可理解为一种论辩结果,但考王畿的理论建构,实则严格遵守阳明先师"八句教"宗旨①施展教行天下之功。其曰:

---

① 据王龙溪《天泉证道纪》载,王阳明认为其说原有两种,分别针对"上根之人""中根以下之人",故合王龙溪、钱德洪各自领悟"四句之教",或应以"八句之教"概论王阳明立学宗旨。

夫圣贤之学致知虽一,而所入不同。从顿入者,即本体为工夫,天机常运,终日就业,保任不离性体,虽有欲念,一觉便化,不致为累,所谓性之也。从渐入者,用工夫以复本体,终日扫荡欲根,祛除杂念,以顺其天机,不使为累,所谓反之也。……学者举心动念无非欲根,而往往假托现成良知,腾播无动无静之说,以成其放逸无忌惮之私,所谓行尽如驰,莫知能止,此兄忧世耿耿,苦心殆有甚焉,吾辈所当时时服食者也。①

王龙溪这里讲到的"顿入"和"渐入"、"性之"和"反之"便是两组关键的工夫路径。其中"即本体为工夫"的"性之"论说,并非本文言及的"本体工夫",乃是直与"四无"主张相关,指向立足本心之明,保持"心""意"合一的"境界工夫"。在此基础上,所谓"即本体为工夫"指向的乃是主体意志与"心"体贴合的工夫境,龙溪既要世人从"本体"入手,便是主张该类工夫其境界的持续即是工夫的展开。此时,王龙溪并未提及如何达致该境界再展开持守的工夫,相反他讲"顿入"便是认为"境界工夫"可以不经本体工夫达致,直接体觉"心"体或者"良知",然后独守"知"体,此便是工夫进路的一种。至于龙溪后云"用工夫以复本体",则是以渐修为主,强调于已发处时时扫除意念杂染,此时工夫的推进乃是次第展开的模式,是价值拳守的本体工夫的逐层递进。按引文及分析,王龙溪并没有偏向于任何一端,而是对"性之""顿悟"为代表的境界工夫与"反之""渐修"为典范的工夫次第的兼顾。现在的问题是,学界一直以王龙溪"先天心体立根"为凭,证其偏于"即本体为工夫"如何说明?事实上,王龙溪确有此论,但其说乃是以王慎中为言谈对象,参见引文:

先生谓遵岩子曰:"正心,先天之学也;诚意,后天之学也。"遵岩子曰:"必以先天后天分心与意者何也?"先生曰:"吾人一切世情嗜欲皆从意生,心本至善,动于意始有不善。若能在先天心体上立根,则意所动自无不善。一切世情嗜欲自无所容,致知功夫自然易简省力。所谓后天而奉天时也。若在后天动意上立根,未免有世情嗜欲之杂,才落牵缠,便费斩截致知工夫,转觉繁难,欲复心体便有许多费力处。"②

引文中提及的"遵岩子"即王慎中。作为嘉靖八才子之首,王慎中与阳明学

---

① (明)王畿:《松原晤语》,《王畿集》卷二,第42—43页。

② (明)王畿:《三山丽泽录》,《王畿集》卷一,第10页。

士群交往频繁,王阳明另一高足陈明水与其也有交游往来。按之前文献考述,《明水陈先生文集》卷首序文即有遵岩之作。参见上述引文,当王龙溪和遵岩子论讲工夫主张之时,自是将后者作为"上根之人"看待,故以"正心"工夫告之,以"先天之学"教之。换言之,若非王慎中求教,王龙溪不一定以"先天之学"为教。实质上,这其实是针对特别情境的对话,非论学宗旨的普遍宣讲。因结合前文分析,王龙溪以"顿""渐"讲不同资质之人的工夫为法,及其与王慎中的具体谈话,皆与阳明"八句教"观点相契,并无特别发挥自身因论辩得来的"四无"主张。据此展开,有关王龙溪工夫论的研究就有必要另辟蹊径。接下来综合以上考虑,我们就将展开对龙溪工夫论的进一步分析。

二、王龙溪工夫论的三方面内容

结合以上分析,王龙溪工夫论的展开实则是以王阳明"八句教"为指导原则,兼顾"境界工夫"与"工夫次第"两个面向的强调,照此说,于晚明王学流弊漫衍局势的演进,王龙溪确无罗汝芳之深远影响。然龙溪哲思体系亦有其矛盾之处,这一矛盾便可从龙溪工夫论的具体操持动作上得窥一二。王龙溪工夫论主要包含三方面内容:第一,"纯一悟入","内向求取";第二,"戒慎恐惧","次第展开";第三,"静正存神","保聚守真"。其中,内向悟入的工夫,指向的是对"闻见之知"的回避,也是陆王心学的实践传统;戒慎之道作为宋明理学关于"诚""敬"的发挥,倾向于下学上达过程中,工夫次第的逐渐提升;至于"存神""守真"之类,则与儒学价值拳守工夫呈现出离相状。

(一)纯一悟入,内向求取

王龙溪云:"为学贵于专一,人之根器不同,圣贤立教浅深轻重,岂能一律齐得,然其要使之归于一路而已,才有别路可走,即是支离之学。……践履未能纯一,习气未消,才警策便与天地相似,非悟入者不能。"[①]此处讲到的"践履纯一"即指向经由"灭意"的工夫,"心"体与"性"体的合一。合一的过程又是内向求取的推进,故其又曰:"夫圣人所以为圣,精神命脉全体内用,不求知于人。"[②]既不求人,便是求于己,求于"良知"。该前提下,王龙溪又道:"夫道与事皆原于性,良知良能不学不虑,天之性也。故曰:孩提之童无

---

① (明)王畿:《抚州拟岘台会语》,《王畿集》卷一,第18—19页。
② (明)王畿:《与梅纯甫问答》,《王畿集》卷一,第5页。

不知爱其亲,无不知敬其兄,取诸在我,不假外求,性外无学,性外无治平天下者,诸此而已。"①与其说"取诸在我",不若讲求诸良知,至于他讲"性外无学,性外无治平天下",乃是王阳明"心外无理"的另说,更是陆王心学一路下来对心性工夫的侧重传统。但是此处,笔者执意将此等工夫列为王龙溪工夫理论的首要条目,主要原因即在龙溪对"纯一悟入"的强调和思想家对待价值拳守的原则是契合一致的。

(二)戒慎恐惧,次第展开

前文已经分析,王龙溪对本体工夫的强调,实则兼容"正心""诚意"两个面向,并不存在单一偏重"心体立根"的先天路数。相应地,思想家对宋明以来"戒慎恐惧"相关的"诚敬"工夫,同样极为侧重,并且也多教世人留心工夫次第的本、末之别。龙溪云:

> 先师尝谓人曰:"戒慎恐惧是本体,不睹不闻是工夫。"戒慎恐惧若非本体,于本体上便生障碍,不睹不闻若非工夫,于一切处尽成支离。盖工夫不离本体,本体即是工夫,非有二也。……一念灵明无内外,无方所,戒慎恐惧亦无内外,无方所。②

王龙溪讲"戒慎恐惧是本体",意谓"心"与"性"紧密贴合的相状,这一相状本质上不仅是用以描述"性"体的存有形态,更是诠释了主体境界达致之后的工夫操持情态。这一情态和罗汝芳关于"默识""轻省""直养"等执行动作的强调具有一定区分,质言之,罗氏侧重的境界工夫与佛道二氏之学皆有衔接的可能,然王龙溪关于"戒慎恐惧"之道的强调,和当时以程朱理学特色跃出众人的邹守益立学宗旨则无些许差别。邹氏曰:"戒慎不睹,恐惧不闻,通乎昼夜,灵光莹彻,虽造次颠沛不可离,乃能无恶于志而合德于天。"③邹守益此处讲到的"戒慎不睹,恐惧不闻",同样是教人操执本体工夫过程中意志的不间断纯化要领。由此可见,以邹守益、王龙溪为代表的阳明后学众人,其工夫执行的初衷,于程朱理学侧重的"诚""敬"之道并无偏离。在此前提下,按前文分析,王龙溪对于渐修工夫的兼顾促使其同样属意工夫次第。其云:

---

① (明)王畿:《闻讲书院会语》,《王畿集》卷一,第6页。
② (明)王畿:《冲元会纪》,《王畿集》卷一,第3页。
③ (明)邹守益:《惜阴说》,《邹守益集》卷十五,第735页。

　　　　夫远近难易,何莫非道?何莫非事?何莫非性分之所该?然道有本末,事有始终,为之须有次第,未有本固而末不茂者,未有始得而终不贯者。①

　　　　夫道有本原,学有要领,而功有次第,真假毫厘之机不可以不辨也。……水渐木升,积累之次第固非一蹴而就所能至,然由萌蘖之生以达于千寻,由源泉混混以放于四海,其本末源委长养流行之机,实非有二物也。②

王龙溪此处讲到的"事有始终,为之须有次第",又云"学有要领,而功有次第",皆指向一种水渐木升式的下学上达之本体工夫进路。原则上讲,思想家关于工夫次第的侧重,是欲将工夫落到实落处,在他看来,这一落实的过程即是价值拳守的坚持,乃是"辛苦中来"。根本上讲,王龙溪关于功夫次第的侧重原是对其"境界工夫"的补充,为"中根人"治学提供方法论指导。龙溪又曾云:

　　　　今人类以快活为学,不知快活从辛苦中来,根基始实始不涉虚见。古云:不是一番寒彻骨,争得梅花扑鼻香。此言可以喻道,才有厌心便是废学。③

王龙溪此处所谓"今人类以快活为学",针对的乃是当时空谈"性命"神理的学界人士,更明确地讲,王龙溪的话语对象正是以"大成乐学"为宗旨的泰州学脉流弊之徒。因在后者认为,"乐学"的可能即在"良知"先验存有,"良能"自然主宰,故"乐学"即是顺"性"听"命"的呈现。然在王龙溪看来,凡工夫必从辛苦得来,自然之学更非简易可为。与之相应地,"乐"之境界在龙溪看来应另行看待。"乐"一方面是辛苦得来,另一方面,最高状态的"乐"非喜形于色,而是境界达致之后浑然自忘的状态。其云:

　　　　乐是心之本体,本是活泼,本是脱洒,本无挂碍系缚。……夫戒慎恐惧非是矜持,即尧舜之兢业,不睹不闻非以时言也,即吾心之本体,所

---

① (明)王畿:《闻讲书院会语》,《王畿集》卷一,第6页。
② (明)王畿:《水西会约题词》,《王畿集》卷二,第29页。
③ (明)王畿:《抚州拟岘台会语》,《王畿集》卷一,第24页。

谓修道也。戒慎恐惧乎其所不睹不闻,是合本体功夫,有所恐惧,则便不得其正。惧与乐非二也,活泼脱洒由于本体之常存,本体常存由于戒慎恐惧之无间,乐至于手舞足蹈而不知,是乐到忘处非荡也。乐至于忘,始为真乐。故曰:至乐无乐。[①]

王龙溪理解的"乐"按其说,乃是心之本体情状,换言之,此"乐"首先是本体存有的灵妙形态,然后才是主体工夫达致一定阶次之后,与"性"体合一之后的一种神秘体验。既同是与"性"体贴合,"乐"与"惧"在龙溪描述下成为一密不可分的组合,前者乃是本体之常态,后者乃是工夫之手段。于是,借助"戒慎恐惧"的操持工夫,主体体验方能经验与本体常态无间的"至乐之乐"。从王龙溪关于"戒慎恐惧"之道的强调,关于"乐"体的理解,我们大体可以得出这样一个结论,即王龙溪本体工夫和当时普遍流行的听任"良知"主宰,工夫不由学虑的自然路数大相径庭。后一工夫主张正是为钱德洪所坚持,为湛氏一门极力排斥。钱德洪记云:

> 予于戊申年冬,乞先君墓铭,往见公(湛甘泉)于增城。公曰:"良知不由学虑而能,天然自在之知也。今游先生之门者,皆曰良知无事学虑,任其意智而为之,其知已入不良,莫知觉矣,犹可谓之良知乎? 所谓致知者,推极本然之知,功至密也。今游先生之门者,乃云只依良知,无非至道,而致之之功,全不言及,至有纵情恣肆,尚自信为良知者。立教本旨,果如是乎?"予起而谢曰:"公之教是也。"公请予言。予曰:"公勿忘勿助之训,可谓苦心。"公曰:"云何苦心?"曰:"道体自然,无容强索,今欲矜持操执以求必得,则本体之上无容有加,加此一念,病于助矣。然欲全体放下,若见自然,久之则又疑于忘焉。今之工夫,既不助,又不忘,常见此体参前倚衡,活泼呈露,此正天然自得之机也。盖欲揭此体以示人,诚难着辞,故曰苦心。"[②]

篇中,钱德洪与湛甘泉的争论中,可见其是在以阳明学者的代表身份为阳明心学据理力争。但是这里实际存在一个误解。湛甘泉关于"良知""良能"的自然发用的质疑,本质上与王龙溪的担忧具有一致性,二者皆是担心价值意

---

① (明)王畿:《答南明汪子问》,《王畿集》卷三,第 67 页。
② 钱明编校:《钱德洪语录诗文辑佚》,《徐爱钱德洪董沄集》,第 122 页。

识的拳守工夫流于空疏悬荡之地,湛氏讲"不勉而中"乃指向主体境界达致之后的工夫操持情状。钱德洪的辩解则是以本体工夫的次第提升,讨论湛若水所讲境界工夫。且相较钱德洪在"良知"施用层面的自然之能的强调,王龙溪与钱氏不同处,则仅从存有论的层面"良知""良能"的存在相状,其论"先师良知之说,仿于孟子,不学不虑乃天所为,自然之良知也"①,此说便是集中从存有论层面探讨良知本体的存在形态,而非将其用作工夫论的引证。

(三)静正存神,保聚守真

按上述分析,王龙溪的工夫论并非玄荡路径,而其关于工夫次第与"境界工夫"的强调皆是教人实做工夫,且持续与本然"心"体的贴合。在此基础上,思想家提出"灭意"理念,其云:"'人生而静,天之性也',物者因感而有,意之所用为物,意到动处,便易流于欲,故须在应迹上用寡欲功夫,寡之又寡,以至于无,是之谓格物,非即'以物为欲'也。"②据此,"寡欲"便是严防气禀之性带给世人的困扰,维持主体意志与天然本心的合一情态。按王龙溪诠释,这一无限贴合相状的外化便是"静正存神",便是"保聚守真"的工夫。其曰:

> 盖吾儒致知以神为主,养生家以气为主,戒慎恐惧是存神功夫,神住则气自住当下。还虚便是无为作用,以气为主是从气机动处会气结神凝。神气含育始终是有为之法。③

> 涵养工夫贵在精专接续如鸡抱卵,先正尝有是言,然必卵中原有一点真阳种子方抱得成。若是无阳之卵,抱之虽勤终成假卵。学者须识得真种子,方不枉费工夫。④

王龙溪主张"存神"工夫。如果从宋明理学家常有提及的收敛心性,便无过错,但他以"养神""养气"区别儒、道之学,又讲"神住则气自住当下",一方面有限缩道家修炼主张的范畴,另一方面则是向道家心性工夫的靠拢。以《淮南子》为例,其《原道训》一篇载:"形神气志,各居其宜,以随天地之所为。夫

---

① (明)王畿:《致知议辩》,《王畿集》卷六,第137页。
② (明)王畿:《新安斗山会语》,《王畿集》卷七,第163页。
③ (明)王畿:《三山丽泽录》,《王畿集》卷一,第12页。
④ (明)王畿:《留都会纪》,《王畿集》卷四,第98—99页。

形者,生之所也;气者,生之充也;神者,生之制也。一失位,则三者伤矣。"①
可见,道家养生原是"形""神""气"三者齐修,并不确如王龙溪所说。至于王
龙溪所谓的保聚之"真阳种子"更是道家哲学的概念。事实上,无论是王阳
明本人抑或王龙溪等阳明后学,其哲思体系构建过程中不间断地会引用佛
道二氏之学的概念和范畴,这一普遍现象首先为阳明学形上体系的建构带
来许多不必要的麻烦,因每引进一则概念,相应地就需给出范畴本义的解释
和范畴之间关系的重新定位。其次,佛道二氏概念的介入更易造成实践主
体在价值意识的拳守工夫面向出现混淆的可能,并由此影响到其于宇宙论、
境界论等基本哲学问题上的论断。讲到这里,就需要对王龙溪的本体论、宇
宙论、境界论重新进行梳理和讨论。这便是下文论述的重点。

三、王龙溪工夫论观点及其本体论主张

结合前文分析,王龙溪在本体工夫主张上提出"存神""保聚真阳"诸说
已然呈现流于道学之嫌,此说能否成立,还需照顾到该结论能否契合思想家
其他言论。大体上,我们对龙溪本体论的分析将从其"灵知"论谈起,不可否
认,明代理学家中论讲"良知"的不只龙溪一人,前文我们也曾讲到罗汝芳以
"灵知"论"知"体的事实,然就"二溪"同讲此类譬喻的初衷来看,罗汝芳是在
强调"知"体的灵妙周行,王龙溪则并非如此,更明确地说,龙溪实是侧重"一
念灵明"的"守"与"藏"。这一倾向促成思想家有独立"知"体的倾向,而非属
意"知"体之"用",那么王龙溪所谓"灵知""灵明"就具有一定程度的宗教成
分。龙溪云:

> 连日与诸友所论说,无非提醒良知保护性命之事,不起于意,不动
> 于欲,不作,盖藏一念灵明,便是入圣真种子,便是做人真面目。②

> 天之所以与我,人之所以异于禽兽,惟此一点灵明不容自昧,所谓
> 本心也。③

王龙溪以"一念灵明"置换"良知",且以其作为区分人与禽兽的关键要素,这

---

① (汉)高诱:《淮南子注释》卷一,台北:华联出版社,1973年,第17页。
② (明)王畿:《桐川会约》,《王畿集》卷二,第53页。
③ (明)王畿:《约会同志疏》,《王畿集》卷二,第53页。

里就出现一个问题,"良知"与"灵明"并不能够完全等同,后者仅可作为"良知"天然存在、灵妙周行的一种说明,若以"灵知"替代,则又有宗教倾向的嫌疑。正如马克思·韦伯在《印度的宗教:印度教与佛教》一书中讲到:"神秘灵知的能力是一种卡里斯玛,并非任何人都可以获致的。还有,与此相关联的,是救世论的非社会与非政治的性格。神秘的知识并不是至少不是可以适切地和理性地传递给他人的。①马克思·韦伯的评论虽不尽确然,但却揭示王龙溪在"灵知"事项上,只为突显"知"体的自在存在,却在无形当中忽略了"良知"作为儒学价值本体的德性因素,也忽略了对"知"体之"用"的发挥。然按这一推理结果,中晚明王学形上学走势与王畿的哲学努力密不可分。

四、王龙溪宇宙观、境界论对儒学立场的脱离

参照上述分析,王龙溪哲思体系中其工夫论建构的初衷实是对王阳明"八句教"的完整传承和发挥。然据前文揭示,其在价值意识拳守面向上可能涌现的宗教哲学倾向已经为其于儒学宇宙论、境界论的偏离埋下伏笔。事实上,王龙溪在存有论层面以"一念灵明"诠释"良知"掺杂的宗教哲学因素并非孤立的现象,更进一步讲,王龙溪该存有论观念推导出其价值意识之拳守已然呈现宗教倾向,而该宗教倾向实则具有与之相关照的宇宙论、境界论作为依托。参照王龙溪以下言论即可明见,其曰:

> 或问生死轮回有无之说,先生曰:"此是神圣之事。夫子所不语力与乱,分明是有怪与神,岂得谓无?……人之有生死轮回,念与识为之祟也。念有往来,念者二心之用,或之善,或之恶,往来不常便是轮回种子。识有分别,识者发智之神,倏而起,倏而灭,起灭不停便是生死根,因此是古今之通理,亦便是见在之实事。儒者以为异端之学,讳而不言,亦见其惑也已。夫念根于心,至人无心,则念息自无轮回;识变为知,至人无知,则识空自无生死。为凡夫言谓之有,可也,为至人言之谓之无,可也。道有便有,道无便无,有无相生,以应于无穷,非知道者,何足以语此!"②

---

① [德]韦伯著,简惠美译:《印度的宗教:印度教与佛教》,台北:远流出版事业股份有限公司,1996年,第530页。

② (明)王畿:《新安斗山会语》,《王畿集》卷七,第165页。

王龙溪以上言论所涉及的生死、轮回诸说皆是宇宙论的研究课题。首先,关于"怪神"的存在问题,王龙溪指出,孔夫子避而不谈即是默认了鬼神的存在,鬼神存在意味着他在世界可能具有。以往诸儒者也谈鬼神,但多在人世的德性体系下论讲鬼神的作用义。质言之,在一般儒者认为,鬼神不能独立存有和作用,乃是借助与世人的感通,辅助其道德活动的展开。比如南宋胡宏尝言:"敬则人亲之,仁则民爱之,诚则鬼神享之。"①又道:"感应,鬼神之性情也,诚则能动,而鬼神来格矣。"②据此,胡宏即可作为有鬼论的持有者,其对待鬼神的根本意见依然侧重于祭祀项目中人与鬼神的德性感通。对比前人观念,王龙溪显然并无强说鬼神现世不存有之意。其次,龙溪以"念""识"起灭论讲人之生死轮回,更有佛教本体论、宇宙论的内涵,参照佛氏所云"阿赖耶识",云"法界缘起",即知王龙溪概念、范畴滥用之恶劣影响。再者,文末,龙溪提及的"至人",从《庄子》到《淮南子》,原是道家哲学人格范型,王龙溪以"至人"形象解说"识空"之道,更有混同道、佛的趋向,更与儒家"圣人""君子"为典型的境界论哲学相去甚远。事实上,王畿关于"至人"的引用已经可证阳明学士群或在境界论人格养成理念上出现偏差。更为关键的是,这种情况并非个案,而是一个普遍的事实,比如阳明另一高足薛侃也曾云:"圣学在伦理,释氏之学在圆觉,道家之学在神气。养其神气以尽伦理,仙而圣者也;全乎圆觉以修伦理,释而圣者也;然非彼所能也。学圣学者非养神气,任纲常无力;非得圆觉,运化机无神。故伦理者,圣人之至变也;神气者,圣人之至精也;圆觉者,圣人之至神也。仙释用其一,圣人用其三,故全也。"③据此,薛侃理解的"圣人"气象乃是兼具道家"神气"、释氏"圆觉"的整全境界。根据该观念,阳明学者即已默认了三教境界论的合一。在此情形下,人格养成理论的界定将更为直接且普遍地影响到阳明学群体的工夫路径、本体价值、宇宙论观念等等面向的判断和选择。

综上论述,王龙溪作为阳明后学的重要思想家,其工夫论构建的初衷实是兼具"境界工夫"与工夫次第的两种面向的强调。单纯以工夫的实做层面考察,龙溪确得王阳明"八句教"真传,也真切实践了先师"判教"基础上因材施教的宣讲宗旨,但从其价值拳守的具体内容上分析,思想家因向佛、道二氏借用概念过多,其存有论主张及本体工夫观念不免杂染佛道二氏工夫论

---

① (宋)胡宏:《知言·纷华》,《胡宏集》,北京:中华书局,1983年,第26页。

② (宋)胡宏:《知言·义理》,《胡宏集》,第29页。

③ (明)薛侃:《研几录》,《薛侃集》卷二,第52页。

因素。与此同时,由工夫论推导而出的王龙溪宇宙论、境界论也相继呈现浓厚的宗教哲学倾向。这一倾向已脱离儒学基本立场,且对当时阳明学的发展、演变产生了深远影响,某种程度上可以说,晚明王学的加速裂变和王龙溪的理论创制、宣教方式同样不无关联。据该理路分析,晚明王学流弊的漫衍原则上与罗汝芳、王龙溪等理学家的人为因素具有绵密关系。其中,罗汝芳作为"境界工夫"的倡导者,其哲思主张不仅加剧了王学实做工夫的滑失,且为儒释道三教宇宙论、境界论的融合提供了理论契机。相较罗汝芳,王龙溪虽有意挽回当时颓局,然其工夫论主张缺乏坚实的儒学存有论作为支撑,这一现状最终导致王龙溪在宇宙论、境界论等哲学基本问题的论断上同样呈现宗教哲学的倾向。由此,晚明王学的裂变又是三教合流的整全呈现。

第六节　从境界工夫考察罗汝芳、许敬庵之辩

以境界工夫为考察进路,罗汝芳"能己"主张也可理解为意在描述反身工夫达致最高境界之后的价值意识拳守状态,至于湛氏门人许敬庵最终对罗氏的批评,实则是其立足于工夫次第的立场的一己之见。同时,由学派发展线索,罗、许之间的论战,并非个别思想家之间的学术观念之争,乃是阳明学派与尊崇程朱理学主张的湛氏一脉在工夫论层面的全面爆发。张居正门生冯元成有《寄许敬庵学宪》一篇,从中可见许氏的程朱理学风范。参见下文：

> 司马署中伏领教,益不啻若川潦之受灌于江湖也。辛巳别后,奄乎五载,遂期君子之濡沫而不可得,抑何以自润? 追惟曩日殊用,销魂关中,自横渠唱明此学,而吕文简复笃行古道于今,故士子当浮靡之时,独能不失其淳质,而兹以先生之雅正驱之,伏前人之轨躅,犹之援阶而以文之,则护夫枝而抬夫本,两失之矣。……先生主张斯道若欲嘉惠关中,以及天下,不烦博求,惟索之横渠理一分殊之旨而已。理一则不当专狥闻见;分殊则不当独寻本体,古人于学问固自有极则也。先生荷之哉! 时可虽吴下之阿蒙,而心关洛久矣。①

---

① （明）冯时可：《冯元成选集》卷三十八,《域外汉籍珍本文库》第三辑,集部第 13 册,北京：人民出版社,重庆：西南师范大学出版社,2012 年,第 609 页。

在冯元成认为,许敬庵立学直继张载立学宗旨,其"理一分殊"主张既不专向外求,亦不以主体之见作为准的。由此可见,许敬庵的学术风格在时人认为,是典型的关洛学术的延续。结合冯氏所说,有一个问题值得思索。在"克己复礼"的诠解上,许敬庵关于罗汝芳"由己"之论曾提出严厉批评,按后者云,许氏乃是受到邓潜谷的影响,在此,且不论邓子的求学背景,许敬庵作为湛氏学脉门人,向来对以罗汝芳为典型的讲究境界工夫的阳明后学持批评意见,而其批评的重心正集中在工夫论层面。

至于许敬庵的批评是否具有客观性,必须承认,罗汝芳作为境界哲学的推进者,在其一味强调境界工夫的同时,也必不可免地暴露了工夫从境界上讲的诸多弊端。宋明以降,境界工夫并非为罗汝芳开创,南宋程颢有"识仁""定性"二说,明时陈白沙有关于"自然之学"的发挥,王守仁更有"成色分两"之主张,延续到罗汝芳,境界工夫的渐次展开一方面突显了宋明工夫论的多元化趋向,另一方面则加速了心学流弊的漫衍。结合罗汝芳的思想建构来说,其境界工夫主张首先并不具备实践的普遍有效性。原因有两方面:其一,境界工夫作为本体工夫达致一定阶次之后的再展开,乃是个人实践结果的持续,操作者从本己境界出发讲工夫的展开,对习从者并不具有实在的指导作用。具体地说,境界工夫操执之初,主体举动乃是境界达致之后的人格相状,其行为举止、工夫取径皆是将工夫从境界上讲。如按罗汝芳诠释,随顺"性""命",依违观瞻便可直达圣人境界,然"真平地而登天也"可以是做简易工夫的初衷,可以是境界达致之后的境界描述,但绝非初从学问者的有效的操持途径。其二,当持境界工夫面对社会生活,工夫易在具体操作中滑落。质言之,过于强调凡圣无间,同可操执境界工夫,事实上忽略了境界工夫不仅在持守,更在达致,而凡圣之间的更大区分正在"达致"上。因此我们认为,晚明心学流弊之漫衍并非以李贽为源头,乃是以罗汝芳为典型,将王阳明的本体工夫援引至境界工夫层面,实作的儒学本体工夫传统从此在实践中面临落实的困境。更为关键的问题是,由对境界工夫的侧重,罗汝芳思想建构在本体论、宇宙论等哲学基本问题上,呈现出与儒学立场的偏离,这一偏离既是心学"法病"的显露,又成为影响晚明学术思想演变的重要因素。就此来说,中晚明乃至清初理学家对于罗汝芳的质疑和批评原则上并非针对其一人,而是针对阳明学"法病"的整体关注。

第八章 "信己""安常"：罗汝芳的思想 建构于晚明社会的关照

　　根据前文对罗汝芳生平经历、思想建构及哲学创制的全面梳理和分析，大致可以理出罗氏悟道过程与其重要主张乃至自身思辨哲学、实践哲学之间都是连贯的整体，是系统的呈现。与此同时，我们还需要直面两个问题，即从生态还原法的视角出发，作为一名拥有社会担当意识的理学家，罗汝芳理论主张于中晚明社会现实情境具备怎样的关照？这种关照具体以怎样的方式得以呈现？以上两问便是接下来需要给以揭示的关键课题。明代社会发展至中后期，首先呈现的社会问题便是洪武体制的运行无力。这种无力体现在诸多方面，对外既不能保障边疆安全，对内也并不能够充分发挥其维持社会稳定的机能。制度失效的前提下，中晚明社会的发展呈现越来越多不可预测的动荡可能，其演进过程也始终夹杂着商品经济的发展、文化交融的漫衍以及人心陷溺的加剧等等面向的问题。于此情形，理学家面对错综复杂的经验社会，其任何主张的提出，其批判意见的形成，原则上皆是自身社会参与意识的体现。中晚明知识分子的这种社会参与意识细致分析下来又和以往时代知识分子的抚世情怀具有一定区别。大致来讲，中晚明知识分子除了部分人士参与朝堂政策的制定之外，也普遍地参与基层管理，同时通过组织讲学活动发挥其自身移风易俗之功。质言之，当时知识分子实则是在更大程度上承担了安抚人心、维护稳定的重任，而非仅是施展自身文化传播之职责。就罗汝芳来说，思想家不仅在哲思建构上有所建树，并且又有针对社会、人心、文化等等领域的重要观念，这些观念有的是针对社会现状的谏言之举，有的则是反映社会现状的一种文化突显。就前者而言，比如罗氏"信己""安常"二说即有益于安抚动荡之人心，从后者来说，罗汝芳文艺观的形成及其影响也都是当时现实的微观呈现。

第一节　罗汝芳论"信己"与信"心"能"己"

罗汝芳"信己"理念由信"心"而来,因而近溪对"己"性的认同具备鲜明的心学特色,同时也彰显了他对人身主体意识的高扬,至于其"安常"主张则是思想家在"信己"观点的基础上提出的创新心性理念。罗氏"信己"之说,需要从"己"字本身谈起。传统儒学有"为己之学",《吕氏春秋》有"重己"一说。孔子讲"为己"是在强调个体修养超越功利化的追求,《吕氏春秋》所论则为揭示"节性"自爱的重要意义。后者记云:

> 倕至巧也,人不爱倕之指而爱己之指,有之利故也。人不爱昆山之玉、江汉之珠,而爱己之一苍璧小玑,有之利故也。今吾生之为我,而利我亦大矣。论其贵贱,爵为天子不足以比焉;论其轻重,富有天下不可以易之;论其安危,一曙失之,终身不复得。此三者,有道者之所慎也。有慎之而反害之者,不达乎性命之情也。不达乎性命之情,慎之何益?是师者之爱子也,不免乎枕之以糠;是聋者之养婴儿也,方雷而窥之于堂。①

按《吕氏春秋》所言,重"己"之"己"字当解作生理的物质层面的"我","重己"即珍重自身生命,不为钱权名利等外物所累,此说与杨朱主张生理欲望的满足便有不同。因承接重"己"之论的,即有"节性"一说:"是故先王不处大室,不为高台,味不众珍,衣不燀热。燀热则理塞,理塞则气不达。味众珍则胃充,胃充则中大鞔。中大鞔而气不达,以此长生,可得乎?昔先圣王之为苑囿园池也,足以观望劳形而已矣。其为宫室台榭也,足以辟燥湿而已矣。其为舆马衣裘也,足以逸身暖骸而已矣。其为饮食酏醴也,足以适味充虚而已矣。其为声色音乐也,足以安性自娱而已矣。五者圣王之所以养性也,非好俭而恶费也,节乎性也。"②《吕氏春秋》上述文段中出现的"节性",据徐复观先生所说,"乃指适合于由先天所禀赋之寿而言"③,那么"重己"长生即是为

---

① 许维遹:《吕氏春秋集释》卷一,北京:中国书店,1985年,第11—12页。
② 许维遹:《吕氏春秋集释》卷一,第13—14页。
③ 徐复观:《中国人性论史》(先秦篇),上海:三联书店,2001年,第8页。

实现"性"固有的寿，这里的"节性"便可解作"和于性"。

相较先秦学者对"己"字的解析，及其对"己"性基本态度的表达，宋明理学家关于"己"的理解，实质上已经超越物质层面，趋向对人之抽象精神的侧重。万历十五年，罗汝芳在《报许敬庵京兆》中写道：

> 公祖与不肖共话三年，只是"克己""己"字。两人稍合，后竟为邓潜谷所决裂。殊不知"己"字一裂，则遍地荆榛，令人何处安身而立命也？①

罗汝芳对"己"字的强调正突显了他对人之己性本善的坚信。因而他又说："当时孟子一生之言，未曾得一个相信，有个乐正子，虽是见得此个东西，可欲可爱，然问他是自己性生的，便不免有疑。夫有诸己之谓信，盖能信得有诸己也。此信字，对疑字看，是说乐正子半疑半信，所以说他只在善信之间。此处既信不透，则隔碍阻滞，决不能得黄中通理。"②在罗汝芳看来，乐正子之所以"只在善信之间"，原因就在于他半信半疑的正是孟子"性善"完全自"己性"而生的论点，而孟子此论正是近溪教人必须坚守的信念和精神追求。故而近溪曾感叹道：

> 颜氏之子，真圣于复，复而圣者乎？下是，唯轲氏"可欲之善"信有诸己。夫惟信而后能克，未有克而不始于信者。一信乎己，即而美而大而圣神，斯可言克之全功也已。甚矣哉！孟之似颜氏也。甚矣哉！轲之善学夫子也。③

罗汝芳以上所论"一信乎己，即而美而大而圣神，斯可言克之全功也已"即已突显其鲜明的"信己"主张乃是建立在思想家对"性善"的持守上。与此同时，罗汝芳对"心"的认知功能的强调和其"灵明"、无限的独特性的侧重，也成为其"能己""信己"理念构建的前提。有问："克己复礼，以'克'作'能'，不识克伐怨欲'克'字，如何又专作'胜'也？"罗汝芳答曰：

> 回之与宪，均称孔门高弟，亦均意在求仁，但途径却分两样。今若

---

① （明）罗汝芳：《罗汝芳集》，第 669 页。
② （明）罗汝芳：《罗汝芳集》，第 154 页。
③ （明）罗汝芳：《罗汝芳集》，第 451—452 页。

要作解释,则"克"字似当一样看,皆是"能"也。孟子曰:"仁,人心也。"心之在人,体与天通,而用与物杂,总是生之而不容已,混之而不可二者也。故善观者,生不可已,心即是天,而神灵不测,可爱莫甚焉;不善观者,生不可二,心即是物,而纷扰不胜,可厌莫甚焉。然见心为可爱者,则古今人无一二,而心为可厌者,则古今十百千万,而人人皆然矣。盖自虞廷,便说"道心惟微",果是心涵道体,神妙之难窥;"人心惟危",亦果是心属人身,形迹之易滞。危而易滞,所以形迹在前者,满眼浑是物欲;微而难窥,所以神妙在中者,终身更鲜端倪。幸天生我夫子,圣出天纵,自来信好《易经》,于乾之大生,坤之广生,潜孚默识,会得人人物物,都在生生不已之中。引线之星火纤燃,铳炮之刚中爆发,一以贯之,不觉顷刻之间,仁体充塞乎天地人物而无间矣。故平生所以为学、所以为教,只是以仁为宗,期以号呼群生之醉梦而省觉之。无奈及门之徒,亦往往互相抵牾,惟颜子于其言语无所不悦,故来问仁,即告以能克己复礼,则天下归仁,能复,即其生生所由来;归仁,即其生生所究竟也。原宪却也久在求仁,然心尚滞于形迹,自思心之不仁,只为怨欲二端纷扰作祟,于是尽力斩伐,已到二端俱不敢行去处,乃欣欣相问,人能伐治怨欲,到得不行,仁将不庶几乎?吾夫子闻之此语,颇觉伤残,漫付之一叹,曰:可以为难矣。盖怨欲识人性生,今伐治不行,岂是容易?至说仁则吾不知之,却甚是外之之辞,亦深致惜之之意。宪竟付之不问,岂是其心犹疑圣言之不如己见也耶?噫!原宪且然,而樊迟诸子更复何望?及门者且然,而汉唐诸儒又复何望?诚哉!道心之微,而难窥生德之妙而鲜识也。比至有宋,乃得程伯子"浑然与物同体"之说倡之于先,陆象山宇宙一心无外之语继之于后。入我皇明,尊崇孔、颜、曾、孟,大阐求仁正宗。近得阳明先生发良知真体,单提显设,以化日中天焉。宁非斯文之幸而千载一时也哉?众共勉之,众共勉之。①

据此,罗汝芳详细诠释了以"能""胜"二字训诂"克己"之"克"的缘由,并通过将颜渊与原宪求"仁"路径作比较,说明"克"解作"胜"乃是孔夫子之本义,因人与天通,人心即天心,颜子正是明了孔子的本义,故其终生旅行"克己复礼"之道,将己心与天心通明无隔,而原宪亦是为求仁,然其"克伐怨欲"的路径则稍逊一筹,因为原宪以惩治心体之私便是"疑圣言之不如己见",更是信

① (明)罗汝芳:《罗汝芳集》,第245—246页。

不得天心在于己身。故罗汝芳对孔、颜、曾、孟，对程伯子、陆象山、王阳明等人的推崇皆在于心体问题上的一致性，换言之，以上众人的学术主张概念不同，但在近溪看来皆是信得己性即天性的前提下各抒己见。所以今天我们再论罗汝芳的哲学努力，或谓其扬弃与推拓处有三方面：于心体问题上坚持本心之明；于性体层面，执守人性本善；于主体范畴，主张反身成仁，而贯穿三方面的中心线索即在"信己"理念。

基于对"心"体与"性"体，以及人身主体的侧重，罗汝芳"信己"理论包涵以下几方面内容：信"心"且信主体；自信并信"人"。信"心"在罗汝芳看来，即是要人信得"己性"本善，信得如此乃是论学的首要工夫，"不思信心作主"便是治学缺失了主见和首脑。与此同时，罗汝芳"信己"理念的价值关键还在于由心学"信本心"之论延伸到对人身主体的关注和重视。罗子曾曰：

> 天地之性，人为贵；人者，天地之心也。故非人，何处安此"心"？非心，何处安此"道"字？……从是毫无欺昧，谓曰精严；私不妄染，谓曰精洁；昼夜常知，谓曰精纯，严、洁且纯，则灵明透露，人非是人而道矣；生化活泼，道不自道而人矣。人即道，道即人，则最初所谓人受天地之中以生，到此全盘捧出。信目以为明，信耳以为聪，从心所欲以为矩，无为以守至正，是即所谓"允执厥中"也。①

罗汝芳说"人即道，道即人"实际上是将人看做绝对精神的代表。而人之可贵即在他有能力承担这个责任。在信得"己性"即"天性"的前提下，"己性"因此获得永恒且自足的完全价值。因此"信目""信耳""从心所欲以为矩，无为以守至正"成为必然可行的事项。从该层面出发，人的耳、目、口、舌之欲的解放具备了一定程度的认知可能性。也正是因为如此，信得人性本善的问题已被近溪延伸到信任主体无恶的层面。许多情形之下，学人认为晚明文学由情到欲的走向和当时心学思想的发展形势具备密切关联，或许从近溪"信己"内涵之信人身主体无恶的理念可以得窥一二。也正因如此，罗汝芳"信己"理念中不可或缺的重要内涵即在对"主体"本身的强调。正是在此理念下，相较于宋明理学家对"精神"层面的绝对倾斜，罗汝芳将其学归于日用平常，且在尊身践"性"的基础上，强调一切学问务必为"我"所用，为人的"此在"存有提供依据。即便是经书之学，在罗子认为，也是要落实在切身受

---

① （明）罗汝芳：《罗汝芳集》，第 34 页。

用的层面。罗子曾曰:"经书注疏,因求理趣明白,故不容不为详悉分别,中须识得浑融处,方于汝身有个受用。即如《中庸》首章说有性、有道、有教,至行远登高,却只说个君子之道,是岂无天命与人在中?至克己复礼,却只说个仁,是又岂无性道与教在中?故善读书者,既知详悉于章旨,更当统会于自身,否则如说食者,虽详明其种艺根苗,而滋味不曾入口;说衣者,虽悉晓其织纤丝缕,而和暖未曾着肤,纵读书万卷,于子竟何益耶?"①按前文对罗汝芳于朱子学的态度分析,罗汝芳完全认可朱子经解之学,但此处罗氏对"支离""分别"的经书注疏路径的扬弃态度一方面是要读书者"悉于章旨",另一方面则是要"统会于身"而"自身受用",该处同样体现罗汝芳对人身主体的关注。罗氏又云:"圣人去我已远,其方从何而觅?所立五经四书,即其方也。但今看经书者,多只草草率易,将一切旧套俚说,便轻信,谓是圣贤宗旨,所以终身老于占毕,而自己姓名,了无相干,与草木朽腐,又何足怪?"②此处,罗汝芳谈到那些草率说理的人之所以"与草木朽腐",原因即在于不解圣贤精神、经书要旨的人士只是轻信自以为是之道理,这种做法的结果必然于自身无用。于此可见,罗汝芳对"主体"的关注不仅在于其主观意识的能动性,也更在于对自身受用的强调,在他看来,惟真切体会圣贤精神,才能将此生理的"身"与"命"与精神的"己"与"性"相契合。从该层面去讲,"信己"的前提首先即是对主体之"身"的理解和侧重。

更深入地分析,罗汝芳"信己"之说不仅是要人自己去信自己的本性和自己的肉身,更提出个人须完成使人"信己"的过程。因而罗汝芳又曰:"人不信我,即是我欺人处。务要造到人无不信,方是学问长进。"③由此,罗氏从对信"心"的肯定到对信人身主体的强调,从对自信的诠释到对"信(使动用法)人"的展开,全面建构了内涵丰富的"信己"理论。需要明确的是,罗汝芳"信己"一说具备深厚的理论渊源和融合特色。就理论渊源上说,宋时朱熹对"克己复礼"的阐释与杨简"己易"之论某种程度上就可以作为近溪"信己"观念的重要源头。至于说融合特色,是因为我们看到近溪对阳明心学己性自足思想的汲取。由宋至明,从道学者对"信"的阐述,到对"己"性的强调,再到罗汝芳"信己"观念的最终提出,一条线索变得明显起来:人身主体意识的觉醒已逐渐迈进深水区。就此方面讲,罗汝芳"信己"的"己"不仅是就主

---

① (明)罗汝芳:《罗汝芳集》,第 155 页。
② (明)罗汝芳:《罗汝芳集》,第 172 页。
③ (明)罗汝芳:《罗汝芳集》,第 427 页。

体而言,且涉及人向"自我"不断靠拢的理想。"自我"不是"主体",萨特在《存在与虚无》中将其定位为"代表着主体内在性对其自身的一种理想距离","是一种要在作为绝对一致的、毫无多样性痕迹的同一性与作为多样性综合的同一性之间不断保持不稳定平衡的方式"①。萨特讲到的"自我"的这种不稳定在于自为的人为性因素的介入,罗汝芳说的"己"字从源起上讲,是承继"天命"而成,但它却不能是自在的存在,也并不可能是一种完全可以被把握的实在存在。说他不能是自在的存在,因为他的存在附着在人自身与意识中,脱离人的主体性,它几乎不复存在;说它不可能是一种实在的存在,因为他不是主体本身。它只能如萨特描述"自我"那样成为一种理想的综合体,悬置在主体与存在之间,保持一种最佳距离,也成为人终身追逐的另一个无缺憾的"我"。面对罗汝芳的对这一无缺憾的"我"的肯定,我们马上会想到,制约这一肯定的因素便是一个更为关键的否定:主体的"我"与无缺憾的"我"之间是不同的。严格来讲,相对于这一无缺憾的"我",现实中的主体的"我"便是作为欠缺者存在。罗汝芳对"己"性的强调,正是因主体的残缺者的身份规定了无缺憾的"己"的存在。故其"信己"一说前提是承认"我"的残缺,"我"的不完整在宋明理学家看来原因诸多,比如人在生成之初即有"气"之"清""浊"之分;"性"体的至高德性摆脱不了"情"与"欲"的干扰、"意"与"习"的影响。也正是如此,宋明理学家的哲学努力往往是从对以上因素的排除开始,而其理想的比照或者是从"赤子"上说,或者从超越的"天性"层面讲。所以,罗汝芳对"赤子"理论的强调,实则是为以反观譬喻人之初生,天性浑全;而他的"信己"主张的本质又全在对信"性"的侧重。据此,在罗汝芳看来,人之"信己"的过程即是任"性"而为之,也即向着从未给定的自我努力贴近、努力超越的过程。

罗汝芳强调这一"己"字与"自我"对应的同时,"价值"即得以彰显。"己"不可易取,因它是人终身寻求重合的对象,同样"我"亦不可取消,因他是价值依存的载体。从这一"己"与"我"的特殊的统一的关系上说,罗汝芳"信己"一说具备两方面重要意义,其一,"信己"原本包涵"信我"(信主体)的成分;其二,罗汝芳将人引向一种价值,使其决心信仰自我,便是将人从现实纷扰中指引至对自身主体和精神的全面关注。结合以上两方面去讲,"信己"在具备超越性的同时,也是一种理性的坚持,这一坚持使"我"成为超越的存在,使世界成为"我"的世界。据此,罗汝芳"信己"观点的根本意旨不仅

---

① 〔法〕萨特:《存在与虚无》,第111—112页。

在于强调主体"我"向完善的抽象自我的靠近,更在于揭明唯有对"己"性的坚信,"世界"才能够为"我"拥有,而"我"践履"己"性的过程因此成为实现"自我"的途径,也成为发现世界、立足天地的步骤。

我们还可以运用比较研究的方法对罗汝芳的"信己"理论展开更深刻的解析,以求进一步明确其特色和价值所在。中晚明理学家中,王龙溪也有"信得及"一说,问题是龙溪要世人坚信的乃是"一念之灵明","一念灵明"即主要指向于本心自足的"良知"。如在《龙南山居会语》一篇中,龙溪云:

> 夫天积气耳,地积形耳,千圣过影耳。气有时而散,形有时而消,影有时而灭,皆若未究其意。予所信者,此心一念之灵明耳。一念灵明,从混沌立根基。专而直,翕而辟。从此生天生地,生人生物,是谓大生广生,生生而未尝息也。"乾""坤"动静,神智往来,天地有尽,而我无尽,圣人有为而我无为。[①]

王龙溪这里讲的"信一念之灵明"实是信"良知"、信"心"的另说。如果说罗近溪信"心"即为信"己",那么王龙溪"信一念之灵明"则重在凸显"良知"的自由和自足。比如他在《抚州拟岘台会语》中也有道:"见入井之孺子而恻隐,见嘑蹴之食而羞恶,仁义之心,本来完具,感触神应,不学而能也。若谓'良知'由修而后全,挠其体也。"[②]正是因为"良知"并非"修"得,因此龙溪认为"致良知"的关键工夫就在于"保任此心",在于"不起意"。如《松原晤语》一篇里,龙溪道:"苟不用致知之功,不能时时保任此心,时时无杂念,徒认现成虚见,附和欲根,而谓即与尧舜相对,未尝不同者,亦几于自欺矣。"[③]王龙溪所讲的"保任此心"事实上具有两种理解,第一,保聚此"心";第二,听任此"心"。就此说,龙溪之见便是要世人在信得"心"体,信得"一念之灵明",听任其主宰之能。《慈湖精舍会语》又记龙溪语云:"知慈湖不起意之义,则知良知矣。意者,本心自然之用,如水鉴之应物,变化云为,万物毕照,未尝有所动也。惟离心而起意,则为妄。千过万恶,皆从意生。不起意,是塞其过恶之原,所谓防未萌之欲也。不起意,则本心自清自明,不假思为,虚灵变化之妙用,故自若也。……随感而应,未始不妙,固自若也,而实不离于本心自

---

① (明)王畿:《王畿集》卷七,第167页。
② (明)王畿:《王畿集》卷一,第27页。
③ (明)王畿:《王畿集》卷二,第42页。

然之用,未尝有所起也。"①在信得"本心自然之用"的前提下,龙溪这里说到的"不起意"不是要"灭意",因为"良知"之心本无善恶之分,"意"也本是顺本心而生,所谓"不起"是说要防备一种离心而生的"妄意"。由上可见,王龙溪提倡所"信"内容主要还是站在心学立场上对"良知"先验自足的强调。这里就需要厘清一则事实,即较之王龙溪所信"一念之灵明",罗汝芳"信己"的侧重处何在?结合龙溪以上言论,他所信,所秉持的近似超越存在对人身个体的主宰性能,罗汝芳"信己"之说首先与其"能己"主张相系,其次指向工夫实践向完善自我、抽象精神的无限贴合。在该前提下,王龙溪趋向"归寂",罗汝芳则得圣人境界。且据前文探讨,"二溪"主张所信内容的区分与二人本体论观点及对本体工夫、境界工夫的各自实践哲学倾向也是极其契合的。

综上所述,相较王龙溪对所"信"内容的描述,及对"良知学"本身的侧重,罗汝芳"信己"理论的内涵则更为丰富。该丰富性同时体现在罗氏对人之本己与主体意识的强调一方面是要求士人做好修身的工夫,而修身之"信己"又可延伸到对家国的自信。这在罗汝芳思想体系中即表现为深重的"我明"情结。罗汝芳又曾曰:"若今我明圣谕,首先以孝弟慈和为治,而先儒阳明诸老,又拳拳以良知良能为教,则诸生视前人,已是万幸,正好趁此发愤,做个真正好人,做个真正好官,以光显此地新辟之学官,而仰副君长师友作兴之美意也。岂非一大快事耶!"②依据上述材料,罗汝芳对"我明"理念的推崇,对"圣谕六条"的宣扬心态十分鲜明。在以往的研究中,有学者会将罗氏对大明王朝"圣谕六条"的践履行动作为其急救溺世的政治参与表现,实际上我们可以根据以上分析换个角度进行解读:从罗汝芳的"我明"意识出发,可以见得近溪对"圣谕六条"的宣扬主要还是从"信己"观念拓展而来的。由"信己"到暗示国人需信得大明王朝统治秩序和权威的崇高地位及其不容置疑的治世理想,罗汝芳试图挽回动荡之人心的维稳意图昭昭若明。就该层面展开,罗汝芳的哲思努力不同于王阳明救"心"之路径,乃是于高扬天命"性"体的基础上,教人认知自身"己"性之可贵,重新树立对民族、国家的信心。这便是罗氏"信己"理念于当时社会的关照。该"关照"也可理解为罗氏安抚人心的理论建树。也正因为如此,罗汝芳进一步提出了他的"安常"理论。

---

① （明）王畿:《王畿集》卷五,第 113 页。
② （明）罗汝芳:《罗汝芳集》,第 150 页。

第二节 罗氏论"常"与"安常"之境界

与"信己"理念相对应,罗汝芳继而提出"安常"的心性观。某种程度上,我们认为,"信己""安常"或可构成一组相辅相成的概念链作为探讨近溪哲学的重要线索,因对某位思想家生平和思想的研究不可能是一个单独的行为或者一个简单的事项,它需要人们尽量理清并努力描述多个行为之间关系的深刻内涵,这就要求学人首先选择能在探索中充当导引的第一项行为和第一条关系。就此说,罗汝芳"安常"理念与前文所提"信己"主张原则上是贯通相契的,而相契的可能则在"信己""安常"同时指向对道德理性先验存有的坚信,及对现实生活的随顺心态。从这一相通面相上考虑,"安常"理念因此既可作为思想家的心性观念,也可看作罗氏社会参与意识的呈现。其云:

> 盖人生天地,只患不能安常,果能率其良能,遍为帝德之能,率其良知,遍为帝德之知。人人亲亲长长,任性质之自然,各安其分,只晓耕而食,凿而饮,出而作,入而息,日用饮食而已,更有何事?①

关于罗汝芳"安常"理论的研究,笔者曾撰《罗汝芳"安常"之论探析》(《中州学刊》2013 年第 8 期)给出具体解读。大体上讲,"安常"可理解为一种随顺自然的心性态度,该态度成立的前提即"性"体先验自足,实现的可能则在"信己"的落实。此处需要补充说明的是,近溪所谓的"安常",和朱熹《近思录》载程颐语"君子之需时也,安静自守,志虽有须,而恬然若将终身焉,乃能用常也。虽不进而志动者,不能安其常也"②并非同论。按伊川先生所论,能"安常"者即是能"安静自守"以待其时之人,此处的"安常"便是"穷则独善其身",端持静定的处世态度。与伊川观点不尽相同,罗汝芳的"安常"理念具备更为丰富的理论内涵和实践价值,从对近溪"安常"理论的分析中即可见思想家对儒学心性观念、伦理社会构建的笃信及尊崇。

---

① （明）罗汝芳:《罗汝芳集》,第 290 页。
② （宋）朱熹、吕祖谦编:《近思录》,《朱子全书》第 13 册,第 233 页。

　　罗汝芳说世人"只患不能安常",其理论重心实落在一"安"字上。关于"安常"之"安",罗氏在其文集、语录中常有论及。其曰:"大禹'安汝止',止者,即至善之谓也。文王于君臣父子国人之止,穆穆缉熙而敬止,方是'安汝止'。此禹几康之心,万世平治之本,明明德之方。"①罗汝芳引大禹"安汝止"的概念便是提出"安"抚天下的普世理想,即在知得"至善"为"止"的前提下,人心静穆,国体平治。对于这一儒学治世的路径,罗氏在诠解《大学》意旨时也经常提起,如其曰:"《大学》一书,总括是明吾明德,其眼法只在知止。知止则意之定、心之静、身之安、国家天下之虑,不患其能得之难也。"②需要明确的是,罗汝芳关于"安"的诠解并没有完全停留在圣学"安汝止"及"定性"等事项上,而是相应地将该系列说教性的价值理念与儒家心性观合而论之。从该层面展开,"安"不仅有安定随顺之意,并且指向于一份随"情"应对,洒脱自适的人生态度。罗氏云:

　　　　人性不能不现乎情,人情不能不成乎境,情以境圃,性以情迁。即如喜怒哀乐,各各情状不同,然却总是此心,故曰"一致而百虑,殊途而同归"也。事之接于己者,时时不断,而情之在于己者,时时不同。事有当喜时来者,有当怒时来者,亦只得随彼时之心而应之也。故曰:时广大则以广大应事,时精微则以精微应事,正与喜怒之应事相类,皆以其时言之也。③

引文中罗汝芳说"喜怒哀乐,各情状不同,然却总是此心"是谓"心"统性情,又言"事有当喜时来者,有当怒时来者,亦只得随彼时之心而应之也"即是道,人"心"虽常受情绪牵制,然仍可以因时应对,随顺中和。与此同时,这一中和安定之境是在"上帝"监临的前提下得以实现,因而罗氏道:"惟是君子顾諟天之明命,性静时,惺惺然戒慎;性动时,惶惶然恐惧。于潜隐而常若昊天之现前;于微暗而常若上帝之临照。慎独既无须臾之或间,则道体自能恒久而不迁,率其简易之知以为知,而日夕安常处顺;率其简易之能以为能,而随处有亲有功。既无喜怒,亦无哀乐,则性善之中,任其优游;造化之中,亦

---

① (明)罗汝芳:《罗汝芳集》,第 325 页。
② (明)罗汝芳:《罗汝芳集》,第 331 页。
③ (明)罗汝芳:《罗汝芳集》,第 63 页。

从其出入矣。此则天然自有之定体,而贤圣不二之定夺也。"①罗汝芳这里讲"于微暗而常若上帝之临照"实是言"天命"周行,神妙监在;又言"慎独既无须臾之或间,则道体自能恒久而不迁,率其简易之知以为知,而日夕安常处顺"便是将"慎独"工夫与儒家中正主静的心性思想相结合;继而又说"既无喜怒,亦无哀乐,则性善之中,任其优游"则是进一步诠解当世人安处天命之中,率"良知""良能"应对世事便是修得自然之定体。因此严格来说,近溪论"安"更指向于人、道无隙,浑然周行的自适心性。

在对"安"的侧重前提下,罗汝芳关于"常"的认知也另有独到见解。上文提及近溪谓人贵"安常",若"安常"则更无他事,那么这里的"常"即可以是代指"良知""良能"的一种先验存在,一种随顺"性"体自然之道的最充分理据,就此说,"安常"便也可解作"任性质之自然,各安其分"之意。立足该认知,罗氏又常以"平常"诠解"中庸"之理。其曰:"天下太平者,非他,即人心和平之极也。人心之和平者,非他,即《中庸》之各率其性,而为孝为弟为慈,平平而遍满寰穹,常常而具在目前者也。"②罗汝芳这里说的"人心和平"的门路在于"《中庸》之各率其性,而为孝为弟为慈",实是将平常孝悌之道与《中庸》"率性"之说等而论之,也正是在此基础上,罗汝芳又提出"乐其日用之常"的说法。其曰:

> 大约《中庸》只"天命之谓性"一句,把天地人的精髓,一口道尽。继之曰"率性之谓道",则见得万民万物,各循其性之自然,无处不是道,而此体遂充塞乎两间矣。又继之曰:道不须臾离,则见得万民万物,各安其性之本然,无时不是道,而此体不止充塞两间,而且贯彻千古矣。……君子之所以尊德性者,是尊此个德性;敬畏天命者,是敬畏此个天命;乐其日用之常者,是乐此个日用之常;大人之所以不失赤子良心者,是不失此个赤子良心。③

罗汝芳既先言道体之天命流行,乃是在讲"安常"首先是安处"天常"道体;继之又论"无处不是道"一语,便是说此"天常"道体实则周行遍布于平常日用,不需刻意远寻探赜;后讲"乐其日用之常者,是乐此个日用之常"是谓世人乐

---

① (明)罗汝芳:《罗汝芳集》,第247—248页。
② (明)罗汝芳:《罗汝芳集》,第234页。
③ (明)罗汝芳:《罗汝芳集》,第226—227页。

其日用平常即是发挥天命之流行,浑涵运用之中遂体"中庸""真常"之境。该"真常"之境,不仅平凡之人可以领会,即便是圣人也只是"情顺万事而无情"而已。如有门人问:"圣人情顺万事而无情,万事众矣,何以能一一顺之而无情耶?"罗子曰:

> 圣人之常,真是如此,不如此不足谓之圣。但其初,亦由于浑然同体处,识得亲切,则情之外无事,事之外无情,或心思默会,即可了事;或事为操锻,亦足了心。孔子耳顺、从欲,亦只仁体熟到极处,便是过化存神。后世学术支离,于下手处已先受病,愈久愈觉费力,如入圣何?①

罗汝芳这里说到的圣人于其初识得"浑然同体"即是将"情"统之于"性",贯之于"心",如此,"情"在"事"之理性操持践履中便不能任其放纵,在"心"之运筹帷幄间才可了结。在近溪看来,圣人正是安处天性之道体,将仁体熟识体认到极处,到每一处平常日用中,方至"过化存神"之圣境。综上分析,"信己""安常"理念不仅可以作为研究罗汝芳哲学观点的导引,同时也彰显出近溪子在完善人格的塑造、理想社会的构建等事项上的总体设想。概而言之,"信己"与"安常"该组关系链集中反映了罗汝芳的哲学努力和思想践行意识,及其关于当时社会现实的关注和思考。

第三节　罗汝芳思想理念于晚明文学的影响

依据前文探讨,"信己""安常"可以作为罗汝芳解救人心、安抚世道的理论主张,该组线索便是罗氏哲思建构于当时社会现实的一种关照。与此同时,这种关照也体现在罗氏文艺观层面,只是此时的"关照"即非单向的面对,而指向于中晚明理学与文学关系的双向影响和整体呈现。中晚明阶段,理学与文学的发展原本相互砥砺,学界向有"理学于文学"影响等课题的研究,但是笔者认为"理学"与"文学"既非单向的作用,亦非被动的承受,应是互动的关系。与此同时,两个领域互动过程也并不倚赖个别思想家与文学家之间的唱酬往来为凭,概言之,"影响"的产生是互动的结果,而互动的过

---

① (明)罗汝芳:《罗汝芳集》,第 356 页。

程不仅需要考虑人物自身的交游经历,还应兼顾双方理论本身可能契合或者流动的情况。进一步讲,中晚明时期的理学和文学在复古旗帜下原本具备一定程度的理念一致性,发展到后来,理学家论文不再专一地讲"文以载道",而文学家在通俗文艺创作方面,虽有"情"与"欲"的偏向,然其嬉笑怒骂,虚幻造像的过程中也总对社会现实中礼崩乐坏、人心陷溺的真实面向有辛辣犀利的嘲讽和批判。具体以罗汝芳为例,学界关于罗氏对文学领域的思想启发的探讨,多举其弟子汤显祖一例,然罗子的思想建构和汤显祖等晚明文界重要人士的创作理念之间究竟有何关联,并非以二人之间的交游来往为充分条件,而需要以作品本身反映的文学思想为根本依据。罗汝芳与中晚明文学的真实关联可以四方面概括,即性之平等,情之对待,境之参与,主体之神凝气和工夫。于此,罗汝芳于汤显祖,李卓吾于三袁,乃是两种形态的理学于文学之影响。罗汝芳文学批评类作品不多,其中一篇尤其重要,其曰:

> 余作知及之文至九易稿,方悟文章是借他题目,收吾精神。一念常凝,万缘俱断,久久定有豁然透脱之期。盖改到无可改处,文章便佳,佳后要不歇手。一晚一篇,觉得轻省便熟,若日作日辍,即终年拈弄,未有能熟者也。上乘之文,得气之先:常以吾之实,实世俗之虚;以吾之虚,虚世俗之实,故凝于神。中乘之文因时之变:常以世俗之虚,虚吾之实;以世俗之实,实吾之虚,故和于气。二乘而下不足观也已。①

罗汝芳上文中提及的关于文学创作的关键意见有两种:其一,"上乘之文,得气之先",故"凝于神","中乘之文,因时之变",故"和于气";其二,非凝神、和气之文,不足观。那么什么样的作品是罗汝芳最为认可的上乘之文呢?罗子谓"常以吾之实,实世俗之虚",指向的是以写实的笔法揭示经验世界的幻想,又谓"以吾之虚,虚世俗之实",意谓将现实之悲欢离合给以旁观的审视。因而,所谓"凝于神"便是整体以与"性"体和合的非主观、非情绪化的理性的目光对待世间现实。罗汝芳以上观点就本质上讲,乃是对现实的清醒观看,因此这份清醒和理智一方面可谓其文学创作的主张,另一方面也可作为思想家对社会现状和世事人情的根本理解。仅就文学领域出发,从创作思维上讲,罗汝芳以"虚""实"论文艺创作的路数对其弟子,尤其是汤显祖等人确

---

① (明)罗汝芳:《勉从姑山房诸生四条》,《罗汝芳集》,第712—713页。

有一定启发。汤氏创作"临川四梦"即是以写实揭露幻想,创作《牡丹亭》又可理解为冷眼观看封建礼制与世情。

　　更为鲜明的是,罗汝芳以"神""气"论文,以"虚""实"讲叙事铺陈,在汤显祖的文艺创作思想中也有显明的体现。首先,汤显祖亦论"虚""实",曾道:"梦中之情,何必非真?天下岂少梦中之人耶。……嗟夫,人世之事,非人世所可尽。自非通人,恒以理相格耳。第云理之所必无,安知情之所必有邪?"①其次,汤氏也认为文章之妙在于得获"自然灵气"之助。其云:"予谓文章之妙,不在步趋形似之间。自然灵气,恍惚而来,不思而至,怪怪奇奇,莫可名状。非物寻常得以合之。"②在此理念下,汤显祖又有"养气"之说。参见引文:

> 通天地之化者在气机,夺天地之化者亦在气机。化之所至,气必至焉。气之所至,机必至焉。……芬芬者气乎,旋旋者机乎。……吾以为二者莫先乎养气。养气有二。子曰:"智者动,仁者静;仁者乐山,而智者乐水。"故有以静养气者,规规环室之中,回回寸管之内,如所云胎息踵息云者,此其人心深而思完,机寂而转,发为文章,如山岳之凝正,虽川流必溶湑也,故曰仁者之见。有以动养其气者,泠泠物化之间,矗矗事业之际,所谓鼓之舞之云者,此其人心炼而思精,机照而疾,发为文章,如水波之渊沛,虽山立必陂陁也,故曰智者之见。二者皆足以吐故纳新,通极天下之变。下此,百姓文章耳。盖日用饮食而未尝知为者也。③

根据引文,在汤显祖看来,社会推演是"气"与"机"周行效力的结果,而文人创作也应"养气"。胎息养之,得"气"之沉稳,则文笔凝正;以动养之,得"气"之清泠,则文思渊沛。除此之外,汤子论亦有以"气"论诗的主张,曾曰:"迨夫李献吉何仲默二公,轩然世所谓传者也。大致李气刚而色不能无晦,何色

---

① 叶庆炳、邵红编:《明代文学批评资料汇编》(下),台北:成文出版社,1979 年,第 585 页。

② (明)汤显祖:《合奇序》,叶庆炳、邵红编:《明代文学批评资料汇编》(下),第 582—583 页。

③ (明)汤显祖:《朱懋忠制义叙》,叶庆炳、邵红编:《明代文学批评资料汇编》(下),第 581—582 页。

明而气不能无柔。"①又评:"高张杨徐诗,一过已快。都有矩格,缊藉深稳,不漫作,大是以清气英骨为主。"②参照材料可知,汤显祖诗文批评思想与罗汝芳的文论观点彼此契合,并在其师主张之上又有发挥。

结合前文分析,罗汝芳关于文学创作方面的主张对汤显祖等人的文艺观念确有影响,但从根本上来说,罗氏哲学最为核心的"宗性"理念对当时文人在思想主题的表达上,乃至对当时社会整体运作的形态层面有更为关键、更为全面的启发作用,因其宗"性"理念除了具备立"德"层面的效能之外,某种程度上正启迪世人勇敢追求自由平等。何谓"平等"?"平等"必然需要结合具体的社会环境和体制格局进行考察。何炳棣先生在《明清社会史论》中,曾提到"基本反论"(Basic Antithesis)的概念,或可为我们关于罗汝芳宗"性"主张在社会史中的解读提供全新的诠释进路。何先生讲到:

> 简而言之,这个反论包含两个基本对立的论述:一个是本于封建社会的历史经验而发展出来的封建制度基本概念,认为社会需有阶级之分,构成社会的各个阶级,其权利与义务必须是不平等的。另一个则是超越封建界限,认为阶级社会固有的不公正情形,即使不能完全消除,也要实质上加以减轻,否则阶级社会不能无限期地存续下去。③

按何先生界定的"基本反论"概念,儒学视域内,孔孟关于社会体制的基本设想毋庸置疑是有等级规范的意识的,这一差等设置的根基在于孝道伦理,其相状表现即严格的阶级划分。但与此同时,传统儒家也反复强调学识和德性的重要意义,这一倾向为社会流动提供了可能,也在一定程度上缓和了各阶层之间先天传承的优劣之别,以及相关问题可能导致的矛盾冲突。汉代,董仲舒倡导"天命君权",侧重的乃是君主不可撼动的绝对地位,然汉代察举制的推行也多是以德性为重要准则之一。发展至宋明阶段,科举制度成为地位进阶的主要渠道,及至中晚明时期,科举道路的拥塞和腐败,商贾阶层的涌起,普通百姓子弟的上升渠道被限缩,无论出于稳定人心的角度,抑或

---

① (明)汤显祖:《孙鹏初遂初堂集序》,叶庆炳、邵红编:《明代文学批评资料汇编》(下),第580页。

② (明)汤显祖:《与幼晋宗侯》,叶庆炳、邵红编:《明代文学批评资料汇编》(下),第590页。

③ 何炳棣著,徐泓译:《明清社会史论》,台北:联经出版事业股份有限公司,2014年,第2页。

维护社会安定的考虑,心性修养、伦理道德都成为当时知识分子关注的重要面向。以朱熹为代表的宋明人士更是进一步将儒学伦理道德作为"天理"等同对待,与此相应的乃是更为严苛的"君君,臣臣"的等级区分。即便如此,程朱以"性"之"清""浊"区分人与人、人与物,但是该"气禀说"的背后,乃是工夫论的延伸。换言之,"清"未必永恒是"清","浊"也未必一定没有改变。更准确地讲,程朱强调的,正是由"浊"向"清"的本体工夫推进及工夫境界的最终达成。事实上,朱熹"心即理"一说同样是建立在工夫论基础上的言说方式。这一言说方式发展至明代,即有湛、王二氏"天理""良知"之辩,又有阳明学"四有""四无"之说,乃至罗汝芳"宗性"主张的完全提出。而王阳明"四无"主张的推进,以至罗汝芳关于"性"体的强调,不仅从本体论上抹平了人与人、人与物之间的区别,也进一步模糊了工夫的进修与操守之分。质言之,阳明后学以罗氏为代表,虽强调孝道伦理的绝对设定,但其试图减轻社会阶层区分的意识已经从学识、德性转移至形而上的本体的理论探讨。以理想的方式抹平人与人、与物的差别,从而以鼓励的而非教导式的模式缓和矛盾,解救人心。

以上所说罗汝芳的文艺观点及哲思努力皆可作为他影响当时文学场域的重要线索和理论可能,但这里需要明确的是,中晚明理学与文学之间关系虽有罗汝芳之贡献,但非其一人之能,换言之,两个场域的互动实是群体性的努力。比如罗氏挚友李贽在此过程中也提供了重要的理论指导。但我们认为,李贽于中晚明文学的作用并非可以"童心说"简单论之,首先,李贽思想与罗氏的一致处,即在"克己"一项上,此项引发的是世人在心性层面的意识解放,其次,李贽"童心说"的关键乃是将"真"纳入儒学价值意识的本体论,此事关系重大。《答耿中丞》一文中,李贽云:

> 夫天生一人,自有一人之用,不待取拾于孔子而后足也。若必待取足于孔子,则千古以前无孔子,终不得为人乎? ……且孔子未尝教人之学孔子也。使孔子而教人以学孔子,何以颜渊问仁,而曰为仁由己而不由人也欤哉! 何以曰古之学者为己,又曰君子求诸己也欤哉! 惟其由己,故诸子自不必问仁于孔子;惟其为己,故孔子自无学术以授门人。①

李贽此处提及的"由己"正和罗汝芳平日强调的"能己"理论相通。依托于对

---

① (明)李贽:《焚书》卷一,《焚书 续焚书》,第16页。

"己"这一抽象自我的肯定,思想家将儒家"成圣"之人格境界引向现实之人身主体。而在李贽看来,完善"己"性因此并非局限在"圣"的至高境界,而是呈现在仁、义、礼、智、信各个方面。比如李贽曾作《忠义水浒传序》,对民间崇尚节义之士大为赞赏,这种赞赏已跳脱了一般儒学者对圣贤的独尊态度。应该说,罗汝芳、李卓吾的"能己""由己"诸论的重要影响,乃是真正启发了世人将关注面转向主体自身。然与罗汝芳相较,李贽则更进一步地将主体面向推展至心体感受的层面。对该线索的分析就要从其《童心说》谈起。这里首先需要说明一个问题,"童心说"于文学思想的启发不能够单纯以李贽与公安三袁之间的交游经历作为考察面向,最关键的厘清还是需要借对"童心说"的周密解析给出答案。《童心说》开篇,李贽云:"夫童心者,绝假纯真,最初一念之本心也。若失却童心,便失却真心,失却真心,便失却真人。人而非真,全不复有初矣。"①李贽这里以"一念之本心"定位"童心","一念本心"原则上即王阳明所谓"良知",王龙溪所谓"一念灵明",罗近溪所讲"赤子之心",强调的重心皆是"心"本体的抽象性征。此处"童心"实则只是对"心"本体的价值描述。换言之,在他认为,初心不具杂染,即是"心"之本然面貌。就这一点上讲,"童心"可以用来解读此"心"的存在形态。问题是,李贽以"真心"等同"童心",就面临概念错置的危险,极易将"道"体本真相状导向主体感受层面。果不其然,由对"真"的借用,李贽不仅在后文直将此"心"以"真""假"诠释,并且直指人身主体的价值选择和感受状态。其云:

> 夫学者既以多读书识义理障其童心矣,圣人又何用多著书立言以障学人为耶?童心既障,于是发而为言语,则言语不由衷;见而为政事,则政事无根底;著而为文辞,则文辞不能达。非内含以章美也,非笃实生辉光也,欲求一句有德之言,卒不可得。所以者何?以童心既障,而以从外入者闻见道理为之心也。夫既以闻见道理为心矣,则所言者皆闻见道理之言,非童心自出之言也。言虽工,于我何与?岂非以假人言假言,而事假事文假文乎?盖其人既假,则无所不假矣。……天下之至文,未有不出于童心焉者也。苟童心常存,则道理不行,闻见不立,无时不文,无人不文,无一样创制体格文字而非文者。诗何必古选,文何必先秦。降而为六朝,变而为近体,又变而为传奇,变而为院本,为杂剧,为《西厢》

---

① (明)李贽:《焚书》卷三,《焚书 续焚书》,第98页。

曲,为《水浒传》,为今之学子业,皆古今至文,不可得而时势先后论也。①

李贽所讲"童心"已经尽失本体性质的生发功能,更失阳明"良知"概念作为最高主宰的判断性能,只有等同于真性情的文学领域直抒胸臆的面向。可以说,此"童心"完全成为"真心"的另说。在该情形下,"心"不必复,理学家向来侧重的本体工夫则不再被提起;文不必复,只在表达真情实意,即具备摆脱形式、雅俗的限定。且思想家对"闻见之知"、经书之学的排斥和否定,促成知识意义的消解。于此,李贽几乎全盘否定了宋明以来理学家与心学人士在本体论、工夫论两个层面的核心主张,也最终逾越了儒学的限定。非儒,非二氏,却可谓"性灵"一脉的真鼻祖。也正是在这一现实前提下,李贽口中的"性情"也已脱离儒学存有论范畴的特色,乃是直关人身主体情绪感知的概念。其《读律肤说》篇中云:"盖声色之来,发于情性,由乎自然,是可以牵合矫强而致乎?故自然发于情性,则自然止乎礼义,非情性之外复有礼义可止也。"②李卓吾脱离儒学概念思辨存有论,妄将礼义建立在"情"之自然生发之上,原则上,这亦是想当然之然。"情"的变动万化决定其缺乏普遍恒定性,加之以"真"的限定,倡导"真情"作用的礼义之实践已然成为反形而上、反理性的思维路径,于儒学愈行愈远。据此可见,从理学场域到文学场域,学术话语权发生转移的原因,首先就在部分晚明理学家对道学的不真信、不真知。

前文也已提及,理学与文学之间并非单向的授受,乃是双方面的互动,这种互动从生成之处可以看出前者对后者的作用,然就过程和后果来说则是核心理念解释权的转移,其中关系甚大的即理学场域"性""情"概念诠释主导权的让出。从该层面考虑,相较于明中期杨升庵等人对理学、心学趋向悬荡的揭示和批评,晚明阶段,文学界、理学界之间的互动则更多纠缠于抽象概念解释权的争夺。结合以上分析,需要进一步说明的是,在罗汝芳、李贽等人在道学领域逐步让出"性""情"范畴话语权的同时,文学场域中,以归有光等人为代表的唐宋派契机对相关的道学主张提出质疑,并给以全新解读,而其解读路径促使"性""情"等概念彻底摆脱理学色彩,成为文学表达的工具和手段。就此而言,归有光等人否定拟古的理论前提,正是出于对理学家诸多重要思想理念的质疑,归有光于《性不移说》一篇中曾云:

---

① (明)李贽:《焚书》卷三,《焚书　续焚书》,第 98—99 页。

② (明)李贽:《焚书》卷三,《焚书　续焚书》,第 132 页。

> 人之性有本恶者,《荀子》之论,特一偏耳,未可尽非也。小人于事之可以为善者,亦必不肯为;于可以从厚者,亦必出于薄。故凡与人处,无非害人之事。如虎豹毒蛇,必噬必蛰,实其性然耳。孔子曰:"唯上智与下愚不移。"圣人之言,万世无弊者也。《易》曰:"小人革面。"小人仅可使之革面,已为道化之极,若欲使之约变,尧、舜亦不能也。[①]

参照引文,归有光对"性"概念的诠释大致表达了两方面内容:一者,"性"分"善""恶",并非理学家从本体价值高谈阔论之观点;二者,"性不可移",小人的存在是不可彻底转向的。作为一名文学家,归有光以现实的视角肢解了理学人士的思想观点。《书家庐巢燕卷后》一篇里,归有光又云:"予以为天下之礼,始于人情;人情之所至,皆可以为礼。孝子不忍死其亲,徘徊顾恋于松楸狐兔之间而不能归,此可以观其情之至,皆可以为礼。"[②]归有光认为,心、性皆不能救世,"情"被提起,文学家对"情"的侧重,将其作为"礼"生发的根本缘由。于此,"性统情"转向"情生礼"。这一微妙的转向,或可见证理学家文化话语权已经移交到文学士人手中。相应地,明代文学复古在摒弃理学范式、掌握范畴解释权的前提下,其创作亦全面从反朴归真、力求古淡的理学范式的"自然",转向抒情释意的文艺形态的"自然"。

综合以上探讨,罗汝芳的哲学思想及学术理念对当时文学场域的影响体现在多个方面,思想启迪是其一,文学关照是其二。与此同时,中晚明文学的发展、演进并非仅得罗氏一人之力,又有李贽、归有光等人的参与。且从深层次上来说,该时段文学的发展直系整体文化场域话语权与象征资本的转移问题。该前提下,关于明中期以后理学发展的流变趋势和深远影响力的探讨就有更重要的发掘价值和更广阔的研究空间。

---

① (明)归有光:《震川先生集》卷四,上海:上海古籍出版社,2007年,第101—102页。
② (明)归有光:《震川先生集》卷五,第118页。

结　语

　　至此,关于江右思想家罗汝芳的生平概况、思想建构、哲学努力的研究临近尾声。在对罗汝学立学初衷、思想根基、哲学建构的分析和梳理过程中,我们已经意识到罗汝芳成就一贯之学的哲学努力所在。结合前文分析,罗汝芳哲学创制重在宗"性"基础上的境界哲学建构,而其境界工夫建构不可避免地造成其宇宙论于佛道二氏之学的杂染。在此情形下,罗汝芳哲思体系的圆融特色就有必要深入解析。具体来讲,探析罗汝芳哲思圆融相状,可以抓住一条主线和两个方面进行切入,一条主线即罗汝芳《易》学建构与其诸说之间的浑然默应,两个方面即罗汝芳哲学思想分别于佛学、道教的融摄。首先,关于主线的厘清。研习《周易》在近溪学术生涯中占据重要一席,《易》学理论贯穿其论学主张的诸多方面。就"书""经"学关联研究出发,罗汝芳《易》学建构与其论《大学》《中庸》主旨浑然默应;从儒学整体视域考察,罗汝芳在批判继承明代"心学易"理念的同时,又具备鲜明的宋型学术特色;再以三教融合的层面探讨,罗汝芳《易》学思想包涵道教《易》学思想的成分。其次,关于两个方面的探讨。罗汝芳曾作《楞严新指补注序》,其中即有称赞"我佛""体真妙用"等观点。罗氏云:

　　夫包含宇宙,贯彻生化,曰"诚明"焉尽之矣。诚其真体,而包含贯彻之无尽;明其妙用,而宇宙生化之无方。此《楞严》之所以为《楞严》也。是经自入华夏,演而释之,遍于百家,传而其观,亦不下数十。今彻空上人复表斯义,良以佛心遍满于虚空,觉性灵昭乎大造,日往则月来,寒往则暑来,物生而不穷,水流而不息,谷神应响以成声,鉴影随形而著彩。无论过去诸家,即我上人,从斯将来,至无边际,洪音益扣,奥旨愈呈,又安能以尽兹真体而悉兹妙用哉? 虽然,善学者若具只眼,则又无论上人,即我佛《楞严》未举之先,而是体之真,是用之妙,早以悉尽而无余也已矣。①

作为禅宗、净土宗依奉的一部重要经典,《楞严经》在宋明理学家群体中具有广泛影响力,与此同时,近溪文中提及的彻空上人是明代高僧,与憨山老人、紫柏老人等皆有往来。比如德清法师《憨山老人梦游集》卷二十四有《祭匡庐彻空师文》,真可法师《紫柏老人集》卷十三有《访鹿野坪彻空禅师》等。罗汝芳《序》中以"我佛"称之,又对《楞严》如此推崇,可证其一生与佛学确有深厚因缘。根据引文,罗汝芳讲"善学者若具只眼,则又无论上人,即我佛《楞严》未举之先,而是体之真,是用之妙,早以悉尽而无余也已矣",某种程度上实倾向于禅学的"不立言说"宗旨。根据之前的探讨,罗汝芳对待佛学的态度及其关于佛氏义理的融合在其哲思体系构建过程中产生重要影响,然笔者认为,增益近溪子为当时部分儒者排斥、甚至反对的关键因素还在其道教践履的诸项事实。比如罗汝芳二子招魂一事在道教文化中即属于摄招科仪。《道教科仪概览》即载:"凡于追荐亡灵,宫观于清明、十月初一或七月十五施放'官焰口',都要举行'摄召',以召请亡者莅临法坛济炼受度。"②据此可见,罗氏深谙"道"行。

这里还要追问,罗汝芳自身生命历程既深涉佛、道,那么他又如何解释儒学理念"仁者寿""仁则荣"等关乎"德福一致"的论断呢?事实上,我们认为,诸如罗汝芳、王龙溪等思想家始终面临一种断裂的生存局面。这种断裂具体呈现在两个方面:其一,自身生命信仰与对众教化言论冲突、矛盾;其二,自身思想构建并没有实现缜密且系统的理论发展。前者无需赘言,后者尚待补充。明确地讲,罗氏"性命之学"虽已渗透道家哲思,但其提倡"仁者寿"则是单纯立足儒学立场,正因如此,罗氏乃至儒学人士都必将面临"德福不一致"的理论可能和经验现实。罗子曰:

> 夫寿之为言,于人也众矣,孔子则曰"仁者寿"。盖仁之为理,生理也。生理之凝,上则天,下则地也;生理之常,往即古,来即今也。上下往来,浑沦绵亘,神之而为吾人之一心。故天地古今,莫非生也,则亦莫非所以为心也;莫非心也,则亦莫非所以为仁也;莫非仁也,则亦莫非所以为寿也。孔子之言"生生",见之于《易》。《易》言生生之广且大,见之

---

① (明)罗汝芳:《楞严新指补注序》,《罗汝芳集》,第526页。

② 任宗权:《道教科仪概览》,北京:宗教文化出版社,2012年,第253页。

于乾坤。然于乾则曰"不息"，于坤则曰"无疆"。夫"不息""无疆"又非所以见夫生德之为仁、而仁德之为寿也哉？君子之欲寿乎其身，必自生生之心始；君子之欲生乎其心，必自孔子求仁始。①

罗汝芳这里所讲的"仁之为理，生理也"实则是突显"仁"作为价值本体的实效性和永恒性。因此在他认为，君子之寿正在于与"仁"体的贴合。这种贴合并不以此世的命限为标的，而是按长久的家族的延续作为证明。故思想家又云：

> 寿也者，受也。吾人受天地之中以生焉者也。夫莫大于天地，而尤莫大于其命之中也。乃生则全而受之，何其重且隆耶？人能重所受而全之，则德备于身，福延于子孙，名誉及于天下后世，而其寿之隆也，将不期然而然矣。②

> 仁者，人也。人，天地之心而生理盈腔，与万物为一体者也。生理不息，则根之寸心，施之四体，以敷延于子姓，近取有征眸盎，远被将泽无疆。语曰"仁则荣"，又曰"仁者必有后"。③

结合罗汝芳的阐释，行为合德者，其福报或者说"人爵"之修未必以此生为限定，乃是以子孙后代的整体情况显现。按此说，罗汝芳如大多数理学家那般虽推举"仁"的创生性质，试图证成人的福报因此具有先天性的保障，但却不能够在理论上证实行德者必有福报，最多是以子孙兴隆作为一种信仰的诱饵。在此情形下，儒者关于"德福一致"的论断就有偏向"信仰论"的嫌疑。更明确地说，"德福一致"课题在传统儒者认为，或只能作为一向善的动力存在，而非必然具有理论证成的必要和可能。

就命题源头上讲，"德福一致"的提出即在揭示人类愿望有德者获得权益的保障，其背景在于伊壁鸠鲁和斯多亚派在相关问题上陷入极端主义。正如关启文先生在《德福一致与宗教伦理》一文中指出："前者忽略了道德责任的严厉性，后者则切割了道德与人性的关系。"④在此情形下，康德主张"德

---

① （明）罗汝芳：《寿吴夫人序》，《罗汝芳集》，第 506—507 页。

② （明）罗汝芳：《隆寿堂说》，《罗汝芳集》，第 588 页。

③ （明）罗汝芳：《仁斋说》，《罗汝芳集》，第 592 页。

④ 关启文：《德福一致与宗教伦理》，《基督教文化学刊》第 6 辑，2001 年，第 138 页。

福一致"因此成为具备调和效力的理论创制。问题是,"德"与"福"能否在思辨进路上取得"一致"的可能？康德诉诸"上帝存在"和"灵魂不死"作为根本理据,中国新儒家牟宗三先生则倡导以道德创生之"无限智心"实现理论的突破,而其思辨进路乃是建立在判教的前提下。事实上,当我们着眼中国哲学的整体视域对待"德福一致"的课题,先秦诸子之说中,《管子》哲学也为"德福一致"的理论突破提供了一条创新路径。该路径概言之,便是将道德实践以及关乎命运的"人爵"修持等事项统一纳入律则的统筹之内。所谓"律则",即是天地自然和人事处理的普遍原理,《管子》哲学将"德"与"福"等范畴寄寓在与"道"的总律则关系之中,于此,"德福一致"理论层面成立与否,实践经验能否得到验证,全部落实在主体的工夫修持事项上。

从理论探讨的进路考察,"德福一致"原则上讲,是一种思辨理性的需要,其证成大致可以通过三条进路。分别是以康德为代表的诉诸宗教宇宙论的解决模式,以牟宗三先生为代表的诉诸道德本体论的突破范型,再者就是有待发掘的《管子》哲学提供的律则工夫论的创新进路。宗教宇宙论进路,乃是将"德福一致"的终极保证交付他在世界上帝、鬼神处理;道德本体论进路,实以"无限智心"实现道德创生的形上学论证,经由境界哲学攻克"德福一致"的理论困境;与前两条路径皆不相同,《管子》哲学通过创新界定"道"体与"德""智"等范畴之间的关系,乃至"精气"保聚、身心修养等多个面向,将"德福"一致的可能全部寄托于主体身、心两个层面的自觉展开的工夫实践理论。

康德、牟宗三两位先哲在"德福一致"课题的突破进路上,代表知识论的两种检证模式:其一,宗教式的权益保障;其二,义务论的境界达致。诉之于宗教,则"德福一致"在理论上暂获圆满,圆满的根据在于他在世界、人性位格神提供终极保证,在此基础上,无论西方基督教、中国佛教、道教皆可实现"圆善"。但是宗教进路不免需要面对来自坚守此在世界观点的儒学乃至经验论者的质疑。首先,"德"是永恒的普世的价值追求,"福"是主观的生活感受,涉及"人爵"和命运好坏的现实问题,必与此世相关,宗教的根本关注在于他在世界,对此世苦难以精神和受难的范式教人超脱,然其终极判准是世人难以眼见为证的,更严格地讲,宗教解决"德福一致"的模式是一种理论的完成和对现实问题的回避。其次,宗教的根本不在"道德"之自发,在于以戒律规范行动,如是说,德行是在戒律的规定中实施,非以自律的形态自然展开,"福"的感知因此受到限制。再者,宗教以功利主义和死后权益要求世人规范自己、施行善德,不仅"德"成为被要求的行为,"福"也并无品质保证。

根据上述质疑,此在世界能否诉诸人身主体的道德意志达致牟宗三先生所谓的"圆善"境界呢?对于牟先生而言,一旦论证成功,儒家的伦理价值和道德创生主张则可得一坚实的保证,并由此以超越宗教、超越西方哲学的范式鹤立世界哲学之林。但是我们知道,道德是无限的展开,具有普世的影响,人的福愿乃是此世的信念,关系现实、此刻的主观感受,两者统一整合面临的说理挑战是巨大的。而牟宗三先生处理"德福"问题的基本思路原则上讲,实是先经判教再证"圆善",期间涉及佛道二氏之学,并且关系具体派系之判。其云:

> 孟子未视圆善为一问题而期解决之。视之为一问题则来自西方,正式解答之则始自康德。康德之解答是依据基督教传统而作成者,此并非是一圆满而真实之解决。吾今依圆教义理解决之,则期予以圆满而真实之解决。但圆教之观念即非易明者。此则西方哲学所无有也,儒、道两家亦不全备也。唯佛家天台宗彰显之,此是其最大的贡献。……吾以此智慧为准,先疏通向、郭之注庄而确立道家之圆教,次疏通儒学之发展至王学之四有四无,由之再回归于明道之一本与胡五峰之同体异用,而确立儒家之圆教。圆教确立,用于圆善,则圆善之圆满而真实的解决即可得矣,此则不同于康德之解答而有进于康德者。①

牟宗三先生的判教,更根本地讲,有持有特定立场,强较诸家高下之嫌,这一点已经逐渐引起学界的普遍关注,尤其是牟先生忽略宇宙论之别,论说儒家为最高"圆教"不仅在佛学界备受质疑,即使在儒学场域,与其说牟先生是挺立儒学,不如准确地讲,牟氏哲学体系乃是对陆王心学的再发挥。关于这一点,台湾大学哲学系杜保瑞教授曾先后撰写专文《对牟宗三以"觉悟说"诠释朱陆之争的方法论反思》②、《对牟宗三在〈圆善论〉中建构儒家"德福一致"说的方法论反思》③等文章,集中就牟先生的思辨进路提出批判。事实上,牟先生对儒学的独尊并不局限在中国哲学三教之判中,其对西方哲学亦是如此。先生曾云:"全部康德的道德哲学不能超出孟子的智慧之外,而且孟子之智

---

① 牟宗三:《圆善论·序言》,台北:台湾学生书局,1985 年,第 Ⅶ—Ⅷ页。
② 参见《国文学报》第 53 期,台北:台湾师范大学国文学系,2013 年,第 149—173 页。
③ 该篇为杜保瑞教授参加山东大学主办"诠释学与经典诠释"主题会议时宣讲论文,笔者于台湾大学哲学系学习期间亦有幸听闻受教。

慧必能使康德哲学百尺竿头进一步。"①牟氏此断不免令人质疑当其面对康德哲学,尤其在解决"德福"关系问题上的思辨初衷是否具备哲学家应该持有的客观态度。且牟宗三先生常引孟子云"古之人修其天爵而人爵从之"一语②,孟子此说已然表明儒家在"德福"问题上的根本态度,即以修德为先,命运之好坏则顺其自然。后世朱熹论"仁则荣",原则上也是站在孟子"天爵"、"人爵"之辨的核心立场中。其曰:"仁则荣,不仁则辱,此亦只是为下等人言,若是上等人,他岂以荣辱之故,而后行仁哉!伊川《易传·比·象辞》有云:'以圣人之心言之,固至诚求天下之比,以安民也。以后王之私言之,不求下民之附,则危亡至矣。'盖且得他畏危亡之祸,而求所以比附其民,犹胜于全不顾者,政此谓也。"③据此,在朱子认为,真的儒者只是率性成道,并非以显荣为矢的,至于圣人、后王所讲原是有固定语境,圣人讲"仁则荣",是教君王实现安民之道,后王承此旨意,即为保国固位。那么牟先生执意在哲学的进路上力证儒学"圆善"命题,其思辨成立之后即与孔孟本旨有违。综上分析,笔者认为,牟宗三先生面对康德"德福一致"的问题时,并没有准确把握前者提出该理念时的理论背景和哲思初衷,而其忽略儒释道宇宙论场域的根本不同,强判儒学为"圆教",为最高"圆善"的实现,从而试图论证儒学在"德福一致"课题上取得圆满且真实的解决,该迂回的思辨进程不仅有持特定立场之嫌,且与孔孟"仁义"之道已有偏差。原则上,儒家在"德福"关系问题上根本态度无非有两种:第一,接受"德福一致"是应追寻的价值理想,但以"德"为"福",达成人格境界的圆满,"仁者寿"即可作为儒家理想境界的说明;第二,必要时,坚持道德绝对主义,坚持"德"要与"福"完全分家,"杀身成仁"便是儒教现实面向的取径。以"德"为"福",乃是将"道德"的践行作为通往幸福目的地的唯一途径,这显然是不能够的。

综合以上两种途径,"德福一致"或者说"圆善"能够得以确保,需要有一个具有超越的并且旁观的存在,既能完全检证人的道德意志和行为表现,且能以对自然秩序的主宰,实现对有德之人的权益保证,从而在根本上完成道德秩序的合理安排。这里可以继续追问:除了超自然的位格神和无限延续的宗教宇宙观之外,能否具有代表律则的一种存在?答案是肯定的。这即是老子言及的万物宗主——"道",其效力便是《管子》哲学所讲的"道之纪"。

---

① 牟宗三:《圆善论》第一章,第 53 页。
② 牟宗三:《圆善论》第一章,第 54 页。
③ (宋)黎靖德辑:《朱子语类》卷五十三,《朱子全书》第 15 册,第 1753—1754 页。

老庄哲学主张道之律则义,故云"地法天,天法道",而"道"本身又是天地万物运作的总原理,与事事物物之特殊原理并不排斥,故曰"道通为一"。按老庄主张,"道"作为律则的存在,决定世间人与物的生灭、消长。从该层面展开,"道"对世人的命限以及命运的好坏具有决定作用。也正是在这一理论基础上,道家并不提倡"德"的卓越性,更认同"道"的主宰义,故庄子直言"德不形","不形"的根本依据即在此。进一步地讲,老庄哲学主张人与物的福祉能够得到保障,乃是对"道"的遵循,质言之,道家坚持"道""福"一致,倡导律则的生存模式。这一途径为《管子》哲学在"德福一致"课题上的最终突破,提供了重要启示,换句话来说,《管子》哲学之所以能够优胜之,在于两个方面。接下来,我们将结合文本的知识义解读,推进哲学思辨的进程。

以往研究中,学界多关注《管子》在法治、经管等社会学面向的价值,对其思辨进路的哲学探讨相对匮乏。然细究《管子》对"道"与"德"、"智"与"气"之间关系的界定,为"德福一致"的理论突破提供了关键线索。首先,《管子》对"道"的描述具备两方面重要特征,一者赋予"道"无形、无名之万物宗主的超越存有意;二者,直言"道"持有对人事的生杀、消长的主宰权力。《内业》载:

> 道也者,口之所不能言也,目之所不能视也,耳之所不能听也,所以修心而正形也,人之所失以死,所得以生也,事之所失以败,所得以成也。[1]

《管子》云"道"不可明见,这在老子哲学的描述中即可以"无名""无形"论之,但是老子虽提倡"道"的超越义,但不曾言说其具备生杀助长之效。《管子》既以"得道""失道"作为人之生灭、事之成败的关键因素,某种程度上,即是认定"道"决定人的命限以及运气的好坏,这些正是构成"福祉"的核心内容。需要明确的是,"道"对世间万物的主宰性能有别于西方基督教的"上帝"。原因有三:一者,"道"非位格神;二者,"道"的存有及其效用的发挥未必涉及人间信仰的环节,乃是规律运行的永恒存在;三者,"道"的绝对地位超越宗教乃至人为价值规范,它的运作便是终极原则。该原则的权威地位即是《心术》篇所强调的"道之纪"[2]。"道之纪"要求以"道"为律则,此"道"

---

① 姜涛:《管子新注·内业》,济南:齐鲁书社,2006年,第355页。
② 姜涛:《管子新注·心术》,第292页。

包含"德"、也同时包含"智"等等对世人福祉发挥重要作用的范畴。质言之，对以律则存在的"道"体的保聚和修持，成为影响命运好坏的关键因素。

与此同时，或可继续追问，"道"有无必然为人所得的条件保证？《内业》篇道："凡道无所，善心安爱，心静气理，道乃可止。……修心静意，道乃可得。"[①]于此，"善心安爱"与"心静气理"分别指向人身修养、价值取向两个面向，两个面向相继推导出《管子》在道德追求以及身心修养等课题上的重要主张。按《管子》理论进路，"道"于人的寄寓需要主体具备修养和德性等要素保证，更进一步讲，《管子》对后者尤其侧重。《心术》记：

> 德者，道之舍，物得以生生，知得以职道之精。故德者，得也。得也者，其谓所得以然也。无为之谓道，舍之之谓德，故道之与德无间，故言之者不别也。无间者，谓其所以舍也。义者，谓各处其宜也。[②]

《管子》以"有德者"为"道之舍"，是将人的道德判准作为得"道"的必要前提，质言之，有"德"者得"道"；继云"道之与德无间"，则是以程度讲完备之"德"可得与"道"无间无碍，这就与《道德经》讲"孔德之容，惟道是从"[③]暗含的"德"于"道"的从属关系更进一步。据此，《管子》设定的"道"与"德"具有灵活的互动机能。这种灵活性的前提是，"道"具有绝对权威，但"有德者"具有获得律则助力的必要条件。按上文所讲"道之纪"于世人、万物的生杀、消长的主宰性能，施行道德之人拥有"道"的寄寓和辅助，即可掌控自身乃至更广范围内他人、他物的福祉的获取。按以上理论分析结果，《管子》哲学从而完成"道福一致"向"德福一致"的过度。与此同时，"德福一致"的落实，最终取决于人自身的德行实践和修养工夫的进展情况。

严格来讲，《管子》哲学对"道""德""福"关系的灵动处理，一方面汲取了道、儒之学分别在思辨存有论和道德形而上学等面向的重要理论，另一方面则巧妙回避了老庄、孔孟各执一端的对峙情形，更将德行的修养落实到主体的具体经验生活中。这便是《管子》哲学优越胜出之处。概言之，《管子》哲学不仅在理论层面实现了"德福一致"的建构，并且使该理论在人格养成、经

---

① 姜涛：《管子新注·内业》，第 355 页。
② 姜涛：《管子新注·心术》，第 295 页。
③ （清）黄元吉撰，蒋门马校注：《道德经注释》第二十一章，北京：中华书局，2012 年，第89 页。

验生活等等事项上具有切实的指导意义。

　　经上文分析,《管子》哲学通过对"道""德"关系的诠释,经由"道福一致"推证"德福一致",基本突破了"圆善"课题的理论困境。但是哲学追问还应继续跟进,即如何保证世人完善修养、施展德行?接下来就要涉及《管子》哲学与诸家有别的"鬼神"观。中国哲学语境中的"鬼神"具有特殊义涵,宗教场域内,它们以位格身份存在,而在信仰此世的诸教典籍中,它们更多是以公正的旁观者却非实在的方式存有,进一步地讲,它们未必具备位格身份,但是它们具有被普遍认同的功能。概言之,它们的功能被信仰。马克思・韦伯在《中国的宗教:儒教与道教》一书中曾讲:

　　　　对于鬼神及其功能的信仰,是中国平民大众唯——份极具效力的大宪章(Magna Charta)。不过,鬼神也监视着所有种类的契约。他们拒绝保证强制性的或非道德的契约。①

在韦伯认为,中国文化中,鬼神以宪章的模式发挥效力。此说有其合理性,然更准确地讲,"鬼神"效力的发挥在中国哲学中呈现两种面向:一者,位格的身份;二者,非位格的被设定的旁观者定位。"鬼神"以位格性质存在,自然可为"德福一致"的圆满实现提供学理前提。比如佛道二氏之学,其宇宙论面向的"鬼神"以及他在世界的设定,为因施展德行而遭遇劫数的信从者的终极福报演绎了理论可能。又如《诗经》《春秋繁露》中言及的"上帝""鬼神"亦是被坚定信仰的实有,它们因敬畏被信仰。董仲舒《春秋繁露》载曰:"天者,百神之大君也。事天不备,虽百神犹无益也。何以言其然也?祭而地神者,春秋讥之。孔子曰:'获罪于天,无所祷也。'是其法也。故未见秦国致天福如周国也。《诗》云:'唯此文王,小心翼翼,昭事上帝,允怀多福。'"②董仲舒以"天"为"百神大君",又引孔子、《诗经》诸说,即为揭示"鬼神"的超自然主宰身份。暂不追究前两者对待"鬼神"的准确姿态,但是可以明晰的是,董仲舒建构君权神授理念的重要途径即是对"鬼神"的明确位格化,进而确立"天命"的至上权威。

　　与宗教性质的位格界定的"鬼神"不同,《管子》哲学对"鬼神"的非位格

---

　　① ［德］韦伯著,简惠美译:《中国的宗教:儒教与道教》,台北:远流出版事业股份有限公司,1989年,第234—235页。

　　② (汉)董仲舒:《春秋繁露》卷十五《郊祭》,上海:上海古籍出版社,1990年,第83页。

诠释及其功能的设定具有两方面特色:其一,"鬼神"乃"精气"之流行;其二,"鬼神"于有德者具备辅弼功能。《内业》篇载:

> 气,物之精,比则为生。下生五谷,上为列星。流于天地之间,谓之鬼神;藏于胸中,谓之圣人。是故此气,杲乎如登于天,杳乎如入于渊,淖乎如在于海,卒乎如在于己。是故此气也,不可止以力,而可安以德;不可呼以声,而可迎以意,敬守勿失,是谓成德。德成而智出,万物毕得。[①]

> 凡道无根无茎,无叶无荣。万物以生,万物以成,命之曰道。天主正,地主平,人主安静。……是故圣人与时变而不化,从物而不移。能正能静,然后能定。定心在中,耳目聪明,四肢坚固,可以为精舍。精也者,气之精者也,气道乃生,生乃思,思乃知,知乃止矣。[②]

> 抟气如神万物备存。能抟乎?能一乎?能无卜筮而知吉凶乎?能止乎?能已乎?能勿求诸人而得之己乎?思之,思之,又重思之。思之而不通,鬼神将通之。非鬼神之力也,精气之极也。[③]

根据引文,《管子》云"气"乃"物之精",这一"精气"流行天地之间谓之"鬼神",那么"鬼神"即是天地间的精华,故为人所得即成圣贤业绩。"精气"的灵动存在即是实有,但非位格,它的自然产生、流行周布,是纯粹的非宗教化的存有。更关键的是,"精气"于人同样具有寓居的条件,即安稳有德者可得,得之而"智出""思知""万物毕得"。讲到这里,我们可以将《管子》哲学以"精气"论之的"鬼神"观和"德福一致"的课题作一明晰梳理,概言之,有德行修养并且心身安定者,是"精气"寓居的载体,得"精气"寓居之成德者,必在"智"的面向上获得开启,得"智"者,思通者,天时地利人和齐助之。依据《管子》的哲学思路,有德者借助"鬼神""精气"的寓居,在关乎福祉的事项中,通过"智"的突破,"思"的完备,主宰自身的事业乃至命运的好坏。那么"智福一致"最终推导而出的亦是"德福一致"的圆满。综上所述,《管子》哲学中,"气"论主导的"鬼神"概念,其终极意义在于完全整合了"身体""心灵"两层

---

① 姜涛:《管子新注·内业》,第353—354页。
② 姜涛:《管子新注·内业》,第356页。
③ 姜涛:《管子新注·内业》,第359页。

因素。因"鬼神"本是"精气"流行,监临世间。这里的"鬼神",根本上是从信仰层面展开。"鬼神"并不创生万物,也并非以位格神存有,但对世间人、事、物持有至上监管功能,更有辅弼之效。故《白心》又云"祥于鬼者义于人,兵不义不可"①,又云"济于舟者和于水矣,义于人者祥于神"②,便是再次强调"鬼神"对人事的辅助,同时"鬼神"于仁义之师的偏护,更是对有德者必得保命、获得权益的理论设定。

通过上述分析,《管子》哲学借助对"道""德""智"等关系的特别界定,且辅助以独具一格的"鬼神""精气"理论,迂回但是圆满地处理了"德福一致"的哲学命题。在此基础上,《管子》哲学塑造的理想人格与诸家有别。《内业》篇云:"大心而敢,宽气而广。其形安而不移,能守一而弃万苛。见利不诱,见害不惧,宽舒而仁,独乐其身。是谓灵气,意行似天。"③《管子》独具特色的"灵气"人格与诸家不同的关键即在强调"宽舒而仁,独乐其身",兼具责任的担当与德性的追求,同时强调人身主体的身体修养和精神自由。再进一步地讲,《管子》哲学对"德福一致"的圆满突破,首先启发学人在中国哲学方法论层面应持有严谨绵密的思辨态度,无论对西方哲学、佛道二氏之学,乃至诸子思想,都应以哲学基本问题研究法作为探讨的切入点。所谓基本问题研究法,首先要求研究者务必对准各家学说针对的具体问题、论证的根本依据。以"德福一致"课题为例,学界不能够忽略康德提出该理念的现实背景和他试图揭示、给出应答的哲学问题和哲学家持有的基本态度,否则即便提出一整套的思想体系,依然没有对准问题,更不可能切实解决之。就中国哲学场域而言,儒释道三家之说共同具有四方面理论进路,分别是宇宙论、本体论、工夫论、境界论,四条进路是依次推导的过程,换言之,从主导世界观的宇宙论至论讲价值意识的本体论,至论修持途径的工夫论再至人格养成的境界论,是一个完备的发展的进程。因此,忽略宇宙论去评判某家哲学的圆满,本质上是研究者自身持有特定立场,再通过思辨过程证明自身优越而已,并不具有解决问题的根本可能。某种程度上讲,笔者正是在明辨方法论的前提下,最终在《管子》哲学中寻找到"德福一致"的突破路径。而"德福一致"问题得到理论说明之后,或可启发当代世人认真面对道德与信仰、义务与权益等等面向的课题。诉诸自身修养和德行实践,即便不倚赖宗教,

---

① 姜涛:《管子新注·白心》,第304页。
② 姜涛:《管子新注·白心》,第307页。
③ 姜涛:《管子新注·内业》,第361页。

"福祉"同样可以获得保证,这是工夫进展的必然结果。

以上延伸,我们试图揭示的是,无论孔孟、朱熹、乃至罗汝芳等儒者,"德福一致"原则上仅能作为一种德性信仰被坚守,牟宗三先生跳脱宗教宇宙论,坚持儒家现世关怀的前提下论证"德福一致",本质上说与孔孟仁、义宗旨原有违和,而就理论层面展开,儒家学者立足批判佛道的立场构建"德福一致"的哲学可能,也并不具有严谨性。立足中国哲学整体立场,或可以《管子》哲学为启发,全力构建"道福一致"的宏大课题,且该课题既关涉"道"与"德"的探讨也就意味着儒、道两家哲学皆可论之。

最后需要说明的是,笔者是在吸收前人丰富的研究成果的基础上展开研究,选择该课题并非仅为个案研究的需要,同时试图揭开王学发展、演变的一种可能,即以罗氏为代表的关于"境界工夫"的提倡和实践。就这一问题再展开,又有需要说明的事项:其一,"境界工夫"非自罗汝芳而起,但得罗氏始得更为兴盛;其二,罗汝芳侧重"境界工夫"的初衷并非教人选取轻便路径,而是教人将工夫做到纯熟境地;其三,"境界工夫"之所以对晚明王学产生消极影响,主要是因为罗氏对"境界工夫"的反复重申,一定程度上促成讲求工夫阶次的渐修路径成为次要的实践形态;其四,本文伊始没有直从工夫论出发,开门见山探讨"境界工夫"的缘起和发展,而是从文献史料考证到思想渊源梳理逐层解析,是因在以上研究所得的前提下,才最终得出罗汝芳"宗性"主张及其关于"境界工夫"的强调的"前因"和"后果"。于"前因"上讲,罗汝芳一生拜师求学善无常主,其泰州学脉归属不能不令人质疑,在此前提下,罗氏思想体系的建构并没有局限在阳明学范围内,就其关于"良知"的诠释理念考虑,以及对待宋明以来诸位理学家的学术观点的理解路径上看,罗汝芳更倾向于融合诸家之说,且始终保持批判继承的态度。这一扬弃并重的态度某种程度上促使罗汝芳有意避开了理学、心学的立场选择,也并没有积极参与"四有""四无"的激烈争论,而是另辟蹊径,将哲学和思想的根基确定在独宗"性"体的理念上。这一理念或受颜山农尊"性"主张启发,但颜氏多从宗教信仰的层面展开探讨,且学术思想多有粗陋之处,而罗汝芳则全面构建了以"宗性"主张为理论基点的形上学、实践哲学体系。比如罗汝芳对"性"体的推崇,促成他在"心"的实有问题上与阳明"良知学"原有区分;比如罗氏对"默识性体"的提倡又直系其境界工夫论主张。在以上诸类"前因"的导引下,罗氏哲学思想呈现出多层面的"后果":首先,"宗性"前提上,罗氏关于境界工夫的反复强调,促使其实践主张错越自身理论初衷,最终导致实做工夫在境界论的重申中落入悬荡处。其次,因"境界"视角的参与,罗汝芳哲学体系的建构又在宇宙论层面呈现出对儒学立场的出离。再者，"出离"本身意味中晚明儒释道融合的课题已经涉及三家之学根本价值的彼此判摄，这于罗汝芳哲学特色的分析，乃至阳明学演变的探讨都有全新观瞻的价值。该价值不仅体现在学术层面，并且也反映了当时社会发展的新形态，以及知识分子面对社会新变化所做出的选择与担当。这种担当在罗汝芳哲学构建中即为"信己""安常"理念的表达，在其具体实践中便是参与意识和抚世情怀的躬亲实践。概言之，依据史料考证、思想梳理、哲学分析，大致可以"江右思想家"来重新界定罗汝芳的哲学建构及其在思想史中的定位，而驻足该立场展开有关罗汝芳生平、思想的新研究，或可为为王学演变的研究，乃至中晚明社会史的探讨，提供新线索、新思路。

附　录

为学术研究的方便,现于文末附录文献整理两种:其一,罗汝芳年谱补编;其二,罗汝芳轶文辑考。从前者来讲,本文所录条目、资料多是经过考证以后再予添补,而比照的底本则以《罗汝芳集》附录《罗汝芳年谱》为参考,又从明人别集中析出各类文献材料、史实记录聊以补充完善,并在考辨的前提下再予补进;就后者而言,辑考诗文多出自诸种类明人文集、地方志丛编等。需要说明的是,无论是年谱补编,还是佚文辑考,其成编都将是一个漫长的过程,拙作暂将二编作为附录处理,一是为说明罗汝芳哲学思想的研究需要在严肃的文献考证工作基础上展开,而目前罗汝芳文献资料研究有持续推进的必要。二是考虑到文献资料的整理和研究并非一蹴而就之事,系统梳理尚待时日,为此,本人今后将会继续开展补充和完善的相关工作。

一、罗汝芳年谱补编

作为江右重要思想家,罗汝芳年谱资料目前可见版本主要有两种:2007年方祖猷先生主编的《罗汝芳集》附录中所录《罗汝芳年谱》;2009年罗伽禄先生在《一代思想大师罗汝芳》一书里对近溪一生经历也作了相关的梳理工作。然两位先生的整理成果多有不一致之处,且缺足证。因此针对这些存在争议的内容进行深入考证,重新整理是必要的。现通过对最新文献资料的搜辑,在前人诸多研究成果之上对罗汝芳年谱给以补编。

嘉靖二十三年甲辰(1544)　三十岁

1. 嘉靖甲辰春,闻信州贞斋江先生主司试事,罗汝芳参与收录。

罗汝芳《贺江二洲考绩序》中记:"嘉靖甲辰春,闻信州贞斋江先生主司试事,余幸与收录。尝谒侯庭次,见冢嗣二洲,岐嶷殊异,拟甲第将绳绳也,乃后竟从恩选,受尹邵武。"①

2. 与华容令曾礼(字子和,别号紫崖)晤于永丰,知其师事南野欧阳公,与东廓、念庵三五诸公游,甚敬事之。

罗汝芳《华容令传》载:"岁甲辰,余与公(华容令,字子和,讳礼,别号紫崖)晤永丰,知公师事南野欧阳公,与东廓、念庵、三五诸公游,甚敬事之。每议论,群众中见其精采迅激,力追古先,若直干于宵,孤峰耸壑,真类其紫崖之号云。"②

3. 叨第春宫,结识桐城柱墅赵公,喜其潇洒脱略。后,柱墅赵公长嗣赵鸿赐请罗汝芳为赵公文集《无闻堂稿》作序。

罗汝芳在《贻谷录序》中写道:"余自甲辰叨第春宫,于大众中首识桐城柱墅赵公,喜其潇洒脱略,能遣去世縻,而轩翔物表,意窃奇之。自是每一相见,辄聚首雅谭,时竟日夕,迩来晤对,逯津津然将反求诸其心矣。公今已往,而其言犹炳炳于人耳目,谓公于心而无所见、无所至、无所得也,可乎哉?即所见、所至、所得以发挥文辞,而谓辞弗之达,旨弗之求,而说弗之详且舒也,可乎哉?公长嗣鸿赐,哀其终身述作,题曰《无闻堂稿》,走使请言。余谊不容辞,爰陈素所受教于公者,用著篇端,以俟四方知言君子取衷焉。"③

嘉靖二十五年丙午(1546)　三十二岁

1. 讲学抚州府宜黄县,乘兴游胜,应晓吾拜入门下。

罗汝芳《宜黄应太学墓志铭》记:"嘉靖丙午,余讲学抚郡宜黄,晓吾应君名蕙字汝质者,时犹冲年,来游门下。余知其家世居军山之中,广谷大川,有神冈、宝屏之胜,乘兴往游。"④

2. 丙午冬,结识临川石井传君。

罗汝芳《临川传母官孺人墓志铭》载:"余髫年闻临川石井传君名,欲识之,意恒汲汲也。比丙午冬,君就试旴江,始挹君颜色,坐中谈道义侃侃,就而听者忘倦焉。"⑤

---

① (明)罗汝芳:《罗汝芳集》,第 501 页。
② (明)罗汝芳:《罗汝芳集》,第 611 页。
③ (明)罗汝芳:《罗汝芳集》,第 457 页。
④ (明)罗汝芳:《罗汝芳集》,第 648 页。
⑤ (明)罗汝芳:《罗汝芳集》,第 639 页。

嘉靖二十六年丁未（1547）　三十三岁

道永新，庭谒蒋士致。

罗汝芳《永新蒋母李孺人墓志铭》记："余门人永新蒋时望母李孺人，以隆庆戊辰夏终。越三月，卜葬。谓余谊在通家，乃持父士致所为《行状》恳铭焉。呜呼！余交士致三十年矣。……士致初事举子业，闻山农颜师讲阳明先生良知之学，遂弃去游四方，门户事惟孺人一身任之。……丁未，余道永新，庭谒士致，同行者数十辈，孺人出为礼毕，随具客茗，俄顷俱遍。"①

嘉靖三十二年癸丑（1553）　三十九岁

1. 赴廷试北上途中梦遇泰山丈人。

周汝登《圣学宗传·罗汝芳》："癸丑，北上过临清，忽遭重病。一日，倚榻而坐，恍若一翁来，言曰：'君身病稍康矣，心病则复何如？'近溪默不应。翁曰：'君自有生以来，遇触而气每不动，当倦而目辄不瞑，扰攘而意自不分，梦寐而境悉不忘。此皆君心痼疾，今仍昔也，可不亟图瘳耶？'近溪愕然曰：'是则予之心得，曷言病？'翁曰：'人之身心，体出天常，随物感通，原无定执。君以宿生操持，强力太甚，一念耿光，遂成结习，日中固无纷扰，梦里亦自昭然。君今谩喜无病，不悟天体渐失，岂惟心病，而身亦不能久延矣。'近溪惊起叩谢，伏地汉下如雨，从是执念渐消，血脉循轨。"②

按，关于罗汝芳遇泰山丈人一说，在时间问题上历来说法不一，其一，方祖猷先生在《罗汝芳集》附录卷中言及："嘉靖三十九年庚申（1560）四十六岁，返京，路经山东临清，忽患重病。倚榻间，恍若一丈人前来，告以身病虽稍康，然心病郁结。导以人之身心，体出天常，随物感通，原无定机，如操持太甚，遂成心结。不悟天体渐失，岂惟心病，而身亦不能久延。听后惊起流汗，执念渐消而病愈。"③其二，罗伽禄先生在《一代思想大师罗汝芳》一书中提及："嘉靖三十二年癸丑（1553），三十九岁，梦泰山丈人，作《泰山丈人》一文。"④（没有给出证实材料）参见《罗汝芳集》附录，材料一所得结论与其所举证相悖。然其所记时间与杨起元在《明云南布政司左参政明德夫子罗近溪先生墓志铭》中所述事实有一定相关性："庚申，出审大同、宣府狱。沈青霞

---

① （明）罗汝芳：《罗汝芳集》，第 653 页。
② （明）罗汝芳：《罗汝芳集》，第 860—861 页。
③ （明）罗汝芳：《罗汝芳集》，第 898 页。
④ 罗伽禄：《一代思想大师罗汝芳》，南昌：江西高校出版社，2009 年，第 256 页。

炼者,严氏冤害之也,死而株连甚众,皆欲杀之,夫子悉从轻减。比返,过鲁,问道于泰山丈人,学益进。"①而罗伽禄先生所述时间与近溪作《泰山丈人》中记言几近相同。只是罗汝芳在文中并未提及时间,故罗伽禄先生作年谱中该条目当据李贽《参政罗公》及周汝登《圣学宗传·罗汝芳》。按周汝登以上所记泰山丈人语与庚子年间颜山农所言"制欲非体仁"之旨趣相近。实则是心学家"破除执念"的逸闻事例。既是逸闻,近溪本人未交代具体时间,就有两种可能,其一,不能确证杨起元所述一定有误,梦泰山丈人该件事是否真实发生只有近溪本人可证。其二,有可能二者所言是两件事,况杨起元所记并非如他人之言那般"神秘",极有可能是现实之事,于此,就要考证嘉靖三十九年,是否如罗汝芳自云"四十有六而证道于泰山丈人"②,且此泰山丈人是否真有其人。

2. 与黄载明论学,黄以周子、朱子之后学比拟近溪。

罗汝芳《晋江黄教授墓志铭》载:"忆癸丑之春,余廷试北上,公以贡候教职,忽遇寺僧,闻余论有当于心,跃然起拜曰:'良晤真不偶耶?昨梦朱子赠以玉圈盈尺,谓为周子所遗者,兆固先寤寐间矣。'聚首不间者数月。……公讳日煦,字载明,世居晋江之行春里以北向清源山,因别号得云山。"③

3. 廷试中式(三月十五日廷试),逢京师"灵济宫大会",集众人联讲两月。

曹胤儒《罗近溪师行实》:"癸丑,廷试中式。时内阁存斋徐公、部院双江聂公、南野欧阳公、俨山周公,皆以兴起斯学为己任者,乃定会所于灵济宫,师集同年桂岩顾公①、近麓李公、洞阳柳公、望山向公、一吾李公,会试同年昆湖瞿公②、泽峰吴公、浑庵戴公、少龙贺公、敬所王公③,旧同志善山何公④、西吾张公、吉阳何公⑤、浮峰张公⑥、芳麓王公数十百人,联讲两月,人心翕然,称盛会也。"④

按,与会人物考述如下:

①桂岩顾公,顾阙是也,字子良,号桂岩,湖广蕲州(今湖北蕲春)人,嘉靖三十二年进士。

②昆湖瞿公,瞿昆湖,瞿景淳是也,字师道,号昆湖,嘉靖二十三年进士。

---

① (明)罗汝芳:《罗汝芳集》,第 921 页。

② (明)罗汝芳:《罗汝芳集》,第 924 页。

③ (明)罗汝芳:《罗汝芳集》,第 650 页。

④ (明)罗汝芳:《罗汝芳集》,第 836 页。

③敬所王公,王宗沐是也,字新甫,号敬所,浙江临海人,嘉靖二十三年进士。

④善山何公,何善山,字性之,号善山,初名秦,江西雩县人。

⑤吉阳何公,何迁是也,字益之,号吉阳,德安(今湖北安陆)人,嘉庆二十年(1541)进士。

⑥浮峰张公,张元冲是也,字叔谦,号浮峰,山阴(今浙江绍兴)人,嘉靖十七年三甲二名进士。

4. 夏,除太湖令。

罗怀智《罗明德公本传》记:"癸丑,廷试不就,中秘选授太湖令,志亲民也。先是邑多盗,公修渤海之政,以道化之,盗悉平。"①

曹胤儒《罗近溪师行实》载:"是夏,领选尹太湖。时蕲黄、英山多盗,白日流劫湖民,近界者不胜其害。江防使者遣兵戍其地,民滋弗宁。师廉得其实,迨抵任,则人情汹汹,递相告急。师往谒当道,密画事宜,谓当道撤巡兵,次缉渠魁,不必纷纷,庶境土可净,民生可安也。当道允之。贼见官兵既撤,又观师日以讲学化民,遂以新令怯弱为幸。师知其懈曰:'此之弗图,将无及矣。'即率民勇星驰之盗处,潜住民间瞰贼。是夕,贼方集一所,张灯作乐欢饮。时率壮士突入,即席擒缚有名贼首七人,余党惊遁。师晓谕抚安,远近帖然,积年之寇,俄顷平焉,人以为神。所至集父老从容诲训之,于是小民闻风争持果酒,叩道傍求。见湖赋素难办,因与之约,悉得诣县自纳,设柜于门,民甚便之。复流移、修庠序,令乡馆师弟子朔望习礼歌诗,行奖劝焉。立乡约、饬讲规,敷演《圣谕》六言,惓惓勉人以孝弟为先行之。期月,赋日完,讼日简,闾阎颂声,台司荐疏籍籍也。"②

嘉靖三十五年丙辰(1556) 四十二岁

与宋仪望、何吉阳、胡庐山、邹颖泉等在京联合同志聚会讲学。

宋仪望《华阳馆文集》卷二《赠大理右少卿吕公迁南光禄卿序》记:"予自丁未登第,则有若南野欧公为礼侍,与诸同志为会,辩论切劘,至日暮不暇休。乃后诸君子亦去来无常,而同志之会,岁或举行之,已辄罢去。丙辰冬,予与沃洲吕君相遇于淮,慨然以斯会散落为念。至则吉阳何君为太仆少卿,乃与罗子惟德、胡子正甫、邹子继甫辈复订前会,自卿寺以下,常至六七十

---

① (明)罗汝芳:《罗汝芳集》,第830页。

② (明)罗汝芳:《罗汝芳集》,第836—837页。

人,而又间为小会。则惟予与何、吕二君,企二三子也。"①

嘉靖三十七年戊午（1558） 四十四岁

1. 结识耿定向于京邸,与胡庐山、邹颖泉相与论学。

耿天台《近溪子集序》云:"盖余自嘉靖戊午获交罗子,于时,罗子谈道直指当下,令人反身默识,不效世儒者占占然训解文义,譬则韩白用兵,直捣中坚,搴旗斩将,不为野战者。"②

2. 接詹觉野（乐安詹氏族人）于京师。

罗汝芳《乐安衙背詹氏谱序》记:"詹氏在抚之乐安,盖名宗云。……乃嘉靖戊午,余接觉野外翰于京师。"③

3. 詹讷斋（字全卿,詹事讲父）以四川邛州学正起服来京,与之见。

罗汝芳《詹讷斋传》:"嘉靖戊午,余官比部,乐安讷斋詹公,以四川邛州学正起服来京,同诸缙绅谈学于灵济、广慧之间。余见公之向往真切,议论恳至,奋然以道为己任,因数过往。公间出所藏稿观之,中与同志答问语独居其半。余叩所自,公曰:'吾昔游东廓先生之门,周旋双江、念庵、三五诸公间,每有所闻则书,闻而有疑则书……'余因次序其稿归之。"④

嘉靖三十九年庚申（1560） 四十六岁

1. 违当道（分宜父子）之意,与鹤楼三公、耿楚侗处多日。

曹胤儒《罗近溪师行实》载:"嘉靖庚申,分宜父子横恣,海内士大夫皆不平。鹤楼张公、悟斋吴公、幼海董公,并疏论之,朝廷震怒,下狱议戍,继而楚侗耿师疏论吴冢宰。时陆锦衣搜索唆谋,同志股悚,师独就鹤楼三公于部狱,同寝处者四五日,就耿师于朝房,同寝处亦四五日,众皆以昏蒙弗识诲忌为诮,而不知师德义之勇类如此也。"⑤据《明清进士录》载,材料中所提陆锦衣,陆炳是也,其字文孚,浙江平湖县人。

2. 在京,晤邹鹤山、何心隐。

《何心隐集》卷四著录《与邹鹤山书》,其中云:"为讲学被毒事。且以元为

---

① （明）宋仪望:《华阳馆文集》卷二,第 312 页。

② （明）耿定向:《耿天台先生文集》卷十一,第 283 页。

③ （明）罗汝芳:《罗汝芳集》,第 461—462 页。

④ （明）罗汝芳:《罗汝芳集》,第 605 页。

⑤ （明）罗汝芳:《罗汝芳集》,第 838 页。

名教中罪人,诚有罪矣。然肆毒于元者,不以名教罪罪,而以妖逆罪罪。……元于庚申秋,得一面鹤翁于近溪罗兄宅,再面于程二蒲宅,不觉有毒讲学者毒元也。"①

嘉靖四十年辛酉(1561) 四十七岁

巡抚浮峰张公,檄有司扁其崖曰前峰书屋。

罗汝芳《从姑山前峰书屋乞言状》记:"庚戌夏,先府君携不肖步自山麓。时寺宇既毁,岩洞廓如……乃依岩下泉池结茆为小斋。岁时伏腊,常携诸子姓栖息其中。结里之耆旧数十辈为诗社,清会宴坐,外事了无相涉,独弦诵之声时时溢于石外。四方来学者,闻风日集。辛酉,巡抚浮峰张公,檄有司扁其崖曰前峰书屋。"②

嘉靖四十一年壬戌(1562) 四十八岁

1. 增置退省所于水西书院宝胜寺左门东向。

《宁国府志》(《中国方志丛书》第八七号)卷十九《学校志》载:"水西书院,一曰水西精舍,在宝胜寺右,前为门三楹,中为明道堂,后为熙光楼各五楹,左右为两厢各三楹,外号舍二十楹,楼后石梯十级为仰止堂,祀朱、王二先生。明嘉靖壬子督学御史黄洪毗、知府刘起宗、知县邱时庸建,祭酒邹守益记。壬戌,知府罗汝芳增置退省所宝胜寺左门东向,前为明德堂五楹,后为思默楼五楹,皆南向,其后于明德堂祀郡守刘起宗、罗汝芳,曰怀德祠。万历初初毁,丁亥知县张尧文复建。"③

2. 守宁国期间,与耿楚侗往来谈学,且与何心隐曾有会面。

罗汝芳《晋江黄教授墓志铭》记:"壬戌,余出守宁国,公(黄载明)复补高邮。一日,余谒学院楚侗耿公,亟称公不置。余因进曰:'固某旧知也,得无少衰乎?'"④《何心隐集》卷四《上祁门姚大尹书》:"……及辛酉,又自北而南,则与钱怀苏朝夕讲所学,且同南游福建,访于林,其林名号不暇上于书也。而钱其名则同文,其官则刑部郎也。……入宁国,会罗近溪,官知宁国者。时元被已故严相毒,即同今日密拿毒,幸罗幸钱得免其所毒者。……钱乃不

---

① (明)何心隐:《何心隐集》,北京:中华书局,1960 年,第 83 页。

② (明)罗汝芳:《罗汝芳集》,第 690—691 页。

③ (清)曹铨等修,洪亮吉等纂:《宁国府志》卷十九,第 613 页。

④ (明)罗汝芳:《罗汝芳集》,第 650 页。

得已复官,而以夫马送元往耿衙。而耿又以舍人送元旋湖广孝感,同程二蒲名学博官知重庆者入重庆,相朝夕讲学三年矣。……刻有《重庆稿》可据。"①按辛酉年间,罗汝芳尚未任职宁国,由此推知何心隐应是其后访友归途中经宁国访近溪。又据何心隐所记,罗汝芳前后营救心隐两次,其一是在任职宁国时期,其二是于万历七年己卯年间。

嘉靖四十二年癸亥(1563)　四十九岁

1. 治宁国,有《宁国府乡约训语》传世,收录于《罗近溪先生乡约全书》,其中记:

直隶宁国府为地方保甲事:嘉靖四十二年三月初四日,准本府知府罗关节奉各院剖案申明前事,除先通行外,窃照守令之设,职在亲民,保障之功,机存易俗。惟上之礼教未崇,斯下之向方无定,今府属各县讼狱日烦,寇盗时警,家殊其俗,肆争竞以相高,人各其心,逞刁奸以胥虐,是宜各院勤拳多方督切。但法立则弊生,每画一之为难;执令则情隔,必大同之是贵。爰循古人乡约之规,用敷今日保甲之意。事先体要,敦德礼以洁治源,而章程则在所略;行务融通,萃人心以端趋向,而讥察则居其次。待斯人以长者之风,弼明时以隆古之化,庶仰副各院德意,而少塞本府责任也。等因关府,已经申呈抚按两院详允遵行外,为此,今将条约刊刻于后。②

2. 修宣城县学。

《宁国府志》卷十九《学校志》记:"宣城县,县学在府治西南大成殿五楹左右……嘉靖四十二年知府罗汝芳修。"③

3. 修茸南陵、泾县等地城池。

《宁国府志》卷十四《营建志》载:"南陵县,嘉靖四十二年知府罗汝芳,知县郜永春始建城垣。万历九年知县沈尧中请增高三尺……泾县,嘉靖四十二年,知府罗汝芳、知县陈廷芝始筑城三面环濠,西临大河,石堤护脚。万历二十四年,知县陈大绶自西门至北水关重筑石堤十余丈。"④

---

① (明)何心隐:《何心隐集》卷四,第77—78页。
② (明)罗汝芳:《罗汝芳集》,第750页。
③ (清)曹铨等修,洪亮吉等纂:《宁国府志》卷十九,第607页。
④ (清)曹铨等修,洪亮吉等纂:《宁国府志》卷十四,第458页。

嘉靖四十三年甲子(1564)　五十岁

1. 暮春,邀王龙溪赴宁国"宛陵会"。

王畿《宛陵会语》中载:"近溪罗侯之守宣也,既施化于六邑之人,复哀六邑之彦,聚于宛陵,给之以馆饩,陶之以礼乐。六邑之风,蹶然震动。甲子春暮,予以常期赴会宛陵。侯大集六邑之士友长幼千余人,聚于至善堂中。先令歌童举乐合歌,以兴众志。"①

按,宛陵,宣城雅称,现位于安徽省东南部,与江浙接壤,东连天目,南倚黄山,西靠九华。此外,该条目亦见于《王畿集》卷十六《书顾海阳卷卷》:"甲子暮春,予赴宁国近溪罗侯之会,遇海阳顾子于宛陵。谈及黄山天都温泉之胜,欣然命驾,由水西抵太邑,遍观弦歌之化,信宿合并,意廓如也。"②与上述材料相合。六邑,指当时宁国府治下六县:宣城、泾县、太平县、宁国县、南陵县、旌德县。此次"二溪"之间的会面甚为愉快,龙溪又有作《寿近溪罗侯五秩序》,其文曰:

嘉靖甲子暮春,予赴近溪使君之期,相会于宛陵,晨夕证悟,颇尽交修,且得观菁莪之化,闻弦诵之声,若身际武城而神游中阿之曲,可谓千载一时之盛矣。浃辰,复过水西,于诸友为信宿之处,贡子玄略、周子顺之、王子惟祯辈率诸友,请于予曰:"近溪公莅宣州,以万物同体之学,施化于六邑,其视六邑之人,若一家之子弟,无不欲煦养而翼诲之。其于水西诸生,尤嘉惠栽培,若楚之有翘,将藉此以为六邑之倡也。诸生感德于公尤深,且至五月二日,值公五秩初度之辰,诸生称觞致祝,不敢后于六邑之人。公之知心,莫如先生,敢蕲一言,以侑觞祝。"予曰:"可哉,斯固予之情也!"既历天都、黄山,假馆于紫阳之墟,方期构思属稿,忽假寐若告予曰:"子欲为罗君寿乎?鸢飞戾天,鱼跃于渊,诗人咏诗,可以致辞矣。"予醒而讶之,有是哉,信乎精诚之通也!使君之学,粹莹冲和,同体万物,中心洞然,无局府之隔,外境超然,无形迹之滞,燕笑容与,意度融豁,信有渊鱼之活泼。其施化于六邑也,彦而秀者既授之馆,而敷教之,在野而凡者,复为之约,而训饬之。虽穷乡僻壤,使君之精神无不流住,若三尺之童、垂白之叟无不被使君之膏泽,而思有以自淑也。盖使君之心,以六邑之心为心,六邑之人有一不化于善,使君之心歉然若

---

① (明)王畿:《王畿集》卷二,第43—44页。
② (明)王畿:《王畿集》卷十六,第475页。

有所未尽也。一时作人之盛，所谓成人有德、小子有造，庶几近之矣。信乎梦之为觉，而精诚之通，有以也。使君自南宫中选，不就廷试十年，庭除唯诺，谕亲以道，训子弟以义，方修身以教于家者，植根既深且久，故其发之于用，畅达扶苏，有同于甘棠之蔽，而人自德之。尝观使君教人，使人当下识取，不作拟议，不涉安排，不间以凡心，盖一念真机，神感神应，非人力可得而与也。才作拟议，才涉安排，即非神机之感应。使君以此得悟，即以此教人，出之有本，不徒声音笑貌之为。以故六邑之人，皆能信使君之心，熏炙于道义，而感之尤速也。吾人知使君之化，方知使君之学，所以为使君之寿者，不外学而得之矣。①

2. 修庙学。

《宁国府志》卷十九《学校志》载："庙学在府治东南……嘉靖四十三年知府罗汝芳修。"②

3. 建志学书院，联合士民、缙绅、诸生大举讲会，参与者有汪周潭、贡受轩、周都峰、屠坪石、查毅斋等。侍坐听讲者有沈懋学、徐大任、萧彦、詹沂、赵士登、郭忠信。

曹胤儒《罗近溪师行实》："师之宁国……建志学书院。堂事稍毕，即集郡缙绅，周潭汪公、受轩贡公、都峰周公、坪石屠公、毅斋查公辈，相与讨论。郡邑庠生侍坐听之，人各感动其中，奋发兴起者，如沈子懋学①、徐子大任②、萧子彦③、詹子沂④、赵子士登、郭子忠信等百余人。"③

按，人物考述如下：

①沈懋学，字君典，号少林，南直隶宣城（今安徽宣州）人，万历五年进士，著有《郊居遗稿》。

②徐大任，字重夫，号觉斋，南直隶宣城县（今安徽宣城）人，隆庆二年进士。

③萧子彦，萧彦，字思学，号念渠，安徽泾县人，隆庆五年进士。

④詹子沂，詹沂，字浴之，号鲁泉，安徽宣州人，隆庆五年进士。

另外还需要说明的问题是，关于志学书院的修建时间历来争议颇多，《（光绪）重修安徽通志》卷九十二亦载："志学书院在府北景德寺后，明嘉靖

---

① （明）王畿：《王畿集》卷十四，第 395 页。
② （清）曹铨等修，洪亮吉等纂：《宁国府志》卷十九，第 597—598 页。
③ （明）罗汝芳：《罗汝芳集》，第 838 页。

四十三年提学耿定向、知府罗汝芳、推官李惟观建,有会讲堂,左右号舍四十楹,书院西为宛陵精舍,嘉靖四十三年知县姜台建,今并废。"①然《王文成公全书》卷之三十五《附录》四却记:"四十二年癸亥四月,先师年谱成……八月提学御史耿定向,知府罗汝芳建志学书院于宣城祀先生。洪畿初赴水西会过宁国府诸生周怡、贡安国、梅守德、沈宠、余珊、徐大行等二百人有奇,延至景德寺讲会,相继不辍。是年畿至,定向、汝芳规寺趴地建祠立祀。于今讲会益盛,后知府钟一元扁为'昭代真儒'遵圣谕也。"②经考钱德洪、王畿于嘉靖己酉赴"水西会"已会过宁国府诸生周怡、贡安国、梅守德、沈宠、余珊、徐大行等人,且《阳明年谱》确成于四十二年,该年六月钱绪山曾携《谱》请《序》于罗洪先,然关于志学书院的建立时间,疑为四十三春竣工,王畿讲学宁国亦是甲子年间。于此,钱德洪所编阳明年谱无论是关于阳明事迹,还是对阳明后学的诸多活动记录,多有疏漏之处。

4. 冬,入觐途中,与耿天台讲学于南京明道书院。管志道、曹胤儒、李天植、蔡国珍、刘应峰、蔡悉、顾阙、周希旦、张燧、李登、杨希淳、焦澹园、吴自新、金光初、郭忠信、吴礼卿等列席。

《盱坛直诠》载:"嘉靖甲子冬,天台耿师檄不佞胤儒,置之留都之明道书院,勖之以圣学,时与偕者,同里东溟管子志道①及广德冲涵李子天植②。……次日,耿师延罗师于明道书院为会。时与会者,见麓蔡公国珍③、养旦刘公应峰、肖谦蔡公悉④、桂岩顾公阙、鹤皋周公希旦、瓯山张公燧⑤,而儒与管君志道、李君天植及白下李君登⑥、杨君希淳、焦君竑、吴君自新、金君光初⑦、宁国郭君忠信、吴君礼卿侍。"③

按,人物考述如下:

①据《苏州府志》卷一一二《流寓志》载:"管志道,字登之,号东溟,太仓人,后迁长洲,隆庆辛未进士,授南京兵部主事。……张居正夺情议起,修撰沈懋学、检讨赵用贤诒书具疏,皆与志道商定。……志道短小,有口辨,少为诸生,督学耿定向授以学,又与罗汝芳、王璧辈讨论,自谓有得于中庸明哲之义。所著述凡数十种,闳博辨析,大指在以西来之意密证六经,以东鲁之矩

---

① (清)沈葆桢、吴坤等修:《(光绪)重修安徽通志》,《续修四库全书》史部,第652册,第103页。

② (明)王守仁:《王文成公全书》,《四库全书》集部,第1266册,第115—116页。

③ (明)罗汝芳:《罗汝芳集》,第391—393页。

收摄二氏,议者莫不谓其以墨乱儒(焦竑志)。"①

②李天植,字性甫,号冲涵,广德人,隆庆五年进士,曾受学罗汝芳,亦为龙溪门人。

③蔡国珍,字汝聘,号见麓,江西奉新人,嘉靖三十五年进士。

④蔡悉,字士备,号肖谦,又号符卿,谥文毅,安徽合肥人,嘉靖三十八年进士。

⑤张燧,字和仲,湖南潇湘人。

⑥李君登,李登,字士龙,上元(今南京)人,善诸类书法。

⑦金君光初,金光初,字玄予,江宁(今南京)人。隆庆元年举人,善真、行书。

5. 入京,以乡故身份探望严东楼。

罗汝芳《语录汇集类》记:"严东楼有母之丧,耿楚侗公巡按陕西,差人入吊,托子致礼,且曰:'厚薄随在酌量。'子以二绢、二葛付差人往送东楼,帖呈介溪相国,介溪欣然,言于存斋,以为难得,遂有南督学之命。次年,东楼下狱,众莫敢近,子独以乡故看侍。"②按严世藩于1564年被劾入狱,故推此年近溪确有在京探访严氏之举。

嘉靖四十四年乙丑(1565) 五十一岁

1. 回宁国,竣工南陵县儒学。

《宁国府志》卷十九《学校志》载:"县学在县治东即崇教寺旧址大成殿……嘉靖四十年改移县东,未及修葺。(嘉靖)四十四年知府罗汝芳、知县郜永春终其事,会学南民房被火,便买前地,扩为明堂。"③

2. 募修景德寺塔。

《宁国府志》卷十四《营建志》载:"景德寺在府治北陵阳第三峰……嘉靖乙丑知府罗汝芳重募修塔。"④按罗汝芳在宁国期间的施政情况在地方志及史料中都有相关记载。有言其好施,张萱《西园闻见录》卷十七记:"罗近溪公任宁国府时,一日谒耿公定向,喜动颜色随附掌,自鲁曰:今日一大愉快

---

① (清)李铭皖等修,冯桂芬等纂:《苏州府志》(光绪九年刊本),《中国方志丛书》华中地方(江苏省)第五号,第2623—2624页。

② (明)罗汝芳:《罗汝芳集》,第421页。

③ (清)曹铨等修,洪亮吉等纂:《宁国府志》卷十九,第610页。

④ (清)曹铨等修,洪亮吉等纂:《宁国府志》卷十四,第471页。

事。耿问曰何事,曰:近贫宗有十数人以饥荒远来乞,周比馈俸,施散殆尽,家大人以下及诸眷属无一阻挠我者,为是岊然耳。耿公曰:'难哉,罗公精神通于一家矣,余徽天之幸父母兄弟妻孥原自一心,从来出纳施予更未经余,相忘而不知为可喜矣。'"①然余继登《淡然轩集》卷二《覆杨止庵疏》又载:"及闻其守宁国,日集诸生会文讲学,民讼者至,则令其跌枷公庭,敛目观心学佛自慈悲为善,一时士悦之,僧道徒归之。不吝库藏,里甲供饷馈赠故,归者如市。及库藏侵缺,推官李惟观征里甲代偿,抚按谢登之等参论,凡政务法纪悉宽,吏书通同为奸贻害,蔀櫆于时。臣里亲监生戴珍为南陵县丞,初官被访,珍以金带篚银馈赠,即受而服之,珍固感之,每谓臣言,臣心偕里人薄之。"②

还需要说明的是,罗汝芳在宁国期间,其交游之广泛,也为其学在安徽的传播和发展奠定了良好的基础,除上文提到的陈履祥对近溪歌诗论学的继承及其对宣城心学的开创之功,文献史料中也有其他重要记录,比如嵇璜《续文献通考》卷一百七十七记:"马大壮《天都载》六卷,大壮字仲复,徽州人,罗汝芳门人。"③程嗣章《明儒讲学考》记:"贡安国,字符略,号受轩,宣城人,仕至知州,师欧阳德、王畿。门人同邑沈宠,字思畏,号古林,嘉靖十六年举人,仕至广西参议,安国又命崇师欧阳德、王畿。罗汝芳知宁国府,创讲会,御史耿定向聘宠与梅守德主其席,守德字纯甫,号宛溪,嘉靖二十年进士,仕至云南参政,守绍兴时,重修阳明讲堂,以王畿主之。"④过庭训《本朝分省人物考》卷三十六《南直隶徽州府》记:"布衣程弘忠,字汝一,别号天津,歙人……年二十九师王心斋于泰州,遂专意问学,三年欣然有得,因涉历四方,偏从邹东廓、王龙溪、罗近溪、耿楚侗考业,一时贤硕咸嘉乐焉。后游衡越,鲁植斋延之书院数年。所至启发,人无贤愚,必有兴起。万历癸酉,自衡之粤谒陈白沙、湛甘泉墓,还,疾作,卒于广城书院,其学宗心斋,而自经参悟,不为依傍,学者乐就之,衡阳人士绘像,祀石鼓书院,鲁植斋侍郎尤信服之,至祀于家云。所著有《雅音集》。"⑤马其昶《桐城耆旧传》卷四中载:"夏孝子,

① (明)张萱:《西园闻见录》,《续修四库全书》子部,第1168册,第447页。

② (明)余继登:《淡然轩集》,《四库全书》集部,第1291册,第797—798页。

③ (清)嵇璜:《续文献通考》,《四库全书》史部,第630册,第380页。

④ (清)程嗣章:《明儒讲学考》,《四库全书存目丛书》子部第29册,第614页。

⑤ (明)过庭训:《明分省人物考》,周骏富主编:《明代传记丛刊》,台北:明文书局,132册,第326—327页。

讳子孝,本名恩……初汉川张甑山先生绪,字无意,署桐城教谕,以性理之学倡士,孝子闻而慕之,又出从王龙溪、罗近溪、耿楚侗诸先生游。"①卷五又载:"汪参议讳国士,字君酬,崇祯四年进士,授福建闽县令……父讳世澄,受学罗近溪,故其学有原本,尤耽吟咏。"②《宁国府志》卷三十《人物志》载:"黄志衮,字补之,孝友,寡言笑,慎蹈履。入郡庠为郡守罗近溪所深器。以子一腾贵膺封秩,终身布衣徒步,迎养于官,不往。与人交,蔼然无忤。抚孤侄如子。族弟某坐冤系,志衮衣食其老母并营救得白。晚年游眺林野,与同人歌咏自适焉。"③

嘉靖四十五年丙寅(1566)　五十二岁

1. 以问学至抚之乐安,开讲郁林寺中,期间为乐安古塘陈氏作谱序。

罗汝芳《乐安古塘陈氏谱序》记:"岁在丙寅,余以问学至抚之乐安。今益府教授台峰陈君,暨邑诸缙绅,延于开讲郁林寺中。每会,则陈之子姓毕集,其诸隽之游余门者,复锐志敏修,直肩圣绪,尤大非他姓比。"④

2. 与华容令曾礼对榻弥旬。

罗汝芳《华容令传》载:"公姓曾,讳礼,字子和,别号紫崖,其先鲁人也。……知公师事南野欧阳公,与东廓、念庵、三五诸公游,甚敬事之。……丙寅,余过乐安,对榻弥旬。"⑤

3. 过吉州流坑,董古南、董蓉山二公邀驻讲会。

罗汝芳《乐安黄寄傲墓志铭》记:"丙寅秋,余过吉州流坑,董谷南、蓉山二公邀驻讲会,地去圆溪仅半舍,则闻先辈有黄寄傲翁者实昌厥宗,歉未获一过也。"⑥

4. 合抚州、建昌同志大会于疎山寺,于会上发明达道、达德行之以仪,有《疎山会语》。近溪弟子詹事讲、杜应奎及门。

詹事讲《叙罗近师集后》载:"比丙寅岁,近溪罗先生会讲疎山,录达道、达德,三重、九经,要皆行之以一,而所发一之义甚明且切时,则心若有契,乃

①　(清)马其昶:《桐城耆旧传》,沈云龙主编:《近代中国史料丛刊》第四十一辑,台北:文海出版社,第171—172页。

②　(清)马其昶:《桐城耆旧传》,沈云龙主编:《近代中国史料丛刊》第四十一辑,第258页。

③　(清)曹铨等修,洪亮吉等纂:《宁国府志》卷三十,第894页。

④　(明)罗汝芳:《罗汝芳集》,第465页。

⑤　(明)罗汝芳:《罗汝芳集》,第611—612页。

⑥　(明)罗汝芳:《罗汝芳集》,第652页。

修贽及先生之门,往还将十余载,未之敢怠,惟绎之言,亦未敢忘也。"①

罗汝芳《杜少庵墓表》记:"应奎念遗训,强学为文章。岁丙寅,始从余游,上下周旋,岁不余舍,今且十九年所矣。凡余所论,言下多无扞格。"②

按,疎山寺,即疏山寺。位于抚河右侧,距江西省金溪县浒湾镇四公里。原为吴悌读书之所。吴悌(1502—1568),字思诚,号疏山,学者称"疏山先生",江西金溪琅琚镇疏口村人。嘉靖十一年进士,除乐安知县,调繁宣城,征授御史,隆庆元年迁南京刑部侍郎。其子吴仁度,字君重,明后期古文家,官至工部左侍郎。杜应奎,作为近溪弟子,侍讲罗汝芳十九年,明德公文集的整理、付梓、传世其功劳大矣。

5. 丙寅,接詹养真、詹畏所(皆乐安詹氏后辈)二孝廉于疎山禅寺。

罗汝芳《乐安衙背詹氏谱序》记:"詹氏在抚之乐安……丙寅,复接养真、畏所二孝廉于疎山禅寺,皆志意卓然,以身任斯道者。因造其庐访也。"③

明穆宗隆庆元年丁卯(1567) 五十三岁

1. 乐安县令余公问记,作《乐安县儒学记》。

罗汝芳《乐安县儒学记》载:"乐安县儒学修盖屡矣。……今令余公来莅兹邑,爰录前十三人之义于巡抚周公,咸感异焉。学其旦夕焕然哉!余私识之而去。明天,为今上改元。丁卯,余公乃戒其十三人者来问记焉。"④

2. 秋,晤曾敦吾于华盖山中。

罗汝芳《曾处士传》载:"简庵曾处士以岁甲午卒,越四纪,近溪子始得而传之;传之者,自详其履以风世也。何自而详之?自处士之孙敦吾也。敦吾名惟伦,第甲子乡魁……隆庆丁卯秋,晤近溪子于华盖山中会。意气偶乎,执礼周旋,迄今不舍,遂得与处士成通家。因知其人谨而愿,直而淳,厚而有执,诚无愧于简庵处士之号云。"⑤

万历二年甲戌(1574) 六十岁

1. 甲戌秋,游华盖,取道珠溪,居余氏宅,翼日,其族长王票、庠生时献等

---

① (明)罗汝芳:《罗汝芳集》,第 940—941 页。
② (明)罗汝芳:《罗汝芳集》,第 633 页。
③ (明)罗汝芳:《罗汝芳集》,第 462 页。
④ (明)罗汝芳:《罗汝芳集》,第 534 页。
⑤ (明)罗汝芳:《罗汝芳集》,第 627 页。

出谱请序。

罗汝芳《崇仁珠溪余氏谱序》中云："甲戌秋,余游华盖,取道珠溪,见其峰势盘旋,林木茂密,初循深壑之涯……余氏居其中者数百室,楼观交加,阅阅掩映,宛然仙洞,非人间也。余甚爱之,因留宿不能去。翼日,其族长王票、庠生时献等出谱牒,求余为序,乃知先多闻人。"①

2. 谒华盖,门人王生万善敬饮食之。

罗氏《王澹轩传》载："岁甲戌,余谒华盖,日午下趋,半舍而及其地。门人王生万善敬食之,因接其尊人澹轩者,年岁古稀,心貌淳朴,每一言一动介然不为世俗所移易。"②

3. 秋,讲学鳌溪书院。作《乐安讲会题名序》。

罗汝芳《乐安讲会题名序》载："万历甲戌之秋,余讲学鳌溪,城中各族留会者几一月。时邑侯晋台谢公升任广东,而郡别驾心村汪公来视邑篆,初至即首重学校,进诸生于庭,勉事心学。……故余虽不肖,叨公贽聘,得睹盛举于一堂,并书以引题名册云。"③

4. 讲学鳌溪之上,驻古塘陈时斋中洲园亭。

罗氏《节寿图赞》："旴江近溪罗子,万历甲戌之秋讲学于鳌溪之上,驻古塘陈时斋中洲园亭,见悬祖母毕氏节寿图,因计其子孙繁衍,皆自节寿艰贞贻之,为悚然起敬,命颖赞曰:'有黄其冠,有白其裳。心焉耿耿,发焉苍苍。廿年百岁,日日纲常。佳儿佳妇,曾玄满堂。天也靡忒,报亦彰彰。'"④

5. 冬,至滇,讲学五华书院。

郭斗《刻近溪罗先生会语叙》中云："余与近溪罗公同举癸丑进士,为相国存斋先生门人。……万历甲戌冬,公始以副宪来滇,再得会于滇中。公学益精,力益勤,而从游者日益众,欲倡道西南。会同野李公继至,与公同志,又合并旸谷方公、西岩顾公、禹江张公、渐江张公,□水陈公诸君子,讲学五华书院,日孜孜不倦。诸生不惟得领诸君子文学之教,其所熏陶培养者多矣,幸不大哉!"⑤

---

① （明）罗汝芳:《罗汝芳集》,第 472 页。
② （明）罗汝芳:《罗汝芳集》,第 630 页。
③ （明）罗汝芳:《罗汝芳集》,第 449 页。
④ （明）罗汝芳:《罗汝芳集》,第 598 页。
⑤ （明）罗汝芳:《罗汝芳集》,第 938 页。

万历六年戊寅(1578)　六十四岁

1. 万历戊寅,自燕归,道吴门过曹胤儒庐,时淮安梁君兆明随侍。

《罗汝芳集·语录汇集类》载:"万历戊寅,师自燕归,道吴门,过儒庐时,淮安梁君兆明随侍,谈顷。……儒强夕焉。次早师命驾,儒送吴江之南,师止儒,因夜坐语至宵分,凡平日之所引而未发者,多为儒发之。及曙乃别,师曰:'此学不易,吾子好为之,毋忘昨一宵之言。'"①

2. 归里后,有劝辍讲学免祸者,答以实心讲学必无祸,去官正好讲学。

曹胤儒《罗近溪师行实》记:"戊寅,师归卧从姑山房,远近就学者众。或曰:'师以讲学罢官,盍少辍以从时好?'师曰:'我父师止以此件家当付我,我此生亦惟此件事干,舍此不讲,将无事矣。况今去官,正好讲学。'时严禁讲学,或曰:'师宜辍讲,庶免党祸。'师曰:'人患无实心讲学耳,人肯实心讲学,必无祸也。党人者,好名之士也,非实心讲学者也。'"②

3. 接李万实书札。

李万实《崇质堂集》卷十七文部《与罗近溪年丈书》载:"滇南一别积有岁年,山川修阻,天由一候,兴居惟倾注之私时时飞越耳。近闻解组锦还,得遂初志,知兄以此为乐,而弟亦为兄喜也。金马碧雉胜尝,何以幸为山人一一指点,以当水竹卧游可也。"③

按,李万实,字少虚,其与罗汝芳常有书信往来,除上述引证资料外,其文集卷八又有《次答罗近溪年兄二首》,其一曰:"幽栖一月不梳头,漫拟张衡赋四愁。忽捧瑶函蓬室晓,如闻天乐洞庭秋。春风满座章缝侣,独夜怀人山水洲。百里非遥成阻隔,晴云凉月望悠悠。"④其二曰:"从姑耸拔天际头,烟云怅望使人愁。旧游省记只昨日,精舍峥嵘今几秋。信是真仙依石室,从来高士卧南洲。清标入梦警希阔,故态论心愧缪悠。"⑤

4. 新安潘士藻去华问学从姑。

罗汝芳《勖雪松潘孝廉士藻》记:"万历戊寅,新安潘子去华问学从姑。与语,欣然有得。余喜其笃信澄心,敏而好学;发挥酬答,不无启余,故于其

---

① (明)罗汝芳:《罗汝芳集》,第403页。

② (明)罗汝芳:《罗汝芳集》,第848页。

③ (明)李万实:《崇质堂集》卷十七,《四库全书存目丛书》集部第112册,第263页。

④ (明)李万实:《崇质堂集》卷八,第138页。

⑤ (明)李万实:《崇质堂集》卷八,第138页。

归,书所商订语勖之,且以识久要云。"①

万历八年庚辰(1580)　六十六岁

作《贺封王爵序》。《序》云:

> 维我皇上御极之八年,为万历庚辰四月,制当宇内宗藩嗣服封爵之
> 期。大宗伯以我益世孙潢南殿下礼仪为请。……众谓某是言,不徒于
> 潢南殿下之盛德有当,且于他日之大业有助也,请详书上献,倘睿觉垂
> 鉴,则某等幸甚,盱郡士民幸甚。②

万历九年辛巳(1581)　六十七岁

1. 邹南皋以理学名臣举荐罗汝芳于朝。

曹胤儒《罗近溪师行实》载:"辛巳,邹给谏元标举荐理学名臣。其荐师
语云:'惟道是学,而得失不入于心,逢人必讳,而贤愚不分其类。'郡守敬庵
许公笑曰:'邹黄门可谓善形容近溪者矣。'"③

罗怀智《罗明德公本传》载:"辛巳,给谏邹公元标以理学儒臣荐。"④

2. 太平桥修葺完工,作《南城太平桥记》。记云:

> 余建昌为江藩名郡,郡外有长川自虔州走三百里而来,是为盱姥。
> 盱姥绕郭北行,其东出太平门者,直达闽、广,尤为孔道。……越明年辛
> 巳,适敬庵许公孚远代介石王公之屏来守兹郡,商之二守梧阳郭公鹏、
> 郡判养纯薛公瀚、节推震南传公国珍、南城尹少拙王公以通,谓:"工费
> 浩大,宜访人以司其事。"乃得居民朱某、游某,金谓可任总理,又得禅僧
> 某某,金谓可当募缘。于是匠石竞勤,料用省节,不三月而工成。……
> 诸公谓余颇相协赞,宜为记之。⑤

杨起元《云南布政司使左参政明德夫子罗近溪先生墓志铭》载:"庚辰修

---

① （明)罗汝芳:《罗汝芳集》,第719页。
② （明)罗汝芳:《罗汝芳集》,第490页。
③ （明)罗汝芳:《罗汝芳集》,第849页。
④ （明)罗汝芳:《罗汝芳集》,第831页。
⑤ （明)罗汝芳:《罗汝芳集》,第560—561页。

太平桥。"①又见罗怀智《罗明德公本传》记:"庚辰,修葺太平桥。"②另有罗汝芳《南城太平桥记》中道"越明年辛巳",可知此项工程从庚辰年间持续至辛巳年完工。故于《记》中,近溪感慨:"藐尔桥工,非二禅僧之力于募缘,非二居民之专于督率;即有诸人,而非遇宪司、守令之贤且明以委任而责成焉,亦安望其功之必成,成之必速也如是哉!夫一桥且然,推而治天下可知矣。敢敬记之,以为当大任者告焉。"③

　　3. 郡守介石王公迁副宪滇南观察使,作《送王介石宪副云南序二首》以赠之。

　　罗汝芳《送王介石宪副云南序二首》(其二)记:"今上御极之九载,为万历辛巳,天官卿祇奉简命,迁我郡守介石王公副宪滇南观察使。……博士及诸弟子金谓余言足以壮公行,请书以为赠云。"④

　　4. 张司空心吾(讳楷)公访子从姑。

　　《罗汝芳集·语录汇集类》载:"辛巳,外父张司空心吾(讳楷)公访子从姑,别久欢饮,醉,遂共榻。……子曰:'君之心神微妙,如何一发便能通得?手足疏散,如何一发便能收得?声音寂静,如何一发便能发得?细细看来,不止一身,即床榻亦因震撼,苍头俱为怖惊,推之风云互入,霄壤相闻,而即外窥中,可见头不间足,心不间身,我不间物,天不间人,满腔一片精灵,精灵百般神妙,从前在心而为君之知,在身而为君之事,在生而为君之少而壮、壮而老,莫非此个灵体。乃一向闪瞒,莫测底衷。譬如寄养儿童,于亲生父母偶遇人言说破,则识认欢欣,其情不可想耶!'外父跃然有省。"⑤

万历十年壬午(1582)　六十八岁

1. 邓以赞来访于里中,近溪弟子左宗郢同席。

　　《歜庵集》卷三《邓文洁佚稿序》载:"万历壬午,文洁先生(案,即邓以赞)以册使至盱,谒明德罗先生于里中。时宗郢以小生与讲下。明德之诲人,如裴旻舞剑,遇空便斫,欻忽晃朗,令人意失。而文洁敛颜终日,问答俱丧,若

---

① (明)罗汝芳:《罗汝芳集》,第 923 页。
② (明)罗汝芳:《罗汝芳集》,第 831 页。
③ (明)罗汝芳:《罗汝芳集》,第 561 页。
④ (明)罗汝芳:《罗汝芳集》,第 492—493 页。
⑤ (明)罗汝芳:《罗汝芳集》,第 411—412 页。

养叔之善息,韬弓服矢,而巧力跃如。"①

按,左宗郢,曾燠《江西诗征》卷六十一载其"字景贤,号心源,南城人,万历十七年进士,由御史历太常少卿,所至有声,少从罗近溪、邓潜谷学,及殁为之请谥。居乡多义举,以所藏书三百七十种贮郡学。著有《景贤集》《焚余疏草》《麻姑山志》"②。

2. 作《临川傅氏十族祠田记》。

《记》中曰:"……壬午岁,元和追思先生心所未竟,出田入祠以供祀事,其为谋诚远而为意诚厚矣。十族之人既议报先生之功,迎木主祀诸祠中。又恐没元和继述之善,请余文刻石祠左。"③

万历十二年甲申(1584) 七十岁

1. 访邹颖泉于安福,趋永新访颜山农,适太和访胡庐山,又与张敬斋同舟剧谈。

曹胤儒《罗近溪师行实》:"秋,从永丰入吉安,访塘南王奉常。王试问玄门之学……过安福,访颖泉邹公。至永新,拜山农颜公。适太和,会庐山胡公。师曰:'此行了数十年期约。'敬斋张公北上,邀师同舟剧谈。张后语人曰:'近老说书,真俟百世圣人而不惑,幸善绎之,人毋泥旧闻作障也。'"④

按,张敬斋即张岳,浙江余姚人,字汝宗,号龙峰,世称"静斋先生",据《明清进士录》记,其乃嘉靖三十八年进士,授行人,万历间为南京右金都御史,因张居正"夺情"事发,岳上疏"宜令奔丧"遭贬,后再起,官至刑部右侍郎。

2. 邹元标再次举荐近溪于朝。

《邹忠介公奏疏》卷一《敬采舆论共推士品恳乞查明录用昭雪疏》记:"臣于本月初九日,阅户部都给事中萧彦疏,为荐举边才,末因荐及数臣以为默移世道,维持士习,乞并抡擢以风天下。臣三四读,未尝不服其卓识闳议,臣最驽钝,髫年闻海内缙绅有则古昔,谭先王者,辄手记心存之,附膺衡茅冀诸臣骎骎向用已,而睹其中道扼塞心,甚惜之,承乏该科欲陈忠陛下之日久矣。戚友止臣丛忌,臣蓄而未言,比见萧彦疏论深剀触。臣愚忠,且进退人才系

---

① (明)邓以赞:《歇庵集》卷三,《续修四库全书》集部,第 1365 册,第 222 页。

② (清)曾燠:《江西诗徵》卷六十一,《续修四库全书》集部,第 1689 册,第 342 页。

③ (明)罗汝芳:《罗汝芳集》,第 565 页。

④ (明)罗汝芳:《罗汝芳集》,第 849 页。

臣职掌,臣感切不能自己,谨捃臣所睹记者,一一为陛下陈之……访得原任福建巡抚耿定向,洞彻道源力维名教,以成就人才,为真修而质行,式端乎表率,以康济民生,为实学,而经画允协于机宜;原任太仆寺少卿魏时亮,器宇温粹,问学端平恬约如处子,当官有不夺之操,贫素如儒生,居隐有自得之味;原任广东按察使胡直提身端介,研道精深,志存海宇,动止必追古人,学博典坟,著作可垂来祀;原任云南参政罗汝芳,性资超脱,行谊高贞,惟道是慕,富贵功名不入其心,逢人必诲,贵贱贤否,不知其类;山西参政王时槐,秉心幽静,赋器严凝,复性以为志,言行不诡于闲洞,欲以为功,生产不撄其虑……万历十二年二月二十日奉圣旨吏部知道。"①

3. 建洞天楼房,按院韩国祯以地方人才荐。

曹胤儒《罗近溪师行实》:"甲申,师七十,远近学者毕来称贺多有挈家就学者,师建洞天楼房居之。大会月余。……是岁,按院珠泉韩公荐地方人才,其荐师语云:'兴味超然物表,志趣迥出尘埃。雅淡性命之宗,日起清修之誉。'"②

4. 复从乐安如吉,登舟圆溪之浒。太学生圆柱、庠生镇等数十辈济济相迎,问之皆寄傲翁后昆也,后受其族长静庵等请,为之作铭。

罗汝芳《乐安黄寄傲墓志铭》记:"兹岁甲申,余复从乐安如吉,登舟圆溪之浒。太学生国柱、庠生镇等数辈济济相迎,问之皆寄傲翁后昆也。余见其礼仪彬彬,气象谦冲,大殊他姓。少焉,族长静庵率长幼持《谱》进曰:'黄氏始祖自庐陵刺史以来,代续簪缨,或为提刑,或为守令,或典教庠,咸有德泽以及士民,然皆生治世,为力不难。独我寄傲翁当元季荒乱,兵旅纷纭,乃以布衣全活乡间,庇奕宗党,其豪杰则出人头地万万矣。虽缙绅曾公子启、何公伯善、王公翊、董公子庄、罗公恢、邹公幼亨等于所居寄傲轩为文表记,而墓铭独缺,甚非所以扬前休迪来许也。敢陈币以请。'余不敢辞,按《谱》《志》而铭之。"③

5. 为柳巷佛塔撰铭文。

吴长元《宸垣识略》记:"柳巷在西城,今西直门草厂地有此名。笑岩德宝禅师生都下,受法于玉泉明聪,万历初居西城柳巷,人罕至者。一日有梵僧来参,亚身翘袖作种种相,师以柱杖画字,随方答之,僧作礼腾空而去,弟

---

① (明)邹元标:《邹忠介公奏疏》卷一,《续修四库全书》史部,第 481 册,第 34—36 页。
② (明)罗汝芳:《罗汝芳集》,第 849 页。
③ (明)罗汝芳:《罗汝芳集》,第 652 页。

子问:'适来僧问何?'法师曰:'此阿罗汉西天秘密语也。'云栖株宏曰:'予尝游京师,参笑岩于柳巷,败屋数椽,僧数辈而已。'其高致可想见。此塔在小西门,万历十二年立,塔铭云南布政司参政罗汝芳撰。"①

二、罗汝芳佚文辑考

1.《中国方志丛书》华中地方(江西省)第一○一号著录清札隆阿等修、程卓梁等纂《宜黄县志》(道光五年刊本)卷三十一之三《艺文·记》,页 435 载罗汝芳《重修宜黄县学记》:

> 宜黄县儒学旧在凤山之阳,嘉靖元年乃置,今所虽见昔加壮,然事出重迁,工多简略,庠舍久且就圮。岁丙寅,邑侯苏溪俞君莅政之初,首事德教,乃捐俸修葺,自文庙堂斋以及两庑焕然增观。数月工毕,使状求记,且曰:顾有言以相勖也。予阅状得旧记二通,一则南丰曾先生记初建于有宋,一则一峰罗先生记重修于我明者也。今君之功固于前修为有光,不肖如余,则安敢面见颜于二先生后邪?然俞君之嘉惠后学意则未可虚请,以前名言为诸生申之。夫谓先王联学校,群师儒,明章礼教,共相循习,其大要务使人人学其性,不独防其邪僻放肆焉。南丰之称述古先,诚博观概举而识其大者矣;一峰则于邪僻之防,利欲之肆独加意焉,又何其严切而笃实也哉!夫性之在吾人一也,亲则知爱焉,兄则知敬焉,孩提顾咸能之,至其长则或成德于圣贤之归,或悁淫于不肖之极,相去不啻倍蓰者,何哉?学不学之故也。然则学者率吾应感之常,以端其好恶之分,又察乎彝伦之懿以明慎于出入之方,则知先王礼训之陈典常张设周至详密非有益于所性也。固将尽吾爱敬之良,以同于圣贤之归焉,耳其所欲、所好有甚于势利之私万万者。其时之所际,或出或处,皆脱然蝉蜕于浊之表,岂复有一毫可入于其中哉!岂尽性之外又有他学哉!是故必如斯而后二先生立言之旨,惟诸生共勖之。俞君,括苍人,名世美,苏溪,其别号云。

2.《大正新修大藏经》第四十八卷《诸宗部五》著录《万松老人评唱天童觉和尚颂古从容庵录》,页 226 载罗汝芳《从容录重刻四家语录序》:

---

① (清)吴长元:《宸垣识略》卷八,《续修四库全书》史部,第 730 册,第 414 页。

自佛祖拈花，迦叶微笑，虽云默露宗风，殊觉浑沦透漏。更逢后来好事儿孙，不知重惜家宝，各各拼身失命，平地生尘，澄波动浪，乱散空华，欺摇捏目，讹传众口，公案多端。天童雪窦残唾，既若不收；圜悟万松梦语，又多不醒。幸得清凉老人，久知祖祢不了之痰。今日门徒，古颜尽将骨董搬出，分化四家，从新翻刻。呜呼！赃私现在，真贼难逃，敢请宝剑金刚，便与一齐砍断，然后将他零碎评词，共四海苍生，作个太平歌唱也。

3.《续修四库全书》集部，第1680册收录明董斯张《吴兴艺文补》（明崇祯六年刻本）卷五十九，页152载录罗汝芳《沈玉阳枉顾》：

岚光林影翠纷纭，秋色山中月正殷。五马旌旄行卷雾，半空楼阁坐看云。
香浮瞿衲清莲社，霞衬姑仙紫玉裙。况是清平调歌管，不妨尊酒对晴曛。

4.《续修四库全书》史部，第724册收录清闵麟嗣撰《黄山志》（康熙刻本）卷六《赋诗志》，页145—146载罗汝芳《游天都》：

天都峰外衮云和，欲扣天都路更多。钧乐临风如我即，瑶台对月可谁过。
清泉百道飞长瀑，红树千章蠹卷阿。独惧来游无补助，谩敲白石答樵歌。

5.《续修四库全书》史部，第667册收录清卞宝第、李瀚章等修《（光绪）湖南通志》卷二百三十八《方外志》，页456载录罗汝芳《小沩山寺诗》：

世外谁开古洞天，大缘祖室更千年。四山青翠俨城郭，曲水潺湲奏管弦。
草阁夜深悬海月，竹房昼静绕林烟。何当绝顶扶双屐，身倚层云望八埏。

6.《续修四库全书》集部，第1689册收录清曾燠辑《江西诗征》卷五十八，页289载罗汝芳《书冈留别》：

匹马西来又北冈，清风依旧是柴桑。相看不尽九秋兴，一曲猗兰生古香。

7.《中国方志丛书》华中地方（安徽省）第八七号收录清曹铨等修、洪亮吉等纂《宁国府志》卷二十五《艺文志》，页762载罗汝芳《柏木见寺》：

山径延溪曲，幽意殊可人。偕此同心侣，踏遍蓬莱春。

8.《中国方志丛书》华中地方（江西省）第八二七号收录清柏春修、鲁琪光等纂《南丰县志》（同治十年刊本）卷四十五《佚文·诗》，页 3137 载罗汝芳《游紫霄观和壁间韵》：

入望千峰势独嵬，不辞孤怯夜深来。溪流漱石纷天籁，竹影穿松乱斗台。
月底鸾笙应共度，云中鹤梦欲惊回。长房何处空凝眺，肯枉山耕不草莱。

9. 清柏春修，鲁琪光等纂《南丰县志》卷四十五《佚文·诗》，页 3154 又载录罗汝芳《游紫霄观步同年李讱庵韵》：

岩前纤月照人游，岩底疏星拂树流。花气晴浮春籁籁，潭光云没晚悠悠。
坐深酒盏谈初剧，听彻泉声境自幽。安得萍踪忘去住，丹炉千岁此中留。

10.《中国方志丛书》华中地方（江西省）第八一八号著录清李人镜等修、梅体萱等纂《南城县志》（同治十二年刊本）卷一《名胜》，页 336、页 337 分别载罗汝芳题诗二首：

赤壁夕照

盱江城西闻夕春，赤壁山头云欲封。落日倒挂紫玛瑙，绯烟斜拖金芙蓉。
瑶光荡漾类海鸟，鹤影上下疑仙踪。安得鲁戈挥万里，封疆常借春融融。

题凤岗晓日

威凤何年下太空，屹然山立并华峰。清辉德览来千仞，苞采韶仪壮九功。
远向昭阳鸣上瑞，近含晚翠护南封。地灵自昔多人杰，应有夔龙入舜瞳。

参考书目

B

《北宋儒学》,杜保瑞,台北,台湾商务印书馆,2005 年。

《帛书老子校注》,高明,北京:中华书局,2012 年。

《布迪厄的社会实践理论》,宫留记,开封:河南大学出版社,2009 年。

C

《陈太史无梦园初集》,明·陈仁锡,《四库禁毁书丛刊》集部第 59 册,北京:北京出版社,1997 年。

《陈献章集》,明·陈献章,北京:中华书局,2008 年。

《宸垣识略》,清·吴长元,《续修四库全书》史部,第 730 册,上海:上海古籍出版社,2002 年。

《崇质堂集》,明·李万实,《四库全书存目丛书》集部第 112 册,济南:齐鲁书社,1997 年。

《慈湖先生遗书》,宋·杨简,济南:山东友谊出版社,1991 年。

《从工夫论看罗近溪思想之特色》,李沛思,《中国思想研究辑刊》第 12 辑,第 44 册,新北:花木兰文化出版社,2011 年。

《存在与虚无》,〔法〕萨特著,陈宣良等译,北京:生活·读书·新知三联书店,2007 年。

D

《大乘起信论校释》,南朝·真谛译,高振农校释,北京:中华书局,1992 年。

《淡然轩集》,明·余继登,《四库全书》集部,第 1291 册,台北:台湾商务印书馆,1983 年。

《道德经注释》,清·黄元吉撰,蒋门马校注,北京:中华书局,2012 年。

《道德形而上学基础》,[德]康德著,孙少伟译,南昌:江西教育出版社,2014 年。

《道教科仪概览》,任宗权,北京:宗教文化出版社,2012 年。

《道外藏书》,胡道静编,成都:巴蜀书社,1994 年。

《道一编》,明·程敏政,《原国立北平图书馆甲库善本丛书》第 479 册,北京:国家图书馆出版社,2013 年。

《东厓王先生遗集》,明·王襞,《四库全书存目丛书》集部第 146 册,济南:齐鲁书社,1997 年。

E

《恶的象征》,[法]保罗·里克尔著,上海:上海世纪出版集团,2005 年。

《二程集》,宋·程颢、程颐著,王孝鱼点校,北京:中华书局,1984 年。

《二程全书》(珍仿宋版印),宋·程颢、程颐,台北:台湾中华书局,1976 年。

F

《焚书 续焚书》,明·李贽,北京:中华书局,1975 年。

《冯元成选集》,明·冯时可,《域外汉籍珍本文库》第三辑,集部第 13 册,北京:人民出版社,重庆:西南师范大学出版社,2012 年。

G

《耿天台先生文集》,明·耿定向,《四库全书存目丛书》集部第 131 册,济南:齐鲁书社,1997 年。

《管子新注》,姜涛,济南:齐鲁书社,2006 年。

《光绪重修安徽通志》,清·沈葆桢、吴坤等修,《续修四库全书》史部,第 652 册,上海:上海古籍出版社,2002 年。

《龟山集》,宋·杨时著,《四库全书》集部,第 1125 册,台北:台湾商务印书馆,1983 年。

《郭象与魏晋玄学》,汤一介著,北京:北京大学出版社,2009 年。

《国际阳明学研究》,张海晏、熊培军主编,北京:中国社会科学出版社,2011 年。

《国史唯疑》,明·黄景昉,《续修四库全书》史部,第 432 册,上海:上海古籍出版社,2002年。

H

《何心隐集》,明·何心隐,北京:中华书局,1960年。

《衡庐精舍藏稿》,明·胡直,《四库全书》集部,第1287册,台北:台湾商务印书馆,1983年。

《宏智禅师广录》,宋·集成编,《大藏经》第48册,台北:新文丰出版公司,1993年。

《胡宏集》,宋·胡宏,北京:中华书局,1983年。

《华阳馆文集》,明·宋仪望,《四库全书存目丛书》集部第116册,上海:上海古籍出版社,1997年。

《淮南子注释》,汉·高诱,台北:华联出版社,1973年。

《皇帝阴符经解》,宋·蹇昌辰:《道藏》第2册,北京:文物出版社,1988年。

J

《季彭山先生文集》,明·季本,《北京图书馆古籍珍本丛刊》第106册,北京:书目文献出版,1988年。

《嘉庆东昌府志》,清·嵩山修,谢香开、张熙先纂,《中国地方志集成·山东府县志辑》第87册,南京:凤凰出版社,2004年。

《江西诗征》,清·曾燠编,《续修四库全书》集部,第1689册,上海:上海古籍出版社,2002年。

《郊居遗稿》,明·沈懋学,《四库全书存目丛书》集部第163册,济南:齐鲁书社,1997年。

《焦氏澹园集》,明·焦竑,台北:伟文图书公司印行,1984年。

《近代中国史料丛刊》,沈云龙主编,台北:文海出版社,1969年。

K

《康德伦理学与孟子道德思考之重建》,李明辉,台北:"中央研究院"中国文哲研究所,2004年。

L

《老子注释及评介》,陈鼓应,北京:中华书局,1984年。

《李温陵外纪》，明·潘曾纮，《明季史料集珍》辑二，台北：伟文图书公司，1977年。

《李延平先生文集》，宋·朱熹，《四库全书存目丛书》集部第15册，济南：齐鲁书社，1997年。

《李贽全集注》，明·李贽著，张建业编，北京：社会科学文献出版社，2010年。

《理解、诠释与儒家传统：比较观点》，李明辉、邱黄海主编，台北："中央研究院"中国文哲研究所，2010年。

《理解、诠释与儒家传统：中国观点》，邱黄海等编，台北："中央研究院"中国文哲研究所，2010年。

《良知学的展开——王龙溪与中晚明的阳明学》，彭国翔，北京：生活·读书·新知三联书店，2005年。

《列朝诗集》，清·钱谦益，北京：中华书局，2007年。

《龙溪王先生全集》，明·王畿著，[日]长泽规矩也编《和刻本汉籍文集》第十六辑，东京：古典研究会，1978年。

《陆九渊集》，宋·陆九渊，北京：中华书局，2008年。

《罗洪先集》，明·罗洪先，南京：凤凰出版社，2007年。

《罗近溪哲学之研究》，李德材，《中国思想研究辑刊》第12辑第45册，新北：花木兰文化出版社，2011年。

《罗汝芳集》，明·罗汝芳，南京：凤凰出版社，2007年。

《罗汝芳评传》，吴震，南京：南京大学出版社，2011年。

《罗豫章集》，宋·罗从彦，上海：商务印书馆，1937年。

M

《吕氏春秋集释》，许维遹，北京：中国书店，1985年。

《明代传记丛刊》，周骏富主编，台北：明文书局印行，1991年。

《明代文学批评资料汇编》，叶庆炳、邵红编，台北：成文出版有限公司，1979年。

《明代哲学史》，张学智，北京：中国人民大学出版社，2012年。

《明代知识界讲学活动系年：1522—1602》，吴震编，上海：学林出版社，2003年。

《明纪》，明·陈鹤，《四库未收书辑刊》第六辑第6册，北京：北京出版社，2000年。

《明清进士录》,潘荣胜编,北京:中华书局,2006 年。

《明清社会史论》,何炳棣著,徐泓译,台北:联经出版事业股份有限公司,2014 年。

《明清思想文化变迁》,许苏民编,南京:南京大学出版社,2009 年。

《明儒讲学考》,清·程嗣章,《四库全书存目丛书》子部第 29 册,济南:齐鲁书社,1997 年。

《明儒学案》,清·黄宗羲,北京:中华书局,2013 年版。

《明史》,清·张廷玉,北京:中华书局,1974 年。

《明水陈先生文集》,明·陈明水,《四库全书存目丛书》集部第 72 册,济南:齐鲁书社,1997 年。

《明水陈先生文集》,明·陈明水,中山大学图书馆藏明嘉靖四十二年(1563)董氏递修本。

N

《南城县志》,清·李人镜等修,梅体萱等纂,《中国方志丛书》华中地方(江西省)第八一八号,台北:成文出版社,1989 年。

《南宋儒学》,杜保瑞,台北:商务印书馆,2010 年。

《聂双江集》,明·聂豹,南京:凤凰出版社,2007 年。

《宁国府志》(乾隆十八年刊本),清·宋敩、钱人麟等纂修,《中国方志丛书》华中地方(安徽省)第六九三号,台北:成文出版社,1888 年。

O

《欧阳德集》,明·欧阳德,南京:凤凰出版社,2007 年。

P

《批选六大家论》,明·钱普,《中国人民大学图书馆藏古籍珍本丛刊》第 104 册,北京:北京燕山出版社,2012 年。

Q

《诠释与工夫:宋明理学的超越蕲向与内在辩证》,林月惠,台北:"中央研究院"中国文哲研究所,2012 年。

R

《人生第一等事——王阳明及其后学论"致良知"》,〔瑞士〕耿宁著,北京:商务印书馆,2014年。

《仁山集》,明·金履祥,《丛书集成初编》第2002册,上海:商务印书馆,1935年。

S

《三教偶拈》,明·冯梦龙,《域外汉籍珍本文库》第一辑,集部第4册,北京:人民出版社、重庆:西南师范大学出版社,2009年。

《邵雍集》,宋·邵雍,北京:中华书局,2010年。

《社会、经济和哲学》,〔英〕波兰尼著,彭锋等译,北京:商务印书馆,2006年。

《十力语要》,熊十力,上海:上海书店,2007年。

《石鼓书院志》,明·李安仁、王大韶,清·李扬华撰,邓洪波、刘文莉辑校,长沙:岳麓书社,2009年。

《书史会要续书史会要》,明·陶宗仪、朱谋垔编,杭州:浙江人民美术出版社,2012年。

《四书私存》,明·季本撰,朱湘钰校,台北:中央研究院中国文哲研究所,2013年。

《四书章句集注》,宋·朱熹,上海:上海古籍出版社,2011年。

《四因说演讲录》,牟宗三,台北:鹅湖出版社,1997年。

《松窗梦语》,明·张瀚,上海:上海古籍出版社,1986年。

《宋元学案》,清·黄宗羲,北京:中华书局,1986年。

《苏州府志》(光绪九年刊本),清·李铭皖等修,冯桂芬等纂,《中国方志丛书》华中地方(江苏省)第五号,台北:成文出版社,1888年。

T

《太史杨复所先生证学编》,明·杨起元,《四库全书存目丛书》子部第90册,济南:齐鲁书社,1997年。

《坛经校释》,唐·慧能著,郭朋校释:北京:中华书局,2007年。

《汤显祖评传》,徐朔方,南京:南京大学出版社,1993年。

《汤显祖诗文集》,明·汤显祖,上海:上海古籍出版社,1982年。

《条麓堂集》,明·张四维,《续修四库全书》集部,第 1351 册,上海:上海古籍出版社,2002 年。

W

《王畿集》,明·王畿,南京:凤凰出版社,2007 年。

《王龙溪心学易研究》,陈明彪,新北:花木兰文化出版社,2009 年。

《王文成公全书》,明·王守仁,《四库全书》集部,第 1265、1266 册,台北:台湾商务印书馆,1983 年。

《王心斋全集》,明·王艮,台北:广文书局,2012 年。

《王心斋先生年谱》,明·董燧编,《北京图书馆珍本年谱丛刊》第 45 册,1999 年。

《王心斋先生遗集》,明·王艮,《四库全书存目丛书》子部第 10 册,济南:齐鲁书社,1997 年。

《王学通论——从王阳明到熊十力》,杨国荣,上海:华东师范大学出版社,2003 年。

《王阳明全集》,明·王守仁,上海:上海古籍出版社,2013 年。

《王阳明佚文辑考编年》,束景南,上海:上海古籍出版社,2015 年。

《问辨牍》,明·管东溟,《四库全书存目丛书》子部第 87 册,济南:齐鲁书社,1997 年。

《五灯会元》,宋·普济,北京:中华书局,1984 年。

X

《西园闻见录》,明·张萱,《续修四库全书》子部,第 1168 册,上海:上海古籍出版社,2002 年。

《夏峰先生集》,清·孙奇,《续修四库全书》集部,第 1392 册,上海:上海古籍出版社,2002 年。

《闲辟录》,明·程瞳,《四库全书存目丛书》子部第 7 册,济南:齐鲁书社,1997 年。

《贤奕编》,明·刘元卿著,谢秉谦补辑,《中国人民大学图书馆藏古籍珍本丛刊》第 70 册,北京:北京燕山出版社,2012 年。

《歔庵集》,明·邓以赞,《续修四库全书》集部,第 1365 册,上海:上海古籍出版社,2002 年。

《新编中国哲学史》,劳思光,北京:生活·读书·新知三联书店,

2015 年。

《徐爱钱德洪董沄集》，钱明编校，南京：凤凰出版社，2007 年。

《续文献通考》，清·嵇璜，《四库全书》史部，第 630 册，台北：台湾商务印书馆，1983 年。

《薛侃集》，明·薛侃，上海：上海古籍出版社，2014 年。

《薛文清公读书录》，明·薛瑄，台湾新文丰出版公司，1985 年。

《薛子道论》，明·薛瑄，台湾新文丰出版公司印行，1985 年。

《荀子诂译》，杨柳桥，济南：齐鲁书社，1985 年。

Y

《颜钧集》，明·颜钧，北京：中国社会科学出版社，1996 年。

《阳明后学研究》，吴震，上海：上海人民出版社，2003 年。

《杨子折衷》，明·湛若水，《续修四库全书》子部，第 938 册，上海：上海古籍出版社，2002 年。

《一代思想大师罗汝芳》，罗伽禄，南昌：江西高校出版社，2009 年。

《阴符经疏》，唐·李筌，北京：中华书局，1991 年。

《印度的宗教：印度教与佛教》，[德]马克思·韦伯著，康乐·简惠美译，台北：远流出版事业股份有限公司，1996 年。

《有无之境——王阳明哲学的精神》，陈来，北京：生活·读书·新知三联书店，2009 年。

《圆善论》，牟宗三，台北：台湾学生书局，1985 年。

《云笈七签》，宋·张君房纂辑，《道藏》第 22 册，北京：文物出版社，1988 年。

Z

《湛甘泉先生文集》，明·湛若水，《四库全书存目从书》集部第 56、57 册，济南：齐鲁书社，1997 年。

《湛若水年谱》，黎业明编，上海：上海古籍出版社，2009 年。

《张太岳集》，明·张居正，上海：上海古籍出版社，1984 年。

《张载集》，宋·张载著，章锡琛点校，北京：中华书局，1985 年。

《张子正蒙》，宋·张载，上海：上海古籍出版社，2000 年。

《张子正蒙注》，清·王夫之，北京：中华书局，2009 年。

《哲学概论》，杜保瑞、陈荣华，台北：五南图书出版股份有限公司，

2012 年。

《震川先生集》,明·归有光,上海世纪出版股份有限公司、上海古籍出版社,2007 年。

《中村逸稿》,清·余思复,《四库未收书辑刊》第七辑第 21 册,北京:北京出版社,2000 年。

《中国的宗教:儒教与道教》,[德]马克思·韦伯著,康乐·简惠美译,台北:远流出版事业股份有限公司,1989 年。

《中国历代石刻拓本汇编》,北京图书馆金石组编,郑州:中州古籍出版社,1989 年。

《中国人性论史》(先秦篇),徐复观,上海:三联书店,2001 年。

《中华太极图与太极文化》,束景南,苏州:苏州大学出版社,1994 年。

《重刻心斋王先生语录》,明·王艮,《续修四库全书》子部,第 938 册,上海:上海古籍出版社,2002 年。

《重刻杨复所家藏文集》,明·杨起元,《四库全书禁毁书丛刊》集部第 63 册,北京:北京出版社,1998 年。

《周易本义》,宋·朱熹,南京:凤凰出版社,2011 年。

《周子通书》,宋·周敦颐,上海:上海古籍出版社,2000 年。

《朱子全书》,朱杰人编,上海:上海古籍出版社、合肥:安徽教育出版社,2002 年。

《诸儒学案》,明·刘元卿,《四库全书存目丛书》子部第 12 册,济南:齐鲁书社,1997 年。

《庄子集解 庄子集解内篇补正》,清·王先谦、刘武,北京:中华书局,2011 年。

《庄子注疏》,晋·郭象注,唐·成玄英疏,北京:中华书局,2011 年。

《紫柏老人集》,明·紫柏真可著,曹越主编《明清四大高僧文集》,北京:北京图书馆出版社,2004 年。

《紫原文集》,明·罗大纮,《四库禁毁书丛刊》集部第 140 册,北京:北京出版社,1998 年。

《邹守益集》,明·邹守益,南京:凤凰出版社,2007 年。

《邹忠介公奏疏》,明·邹元标,《续修四库全书》史部,第 481 册,上海:上海古籍出版社,2002 年。

关键词索引

A

安常 336

B

白沙学 29,190,220

C

陈明水 48
存有论 307

J

境界工夫 282,294,308
境界哲学 271

L

良知实践学 29
陆象山 112

M

默识 271,295

T

泰州学派 160

X

象征资本 43
信己 328
徐存斋 37
薛瑄 121

Y

严嵩 36
杨慈湖 98,106
阳明心学 123
杨起元 66
宇宙观 308

Z

湛若水 190
张居正 38
朱子学 110
宗性 245

后　记

　　拙作是在博士论文的基础上,几经修改,最终成稿,当其搁笔之际,心中百感交集。从秀丽江南到西子湖畔,作客他乡十余载,拜学真师,终得开悟,领会"为己之学"实由"自得",千辛万苦只求莫逆于心。又感学实不难,难在能得达道厚德之人指引;成也简易,易在天时、地利、人和。在此,感谢一路恩师悉心指导,友朋真诚相助,家人鼎力支持,他人理解体谅。

　　首先要感谢我的博导束景南先生。从研究选题、撰写到修改、定稿,束老师的指导和教诲一直激励本人在学习和科研的道路上艰苦奋斗,开拓创新。对于我本人来说,要感谢的老师还有很多。自 2012 年备考入浙江大学人文学院古籍研究所,个人作为古代文学专业出身、先秦庄子学研究方向的硕士生,原为先生学术精深、通透而来,对中国古典文献学、宋明哲学思想史并无深入了解,即便后来颇感兴趣,若非老师引导用心,教诲有道,可想而知,三年之后,我不可能如期提交博士论文,也不可能按时完成首部书稿。更要感谢老师以深远开阔的学术视野指导我从宋型学术的整体格局思考阳明学的发展和演进,又在博论基本结束后为我规划将来科研努力的方向。现在想,先生一门,求学者众,且专业分殊,然总能从他那里各有所学,由此可见先生学问之渊博,治学之通透,教育之有方。学于达道之人,何其有幸!闻古人形容师者,以"传道""授业""解惑"称之,先生之教,何止于此?读书期间、毕业之后,每听老师谈及研究方法、学术追求、人生态度,时时有所触动,耳濡目染之际,即便科研遭遇瓶颈,生活遭遇不快,也始终目标明确,不曾气馁。受教于厚德长者,中心欢喜!在此,本人以最诚挚的心意感谢恩师束景南教授,于我来时,指引方向,于我在侧,启发教诲,于我即去,鼓励鞭策。

　　感谢浙江大学冯国栋教授、关长龙教授给予本人的诸多指导和鼓励。感谢台湾大学哲学系杜保瑞教授在中国哲学研究方法论领域给予本人的重要启发,感激杜老师教我重新思考中国境界哲学与实践哲学逻辑检证等重大课题。事实上,读博期间我本人始终在思索一个问题,即庄子学与宋明理学的关联研究是否仅能从影响论展开。正因有幸参与杜老师博士班讨论课程,本人不仅补习了道家、道教哲学的全部课程,且在与师长、同学讨论过程中寻找到衔接先秦道学与宋明理学研究的关键线索。感谢台湾"中央研究院"林月惠老师在阳明后学研究领域给予本人的多番指导,感激林老师在我返回浙大后寄赠我图书若干册,其中不乏宋明理学、文学等多领域的学术著作。感谢我的硕士指导教师姚淦铭教授、徐兴海教授、刘桂秋教授,离开母校江南大学许多年,即便在读博阶段、工作期间,三位老师也总会耐心地给予本人鼓励和指导。感谢武越速教授曾教我阅读欧美文学,苦闷抑郁之时,也总有"他山之石"的慰藉,更难忘跌倒时,武老师倾力搀扶。某种程度上来说,没有他(她)们的支持,我也没有足够的魄力放弃安适工作,毅然选择读博深造。

感谢易闻晓师兄、史光辉师兄、郝永师兄、王绪琴师兄、杨志飞师兄、谭勤师兄惠赐建议。诸位学长为人正直、真挚,平时科研、工作遇到难处,多得师兄开导。感谢浙江大学出版社张小苹老师在书稿修改过程中给予本人的诸多建议和帮助。感谢秦佳慧老师、陈叶老师三年读博阶段的陪伴和帮助,许多琐事往往得两位老师的指点和帮忙才得抽身。感谢张文冠师兄在本人刚刚入读之际,提醒我科研计划的安排问题。感谢蔡渊迪师兄在出境交流事项上给予的鼓励和帮助。感谢周晶晶师姐2013年暑假两个多月的收留,没有周晶晶师姐的照顾,我没有可能及时完成写作相关的文献搜辑和整理工作。感谢尹娟师姐在平时生活中,教我以豁达心态、成熟心智面对喜怒哀乐。感谢和我一起努力的牟玄博士、陈英立博士,感谢迷茫时刻,有她们的陪伴;得意忘形之际,有她们的提醒。更要特别感谢杨天星师妹,三年陪伴的时间,得意时,她是净友,失落时,她是知己,难忘毕业论文撰写及修改期间,每每顾不及生活事物,总有她忙前忙后,迁就、支持。

这里,还请允许本人以"小我"的身份,感谢我的父母和弟弟。他乡求学、工作这些年,家人的付出和努力,都在为我换取更多的绝对自由,都在以不同的方式,支持我追求真理和梦想。读博期间,父母等我回去吃顿团圆饭足足等了两年,但每每通话,又多以"笃学尚行"之由,教我不负老师教诲,励精图治;拙作撰写、修改阶段,我的弟弟鹿韬、鹿洛在工作单位各有担当,也都业务繁忙,但他们始终关注着我的学术追求和科研工作,多年来,在担负家庭责任、孝敬父母等方面不曾让本人有后顾之忧。还要感谢我的先生——贵州大学邓国宏老师在书稿修改环节给予我本人的各种支持和帮助。

最后需要说明的是,作为 2013 年度浙江省哲学社会科学重点课题结项成果,本书得到贵州师范大学中国语言文学一级学科建设经费资助。在此表示感谢!另,拙作从构思到完成,虽历经艰辛,算是竭力以成之,然受制于学术积累有限,在部分问题的探讨过程中出现纰漏不可避免。在此特别声明:拙作仅代表一定时间段内的思考及所得,凡浅见纰漏之处,本人愿意接受批评指正,并在日后,待学有精进之时,予以认真反省、修正。

鹿　博

2017 年 5 月 11 日

图书在版编目(CIP)数据

"信己"且"安常"：罗汝芳的哲学建构与思想践
行/鹿博著.—杭州：浙江大学出版社，2017.8
ISBN 978-7-308-17133-5

Ⅰ.①信… Ⅱ.①鹿… Ⅲ.①罗汝芳(1515—1588)—
哲学思想—研究 Ⅳ.①B248.995

中国版本图书馆 CIP 数据核字(2017)第 169649 号

"信己"且"安常"：罗汝芳的哲学建构与思想践行

鹿 博 著

责任编辑	张小苹	
责任校对	宋旭华	
封面设计	续设计	
出版发行	浙江大学出版社	
	(杭州市天目山路 148 号 邮政编码 310007)	
	(网址：http://www.zjupress.com)	
排 版	杭州隆盛图文制作有限公司	
印 刷	浙江省良渚印刷厂	
开 本	710mm×1000mm 1/16	
印 张	25.5	
字 数	450 千	
版 印 次	2017 年 8 月第 1 版 2017 年 8 月第 1 次印刷	
书 号	ISBN 978-7-308-17133-5	
定 价	68.00 元	

浙江大学出版社市场运营中心联系方式 (0571)88925591;http://zjdxcbs.tmall.com